€ 10–

Jost Hermand

Orte. Irgendwo

Formen utopischen Denkens

Jost Hermand

Orte. Irgendwo

Formen utopischen Denkens

Athenäum
1981

Umschlagbild:
Peter Vischer d. J. „Geflügelter Knabe, der auf einer Kugel übers Meer fährt"
Universitätsbibliothek Erlangen–Nürnberg

CIP-Kurztitelaufnahme der Deutschen Bibliothek

Hermand, Jost:
Orte, irgendwo : Formen utop. Denkens / Jost
Hermand. – Königstein/Ts. : Athenäum, 1981.
ISBN 3-7610-8117-0

Gesamtherstellung: Friedrich Pustet, Regensburg
ISBN 3-7610-8117-0

INHALT

VORWORT

Als ich Anfang der fünfziger Jahre in Marburg Germanistik und Geschichte studierte, war in den gängigen Vorlesungen und Seminaren von ‚Utopien' nie die Rede. Von solchen Überspanntheiten wollten meine Lehrer – nach den Erfahrungen des Dritten Reiches – offensichtlich nichts mehr hören. Über Dinge dieser Art wurde deshalb, wie über so vieles andere, einfach geschwiegen. In den Examina, welche man schließlich ablegen mußte, ging es fast ausschließlich um Leute wie Metternich, Bismarck, Stifter oder den alten Goethe: also um die vielgepriesenen Vertreter von ‚Ruhe und Ordnung'. Daß wir auf all die Fragen, die man uns stellte, nur unkritische oder konservativ orientierte Antworten gaben, sollte niemanden verwundern. Wir wußten es nicht besser. Denn daß es neben diesen Säulenheiligen des Juste milieu auch andere, eher kritisch, utopisch oder gar sozialistisch eingestellte Geister gegeben hatte, war uns systematisch verheimlicht worden.

Um auch solche Aufmüpfigen zu entdecken, mußte man schon das Glück haben, einem alten Liberalen, Antifaschisten oder KZler zu begegnen. Oder man mußte einen jener dicken, blauen Aufbaubände von Blochs *Prinzip Hoffnung* in die Hände bekommen, die für Westler damals nur Unter den Linden zu erstehen waren. Sobald man sich jedoch in solche Bücher vertiefte oder gar Brecht und Lukács las, wurde man von seinen Kommilitonen und Lehrern recht scheel angesehen und zu jenen dummen Idealisten gerechnet, die nach den Erfahrungen des Faschismus und Stalinismus immer noch nicht eingesehen hätten, daß die Welt nun einmal nicht zu ändern sei. Von diesen Kreisen hörte man immer wieder, daß es weiser sei, sich aus dem nichtswürdigen Streit der Meinungen und Parteien einfach herauszuhalten. Doch solche ‚Weisheiten' fielen bei den wirklich Engagierten, die sich als hoffnungslos Vereinzelte dem „Prinzip Hoffnung" verschworen hatten, zusehends auf taube Ohren. Denn für jemanden, der sich einmal eine konsequent dialektisierende Optik angeeignet hat und somit alles Vergangene und Gegenwärtige zugleich im Hinblick auf das in der Zukunft Mögliche betrachtet, gibt es schließlich kein Zurück mehr. In Adenauers CDU-Staat, der auf dem Prinzip der Restauration des ewig einen Status quo beruhte, blieb darum für solche Leute – neben der Möglichkeit der Inneren Emigration – nur die Auswanderung.

Doch wohin? In meinem Falle waren es die USA, die sich jedoch in den späten fünfziger Jahren als kein besonders utopiefreundliches Land erwiesen. Schließlich wirkte auch hier der Kalte Krieg noch unvermindert fort und erstickte somit jeden Ansatz zu einer kritischen Gesinnung. Daß der Begriff ‚Utopie' in der Bundesrepublik und den Vereinigten Staaten überhaupt wieder auf die Tagesordnung gesetzt wurde, geht vor allem auf die Stoßkraft jener Neuen Linken zurück, die sich Mitte der sechziger Jahre aus einem diffusen Gemisch von SDSlern, Anarchisten, Bürgerrechtsvertretern, Vietnamkriegsgegnern, maoistischen Kulturrevolutionären, Hippies und anderen Antiautoritären zu formieren begann, zwischen 1968 und 1973 eine gewisse Breitenwirkung entfaltete, jedoch seitdem – durch staatliche Repressionen, aber auch durch mangelnde Organisationsbereitschaft und innere Ziellosigkeit bedingt – wieder an Einfluß verloren hat. Sie gab dem Begriff ‚Utopie', wobei sie zum Teil auf Ernst Bloch und Herbert Marcuse zurückgriff, jene unverkennbar revoluzzerhafte Note, die ihn zu einer ausgesprochenen Reizvokabel machte. Vor allem in der BRD verband die Neue Linke mit diesem Schlagwort – neben Programmen einer längst überfälligen Vergangenheitsbewältigung und fortschreitenden Demokratisierung – gern maßlos überspannte Forderungen wie die nach ‚herrschaftsfreien Räumen' oder ‚totaler Selbstrealisierung'. Und das mußte sowohl jene bürgerlichen Schichten, die im Zeichen von Krieg, Entsagung und harter Arbeit aufgewachsen waren, als auch jene ältere Linke, die auf Solidarität und Klassenkampf pochte, notwendig irritieren, wenn nicht verärgern, ja geradezu erbittern.

Als deshalb die Neue Linke – nach Jahren revoluzzerhafter Selbsttäuschung – um 1975 wieder auseinanderlief oder im bürgerlichen Subjektivismus endlich zu sich selber fand, indem sie sich zu einer ‚Neuen Romantik' bekannte und vor allem ihre eigene Sensibilisierung betrieb, wurde es um das Konzept ‚Utopie' zusehends stiller. An seine Stelle trat seitdem entweder die Anpassung an die schlechte Realität oder die Erhebung in die überschwengliche Misere der narzißstisch-ästhetischen Träumerei.[1] Und damit ist man wieder bei jener Antinomie gelandet, welche die bürgerliche Ideologie bereits seit über zweihundert Jahren charakterisiert.

Es gibt viele, die diesen Rückzug als heilsame Ernüchterung begrüßen und ihren eigenen Anti-Utopismus als neuerrungenen Realismus ausgeben. Doch was hilft uns ein ‚Realismus', der sich mit einem hilflosen Achselzucken begnügt, der sich heraushält, der sich durch Schweigen und Mitmachen an den negativen Auswirkungen des Systems notwendig mitschuldig macht – und dann sein schlechtes Gewissen (falls sich ein solches überhaupt meldet) auf höherer Ebene, im Medium der Kunst, zu beruhigen sucht? Wie bekannt, wird man durch den Umgang mit Höherem nicht unbedingt ein besserer Mensch, wenn dieses Höhere (wie ein Großteil der heutigen Kunst) keine Tendenz ins Bessere besitzt. Bei manchen wirkt dieser Anti-Utopismus lediglich wie eine Weiterführung jener religiösen ‚Einkehr'-Attitüde, welche die Welt skrupellos dem Teufel überläßt und sich dafür mit den Verheißungen des Jenseits tröstet. Hier gibt man dem Staat, was des Staates, und der Kunst, was der Kunst gehört – und glaubt, sich somit von allen Sünden reingewaschen zu haben. Bei anderen, welche ähnlich antinomischen Strukturen huldigen, hat man eher das Gefühl, daß ihnen noch immer das alte Schlagwort „Ruhe ist die erste Bürgerpflicht!" in den Knochen steckt. Wieder andere sind ehrlich genug, sich in aller Offenheit auf Slogans wie „Hauptsache ich!" oder „Nach mir die Sintflut!" zu berufen. Sie stellen die immer noch um das Gemeinwohl Besorgten gern als Dümmlinge und sich selbst – angesichts der allgemeinen Misere – gern als die wahrhaft Einsichtigen hin. Ja, die Raffiniertesten unter diesen Anti-Utopikern stützen sich neuerdings auf jene ‚Bonum durch Malum'-Theorie, die das kapitalistische System vor allem darum preist, weil es als das denkbar schlechteste aller möglichen Systeme – dialektisch gesehen, wie sie behaupten – notwendig die denkbar besten aller Kulturleistungen hervorbringt. Mit solchen Thesen versuchen zwar auch sie, sich als partielle Kritiker dieses Systems auszuweisen, liefern ihm jedoch – auf dem Schleichweg über die ästhetische Kompensation – eine der denkbar besten Legitimationsfassaden.

Da sind jene schon lobenswerter, die sich innerhalb dieser Misere wenigstens eine gewisse Motzhaltung bewahrt haben. In ihren Kreisen wird auch weiterhin aufgemuckt, gestänkert, genörgelt, ja sogar eine halbwegs politische ‚Aufmüpfigkeit' an den Tag gelegt. Doch leider beschränkt man sich dabei – angesichts der ausbleibenden Unterstützung durch eine tatsächliche Massenbewegung sowie der immer erschreckender werdenden Folgen der politischen Blockbildung und der ökologischen Ausplünderung der Erde – meist auf den Bereich des ‚unmittelbaren Lebenszusammenhangs', wie man ihn am eigenen Leibe erfährt und innerhalb dessen man noch am ehesten effektiv zu werden hofft. Deshalb ist auch in diesen Schichten vornehmlich von subjektiven Mangelerscheinungen, vom Frust oder von sogenannten Ichschwierigkeiten die Rede. Allerdings werden solche Phänomene wenigstens teilweise zum Anlaß genommen, um an ihnen auch auf gesellschaftliche Fehlentwicklungen hinzuweisen, wobei man jedoch jeden Übergriff auf Utopisches, wie etwa im Falle Martin Walsers,[2] meist ironisch abzuwehren versucht.

Eine solche Haltung nützt uns darum letzten Endes auch nicht viel. Sich als Mensch aus allen größeren Verantwortungen herauszuhalten, um seine persönliche Integrität wenigstens im Bereich des Partikularen zu wahren, ist zwar ein edler Zug, hat aber keinen gesamtgesellschaftlichen Nutzwert. Schließlich wird jede menschliche Existenz erst dann sinnvoll, wenn das private und das öffentliche Leben in einen wirksamen Wechselbezug treten. Sich in bürgerlicher Attitüde einfach auf das eigene Ich oder den privaten Innenbereich zurückzuziehen, war schon früher eine elitäre, wenn nicht parasitäre Einstellung. Doch im 18. und 19. Jahrhundert, als die allgemeine Weltsituation noch nicht so bedrohlich war wie heute, ließ sich ein solcher Rückzug noch halbwegs als eine Marotte für ‚Idyllisches' entschuldigen. Heute beruht jedoch unser aller Überleben auf einer radikalen Umorientierung in politischer, ökonomischer und ökologischer Hinsicht. Früher bestand die Welt auch dann weiter, wenn man auf diesen Gebieten einfach weiterwurstelte. Heute gehen wir jedoch unter, wenn wir auf diesen Gebieten einfach so weitermachen wie bisher. Heute ist daher die Utopie – im Sinne einer Umbesinnung auf andere Leitvorstellungen als die momentan herrschenden – so wichtig wie noch nie zuvor. Dieser Einsicht dürfte sich, angesichts so mancher mißgeleiteten Überschwänge der letzten Jahre und der sich allmählich zuspitzenden Situation, eigentlich niemand mehr verschließen.

Freilich sollte man dabei in Zukunft wesentlich nüchterner, konkreter vorgehen. Was wir brauchen, sind nicht irgendwelche Schlaraffia-Utopien, in denen sich lediglich ein infantiler Narzißmus manifestiert, sondern wirkliche Sozialutopien, die sowohl die ‚Freiheit' als auch die ‚Ordnung', die zwei entscheidenden Grundvoraussetzungen aller wahren Utopien, im Auge behalten.[3] Denn die von vielen ersehnte Freiheit oder auch Selbstrealisierung läßt sich letztlich nur im Rahmen einer Ordnung verwirklichen, die auf einem sorgfältig durchdachten System von sozialer Gerechtigkeit beruht, das jedem die von ihm oder ihr erhoffte Chance zu einem relativ erfüllten Leben bietet. ‚Utopie' sollte deshalb in Zukunft nicht einfach Freisetzung, Phantasie, Traum oder gar Entfesselung des Irrationalen bedeuten (wie man uns in den letzten Jahren nur allzu oft weiszumachen versuchte), sondern auch Dinge wie Bindung, Vertrauen und Gemeinschaftlichkeit akzentuieren. Wo immer noch der Egoismus in Form eines verantwortungslosen Selbstverwirklichungsdranges vorherrscht, ist man von wahrhaft konkreten Utopien noch weit entfernt. Schließlich ist auch die beste Utopie nicht denkbar ohne Altruismus, ohne Sinn für Gemeinwohl, ohne soziale Verantwortlichkeit. Damit ist selbstverständlich kein Ordnungssystem gemeint, das aufgrund der sozialen Privilegierung bestimmter Klassen oder Kasten zur Aufrechterhaltung seiner Macht auch vor faschistoiden Tendenzen nicht zurückschreckt und den Ausgebeuteten mit Parolen wie ‚Gemeinnutz geht vor Eigennutz' Sand in die

Augen zu streuen versucht. Im Gegenteil. Damit ist jenes ‚Altruria' oder ‚Sozioland' gemeint, wo sowohl durch ein verändertes gesellschaftlich-ökonomisches System als auch durch eine gemeinschaftsbezogene Erziehung die bisherige ‚Haben'-Gesinnung abgebaut wird. Denn schließlich ist jede wirkliche Demokratie wie auch jeder wirkliche Sozialismus nicht nur eine ökonomische Angelegenheit, sondern auch eine immense Kulturleistung, die immer wieder neu vollbracht werden muß. Und zu dieser Einsicht könnten uns auch die vielgeschmähten Utopien verhelfen.

Allerdings müßten diese Utopien so konkret wie nur möglich sein, um gegen den Vorwurf des Phantastischen, Spinnerten, aus dem Kopf Herausgesponnenen gefeit zu sein. Und dazu gehört – nach all der Maßlosigkeit spätkapitalistischer Wunschvorstellungen – eine wesentlich größere Bescheidenheit, ja Schlichtheit, vielleicht sogar Disziplin und Opferbereitschaft, um endlich jenen tödlichen Zirkel von Bedürfniserweckung und Verbrauchsorientiertheit zu durchbrechen, der zu den Grundübeln unseres Zeitalters gehört. Zugegeben: all das sind ‚goldene Worte'. Doch auch solche, wenn sie nicht allzu idealistisch klingen, sind manchmal nicht unangebracht. Sophistisch-dialektische Eiertänze haben wir – im Gefolge neohegelianischer und adornistischer Theoreme – sowohl in der BRD als auch in den USA wahrlich genug erlebt. Und auch an Ansprüchen, überspannten Hoffnungen und aufgeblähten Wünschen besteht kein Mangel. Was dagegen immer noch fehlt, ist ein wesentlich größerer Respekt vor jener natürlichen ‚Umwelt', welche die entscheidende Grundlage all unser politischen und ökonomischen Systeme bildet. Ein solcher Respekt wird sich nur durch einen bewußten Verzicht auf die vom nackten Profitinteresse gelenkten Warenangebote jener Konsumgüterindustrien erreichen lassen, welche in den Verbrauchermassen ständig neue, die Menschen von ihren wirklichen Bedürfnissen entfremdende Sehnsüchte zu wecken suchen. Sich jedoch zu einem solchen Verzicht durchzuringen, fällt den meisten – angesichts der auf vollen Touren laufenden Reklame und zugleich der weiterbestehenden sozialen Ungleichheit – unsäglich schwer. Allerdings werden Entscheidungen dieser Art bald unabweislich werden. Mögen die folgenden Aufsätze, die im Laufe der letzten zehn Jahre entstanden und selbst ein Spiegelbild dieses allmählichen Bewußtwerdungsprozesses sind, ihre Leser dazu bewegen, sich allmählich (oder besser möglichst schnell) auf diesen Wandel vorzubereiten.

Madison (Wisconsin), im April 1980 J. H.

Von der Notwendigkeit utopischen Denkens

Schon im 16. Jahrhundert hat es einige versprengte Intellektuelle gegeben, welche die Schranken der religiös verbrämten Status-quo-Gesellschaft des Feudalismus mit einem diesseitig orientieren Entwicklungsdenken zu durchbrechen versuchten. Wie bekannt, führte das zu geistiger Unruhe, einem neuen Geschichtsverständnis, naturwissenschaftlichen Entdeckungen, ersten Volksaufständen und in die Zukunft projizierten Utopien: also all dem, was mit dem Begriff ‚Renaissance' umschrieben wird. Doch die meisten dieser Tendenzen wurden, wie uns ebenfalls bekannt ist, im Zuge der barockfeudalistischen Gegenrevolution des 17. Jahrhunderts noch einmal unterdrückt. Seinen entscheidenden Durchbruch erlebte daher das entwicklungsgeschichtliche Denken der Neuzeit erst im Verlauf der Aufklärung des 18. Jahrhunderts. Erst jetzt errangen die bürgerlichen Schichten ökonomische, gesellschaftliche und bildungsmäßige Machtpositionen, die sie befähigten, auch als politisch fordernde und damit weltverändernde Klasse aufzutreten.

Seit diesem Zeitpunkt sieht sich jene bürgerliche Intelligenz, die sich nicht mehr mit den ‚gottgegebenen' Verhältnissen abfindet und eine konsequente Befreiung aus der „selbstverschuldeten Unmündigkeit" anstrebt, mit dem Postulat konfrontiert, ständig neue, über den Status quo hinausgehende Gesellschaftskonzepte zu entwerfen. Im Hinblick auf das allgemeine Geschichtsbewußtsein ergeben sich daraus folgende Möglichkeiten, seine eigene ideologische Position zu bestimmen: 1. einfach jeden Fortschritt zu leugnen und die älteren heilsgeschichtlich-apokalyptischen Visionen eines Jüngsten Gerichts ins Dystopische zu säkularisieren (womit man den jeweils Herrschenden geradewegs in die Hände spielt und sich selbst jeder Verpflichtung eines ‚eingreifenden Denkens' enthebt), 2. sich mit der jeweils vorgegebenen ‚schlechten Realität' abzufinden, indem man das Prinzip des Gottgegeben einfach ins Prinzip des ‚Naturgegebenen' abwandelt (und sich damit wiederum der Verpflichtung eines ‚eingreifenden Denkens' enthebt), 3. sich in den Dienst jener ideologisch ausgerichteten Gruppen, Kreise oder Parteien zu stellen, die mit reformerischen Eifer die jeweilige Gesellschaft ins ‚Bessere' umzuwandeln versuchen, oder 4. Utopien des völlig Anderen zu entwerfen, deren Verwirklichung einen radikalen Umbruch, ja Neubeginn voraussetzt, um endlich mit allen Restelementen der auch von der bürgerlichen Gesellschaft tradierten hierarchischen, autoritären oder gar religiös legitimierten Machtstrukturen des Feudalismus aufzuräumen.

Über die beiden ersten Gruppen braucht wohl in diesem Zusammenhang kein Wort verloren zu werden. Was jedoch kurz andiskutiert werden muß, ist jener ständig neuaufbrechende Gegensatz zwischen Pragmatikern und Utopikern, der immer wieder zu einer bedauerlichen Schwächung des progressiven Lagers geführt hat. Statt lediglich den Gegensatz dieser beiden Gruppen herauszustellen, sollte man in Zukunft lieber die innere Dialektik dieser beiden Gruppen akzentuieren, um so zu einer fortschreitenden Klärung ihrer ideologischen Positionen beizutragen und sie zugleich einander anzunähern. Die innere Dialektik des bloßen Pragmatismus besteht in erster Linie darin, daß er über dem auf gewisse Einzelziele gerichteten Reformeifer nur allzu leicht das große Ganze aus dem Auge verliert. Kritische Pragmatiker werden daher von den Vertretern des jeweiligen ‚Systems', deren Machtpositionen von ihnen letztlich nicht angetastet werden, ja die ihnen das perfekte Alibi einer freiheitlichen Grundordnung liefern, im Zuge der repressiven Toleranz manchmal nicht ungern geduldet. Die innere Dialektik des Utopismus besteht dagegen darin, daß sich revolutionäre Hoffnungen auf eine Totalumwälzung der bestehenden Gesellschaftsordnung nur mit messianisch übersteigerten Konzepten wecken lassen, die zwar solchen revolutionären Bewegungen anfänglich oft einen gewaltigen Auftrieb geben, dann jedoch, wenn die sofortige Realisierung der geweckten Hoffnungen ausbleibt, leicht in ideologische Katerstimmungen umschlagen können. Während also die Pragmatiker meist an ihren zu niedrig gesteckten Zielen scheitern, scheitern die Utopiker meist an ihren zu hoch gesteckten Zielen. Beide Haltungen sind also nicht unproblematisch – und doch läßt sich auf beide nicht verzichten, falls man jene ständigen Rückfälle ins Dogmatische, Ausbeuterische oder gar Barbarische verhindern will, die in den letzten Jahrzehnten eher häufiger als weniger geworden sind. Statt sich von vornherein für *einen* Weg zu entscheiden, sollte man auch auf diesem Gebiet endlich zu Strategien übergehen, bei denen mal das Pragmatische, mal das Utopische im Vordergrund steht, um so die im 18. Jahrhundert begonnene Entwicklung in Richtung Aufklärung, Humanität, soziale Gleichstellung und Völkerfreundschaft überhaupt in Gang zu halten.

Es hat daher keinen Zweck, der von rechts kommenden Diffamierung der Utopie einfach eine rückhaltslose Glorifizierung des Utopischen schlechthin entgegenzusetzen und dann (weil „nicht alle Blütenträume reiften") in die erwähnte ideologische Katerstimmung zurückzufallen. Wer den Begriff des Utopischen – nach all den Angriffen rechter Mythologen, linker Pragmatiker oder auch bloßer Zyniker – überhaupt noch ‚retten' will, muß sich schon mit seiner inneren Dialektik auseinandersetzen, um nicht über dem Anspornenden zugleich das Überspannte solcher Konzepte aus dem Auge zu verlieren. Nun, für solche Bemühungen gibt es bereits eine stattliche Reihe von Vorbildern. Ja, man könnte fast sagen, daß es angesichts der 777 Interpretationen des ‚Utopischen', welche die Wissenschaft für uns bereithält, geradezu vermessen wirkt, sich an eine neue Definition oder gar Wesensbestimmung dieses vielfältig schillernden Phänomens heranzuwagen. Nicht nur die Philosophen, auch die Historiker, Soziologen und Literaturwissenschaftler der jüngeren und jüngsten Vergangenheit haben sich immer wieder an diese Aufgabe herangewagt.[1] Doch im Vergleich zum 19. Jahrhundert, als die Utopie noch eine wirkliche Lebensmacht war, herrscht bei diesen neueren Begriffsbestimmungen – von denen der ‚Neuen Linken' einmal abgesehen – meist eine seltsame Mattigkeit, Ambivalenz, ja kaltherzige Distanz. Aufgrund der von Jahr zu Jahr immer bedrohlicher werdenden Weltsituation hat sich auch auf diesem Sektor bei der Mehrzahl der westlich-bürgerlichen Wissenschaftler eine resignierende, ja geradezu defaitistische Haltung durchgesetzt, die nur noch am eigenen Überleben, aber nicht mehr an der Zukunft der Menschheit interessiert ist. Es gibt daher noch eine Reihe revisionistischer oder reformistischer Strömungen, aber immer weniger wirklich radikale Alternativvorstellungen, so dringend wir solche angesichts der drohenden Atomtodgefahr, der Ausbeutung der Dritten Welt, der rücksichtslosen Ausplünderung aller Rohstoffvorräte usw. eigentlich brauchten.

Und so hat auch das Interesse am Utopischen – trotz mancher rühmlichen oder auch verworrenen Ausnahmen – bei vielen Forschern einen seltsam antiquarischen Charakter angenommen. Obgleich kaum noch echte, ‚universal' orientierte Utopien geschrieben werden, gibt es immer noch vielfältig verästelte Wissenschaftszweige, die sich mit positivistischem Sammeleifer und reaktionärer Freude am Historisch-Vergangenen mit dem Phänomen des ‚Utopischen als solchem' beschäftigen: es katalogisieren, den verschiedensten typologischen und strukturalistischen Schemata unterwerfen oder es zu einem rein ‚literarischen' Genre neutralisieren. Wenn man sich dabei zu Definitionen gezwungen sieht, weicht man meist ins ideologisch Unverbindliche aus oder stellt das Utopische als eine Mischung aus Ideal und Illusion, aus Sinnvollem und Sinnlosem hin, das keinerlei praktischen Nutzwert mehr hat und somit ein idealer Gegenstand strikter ‚Wissenschaftlichkeit' geworden ist. Die gleiche Tendenz ins Historisierende oder gar Ironische herrscht in manchen Lexika oder Wörterbüchern. So gibt das *Oxford English Dictionary* unter dem Stichwort „utopia" nicht eine, sondern gleich zwei, sich wechselseitig in Frage stellende Definitionen: a) „a state ideally perfect in respect of politics, laws, customs, and conditions" und b) „an impossibly ideal scheme, especially for social improvement".[2]

Um aus dieser Ambivalenz herauszukommen, bedarf es weniger neuer semantischer Spitzfindigkeiten als einer klareren ideologischen Vorentscheidung. Wenn man Utopie weiterhin als das ‚Schöne Land Nirgendwo' definiert, das zwar ideal, aber unerreichbar ist, nützt man lediglich jenen, die auf dem Status quo insistieren und jedem Veränderungswillen von vornherein feindlich gegenüberstehen. Angesichts dieser Situation wäre es empfehlenswert, den Begriff ‚Utopie' viel stärker als bisher in der konkreten Gesellschaftlichkeit zu verankern – und so an die besten, wenn auch vielleicht nicht farbigsten, skurrilsten, überspanntesten Traditionen des utopischen Denkens anzuknüpfen. Eine echte Utopie wäre demnach nur das, was eine soziale Ordnung anvisiert, die nicht rein traumhaft-phantastisch ist, sondern eine realistische Möglichkeit der Verwirklichung enthält und auf eine Gesellschaftform hinzielt, in der Freiheit und Bindung, Staat und Individuum, einzelpersönliches Glück und Förderung des Gemeinwohls in einem sich wechselseitig verstärkenden Verhältnis zueinander stehen. Das bedeutet, das Utopische schärfer als bisher sowohl von allen Formen der Eutopie, also jenen des rein sensualistischen Schlaraffenlandes, in dem lediglich gespeist und koitiert wird, als auch von allen Formen eines chiliastischen Wunschdenkens, das in ekstatischer Heilserwartung von tausendjährigen Reichen, Gottesstaaten und Heilanden der Endzeit schwärmt, abzugrenzen.

Utopie als die edelste Manifestation einer gerechteren Gesellschaftsordnung sollte daher in Zukunft weder rein phantastisch noch rein außerweltlich verstanden werden. Was sie auszeichnet, ist nicht irgendein *Wishful Thinking*, sondern ein Änderungswille, der durchaus im Bereich der politischen, sozialen und ökonomischen Möglichkeiten bleibt. Utopie will keine andere, sondern eine bessere Welt. Sie ist nicht jenseitig, sondern stets diesseitig orientiert. Sie hofft nicht auf einen außerweltlichen Eingriff, sondern glaubt an eine vom Menschen durchführbare Umwälzung der bestehenden Verhältnisse. Sie will weder eine sinnlose Anarchie noch einen vom heiligen Geist gelenkten Kirchenstaat, sondern ein Gemeinwesen, das auf einer sozialen Ordnung beruht, bei der das Glück des einzelnen nicht mit dem Glück aller kollidiert.

Soweit ihr räumlicher Aspekt, der rein diesseitig ist. Ähnlich steht es mit ihrem Verhältnis zur Zeit, zur Geschichte. Utopie deutet stets in die Zukunft, liegt stets an der Front, und zwar im Sinne einer rein innerweltlichen Progressivität. Sie zielt nicht auf Geschichtsüberwindung, sondern auf Geschichtswende. In diesem Punkte hebt sie sich radikal von allen romantischen, konservativen oder nackt reaktionären Änderungsvorschlägen ab, in denen die Rückkehr zum heiligen Mittelalter, zum Ordo, zum goldenen Zeitalter, zum rassereinen Ariertum usw. als Ideal hingestellt wird, die also das ‚Bleibende' im ewigen Strom der Geschichte fixieren wollen und deshalb jeglichen Fortschritt als Abfall vom Ursinn des göttlichen Weltenplans verteufeln. Konzepte dieser Art sind keine Utopien, sondern Mythen – ja nicht einmal das. Da wahrhaft mythisches Denken stets eine archaische, prähistorische Mentalität voraussetzt, sollte man in diesem Bereich lieber von manipulierten Un-Mythen sprechen, wie sie etwa Alfred Rosenberg in seinem *Mythus des 20. Jahrhunderts* propagiert.[3]

Damit wäre erst einmal ein vorläufiger Rahmen abgesteckt. Um diese theoretischen Spekulationen nicht völlig willkürlich erscheinen zu lassen, soll nun ein kurzer Rückblick auf die Geschichte des utopischen Denkens folgen. Denn schließlich gibt es keine Kategorien oder Genres a priori, sondern immer nur deren historische Manifestationen, die selbst dann, wenn sie wie die Utopie ins scheinbar Ahistorische, in den noch unerfahrenen Raum der Zukunft vorausgreifen wollen, doch Ausdruck ihrer eigenen Zeit bleiben. Aus diesem Grunde ist in den Utopien der letzten Jahrhunderte in den guten Welten der Zukunft stets zugleich die schlechte Welt der Gegenwart enthalten, was sie alle historisch datierbar macht. Ein wahrhaft historisches Denken sollte daher gerade diese Historizität herausarbeiten, um in der Aufeinanderfolge der verschiedenen Utopien eine Entwicklungslinie zu erkennen, die in unsere eigene Gegenwart mündet und somit eine Beschäftigung mit diesem Phänomen überhaupt erst sinnvoll macht. Betrachten wir also die einzelnen Etappen des utopischen Denkens als einen Geschichtsprozeß, der sich nicht entmündigt, indem er sich außerhalb des historischen Ablaufs stellt, sondern der diese Vorstöße ins Utopische – um der Zukunft willen – dialektisch in sich aufzuheben versucht.

Unter einer solchen Perspektive gesehen ist es kein Wunder, daß der Begriff ‚Utopie' weder bei Plato, Augustinus noch bei Joachim di Fiore, sondern erst in der 1516 erschienenen Schrift *De optimo rei publicae statu deque nova insula*

Utopia des Thomas Morus auftaucht. Selbstverständlich hatte es auch vorher schon naturrechtliche oder religiöse Konzepte gegeben, die sich mit „dem umgebenden Sein nicht in Deckung befinden", wie Karl Mannheim einmal das Wesen der Utopie definiert.[4] Doch hatte dort meist das Statisch-Abstrakte oder Chiliastische überwogen. Der Gedanke einer progressiven Sozialordnung nimmt dagegen erst mit dem historischen Umbruchsdenken und der Tendenz zur radikalen Verdiesseitigung innerhalb der Renaissance wirklich konkrete Formen an.[5] Erst durch die Auflehnung der Bürger und Bauern gegen den mittelalterlichen Feudalismus entsteht das, was man ein soziales Gewissen fortschrittlicher Art nennen könnte. Und zwar lassen sich dabei zwei Richtungen unterscheiden: eine humanistisch-insulare wie bei Thomas Morus, die trotz aller Universalität und Radikalität einen akademischen Sinn für das Schickliche behält, und eine aktivistisch-politische wie bei Thomas Münzer, die ihren revolutionären Elan mit älteren Gottesstaats- und Wiedertäufervorstellungen vermischt. Angefacht durch politische, soziale und religiöse Unruhen aller Art, die sich aus dieser Kritik am Feudalismus ergaben, schossen daher in der Folgezeit die Sozialutopien fast wie die Pilze aus dem Boden. Überall huldigten die revolutionären Kräfte plötzlich dem Ideal der „Altruria", wie es sich in folgenden Titeln manifestiert: *De Orbis Terrarium Concordia, La città felice, The Enchanted Island, Nova Atlantis* und *The Commonwealth of Oceana*. Es fehlt zwar diesen Utopien noch weitgehend das spätere Entwicklungsdenken, aber eins haben sie doch als progressives Element gemeinsam: die absolute Diesseitigkeit. Entgegen aller feudalistischen Willkürherrschaft treten sie – zum Teil unter Berufung auf die sich allmählich herausbildende Nationalstaatsidee – für einen Staat mit ausgesprochen republikanischen Organisationsformen ein. Obwohl manche dieser Utopien noch eine Reihe von Archaismen enthalten, ja selbst die Leibeigenschaft nicht ganz verdammen, zeichnen sich doch in den meisten folgende Zielsetzungen ab: a) eine wesentlich bessere Organisation des staatlichen Gefüges, b) eine Steigerung der Produktion durch Gemeineigentum und damit verbunden c) eine Einschränkung der täglichen Arbeitszeit auf 6 bis 8 Stunden. Allen diesen Vorschlägen liegt die Erkenntnis zugrunde, daß nur eine sinnvoll gesteigerte Produktion zu vermehrter Freiheit führen könne, daß jedoch mit dieser ökonomischen Eskalation die Gefahr einer Profitsteigerung verbunden sei, der man durch eine konsequente Sozialisierung der Produktionsmittel entgegentreten müsse. Die Forderung der Eigentumslosigkeit wird dabei im Sinne urkommunistischer Vorstellungen meist noch als ‚Naturzustand' des Menschen hingestellt, was oft zu Utopien führt, deren Gesellschaftsstrukturen geradezu wie biologische Organismen funktionieren. Doch auch im Sinne der sich gerade erst entwickelnden Naturwissenschaften bleibt hier nichts der privaten Willkür überlassen. Um der Steigerung der Produktion und damit der Aufhebung des materiellen Mangels willen wird in diesen Utopien fast jede menschliche Handlung quasi *more geometrico* dem sozialen Zweck unterstellt und damit ins Altruistische erhoben.

Im 17. Jahrhundert, im Zeitalter des Absolutismus und der Gegenreformation, treten die Utopien – vom puritanischen England und seiner Entwicklung einmal abgesehen – wieder etwas in den Hintergrund oder nehmen wie in Campanellas *Civitas solis* (1623) einen theokratisch-totalitären Charakter an. Ja, die großen Staatsromane dieses Jahrhunderts verdrängen das Utopische fast ganz und dienen weitgehend der Affirmation der bestehenden Verhältnisse. Dagegen setzt zu Beginn des 18. Jahrhunderts jene zweite Wende zum modernen Entwicklungsdenken ein, die man gern mit dem harmlos klingenden Wort ‚Aufklärung' bezeichnet. Von jetzt ab werden nicht mehr Utopien geschrieben, die im ‚Nirgendwo' liegen, sondern die man als Leitbilder der eigenen Entwicklung in die Zukunft, in das Morgenlicht der erwarteten Geschichtswende hineinprojiziert. Und damit bricht das große Zeitalter der ‚konkreten' Utopien erst recht eigentlich an. Nach der Reaktion des Absolutismus und der Gegenreformation im Zeitalter des Barock rüstet sich jetzt das Bürgertum zum entscheidenden Endkampf gegen den Feudalismus, erneuert die alten Forderungen nach weniger Arbeit, Gemeineigentum und besserer staatlicher Organisation und fügt – im Zuge des aufkommenden Liberalismus – diesen Postulaten noch das unveräußerliche Recht des Einzelnen auf persönliche Freiheit und Selbstverantwortlichkeit hinzu. Alles steht plötzlich im Zeichen des Progrès, ein Wort, das bereits 1750 in ‚Fortschritt' eingedeutscht wird.

Und zwar lassen sich dabei zwei Hauptrichtungen unterscheiden: eine mehr hedonistische und eine mehr tugendhafte. Die hedonistische treibt ihre Kritik am Ancien régime meist in exotischer Verkleidung, das heißt in der Form des Abenteuerromans oder der Reisebeschreibung. Sie verfährt dabei so aufreizend, daß wie in Diderots *Supplément au voyage de Bougainville* (1775) in der erotischen Befreiung zugleich die gesamtgesellschaftliche Befreiung durchschimmert. Die mehr tugendsame Richtung geht dagegen von pietistisch-religiösen Vorstellungen aus und will den frivolen Adel gerade mit ihrer moralischen Überlegenheit als politische Führungsmacht disqualifizieren, ohne zu merken, daß sie sich damit in ihrer eigenen Schlinge fängt und bei einer entwürdigenden Frustrierung landet. Daß daneben auch ältere utopische Hoffnungen weiterbestehen, versteht sich von selbst.

Die Französische Revolution, als der schärfste Ausdruck dieser bürgerlichen Auflehnung gegen den Feudalismus, wird daher von den widersprüchlichsten utopischen Vorstellungen und Erwartungen beherrscht: rein hedonistischen (de Sade), extrem rationalistisch-moralisierenden (Robespierre), naturrechtlichen (Mercier, Morelly), egalitär-kommunistischen (Babeuf) usw., die jedoch alle mit dem universalen Anspruch einer Gesamtumwälzung auftreten, alle mit dem Jahre Null, einer neuen Phase in der Menschheitsgeschichte beginnen wollen. Trotz ihres Scheiterns blieben diese Ideen das ganze 19. Jahrhundert lebendig. Ja, in diesem Jahrhundert wurden mehr Utopien geschrieben als je zuvor. Man denke an die imponierende Reihe sozialutopischer Entwürfe aus der Zeit der Julirevolution von 1830 (Saint-Simon, Enfantin, Cabet, Fourier) bis zu den Utopien aus der Zeit des Naturalismus der späteren achtziger und neunziger Jahre (Bellamy, Hertzka, Lasswitz, Morris, Wells). In enger Fühlungsnahme mit den naturwissenschaftlichen Entdeckungen und sozialistischen Gesellschaftslehren werden von diesen

Autoren immer konkretere Utopien entworfen, die alle nur denkbaren sozialistischen, sozialdemokratischen und kommunistischen Idealstaaten repräsentieren. Die Idee des Gemeineigentums als des sichersten Abwehrmechanismus gegen Ausbeutung, einzelpersönliche Machtausübung und Korrumpierung des menschlichen Charakters im Sinne von Neid, Habgier und Besitz blieb dabei stets erhalten, ja wurde sogar noch verstärkt.

Andererseits entwickelten die führenden Schichten des Bürgertums, die inzwischen den Schritt vom Citoyen zum Bourgeois vollzogen hatten, eine immer stärkere Aversion gegen die Utopie schlechthin. Sie traten zwar ebenfalls für bessere staatliche Organisationsformen ein, soweit diese eine profitsteigernde Funktion hatten, setzten jedoch allen Tendenzen ins Hedonistische und Sozialistische eine strikte Verteidigung des Privateigentums und eine forcierte Arbeitsethik entgegen. Die Achtundvierziger Revolution, die von der Bourgeoisie ausging, hat daher – im Vergleich zur Französischen Revolution von 1789 – kaum noch utopische Züge. Wer also im Rahmen des Bürgertums trotzdem eine grundsätzlich neue Gesellschaftsordnung ersehnte, wurde immer stärker ins Sektiererische abgedrängt. Das Ergebnis dieser Entwicklung waren Gemeindebildungen wie Oneida, New Harmony oder Icaria, die in der Isolierung notwendig verkümmerten.

Was das gehobene Bürgertum allenfalls als ‚utopisch' duldete, waren lediglich phantastisch-unterhaltsame Romane à la Jules Verne, die keinerlei revolutionäre Elemente enthielten. Ja, gegen Ende des Jahrhunderts begann es schon, den sozialdemokratischen oder auch liberalen Utopien mit Gegenutopien, sogenannten ‚Dystopien' entgegenzutreten, in denen jede Abweichung vom Status quo als ein Verstoß gegen die ‚natürliche Ordnung der Dinge' hingestellt wird. Ein bezeichnendes Beispiel dafür ist der Roman *Der Himmel auf Erden* (1892) von Emil Gregorovius, in dem das Schreckbild einer Machtübernahme durch die Sozialdemokraten entworfen wird, die selbstverständlich zu einem ‚teuflischen' Horrorregime führt. Nach Gregorovius ist der Hauptantrieb des Menschen ein brutaler Egoismus, der nur durch Kirche, Kapital und Militär in Schach gehalten werden kann.[6] Diesem Trieb in einem sozialistisch-altruistischen Staat freie Zügel zu lassen, erscheint ihm als ein geradezu selbstmörderisches Unterfangen.

Doch seltsamerweise schworen auch die hier verteufelten Sozialdemokraten im späten 19. Jahrhundert ihren älteren utopischen Hoffnungen allmählich ab und schlossen sich in diesem Punkte enger an die ‚Klassiker' des Marxismus an. Marx und Engels hatten zwar die Forderungen nach Verstaatlichung der Produktionsmittel und Verkürzung der Arbeitszeit von den Utopikern übernommen, jedoch diese Postulate nicht mehr als utopisch, sondern als realgeschichtlich oder materialistisch verstanden. Das geht bereits aus ihrer Polemik gegen die ‚wahren Sozialisten' im *Kommunistischen Manifest* (1848) hervor, die 1882 von Engels in seiner programmatischen Schrift *Die Entwicklung des Sozialismus von der Utopie zur Wissenschaft* konsequent weitergeführt wurde. Auch Marx, dessen Denken anfänglich durchaus utopische Züge aufweist, hat in späteren Jahren das Konzept der klassenlosen Gesellschaft meist so nüchtern wie nur möglich dargestellt. Statt utopische Staaten „aus dem Kopf zu erfinden“, erschien es ihm viel wichtiger, die Möglichkeiten einer zukünftigen Gesellschaft – mittels dieses Kopfes – in den Entwicklungstendenzen der kapitalistischen Gesellschaft selbst zu entdecken.[7] Ihm genügte es nicht, wenn sich allein der Gedanke zur Wirklichkeit drängt. Solche Bemühungen fand er nur dann sinnvoll, wenn sich auch die Wirklichkeit zum Gedanken drängt. Unter ‚Utopikern‘ verstand er daher diejenigen, welche die politischen Formen von ihren gesellschaftlichen Grundlagen trennen und sie zu allgemeinen, abstrakten Dogmen erheben. Allerdings sollte man nicht Marx dafür verantwortlich machen, daß eine solche Einstellung in der Praxis späterer Planungsbürokraten häufig in einem gegenutopischen Sinne ausgelegt wurde.

Und so ist seit dem Beginn des 20. Jahrhunderts ein Zustand entstanden, der zu einer fortschreitenden Verkümmerung der in die Zukunft hineinprojizierten Sozialutopie führen mußte. Mit dem Aufstieg der UdSSR und der USA zu den führenden Großmächten der Erde haben sich zwei Gesellschaftsysteme etabliert, die wegen der globalen Blockbildung und der damit verbundenen Gefahren hartnäckig auf dem Status quo beharren und jede neue Utopiebildung als unsinnig verwerfen. Das eine Land versteht sich in seiner offiziellen Ideologie als die Erfüllung des American Dream, als God's own Country – das andere als die unzerstörbare Bastion eines konsolidierten Staatsmarxismus, dem vor allem an der Unverrückbarkeit seiner Machtposition gelegen ist. Beide Mächte sehen in dieser Situation einen gesellschaftlichen Zustand, der sich mit den Mitteln der Planung und der statistisch operierenden Futorologie zwar noch quantitativ perfektionieren, aber nicht mehr qualitativ verändern läßt. Wo soll da Raum für Utopien bleiben?

Aus diesem Grunde wird das Wort ‚Utopie‘ im Einflußbereich der Sowjetunion fast völlig gemieden. Hier wirkt immer noch das Marxsche Diktum nach, daß man seine geistigen Kräfte lieber auf die exakte Analyse der realgeschichtlichen Verhältnisse konzentrieren solle als in die apriorische Fabrizierung idealer Gesellschaften abzuschweifen. Dazu kommt die Verdammung des Utopischen durch Lenin, der utopische Schwärmereien entweder als einen Ausdruck der Schwäche oder als Ausgeburten eines unverbindlichen Liberalismus abqualifizierte, durch welche die bestehende Gesellschaftsordnung nicht wirklich in Frage gestellt werde. Utopisches gilt deshalb in diesen Ländern weitgehend als veraltet, subjektivistisch oder kleinbürgerlich, dem man zwar eine ehrwürdige Vergangenheit zugesteht, das man jedoch als Wirkungsmacht für die Gegenwart oder als Leitbild für die Zukunft grundsätzlich verwirft.[8] So schreibt etwa Werner Krauss in seinem Aufsatz *Geist und Widergeist der Utopie*, der 1962 in *Sinn und Form* erschien: „Die Utopie kann uns nicht mehr tiefer zu Herzen gehen. Die Perspektive unentwegter Hoffnung wird allein von einer unveränderlichen und unerfüllbaren Welt angesprochen. Unsere Erwartung einer besseren Zukunft ist in der machtvollen Bewegung unserer eigenen Gegenwart hinlänglich gesichert. Das schließt nicht aus, daß uns der Abschied von der Utopie mit Wehmut erfüllt, weil sich mit ihr ein letztes Stück unserer Kindheit, eine letzte Reminiszenz an unsere Vorzeit für immer verflüchtigt.“[9] Linksutopische Marxisten wie Ernst Bloch, die an der historischen Bedeutsamkeit des Utopie-Begriffs festzuhalten versuchten, stießen daher in der DDR auf wenig Gegenliebe. Ein ähnliches Schicksal ereilte manche der nicht realsozialistisch, sondern eher ‚futuristisch' ausgerichteten Schriftsteller. Denn in jedem neuen Leitbild, das über die ökonomisch festgelegten Planziele hinausschießt und sich für utopische Kommune-Vorstellungen begeistert, erblickt man in diesen Staaten sofort eine mögliche Bedrohung der bestehenden Machtverhältnisse. Für diese Länder ist daher die Zukunft – jedenfalls in ihrer augenblicklichen Ideologiebildung – nicht mehr ein Produkt aus Sozialismus und Utopie, sondern eher aus Sozialismus und kybernetischer Planung.

Ähnlich und doch anders liegen die Verhältnisse im sogenannten ‚freien Westen', wo man um des Profits willen zwar noch Entwicklung, aber keinen Fortschritt mehr duldet. Auch hier schwört man offiziellerweise auf den Status quo und stellt die Zukunft nicht mehr als ein Produkt aus Kapitalismus plus Utopie, sondern nur noch aus Kapitalismus plus Computertechnik hin. Das westliche Zukunftsdenken ist daher weitgehend durch eine planstrategisch arbeitende Futurologie ersetzt worden, die mit Hilfe großer Datenbanken und Think Factories mittelfristige Stabilisierungsmodelle für die Power Eliten des modernen Subventionskapitalismus zu entwerfen versucht. Statt sich um wirkliche Neuerungen zu bemühen, wird hier lediglich das fatale Obsolenzbewußtsein gestärkt und eine gewisse Krisenverhinderung betrieben.[10] Wohl die bekanntesten Vertreter dieser Richtung sind Herman Kahn und Anthony J. Wiener, die in ihrem Buch *The Year 2000: A Framework for Speculation on the Next Thirty Years* (1967) voller Stolz auf die herrschende Status-quo-Mentalität „the end of all ideology" verkünden und im Sinne total instrumentalisierter Rationalität ihre Hauptaufgabe in einem „technological forecasting" sehen, das nicht über eine bloße Look-out-Position hinausgeht.[11]

Ähnliche Schrumpfungsprozesse lassen sich im Bereich des Literarischen beobachten. Was deshalb im Westen, wo angeblich alles erlaubt ist, trotz der allgemeinen Abneigung gegen gesellschaftliche Alternativvorstellungen noch immer an utopischen Romanen erscheint, hat meist einen absolut verharmlosten Charakter, das heißt verzichtet auf jeden sozialutopischen Anspruch und offeriert sich als unterhaltsame Wegschmeißware einer sorgfältig spezialisierten Verbrauchsgüterindustrie. Dafür sprechen fast alle Produkte der sogenannten Science Fiction, in der sich die gängigen bürgerlichen „Seifenopern" im Milieu einer technologischen Phantasiewelt abspielen,[12] oder die neuesten Produkte der pornotopischen Literatur, die auf dem trügerischen Slogan „Lust macht frei" (Maurice Girodias) beruhen.[13] All das sind bloß noch kümmerliche Schwundstufen einer ehemals so reichen technotopischen oder hedonistischen Literatur, in der noch die Gesamtheit der menschlichen Verhältnisse verändert werden sollte. Wirkliche Sozialutopien erscheinen daher im Westen nur noch in negativer Form, als Schreckensvisionen oder Dystopien. Das Ironische dieser Werke besteht meist darin, daß sie den Kapitalismus gegen den Kommunismus verteidigen wollen, indem sie wie in Orwells Roman *1984* den Kommunismus als die gefährlichste aller Utopien hinstellen, obwohl sich auch dieser längst von allen utopischen Konzepten abgewandt hat. Obendrein sollte man nicht immer wieder gegen das Ideal der klassenlosen Gesellschaft zu Felde ziehen und dafür die Demokratie preisen, die ohne die Verwirklichung ebenjener Klassenlosigkeit letztlich eine Farce bliebe.

Ideologiekritisch gesehen, liegen dieser kapitalistisch-westlichen Aversion gegen Utopisches etwa vier verschiedene Haltungen zugrunde. Da wäre erst einmal die kleinbürgerliche, pragmatistisch-platte oder anti-intellektuelle, die alles, was nicht mit dem Status quo übereinstimmt, als fremdartig, als unnütz, als dummes Zeug empfindet. Für diese Schichten, die überhaupt kein Konzept von Geschichtlichkeit oder Fortschritt haben, sondern nur so dahinleben, sind Utopien etwas schlechthin Pueriles, Lächerliches oder Phantastisches. Sie schwören auf das Reale, Faktische, Theorielose, die absolute Konformität. Halb frustriert, halb bösartig lachen sie über jeden, der ‚anders' ist, da sie ihre eigenen Verdrängungen längst als gesellschaftlichen Normal-, ja geradezu Idealzustand akzeptiert haben und jeden Ausbruch aus dieser Zwangsjacke mißgünstig verurteilen. Aufgrund dieser Einstellung sehen sie in allen Utopikern lediglich Querköpfe, wankelmütige Nonkonformisten oder schlecht angepaßte Neurotiker. Ihre eigene Unsicherheit versuchen sie mit einer Mischung aus Apathie und Zynismus zu verdecken, indem sie bei einem selbstironischen ‚Sense of Humor' Zuflucht suchen. Um nur ja nicht als ‚weich', idealistisch oder gar enthusiasmierbar zu gelten, was in jeder inhumanen Gesellschaft als Verstoß gegen die soziale Etikette gilt, geben sie sich so hart, so indifferent wie nur möglich und weisen höhnisch darauf hin, daß Utopien seit eh und je gescheitert seien und sich stets jene Sorte Mensch durchgesetzt habe, die sie als ihresgleichen betrachten, nämlich die der unverbesserlichen Philister.

Nicht ganz so theorielos treten die sogenannten ‚konservativen' Utopiekritiker auf, die sich à la Karl Kerényi oder Paul Tillich nicht einfach mit dem jeweils herrschenden Status quo identifizieren, sondern zur Verteidigung ihrer Position den ewigen Status quo, das Immerseiende, das von Urzeiten Bleibende herbeibemühen – was zwar ideologisch auf das gleiche hinausläuft, jedoch in ein wesentlich anspruchsvolleres Vokabular eingekleidet wird.[14] In diesen Bereichen gebraucht man gern Worte wie Weltsinn, Mythus, Schicksalsgebundenheit oder Urbestimmtheit. Hier verdammt man alle technischen Errungenschaften als fortschreitende Enthumanisierung, obwohl man an diesen technischen Errungenschaften fleißig partizipiert und die noch vorindustriellen Staaten als ‚unterentwickelt' bezeichnet. Der Begriff ‚Utopie' gilt daher auf konservativer Seite als ebenso korrumpierend wie der Begriff ‚Ideologe'. Solche Termini empfindet man wie alles Fortschrittsgerede als geradezu degoutant oder ‚links', um es noch hämischer auszudrücken. Denn ein echter Konservativer betrachtet sich selbst stets als ‚unpolitisch' oder ‚rechts', das heißt sieht im Zeitlos-Reaktionären die einzige menschenwürdige Gesinnung, die bis zum Beginn der Welt, bis zu Gott zurückreicht, wodurch auch er – wie der kleinbürgerliche Spießer – den ewig einen Status quo unterstützt.

Fast die gleichen ideologischen Winkelzüge gegen das Utopische finden sich bei den sogenannten ‚Liberalen'. Einst selbst aus dem utopischen Lager herkommend und von der ersehnten bürgerlichen Freiheit träumend, empfinden auch diese

Schichten heutzutage jede Utopie als etwas Phantastisches, Nichtzuverwirklichendes. Um sich als gute Bürger ihre sozialen Privilegien und individuellen Freizügigkeiten zu bewahren, diffamieren sie alle Utopien entweder als potentielle Dikaturen oder geben sie als religiöse Heilserwartungen der Lächerlichkeit preis. Wie so oft wird dabei das Utopische zu einem fragwürdig schillernden Popanz aufgeblasen, um es dann um so leichter aufzuspießen und zum Platzen bringen zu können. Vor allem seit dem Ausbruch des Kalten Krieges und der damit verbundenen Gleichsetzung von braun und rot ist diese Form der Utopiekritik besonders populär geworden. „Nur keine Experimente!", „Nur keine Utopien!": heißt es seitdem immer wieder. Aus diesem Grunde steckt man sich lieber keine Ziele als irgendwelchen Zukunftshoffnungen nachzuhängen, führt lieber Scheinreformen durch als sich an wirkliche Änderungen heranzuwagen, preist lieber eine offene, natürliche, organische Entfaltung der bestehenden Gesellschaft als geplante Eingriffe oder Operationen vorzunehmen – und wenn diese noch so heilsam wären. Vor allem Karl R. Popper hat sich auf diesem Gebiet manch unrühmlichen Lorbeer erworben, indem er Utopisches von vornherein als Weg zur Gewaltherrschaft, ja zur Tyrannei verdächtigte.[15] Im Gefolge solcher Thesen schreiben heute selbst Blätter wie der *Spiegel*, die sich als ‚kritisch' verstehen, daß alle Utopien nur „Planzeichnungen für mörderisch totalitäre Systeme" seien.[16]

Wie man sieht, sind im Hinblick auf das Utopische die Unterschiede zwischen dem spießbürgerlichen, konservativen und liberalen Denken recht minimal geworden, wie ja auch das übliche Zwei- oder Dreiparteiensystem vieler westlichen Demokratien jede innere Gegensätzlichkeit eingebüßt hat. Ob nun konservativ oder liberal: beide Richtungen wehren sich heute gegen das Bild einer anderen, besseren Welt und verteidigen den Status quo, das Juste milieu. Statt endlich an die Aufhebung der Grundwidersprüche der kapitalistischen Gesellschaftsform heranzugehen, verschanzen sich diese Kreise immer wieder hinter einer pseudokritischen Attitüde, die sich auf nichts festlegen will und daher im Unverbindlichen versandet. Allenthalben predigt man eine ‚pluralistische' Ordnung, die jedoch in Wirklichkeit durch den Einsatz geschickt manipulierter Massenmedien auf eine eindimensionale Gesellschaftsordnung hinausläuft, die nur noch gedankenlose Verbraucher kennt und auf alle Alternativvorstellungen verzichtet hat. Während man in frühbürgerlichen Zeiten noch wahrhaft liberal dachte, versackt man jetzt mehr und mehr im Reaktionären, indem man den lieben Untertanen pausenlos die Mär vom nachideologischen Zeitalter vorerzählt oder ihnen die Ohren mit pseudoutopischen Slogans wie ‚New Frontier' oder ‚Soziale Marktwirtschaft' zustopft.

Nun gut, aber gibt es neben dieser konservativ-liberalen Einheitspartei nicht auch noch die sogenannten Linksliberalen, die sich energisch gegen diese Eindimensionalität zu wehren versuchen? Es gibt sie – doch wie sieht ihr Konzept des Utopischen aus? Genau betrachtet desavouieren auch sie – trotz verzweifelter Hoffnung auf eine bessere Zukunft – jedes Engagement für eine bestimmte Utopie als wirklichkeitsfremd und verkünden unverfroren das ‚Ende der Ideologien'.

Wie auf seiten der Rechtsliberalen wird auch von diesen Schichten, wie etwa bei Adorno und Horkheimer, jedes klar gezeichnete Gegenbild entweder abgelehnt oder als ,heile Welt' denunziert. Ihre utopische Hoffnung besteht allein in der totalen Negierung alles Bestehenden, die nach Meinung Adornos ihren radikalsten Ausdruck im absolut negativen Kunstwerk erfährt. Nur in der Nachfolge eines Kafka oder Beckett sieht er noch eine Chance auf Veränderung, das heißt in einem absurd erhofften Umschlag aus der totalen Negativität in die Positivität. Ja, selbst der etwas radikalere Marcuse beschränkt sich bei seinen Zukunftsspekulationen weitgehend auf die Geste der „Großen Weigerung", die jedoch im Hinblick auf die gesellschaftliche Realität etwas rein Subjektivistisch-Idealistisches behält.[17] Eine solche Dialektik jenseits aller Ideologie und Politik ist letztlich nicht wahrhaft ,utopisch', da sie jede Möglichkeit der Realisierung eo ipso ausschließt. Wenn die Kunst oder das hoffnungslos vereinzelte Individuum – als die einzigen Reservate des Utopischen – die Statthalterschaft für die kommende Gesellschaft übernehmen müssen, dann bekommt alles realpolitsche Geschehen einen weitgehend marginalen Charakter, was zur steigenden Hochschätzung Adornos bei den heutigen Konservativen geführt hat.

Denn eine so verstandene Liberalität ist letzten Endes sehr bequem. Sie maßt sich die Würde des Kritischen an, ohne sich auf ein bestimmtes Programm festzulegen. Sie tut links, ohne aufgehört zu haben, rechts zu sein. Sie spricht im Namen der Zukunft und tritt doch ständig auf der Stelle. Sie ist stolz auf ihre utopische Intention, ohne wirklich utopisch zu sein. Denn in Begriffen wie utopisches Programm, Leitbild oder Fortschritt sehen Adorno und Horkheimer lediglich Erstarrungen oder Fetischisierungen, die durch die ideologischen Depravierungen der letzten Jahrzehnte jeglichen Sinncharakter verloren hätten. Nach Hitler noch von Fortschritt zu reden, erscheint ihnen geradezu absurd. Nach Hitler nicht von Fortschritt zu reden, erscheint mir viel absurder. Überhaupt sind viele der sogenannten ,Linksliberalen' sehr allergisch gegen alles Positive und beschwören gern einen tiefsinnigen Fatalismus, um sich selbst als bedeutend oder hintergründig auszuweisen. Aus dem gleichen Grunde sprechen sie nie von Utopie, sondern immer nur von gewissen utopischen Intentionen – und sogar diese beziehen sie weniger auf die Politik als auf die Kultur. Eine solche Haltung wirkt zwar modernistisch, kritisch, ja fast dialektisch, aber nie wirklich engagiert. Wer auf einer so unverbindlichen Basis steht, kann immer planen, immer entwerfen, braucht jedoch nirgends anzukommen, mit nichts fertig zu werden. Ja, manche dieser Leute leugnen einfach, daß sich Utopien je erfüllen ließen. Dabei wird man heute von erfüllten Utopien – ob nun technologischer oder ideologischer Art – geradezu überschwemmt. Selbst die Position der Freiheit, von der aus diese Leute sprechen, wie auch die Kommunikationsmittel, deren sie sich bedienen, waren alles einmal Utopien – ganz zu schweigen von ihrem persönlichen Komfort, ihrer längeren Lebenserwartung, ihren Flugreisen, ihrem Stimmrecht und anderen modernen Errungenschaften. Ohne die Utopie der kapitalistischen Produktionssteigerung und ohne die Utopie des demokratischen Repräsentationssystems wären alle diese ,guten Bürger' noch Heloten oder zumindest Leibeigene. Doch leider sind es oft gerade die Privilegierten, für deren Freiheit und privates Wohlbehagen Generationen von Utopikern ihr Blut gelassen haben, die sich über diese Utopiker am meisten mokieren und sich somit als die übelsten Vertreter des Status quo entlarven. Dabei müßten sie es – aufgrund ihrer Bildung – eigentlich besser wissen, während man von Spießbürgern und Konservativen von vornherein keine andere Reaktion erwartet.

Wer also eine bessere Zukunft erhofft, und diese Spezies ist trotz aller Gegenpropaganda zum Glück noch nicht ganz ausgestorben, wird sich – wohl oder übel – um ein neues utopisches Konzept bemühen müssen. Es gibt nun einmal keine bessere Zukunft, ohne daß wir uns ein neues Programm, ein neues Bild davon entwerfen. Eine utopielose Welt reproduziert nur noch sich selber, wie schon Karl Mannheim ständig betonte, und erstarrt schließlich im Eindimensionalen, in totaler Entfremdung, im Terror des Status quo. Es genügt daher nicht, bloß eine noble Intention zu haben oder vage Richtungshinweise zu geben, wenn man an wirklichen Veränderungen interessiert ist. Wer opponiert oder kritisiert, sollte dem Status quo nicht nur mit der Negation des Negativen entgegentreten, sondern auch eine echte Alternative anzubieten haben. Kritik ohne Programm, das heißt ohne positive Zielsetzung, ist stets sinnlose Kritik. Ja, sie hat nicht einmal einen Sinn, wenn sie nur den vielzitierten ‚Traum vom besseren Leben' besitzt. Man muß sich schon ein klares Bild des Erwünschten zu machen versuchen, wenn man als Utopiker ernst genommen werden will. Und zwar sollte diese ins Bild gefaßte Ideologie so universal und doch so konkret wie möglich sein, den Elan der älteren Utopien in sich aufheben und doch auf eigenen Erfahrungen fußen, ein gewisses Maß an Phantasie besitzen und doch die sorgfältige Analyse der eigenen Zeit in sich einschließen. Denn nur so stößt man zu einem wahrhaft dialektischen Utopiekonzept vor, das aus dem subjektiven Bewußtsein ins Objektive der gesellschaftlichen Wirklichkeit hinüberreicht und damit eine konkrete geschichtliche Realisierungsmöglichkeit enthält. Wo solche Utopien ausbleiben, wo es kein Wechselspiel von frei planendem Bewußtsein und determinierendem Sein mehr gibt, bleibt auch der dialektisch erhoffte Fortschritt aus. Kurzum: ohne Utopie keine grundsätzliche Veränderung, keine qualitative Steigerung mehr.

Nur wer sich ein solches Geschichtskonzept zu eigen macht, wird gegen folgende drei Gefahren gefeit sein, die sich jeder fortschrittsbewußten Gesinnung in den Weg zu stellen versuchen. Dazu gehört erstens jener abstumpfende, lähmende und schließlich tötende Pessimismus, der sich auf die verlogene Phrase von der ‚Unverbesserlichkeit der menschlichen Verhältnisse' beruft, und somit jede Hoffnung auf Veränderung von vornherein zu liquidieren versucht. Ein solcher Fatalismus spielt lediglich den Mächtigen des Status quo in die Hände und hat jenes ‚unglückliche Bewußtsein' im Gefolge, auf das man vor allem unter Existentialisten und Strukturalisten so besonders stolz ist. Wer jedoch zum Stand der Intellektuellen gehört, sollte nicht die Schamanenarbeit mieser Fatalismuspropheten betreiben, die uns ständig lange Predigten von der Undurchschaubarkeit der Welt, der Absurdität alles Menschlichen, von Schicksalshaftigkeit und Realitätszerfall zu halten versuchen. Dies sind Phrasen, die – genau betrachtet – nur dem jeweils herrschenden Establishment zugute kommen, indem sie die ewige Unverbesserlichkeit aller Dinge propagieren.

Nicht minder gefährlich ist jener billige Zweckoptimismus, der in denselben Status-quo-Systemen herrscht und eigentlich nur die ideologische Kehrseite zu dem eben beschriebenen Fatalismus bildet. Denn auch er ist letztlich geschichtslos, da er die Bewegung in die Zukunft nicht um des Fortschritts, sondern um der Bewegung willen preist. Was unter den Liberalen der letzten zweihundert Jahre noch Ausdruck utopischer Hoffnungen war, ist im Rahmen dieses oberflächlichen Utilitarismus zu einem technischen Innovationsdenken verkommen, das nur noch die industrielle Zuwachsrate, den Profit im Auge hat, während es gesellschaftspolitisch überhaupt keine positiven Zielsetzungen mehr kennt, ja in seiner Bejahung der sinnlosen Beschleunigung immer brutalere Züge annimmt. In diesen Bereichen sollte man nicht mehr von Fortschritt, sondern nur noch von kapitalistischen Trends und Fads sprechen.

Und da wären drittens all jene gedankenarmen Scheinutopien, die entweder auf chiliastischen Heilserwartungen, einer zum Mythischen tendierenden Sehnsucht ins Vorgeschichtlich-Vegetative oder auf bizarren Anarchiekonzepten beruhen, das heißt auf Vorstellungen, welche sich ebenfalls jenseits aller Geschichtlichkeit anzusiedeln versuchen. Ihre totale Absurdität, besonders in den Gefilden der jüngsten Hippie- und Sponti-Bewegung, läßt sich zum Teil nur als blinde Reaktion auf den immer absurder werdenden Leerlauf der hektisch angekurbelten Wegschmeißwunderkultur von heute verstehen. Doch verstehen, bedeutet noch nicht entschuldigen – nicht einmal dann, wenn es sich um jugendliche Idealisten handelt.

All dem sollte man in Zukunft ein Utopie-Konzept entgegenhalten, das die inneren Widersprüche der eigenen Zeit auf eine wahrhaft ‚synthetische‘ Weise zu vermitteln sucht und so den Charakter eines echten Leitbildes annimmt. Utopie wäre demnach ein Modell für progressives Denken, das sich in einem qualitativen Sinne sowohl von statistisch operierenden Futurologie-Vorstellungen als auch von romantischen Fluchtreaktionen unterscheidet, indem es eine wohlausgewogene Balance zwischen schöpferischer Phantasie und konkreter Gegebenheit zu halten versucht. In diesem Punkte sind selbst so unterschiedliche Befürworter utopischen Denkens wie Ernst Bloch, Fred L. Polak, David Riesman, Georges Duveau, Martin Schwonke, Arnhelm Neusüss und Rudolf Lautentaler weitgehend einer Meinung. So gesehen, wäre das utopische „Prinzip Hoffnung“ keine Causa finalis, die nicht über ihr eigenes Ziel hinausschießen kann, sondern eher eine Causa efficiens, die auf jeder Stufe der Entwicklung neuen Appetit anregt und damit Vorlust auf Besseres erweckt. Utopiker sollten daher nicht der Illusion verfallen, ihrer Zeit voraus zu sein (was immer eine Unmöglichkeit ist), sondern stets von den Problemen der eigenen Ära ausgehen und zugleich jene Gegenkräfte zum Status quo ins Auge fassen, in denen ein echtes Potential der Veränderung steckt. Nur so würde die Utopie nicht zu einem literarisch interessanten Ersatz für wissenschaftliche Analyse, in dem sich lediglich mangelnde Einsicht in politische und gesellschaftliche Bedingtheiten manifestiert, wie das für manche der älteren Utopien charakteristisch ist. An die Stelle der naiven Ausmalung idealer Zustände müßte heute eine wesentlich konkretere Zielsetzung treten, die von den gesellschaftlich unterdrückten Schichten als sinnvolles Leitbild der Befreiung aufgefaßt werden könnte. Nur unter solchen Voraussetzungen wären es nicht mehr die Utopiker, auf die der Vorwurf des ‚falschen Bewußtseins' zuträfe, sondern die Konformisten des Status quo, die allen wirklich dringlichen Fragen mit einer ‚Ja, aber'-Antwort auszuweichen versuchen.

In diesem Sinne betrachtet, könnte selbst die vielgeschmähte Utopie, die bis vor kurzem nur noch in kümmerlichen Schwundstufen und Zerrformen weiterexistierte, wieder zu einer wahrhaft progressiven, das heißt linken Form des Denkens werden. Unter ‚links' werden in diesem Zusammenhang all jene Gruppen verstanden, die sich auf dem linken Flügel jeder Partei, jeder Gesellschaftsschicht, jeder Organisation befinden: also Gruppen, die zu einer kritisch-dialektischen Denkmethode neigen, alles Menschliche von vornherein als ‚historisch' konditioniert betrachten und auf eine emanzipatorische Umgestaltung der gesellschaftlichen Verhältnisse hinarbeiten. Denn nur dies sind die Schichten, die das Gegenwärtige nicht bloß um seiner selbst willen, sondern zugleich im Hinblick auf die Folgezeit sehen. Links ohne Utopie wäre demnach immer rechts. Zu einer wahrhaft linken Haltung gehört deshalb stets ein genau durchdachtes Programm, das ein bestimmtes Ziel im Auge hat und zu einer gewissen Solidarität verpflichtet. Rein subjektive, idealistische oder moralische Proteste sollte man dagegen in Zukunft nicht mehr als links bezeichnen. Sie sind meist ineffektiv und münden nur allzu oft in einen ideologischen Katzenjammer.

‚Rechts' wäre im Rahmen dieser Gegenüberstellung eine absolut utopielose Gesinnung oder besser Gesinnungslosigkeit, das heißt eine rein opportunistische Haltung den bestehenden Gewalten gegenüber, die von der Unverbesserlichkeit aller menschlichen Institutionen überzeugt ist und in Utopien bloße Hirngespinste sieht. Daher hat nur die Linke eine wirkliche Weltanschauung; die Rechte verfügt lediglich über Taktiken. Aus diesem Grunde ist die Linke so häufig zersplittert, während die Leute von rechts meist eine solide Einheitsfront bilden. Denn wer die Welt verändern will, muß notwendig Ideen haben – und diese sind nicht immer die gleichen. Wer dagegen die Welt so lassen will, wie sie ist, und sich nicht schämt, die Ungerechtigkeiten und Verbrechen der jeweils herrschenden Systeme durch seine konformistische Schweigsamkeit indirekt zu unterstützen, kann auf Ideen, Programme oder Utopien getrost verzichten. Ihm genügen gewisse ideologische Manöver und die Verfügung über die Apparate der Macht.

Wer hingegen Änderungen durchsetzen will, um sich an dieser Korruption nicht mitschuldig zu machen und schließlich vom Terror des Status quo unterjocht zu werden, braucht neben punktueller Kritik auch utopisch-übergreifende Konzepte, um seinem einzelpersönlichen Handeln ein gesamtgesellschaftliches Ziel zu setzen. Es ist nicht genug, wenn man als Linker nur praktisch, nur aktionsbezogen denkt und darüber die Zukunft vergißt. Man muß sich schon an beiden Fronten engagieren. Denn nicht nur das utopische Träumen, auch die Weigerung, über die reale Situation hinauszusehen, „kann zum Warten auf den Sankt-Nimmerleins-Tag führen", wie Enzensberger einmal schreibt.[18] Schließlich gibt es auch Leute, die ihre Phantasielosigkeit als Unbedingtheit zu tarnen versuchen und damit die Gefahr einer neuen Orthodoxie heraufbeschwören. Allen diesen Tendenzen sollte man im Sinne Blochs mit dem Postulat einer „realen" oder „prozeßhaft-konkreten" Utopie entgegentreten,[19] die weder zum Extrem einer autoritären Zwangsbeglückung noch zum Extrem eines antiautoritären Anarchismus neigt, sondern auf einem wohlarrangierten Gleichgewicht von Freiheit und Bindung, einzelpersönlichem Glück und gesamtgesellschaftlichem Fortschritt beruht. Damit sind Utopien gemeint, die in erster Linie auf eine qualitative Verbesserung der staatlichen Organisationsformen hinarbeiten, ohne die ein besseres oder freiheitlicheres Dasein überhaupt nicht möglich ist. Man sollte daher neben Einzelaspekten wie Ökologie, Abrüstung, Wahlrechtsreform, Minoritätenfragen, Frauenemanzipation und vielen anderen auch jene übergreifenden Aspekte gesamtgesellschaftlicher Art im Auge behalten, die nun einmal zum Wesen jeder echten Utopie gehören und durch die das einzelne erst in sinnvolle Zusammenhänge rückt. Denn größere Freiheit, größere Sicherheit, größeres Glück lassen sich nie partiell, nie singulär, sondern nur im Rahmen einer allgemeinen Reorientierung verwirklichen.

Das bedeutet nicht, daß die sogenannten ‚Einzelaspekte' nur von untergeordneter Wichtigkeit wären. Im Gegenteil. Wer sich konkret an der Verbesserung der gesellschaftlichen Zustände beteiligen will, kann aufgrund seines beschränkten Wirkungsradius meist nur auf *einem* und zudem recht begrenzten Teilgebiet tätig werden. Das ergibt sich zwangsläufig aus der zunehmenden Arbeitsteilung und damit Differenzierung aller menschlichen Verhältnisse. Solche Teilaktivitäten sind daher durchaus nötig, sinnvoll und von den Gegebenheiten her geboten. Man sollte jedoch dabei nicht der Versuchung nachgeben, irgendwelche Einzelaspekte zu verabsolutieren und zu universalen Utopien aufblasen, das heißt plötzlich alles Heil von der Ökologie, der Lösung der Minoritätenfragen oder der Frauenemanzipation zu erwarten. Man muß sich schon einen Blick für das ‚Ganze', für die gesamtgesellschaftliche Verflechtung all dieser Probleme bewahren.

Und dies ist genau der Punkt, wo die vielgeschmähten utopischen Konzepte noch eine wichtige Funktion haben. Sie sollten uns Bilder eines Daseins entwerfen, in dem nicht mehr die hektische Expansionsrate, nicht mehr der Fortschritt um des Fortschritts willen alles menschliche Leben bestimmt, sondern sich die menschliche Aktivität mehr und mehr auf die Verbesserung der gesellschaftlichen Organisationsformen richtet. Sie müßten sich mit der Frage auseinandersetzen, wie dem sinnlosen Verschleiß aller natürlichen Rohstoffe vorzubeugen wäre, wie man unnützen Komfort oder sinnentfremdete Leerproduktion vermeiden könnte, wie eine neue Sinngebung der Arbeit zu erfolgen hätte, wie der Fetisch ‚Ware' durch das Ideal echter Befriedigung ersetzt werden könnte und wie sich trotz all dieser Maßnahmen eine relativ hohe Produktion ermöglichen ließe, um einem Rückfall in Verarmung und damit Unfreiheit vorzubeugen. Die Fülle der Fragen, die hiermit aufgeworfen wird, ist kaum abzusehen. Wenn die Utopie etwas zu ihrer Lösung beitragen könnte, sollte sie ihre Antworten nicht nur in die Form idealistischer Postulate einkleiden, sondern zugleich die Möglichkeiten zu ihrer Verwirklichung mitentwerfen. Erst das wäre wahrhaft utopisches Denken.

Ganze Tage unter Bäumen

Ökologisches Bewußtsein in den Utopien des ausgehenden 19. Jahrhunderts

I

Nachdem das utopische Denken des 19. Jahrhunderts in den Werken Saint-Simons, Fouriers, Owen, Weitlings, Cabets und anderer Frühsozialisten seinen ersten Höhepunkt erlebt hatte, setzte es in den achtziger Jahren des gleichen Jahrhunderts zu einem zweiten Höhepunkt an. Die Gründe hierfür sind nur allzu offensichtlich. Dieselbe Entwicklung, die schon zwischen 1830 und 1848 zu einer scharfen Konfrontation von Bürgertum und Proletariat geführt hatte, mußte in den Jahren nach 1885, als sich der Gegensatz dieser beiden Klassen rasch zuspitzte, in den Augen vieler Zeitgenossen notwendig die Form eines globalen ‚Endkampfes' annehmen. Auf der einen Seite stand eine profithungrige Bourgeoisie, die zusehends ins Monopolistische und Imperialistische drängte, auf der anderen eine Arbeiterschaft, die durch ihre numerische Überlegenheit immer selbstbewußter wurde und sich schließlich in sozialistisch oder anarchistisch orientieren Arbeiterparteien zu formieren begann. Für die bürgerlichen Fortschrittler oder die mit dem Proletariat sympathisierenden Intellektuellen ergaben sich in dieser Situation drei Möglichkeiten, mit gesellschaftskritischen oder utopischen Gegenkonzepten aufzutreten: 1. eine Rückkehr zu vorindustriellen Zuständen zu predigen (eine Wendung, die bereits kurze Zeit später von den Präfaschisten zu ihren Zwecken ausgeschlachtet wurde); 2. ihre Hoffnung auf die Fortschritte der Technik zu setzen und sich von ihnen eine Überwindung der gegenwärtigen Misere zu erhoffen; 3. sich im Sinne der Lehren des Marxismus auf die Seite der Arbeiterklasse zu stellen und an der evolutionären oder auch revolutionären Herbeiführung der klassenlosen Gesellschaft mitzuwirken.

Innerhalb der äußerst regen Utopieproduktion dieser Jahre, die sich in Hunderten von Publikationen manifestiert, herrscht darum auf den ersten Blick eine höchst verwirrende Fülle an ideologischen Konzepten. Neben rassistischen und religiösen Überspanntheiten, neben kolportagehaften Science-Fiction-Romanen und ins Abstruse umkippenden Dystopien, neben utopistischen Aufrufen, wieder zur Natur, zur Urkommune, zum ‚Goldenen Zeitalter' zurückzukehren, finden sich hierbei auch liberale, radikaldemokratische, anarchistische, sozialistische und kommunistische Utopien, die trotz vieler hanebüchenen Ungereimtheiten eine Reihe durchaus ernstzunehmender Vorschläge enthalten. Schließlich stellen diese Utopien den Übeln des Kapitalismus – seinem Egoismus, seiner Herrschsucht, seinem Konkurrenzneid, seiner Tendenz zu skrupelloser Ausbeutung – stets einen Altruismus entgegen, dem die Idee einer sinnvoller geordneten Gesellschaft zugrunde liegt. Allerdings gehen dabei die Meinungen weit auseinander, worin das Hauptprinzip einer solchen neuen Gemeinschaftlichkeit bestehen soll. Einige fordern eher autoritär ausgerichtete Staaten, andere träumen von anarchischen

Schlaraffenländern. Einige sehnen sich nach einer idealistisch konzipierten Beglückungsgemeinschaft, andere entwerfen rein ökonomisch determinierte Modelle. Einige sprechen recht allgemein von einem neuen ‚Commonwealth', andere beschreiben genau detaillierte Kooperativen oder Produktiv-Assoziationen, die unleugbar sozialistische Züge aufweisen. Neben eindeutig marxistisch gefärbten Konzepten tauchen darum in den Utopien nach 1885 auch Formen eines religiös-puritanischen Gemeinschaftsdenkens, eines kooperativen Individualismus, eines spartanischen Nationalismus, eines Handwerkersozialismus, eines Agrarkommunismus oder auch anarcho-syndikalistische Ideologien auf. Manche tendieren dabei zu Kolonien oder Kommunen, die sich vom Rest der Gesellschaft säuberlich abzuschließen versuchen. Andere entwickeln einen ungehemmten Bekehrungseifer, der entweder die Befreiung der gesamten Menschheit ins Auge faßt oder ins Imperialistische tendiert, indem er einen bestimmten Kontinent der Vorherrschaft *eines* Landes oder *einer* Rasse zu unterstellen versucht.

Ebenso vielgestaltig sind die programmatischen oder erzählerischen Einkleidungen dieser Utopien, von denen hier wenigstens einige aufgezählt werden sollen. Da wären erst einmal die politischen oder naturwissenschaftlichen Programme – ob nun in Form eines Traktats oder auch Traktätchens. In diese Kategorie fallen unter anderem Bücher wie *Wie schafft man bessere Zeiten? Die wahre Lösung der sozialen Frage nach dem Naturgesetz* (1882) von Friedrich Eduard Bilz, *Die Frau und der Sozialismus* (1883) von August Bebel, *The Cooperative Commonwealth* (1884) von Laurence Gronlund, *Das Maschinenalter. Zukunftsvorlesungen über unsere Zeit* (1889) von Bertha von Suttner, *Der einzige Rettungsweg* (1890) von Michael Flürscheim, *Ein Zukunftsbild der Menschheit* (1893) von Alfred Cleß, *Der Mensch in der kommenden Gesellschaft* (1902) von M. W. Carl, *A Hundred Years Hence. Expectations of an Optimist* (1905) von T. Baron Russell und *A Modern Utopia* (1905) von H. G. Wells. Daneben gibt es eine Reihe programmatischer Schriften, die bereits recht spezifisch auf die jeweilige Utopie eingehen, ja in manchen Fällen sogar schon ihre erhoffte oder reale Gründung beschreiben. Beispiele dafür wären Theodor Hertzkas *Freiland. Ein soziales Zukunftsbild* (1889), Theodor Herzls *Der Judenstaat* (1896), Paolo Mantegazzas *L'anno 3000* (1897), Arthur Birds *Looking Forward. A Dream of the United States of the Americas in 1999* (1899), Milan C. Edsons *Solaris Farm. A Story of the Twentieth Century* (1900), Thomas McGradys *Beyond the Black Ocean. A Story of Social Revolution* (1901), C. W. Wooldridges *Perfecting the Earth. A Piece of Possible History* (1902) und C. A. Steeres *When Things Were Doing* (1908).

Doch fast noch beliebter als solche ‚dürren' Programme waren – wie schon im 18. Jahrhunderts – die romanhaften Einkleidungen des Utopischen. Mit besonderer Vorliebe ließ man einen ahnungslosen Schläfer nach Jahrzehnten oder Jahrhunderten in einer total verwandelten Welt erwachen. Man denke an *Looking Forward, or the Diothas* (1885) von Ismar Thiusen, *Deutschland in hundert Jahren oder die Galoschen des Glücks* (1887) von Michael Flürscheim, *Looking Backward. 2000–1887* (1888) von Edward Bellamy, *The Crystal Button, or Adventures of Paul Prognosis in the Forty-Ninth Century* (1891) von Chauncey Thomas, *News from Nowhere* (1891) von William Morris, *Entrückt in die Zukunft* (1895) von Theodor Hertzka, *When the Sleeper Awakes* (1899) von H. G. Wells, *The Day of Prosperity. A Vision of the Century to Come* (1902) von Paul Devinne, *Limanora. The Island of Progress* (1903) von Godfrey Sweven und *The Making of a Millennium* (1908) von Frank Rosewater. Auch über die Nachkommen dieser ‚aufgewachten Schläfer' wurden Romane geschrieben, was ein Buch wie Solomon Schindlers *Young West. A Sequel to Edward Bellamy's „Looking Backward"* (1894) beweist.

Als ein weiteres Genre utopischer Spekulationen bot sich der romanhafte Reisebericht an. Und auch hier gab es mehrere Möglichkeiten, die neue und die alte Welt so scharf wie möglich miteinander zu kontrastieren. So greifen Lazar B. Hellenbach in *Die Insel Mellonta* (1887) und William Alexander Taylor in *Intermere* (1901) das herkömmliche Schiffbruchmotiv auf und lassen ihre Reisenden an einer utopischen Insel stranden. In *Utopia Achieved. A Novel of the Future* (1912) von Herman Hine Brinsmade kommt ein alter Mann nach fünfzig Jahren in die USA zurück und findet sich dort – aufgrund der vielen Veränderungen – kaum noch zurecht. Dagegen sind die Protagonisten in Büchern wie *A Traveller from Altruria* (1892) von William Dean Howells und *A Cityless and Countryless World. An Outline of Practical Co-operative Individualism* (1892) von Henry Olerich bereits wesentlich fortgeschrittenere Utopiebewohner, die bei ihren Reisen durch die USA ständig mit dem Zustand der Zurückgebliebenheit konfrontiert werden. Aber die beliebtesten Werke innerhalb dieses Genres waren wohl jene, in denen irgendwelchen auserwählten Erdenbewohnern das Glück widerfährt, in ein abgelegenes Tal, auf eine einsame Insel oder gar auf einen anderen Planeten eingeladen zu werden, wo sie den besten aller Staaten finden – und dementsprechend ‚überwältigt' sind. Hierzu gehören unter anderem *Eine Reise nach Freiland* (1891) von Theodor Hertzka, *The Future Commonwealth, or What Samuel Balcom Saw in Socioland* (1892) von Albert Chavannes, *Österreich im Jahre 2000* (1893) von Josef von Neupauer, *Shadows Before, or A Century Onward* (1894) von Fayette Stratton Giles, *Altruria* (1895) von Titus K. Smith, *Auf zwei Planeten* (1897) von Kurd Lasswitz, *Ionia. Land of Wise Man and Fair Women* (1898) von Alexander Craig, *In hundert Jahren* (1907) von Friedrich Eduard Bilz und *Die Befreiung* (1910) von Martin Atlas.

Bei der Verschiedenheit der Inhalte und formalen Einkleidungen fragt man sich nach der Lektüre all dieser Bücher verzweifelt, was denn diese Werke – außer dem Haß auf den Kapitalismus – eigentlich gemeinsam haben? Bisher hat man diese Gemeinsamkeit vor allem in ihrem politischen Utopismus, nämlich ihrer Sehnsucht nach einem ‚besseren Staat', gesehen. Auch die ökonomischen und technologischen Aspekte dieser Utopien sind oft behandelt worden.[1] Was man jedoch fast immer unterschlagen hat, ist die Frage nach den ökologischen Konsequenzen der in diesen Utopien angepriesenen technischen Innovationen. Das hängt zum Teil damit zusammen, daß die Erforscher dieser Werke entweder selbst noch kein ökologisches Bewußtsein besaßen – oder daß sie sich einfach mit dem verbreiteten

Klischee begnügten, das ‚19. Jahrhundert' sei noch ungebrochen technikgläubig gewesen und habe sich um die ökologischen Folgen der weithin propagierten industriellen Umwälzungen überhaupt nicht gekümmert.

Wie alle Klischees enthält auch dieses Klischee ein Körnchen Wahrheit. Gerade in den Jahren zwischen 1885 und 1910, als die Weltwirtschaft nach einer längeren Depression einen gewaltigen Boom erlebte und obendrein auf dem Gebiet der Technik eine Erfindung nach der anderen gemacht wurde, gab es viele, die sich mit naivem Optimismus von der steigenden Industrialisierung eine Lösung aller anstehenden politischen und gesellschaftlichen Probleme versprachen. Doch es gab in den gleichen Jahren auch solche (und dazu gehören die meisten Autoren der eben aufgezählten Utopien), die bereits ein deutlich ausgeprägtes Ökologiebewußtsein besaßen, das freilich in der Folgezeit – im Zeichen des Fordismus und Taylorismus – wieder merklich in den Hintergrund trat und erst heute wieder zu erwachen beginnt. Und dieses Bewußtsein gibt – neben den altruistisch-sozialistischen Elementen, mit denen es zum Teil eng verbunden ist – diesen Werken eine unleugbare Relevanz. Denn in vielen dieser Utopien wird bereits die inzwischen immer dringlicher gewordene Frage gestellt, welche Wirkung die zunehmende Industrialisierung nicht nur im Hinblick auf das menschliche Wohlergehen, sondern auch auf die Zukunft der Natur, der Städte, der Landwirtschaft, der Pflanzen und der Tiere haben wird. Von Ausnahmen einmal abgesehen, die wie Morris einen vorindustriellen Handwerkerkommunismus als Leitbild der Zukunft preisen, geht es in diesen Utopien immer wieder um die Rolle der Maschine in der zukünftigen Gesellschaft – und wie sich ihre gesteigerte Verwendung auf den Energieverbrauch, die menschliche Gesundheit, die Bevölkerungszunahme, die Verschmutzung des Wassers und der Luft usw. auswirken wird. Gibt es darunter auch Vorschläge, von denen wir heute noch lernen können? Oder gehört dieser Utopismus in den Bereich jener Phantastik, die sich nur als ‚närrisch' charakterisieren läßt, wie seine Gegner immer wieder behaupten?

II

Da alle diese Utopien den Aufbau eines im Prinzip ‚altruistischen' Staates ins Auge fassen, der nicht mehr vom Makel der Ausbeutung der einen durch die anderen gezeichnet ist, beginnen sie meist mit Fragen der Großraumplanung. Als eine der wichtigsten Voraussetzungen wird dabei die Aufhebung des Privatbesitzes an Grund und Boden hingestellt, ohne die jede sinnvolle Planung von vornherein illusorisch bleibe. Land ist in diesen Utopien nichts, was einzelnen zur willkürlichen Nutzung überlassen werden kann, sondern was allen gemeinsam gehört und in den Dienst aller gestellt werden muß. Wie nicht anders zu erwarten, stützt man sich hierbei nicht nur auf sozialistisch-marxistische Konzepte, sondern zieht auch andere, eher ‚liberale' Theorien heran. Am häufigsten wird in diesem Zusammenhang Henry George zitiert, der in seinem Buch *Progress and Poverty* (1879) für die Auswüchse des Kapitalismus vor allem das Privateigentum an Grund und Boden verantwortlich macht. George trat daher entschieden für die Aufhebung des privaten Grundbesitzes oder die Konfiskation der Grundrente durch eine Einheitssteuer, die sogenannte ‚Single Tax', ein. In Deutschland finden sich solche Thesen nicht nur in den Büchern des Georgeaners Michael Flürscheim (*Der einzige Rettungsweg,* 1890), sondern auch in denen Theodor Hertzkas (*Freiland,* 1889), Franz Oppenheimers (*Die Siedlungsgenossenschaft,* 1896) und Otto Damaschkes (*Die Bodenreform,* 1902), die sich sämtlich als Vertreter eines ‚liberalen Sozialismus' oder ‚Agrarsozialismus' verstanden. Ihr oberstes Telos ist stets ein ‚Altruria' oder ‚Socioland', das auf dem Prinzip der freiwilligen Kooperation aller für alle beruht. Da es der Boden ist, dem der Mensch seine Ernährung und damit sein Leben verdankt, wird dieser Boden meist als das kostbarste Gut schlechthin bezeichnet. Wie man mit Grund und Boden verfährt, daran beweist der Mensch in diesen Utopien, ob er bloß auf egoistische Ausplünderung bedacht ist oder ob er auch für seine Mitmenschen und all jene, die nach ihm kommen, altruistische Gefühle entwickelt hat. Nicht nur in den Werken der deutschen Sozialdemokraten (Bebel), Agrarsozialisten (Hertzka), Pazifisten (Suttner) und Zionisten (Herzl), auch in den durch Henry George beeinflußten englischen und amerikanischen Utopien dieser Jahre tauchen daher ständig sozialreformerische Siedlungskonzepte auf. So wandern etwa in dem Buch *The Future Commonwealth* (1892) von Albert Chavannes, wie bei Hertzka, Scharen von Kolonisten von den USA nach Zentralafrika aus, um dort ein „Socioland" zu gründen, in dem es keine „money kings" mehr gibt (52), sondern alle in kooperativen Siedlungen leben, da sie den kapitalistischen „spirit of greed, strife and competition" endlich satt haben (7).[2] Das gleiche tun die Kolonisten in Milan C. Edsons *Solaris Farm* (1900), die ihre Siedlung zwar in den USA aufbauen, sich aber ebenfalls zu landwirtschaftlichen Produktionsgenossenschaften zusammenschließen und sich hierbei auf Henry George und die französische ‚Familistère" in Guise, den größten Kooperativerfolg dieser Jahre, berufen. Ähnliche Gedanken finden sich bei Henry Olerich, Alexander Craig, Thomas McGrady und Herman Hine Brinsmade, die ihren Utopien entweder das Single-Tax-System oder andere Bodenreformgedanken dieser Art zugrunde legen.

Eng verbunden mit diesen Bodenreformideen ist der Gedanke einer allmählichen Aufhebung des Gegensatzes von Stadt und Land, dem man gleichfalls durch bessere Großraumplanung, ‚Zoning Laws' und radikale Bodenreformen vorzuarbeiten hofft. So sieht Bebel bereits eine allmähliche Rückwanderung der Stadtbevölkerung aufs Land voraus, da im sozialistischen Staat durch die Aufhebung der Bodenspekulation, die Überführung von Grund und Boden in Gemeinbesitz, die Ausbreitung der Kultur und die Erleichterung der mühsamen landwirtschaftlichen Arbeit durch einen ausgedehnten Maschinenpark das Landleben einmal alle Vorteile des Stadtlebens „ohne ihre Nachteile" haben wird (440). William Morris erhofft sich hingegen die Aufhebung des Gegensatzes von Stadt und Land durch eine konsequente Beseitigung der Arbeitsteilung, was allerdings, wie er behauptet, nur durch eine Rückführung auf ein kleinstädtisch-bäuerliches Leben möglich sei. Henry Olerich entwirft in seinem Buch *A Cityless and Countryless World* (1892) die Utopie großer Wohnkommunen von je 1000 Bewohnern, sogenannter

‚Big Houses', bei denen das Städtische untrennbar mit dem Ländlichen verbunden ist. Auf ähnliches Prinzipien beruht der Korporationsgedanke in Titus K. Smiths *Altruria* (1895), wo jedoch alle gute Christen sein müssen.

Doch letztlich liegt der Gedanke einer fortschreitenden Aufhebung des Gegensatzes von Stadt und Land fast allen Utopien dieser Ära zugrunde. Und zwar werden in dieser Hinsicht zum Teil höchst konkrete Vorschläge gemacht, die uns inzwischen selbstverständlich geworden sind, damals jedoch etwas unerhört Neues darstellten. Meist beginnt man dabei mit einer wesentlich durchdachteren Trennung von Fabrik- und Wohngebieten, um so den Wohngebieten einen stärker parkhaften oder gar ländlichen Charakter geben zu können. Außerdem wird häufig auf die verbesserten Transportmöglichkeiten der Zukunft hingewiesen. So werde es im 20. oder 21. Jahrhundert einmal möglich sein, liest man immer wieder, selbst tropische Erzeugnisse auf dem schnellsten Wege – etwa mit Hilfe großer Luftschiffe – in den kälteren Norden zu befördern. Und damit sei in der Geschichte der Menschheit zum erstenmal die konkrete Chance gegeben, alle regionalen oder nationalen Begrenzungen zu überwinden und eine auf großräumig geplanten ökonomischen Prinzipien beruhende Weltzivilisation aufzubauen. Wohl am weitesten geht dabei Theodor Hertzka in seinem Roman *Entrückt in die Zukunft* (1895), wo die ganze Erde in drei Zonen eingeteilt wird: 1. die tropische, in der alle Lebensmittel hergestellt werden, 2. die subtropische, welche sich als die klimatisch angenehmste für eine dichtere menschliche Besiedlung empfiehlt (wobei Hertzka vor allem an den Mittelmeerbereich denkt), und 3. die kältere (zu der auch Deutschland und Frankreich gehören), welche in große Wald- und Parkanlagen verwandelt wird, in denen die Tiere leben und wo die Menschen zum Teil ihre Sommerfrische verbringen.

Hertzka stößt damit zu den Grundsatzfragen einer Welt- und Umweltplanung vor, die auch in anderen Utopien dieser Jahre, wenn auch selten in dieser Radikalität, auftauchen: nämlich wie überhaupt der zur Verfügung stehende Erdboden in Gebiete für Pflanzen, für Tiere und für Menschen eingeteilt werden soll – und wie sich ein vernünftiges Gleichgewicht zwischen diesen Zonen herstellen läßt? Wird man in Zukunft allen Geschöpfen den gleichen Lebensraum einräumen können, fragt sich Hertzka, oder wird sich – wie schon in Vergangenheit und Gegenwart – allein das anthropozentrische Prinzip durchsetzen? Und im Umkreis solcher Erwägungen horcht man plötzlich auf. Denn hier wird zum erstenmal die Frage nach einer sinnvollen ökologischen Balance all dieser verschiedenen und doch aufeinander bezogenen Kräfte gestellt.

Die Antworten, welche die meisten Utopiker um 1890 auf solche Fragen geben (falls sie darin überhaupt schon ökologische sehen), sind nicht besonders erbaulich, das heißt egoistisch und damit lediglich eine Widerspiegelung der kapitalistischen Selbstsucht. Die meisten lassen in ihrem Drang nach rücksichtsloser Selbstrealisierung sogar jenen Sinn für ein ökologisches Gleichgewicht vermissen, der selbst den als ‚archaisch' verschrieenen Nomaden- und Jägerkulturen nicht ganz fremd war. Da jedoch der kapitalistische Ausbeutungs- und Ausplünderungsprozeß um 1900 zum erstenmal mit seinen Konsequenzen (zunehmender

Verschmutzung, Abnahme der Rohstoffe usw.) konfrontiert wurde, fing man sogar in höchst selbstsüchtig eingestellten Kreisen allmählich an, sich – wenn schon nicht aus altruistischen, so doch aus egoistischen Gründen – über die Weiterexistenz der Gattung ‚Mensch' Gedanken zu machen. Und das führte notwendig zu einem Großraumdenken, dem teils imperialistische, teils humanistisch-sozialistische Impulse zugrunde liegen. Daß dabei dem Menschen stets die Prärogative eingeräumt wird, versteht sich nach dem Vorhergesagten wohl von selbst. Alles ‚Wilde' – ob nun wilde Pflanzen oder wilde Tiere – wird darum in vielen dieser Werke entweder in Randzonen abgedrängt oder völlig eliminiert.

Das zeigt sich am deutlichsten in der Einstellung dem Tier gegenüber. Lediglich in den vegetarisch-orientierten Utopien (Thiusen, Olerich, Cless, Schindler, Bird, Brinsmade) wird auch dem wilden Tier ein gewisses Lebensrecht zugestanden. Das gleiche gilt für jene Utopien, wo sich die Menschen – wie bei Martin Atlas – nur noch mit Pillen oder auf chemischem Wege ernähren. Wo dagegen die agrarischen Gesichtspunkte überwiegen (und das trifft auf die Mehrheit dieser Utopien zu), werden alle wilden Tiere entweder abgeschossen oder in Nationalparks und Zoologischen Gärten ghettoisiert. Während Hertzka den Tieren wenigstens in den kälteren Zonen gewisse Reservationen einräumen will, treten Chauncey Thomas und Theodor Herzl – unter dem Gesichtspunkt totaler Nützlichkeit – gnadenlos für ihre Ausrottung ein. So schlägt etwa Herzl in seinem *Judenstaat* (1896) vor, das zu kolonisierende Land einfach von allen „wilden Tieren" zu „säubern", indem man diese „Bestien" an bestimmten Stellen zusammentreibt und „eine Melinitbombe unter sie wirft" (27). Andere, wie Ismar Thiusen und Henry Olerich, setzen sich aus Gründen der Sauberkeit und Hygiene sogar dafür ein, alle bisherigen Heimtiere auszurotten.

In diesem Punkte denken also die meisten dieser Utopiebewohner eindeutig egoistisch. Das hängt – trotz mancher sentimental geheuchelten Mitgefühle für die armen Tiere – weitgehend damit zusammen, daß sie stets vom Menschen als dem Maß aller Dinge ausgehen und sich lediglich um sein Überleben und seine Nachkommenschaft bekümmern. Es ist deshalb kein Zufall, daß fast alle diese Utopiker scharfe Antimalthusianer waren. Und zwar zogen die Sozialisten nicht nur gegen Malthus zu Felde, weil sie – wie Marx – gegen seine religiösen Enthaltsamkeitskonzepte waren, sondern auch weil sie – wie Laurence Gronlund in *The Co-operative Commonwealth* (1884) – in solchen Thesen eine deutliche Angst der herrschenden Klassen vor einer übermäßigen Zunahme des Proletariats witterten. Bebel versucht daher in *Die Frau und der Sozialismus* (1883) zu beweisen, daß es nicht die Überbevölkerung ist, die zur ökonomischen Misere führt – wobei er zur Stützung seiner Thesen statistische Erhebungen zitiert, nach denen die wirtschaftlich besser situierten Familien stets weniger Kinder hätten als die Armen. Nicht die Bevölkerungszunahme sei an der sozialen Notlage vieler Menschen schuld, lesen wir bei ihm, sondern die kapitalistische Mißwirtschaft, die keine sinnvolle Organisation und Ausnutzung der natürlichen Grundstoffe erlaube. Bei besserer Organisation ließen sich, so immer noch Bebel, noch wesentlich mehr Menschen ernähren als das heute der Fall sei. Ähnliche Thesen finden sich in den Werken Theodor Hertzkas. Auch er läßt sich durch das Problem der raschen Bevölkerungszunahme nicht in seinem grundsätzlichen Optimismus beirren und stellt das Ganze in *Freiland* (1889) ebenfalls als eine bloße Organisationsfrage hin. Ja, in seiner *Reise nach Freiland* (1891) behauptet er, daß die Menschheit – innerhalb einer vernünftigen Gesellschaftsordnung – ruhig um das „Hundertfache" anwachsen könne, ohne sich irgendwelche Einschränkungen auferlegen zu müssen (180). Später scheinen Hertzka allerdings Zweifel an solchen Thesen gekommen zu sein. Jedenfalls erklärt er in *Entrückt in die Zukunft* (1895), daß sich die in den Subtropen konzentrierte Erdbevölkerung hoffentlich bei $3^1/_2$ Milliarden stabilisieren werde, um keine unnötigen ökonomischen Komplikationen heraufzubeschwören (40). M. W. Carl glaubt dagegen in seinem Büchlein *Der Mensch in der kommenden Gesellschaft* noch 1902, daß eine „möglichst zahlreiche Bevölkerung" das wichtigste Mittel des „Kulturfortschritts" sei. „Je mehr Menschen vorhanden sind", heißt es bei ihm, „um so leichter können sie sich ernähren" (3).

Doch andere bekommen im Laufe der Jahre allmählich Skrupel an solchen Thesen und setzen sich immer deutlicher für Maßnahmen zur Bevölkerungskontrolle ein. So stellt Alexander Craig in *Ionia* (1898) das Zweikindersystem als die Lösung der Zukunft hin (213). Auch Josef von Neupauer in *Österreich im Jahre 2020* (1893) und H. G. Wells in *A Modern Utopia* (1905) warnen vor einer unnötigen Bevölkerungszunahme, die lediglich den gesellschaftlichen Fortschritt verlangsame (99 bzw. 180). Paolo Mantegazza fordert in *L'anno 3000* (1897) die Einführung ärztlicher Eheatteste und schlägt zugleich die schmerzlose Tötung aller lebensuntüchtigen Babys vor, um den Bevölkerungsdruck nicht allzu groß werden zu lassen (116). Ja, Martin Atlas äußert in *Die Befreiung* (1910) bereits ausgesprochen ökologische Bedenken in dieser Hinsicht. „Wenn sich die Menschheit allzu sehr vermehrt", behauptet er, „wenn sich ihre jetzige Zahl verzehnfacht oder verhundertfacht, was ja nicht ausgeschlossen ist, dann werden nicht nur die Kohlenlagerungen allzu schnell erschöpft, sondern auch die Pflanzen nicht genug Kohlenstoff abgeben, um eine so sehr angewachsene Menschheit ernähren zu können" (165). Darum schlägt auch Atlas gewisse Maßnahmen zur Geburteneinschränkung vor.

Doch sei dem, wie es wolle. Ob sich die Erdbevölkerung nun bloß verzehnfacht oder verhundertfacht: die Tatsache der rapiden Bevölkerungszunahme konfrontierte alle Utopiker mit der Frage, woher denn für all diese Menschen in Zukunft die nötigen Nahrungsmittel und Gebrauchsgüter herkommen sollen. Die meisten stützten ihren utopischen Optimismus in dieser Hinsicht auf die zunehmende Technifizierung, welche sowohl die Industrie als auch die Landwirtschaft endlich befähigen würde, wesentlich produktionsintensiver zu operieren. Die größte Hoffnung setzte man dabei auf die steigende Elektrifizierung weiter Lebensbereiche, die von vielen als die wichtigste technische Revolution des 19. Jahrhunderts empfunden wurde. Ob nun Bebel, Hertzka, Giles, Bellamy, Suttner, Bachelder, Thomas, Flürscheim, Mantegazza, Craig, Bird, Edson, Taylor, Wooldridge, Devinne, Brinsmade: alle schwärmen deshalb in ihren Werken seitenlang von den

Wundern der Elektrizität, die auch der breiten Masse der Bevölkerung erstmals ein relativ menschenwürdiges Dasein erlaube, anstatt sich lediglich für die Erfüllung der niedersten Bedürnisse abplacken zu müssen.

Was dabei neben der arbeitserleichternden Wirkung der Elektrizität immer wieder herausgestrichen wird, ist vor allem die Sauberkeit dieser Energiequelle. Von ihr erhofften sich viele Utopiker eine geradezu märchenhafte Befreiung von all dem Staub, dem Ruß, den Abgasen der industriellen Kohle- und Petroleumverbrennung – ganz zu schweigen von den Rauchwolken jener Abermillionen Kohleöfen, die man damals in den Wohnungen aller großen Städte jeden Tag neu anzünden mußte. Zugleich wurde man durch die Möglichkeiten der Elektrizität endlich auf die vielen ‚sauberen' Energiequellen innerhalb der Natur, vor allem auf die Kräfte des Wassers und des Windes, aufmerksam. Wenn erst einmal die Fabriken von der „weißen Kohle" der rauschenden Gießbäche und Wasserfälle profitierten, schreibt Bebel begeistert, werde es bald „keine Schornsteine, keine Feuer" mehr geben (392). In fast allen Utopien dieser Jahre werden daher riesige Staudammprojekte beschrieben, die eine billige, saubere, naturgemäße, das heißt keine Rohstoffe verbrauchende Energie herstellen. Die daraus gewonnene Elektrizität spielt vor allem bei vielen Koloniebildungen eine wichtige Rolle, wird aber auch bei eher phantastischen Utopien gern als die entscheidende Grundenergie hingestellt. Kohle und Öl sind diesen Leuten als Rohstoffe viel zu wertvoll, um lediglich zur Energieerzeugung verheizt zu werden.

Interessanterweise finden sich unter diesen Autoren schon solche, welche nicht nur Kohle und Öl, sondern auch die durch Staudämme gewonnene Elektizität als nicht ausreichend genug empfinden. Es gibt deshalb bereits in diesen Jahren Utopiker, die neben der Wasserkraft auch die Windenergie und den Wechsel der Gezeiten, ja sogar die Sonnenstrahlung in den Dienst der Elektrizitätsgewinnung stellen wollen. Dafür einige Beispiele. So weist schon Bebel neben den Kraftquellen, die in Wasser, Wind und den Gezeiten stecken, ausdrücklich auf jene Sonnenenergie hin, zu deren Gewinnung „einige Quadratmeilen in Nordafrika" ausreichen würden, wie ein angesehener Naturwissenschaftler gesagt habe, um den gesamten Energiebedarf des Deutschen Reiches zu decken (389). „Wenn einst die Kohlenvorräte der Welt erschöpft sind, wenn die Wasserkräfte unseren Bedürfnissen nicht mehr genügen", heißt es in *Die Frau und der Sozialismus* (1883), „dann werden wir aus jener Quelle alle Energie schöpfen, um die Arbeit der Welt zu vollenden" (390). Der Wert eines bestimmten Landstrichs werde später einmal daran gemessen, behauptet Bebel, inwieweit er für die Aufstellung jener großen „Sonnenstrahlenfallen" geeignet sei, mit denen Augustin Mouchot bereits 1864 die Sonnenwärme industriellen Zwecken dienstbar zu machen versuchte. Ja, in Kalifornien, schreibt Bebel, gebe es bereits eine „Sonnenmaschine", die einen Brunnen bediene, der 11000 Liter Wasser in der Minute aus der Erde pumpe (390). Auch Chauncey Thomas setzt in dem Roman *The Crystal Button* (1891) seine Hoffnungen – neben der aus Wasser und Wind gewonnenen Elektrizität – vor allem auf große „Solar Steam-Works", welche die mit riesigen Spiegeln eingefangenen Sonnenstrahlen zur Gewinnung von „compressed air" benutzen, mit der man alle nur denkbaren Maschinen antreiben könne (216). Fast die gleichen Apparate werden in *Shadows Before* (1894) von Fayette Stratton Giles beschrieben (110). Noch ausführlicher beschäftigt sich Kurd Lasswitz in seinem Roman *Auf zwei Planeten* (1897) mit der Gewinnung von Sonnenenergie, die bei ihm auf „glühenden, trockenen Hochplateaus in ausgedehnten Strahlungsflächen" gewonnen wird (II, 13). Statt vom „Kapital" (der Kohle) zu leben, lebt man hier bereits von den „Zinsen" (der im Überfluß vorhandenen Sonnenenergie), wie es heißt (I, 245). Was von Lasswitz als phantastische Marsutopie dargestellt wird, nimmt in Milan C. Edsons *Solaris Farm* (1900) zum Teil recht konkrete Formen an, wo ebenfalls die allmähliche Ersetzung von Dampf und Kohle durch Sonnenenergie im Mittelpunkt steht, die von großen Spiegeln eingefangen und in Elektrizität umgesetzt wird (230).

Doch auch in der Sonnenenergie sehen manche dieser Utopiker noch nicht der Weisheit letzten Schluß, da man der Erdluft auf diese Weise zuviel Wärme entziehe. Daher werden in einigen Utopien bereits Spekulationen über noch bessere, billigere, sauberere Energiequellen angestellt. So verweist etwa August Bebel auf die „Hitze des Erdinnern", die man durch Schächte von drei- bis viertausend Metern den Menschen nutzbar machen könne (396). Ismar Thiusen entwirft in *Looking Forward* (1885) eine Art „caloric engine, worked by the regulated escape of highly condensed gases" (36). Für die gleiche Energiegewinnung setzt sich Michael Flürscheim in seiner Utopie *Deutschland in hundert Jahren* (1887) ein (11). Theodor Hertzka sieht in *Entrückt in die Zukunft* (1895) die Hauptenergiequelle kommender Jahrhunderte im „Erdmagnetismus" (30), der sich nicht nur als Antriebskraft der Maschinen, sondern auch aller Leuchtapparate gebrauchen lasse. Paolo Mantegazza vertraut in *L'anno 3000* (1897) auf jene „Pandynamik", die durch die menschlichen Nervenstrahlen ausgelöst werde (42). In dem Roman *Intermere* (1901) von William Alexander Taylor wird die aus der Natur gewonnene Elektrizität auf chemischem Wege in ein weißes Pulver verwandelt, das als Zündstoff aller von ihm beschriebenen Maschinen dient. In Godfrey Swevens *Limanora* (1903) ist es die „vacuum-engine", die als Hoffnung der Zukunft hingestellt wird (138). T. Baron Russell schwärmt in *A Hundred Years Hence* (1906) von jener Energie, die man aus der „Dekomposition" von Wasser gewinnen könne (8). Und ähnliches mehr.

III

Von diesen Thesen, Vorschlägen und Träumen mögen einige ganz konkret, andere dagegen höchst phantastisch klingen. Jedenfalls bestärkten derartige Spekulationen die hier erwähnten Utopiker in der Hoffnung, daß man aufgrund solcher billigen und sauberen Energiequellen in Zukunft die üblen Aspekte des Kapitalismus überwinden könne, ohne dabei auf die Maschine als den Hauptantriebsmotor dieser Gesellschaftsordnung verzichten zu müssen. Statt also in rousseauistischer Manier die Rückkehr zum ‚einfachen Leben' zu predigen, werden in diesen Utopien fast ausschließlich Gesellschaften geschildert, die sich bei der industriellen und landwirtschaftlichen Gütererzeugung in zunehmendem Maße der Maschine bedienen. Und zwar erhoffte man sich davon nicht nur eine Befreiung des Menschen von körperlicher Fron, sondern auch ein ganz neues Gemeinschaftsgefühl, ja Verantwortungsbewußtsein aller allen gegenüber und damit eine immer stärkere Integration der ländlichen und städtischen Bevölkerung. Die in diesen Werken dargestellten agrarischen Verhältnisse sind daher ebenso ‚fortgeschritten' wie die industriellen. In beiden stellen sich – aufgrund der billigen und sauberen Energie – im Laufe der Jahre immer natürlichere, umweltfreundlichere Zustände ein.

Beginnen wir, bevor wir etwas genauer auf die Landwirtschaft eingehen, mit einem flüchtigen Blick auf die fabrikmäßigen Herstellungsprozesse. Von einigen maschinenkultischen Äußerungen (Suttner, Carl) einmal abgesehen, herrscht auf diesem Sektor eine merkliche Zurückhaltung. Immer wieder wird betont, daß man im Gegensatz zum Kapitalismus nicht einerseits Luxusgegenstände und andererseits Schund, sondern vor allem eine gute Mittelqualität herstellen solle. Ja, manche wenden sich bereits gegen das Prinzip der geplanten Obsolenz und setzen sich für Produkte ein, die sich vor allem durch Gediegenheit und Haltbarkeit auszeichnen. Und zwar gilt das nicht nur für William Morris, der sich in *News from Nowhere* (1891) vornehmlich für kunsthandwerkliche Gegenstände einsetzt, die noch mit der Hand und nicht mit der Maschine hergestellt sind. Selbst Reformer, welche wie Friedrich Eduard Bilz in *Wie schafft man bessere Zeiten?* (1882) ihre Hoffnung vor allem auf die Maschine setzen, verlangen, daß die Hauptkriterien der Warenproduktion in Zukunft nicht „Feinheit, Eleganz und Kompliziertheit", sondern vielmehr „Haltbarkeit und Zweckmäßigkeit" sein sollten (138). Auch Alfred Cleß verwirft in seinem *Zukunftsbild der Menschheit* (1893) sowohl den „Luxus" als auch den „Schmutz" und tritt vor allem für brauchbare und zugleich schöne Dinge ein (10). Das gleiche fordert William Dean Howells, der sich in seinem Roman *A Traveller from Altruria* (1892) nach Produkten sehnt, denen man nicht sofort den kapitalistischen Makel von „need and greed" anmerke (158). Ja, Ismar Thiusen träumt in *Looking Forward* (1885) bereits von Baustoffen, die halb aus Glas, halb aus Aluminium bestehen und somit schön, praktisch und zugleich unbegrenzt haltbar sind.

Die Fabriken, in denen diese schönen, praktischen und zugleich soliden Produkte hergestellt werden, befinden sich entweder unter der Erde oder in irgendwelchen versteckten Winkeln, Vororten, Tälern, Einöden, Wüsten oder anderen Randgebieten, wo sie weder für die Menschen noch für die Umwelt gravierende Probleme bereiten. Neben der Vermeidung von unnötigem Abfall wird auch für die Verhütung von übermäßigem Lärm gesorgt. Die meisten der geschilderten Fabriken sind völlig rauchlos, angenehm durchlüftet, weitgehend geräuschlos, ja zum Teil schon mit Klimaanlagen ausgestattet, um auf die in ihnen arbeitenden Menschen Rücksicht zu nehmen und nicht unnötig zur Belastung ihrer Nerven beizutragen. In manchen dieser Fabriken wirkt der Komfort schon fast „aristokratisch". „Keine schmutzige, aufreibende Handlangung verrichtet hier der Mensch", heißt es in Hertzkas *Freiland* (1889), „die sinnreichsten

Apparate entheben ihn jedes wirklich unangenehmen Geschäftes; er hat der Hauptsache nach bloß seine unermüdlichen eisernen Sklaven zu überwachen. Und nicht einmal durch ihr Klappern, Stöhnen und Rasseln dürfen diese überall geschäftigen Diener das Ohr ihrer Herren beleidigen." In Hertzkas Fabriken ist daher weder ein „lästiges Geräusch" zu hören noch irgendein „Atom Staub" zu entdecken (182).

Doch genau betrachtet, sind es weniger die Fabriken, denen das Hauptinteresse dieser Utopiker gilt, als die landwirtschaftlichen Gebiete. Wie bei der fabrikmäßigen Herstellung vollzieht sich auch hier alles auf maschinellem Wege, und zwar mit derselben geräuschlosen und sauberen Umweltfreundlichkeit. „Ich sah auf den Feldern ackern und säen", schreibt Hertzka an der gleichen Stelle, „und wieder dieselbe Erscheinung des Herrn der Schöpfung, der durch den Druck seines Fingers die Riesen ‚Dampf' und ‚Elektrizität' nach seinem Willen lenkt, wohin und wozu es ihm nützlich dünkt" (182). Bei anderen werden diese riesigen Maschinen auch von Frauen und jungen Mädchen bedient, welche in sechs Stunden die gleiche Arbeit leisten, für die man früher in zehn Stunden die harte Arbeit von sechs Männern und zwölf Pferden benötigt habe, wie es in Edsons *Solaris Farm* (1900) heißt (231).

Allerdings sind es nicht allein die größeren und besseren Maschinen, welche in diesen Utopien zu einer ungeahnten landwirtschaftlichen Ertragssteigerung beitragen, sondern auch eine Reihe weiterer Verbesserungen. Von besonderer Wichtigkeit ist dabei die künstliche Bewässerung, von der sich viele eine Verzehnfachung, ja Verhundertfachung der Ernteerträge versprechen. So weist schon Bebel in *Die Frau und der Sozialismus* (1883) darauf hin, daß sich die Mark Brandenburg durch künstliche Bewässerung aus des „heiligen deutschen Reiches Streusandbüchse" in ein „Eden an Fruchtbarkeit" verwandeln ließe (417) oder daß man durch sinnreich konstruierte „Wassersprenger" die Leistungsfähigkeit der deutschen Weinberge wesentlich erhöhen könne (432). Theodor Hertzka schwärmt in *Entrückt in die Zukunft* (1895) von riesigen Bewässerungsanlagen auf den Hochflächen Zentralafrikas (263), wo sich mit Hilfe solcher Systeme zwei Ernten im Jahr einbringen ließen, mit denen man mindestens eine Milliarde Menschen ernähren könne. Charles Wooldridge in *Perfecting the Earth* und Theodor Herzl in *Altneuland*, beide 1902, sehen ähnliche Projekte für den Westen der USA (Utah und Kalifornien) und den zukünftigen Judenstaat in Palästina voraus. Ja, Paul Devinne beschreibt in *The Day of Prosperity*, ebenfalls 1902, eine Utopie mit einem Irrigationssystem, durch das man selbst die unfruchtbarsten Landstriche – wie Sandwüsten, Felsgebiete und wüstes Bergland – in blühende Gärten, wogende Weizenfelder und majestätische Wälder verwandelt habe (201).

Doch nicht nur kunstvolle Bewässerungssysteme, auch neue Methoden der Düngung, eine schrittweise Verbesserung der Erdsorten, Möglichkeiten des Windschutzes, die Urbarmachung von Sümpfen und planmäßige Aufforstungen werden gefordert oder beschrieben, um so zu einer steigenden ‚Bodenmelioration' beizutragen. Die meiste Aufmerksamkeit widmet man dabei den neuen Düngungsmethoden. Wie zu erwarten, setzen sich auf diesem Sektor viele für eine wesentlich intensivere Verwendung mineralischen Düngers in Form von Superphosphat, Kainit, Phosphorsäure, Thomasmehl und Stickstoffdüngung aus den Salpeterlagern Chiles ein, mit denen man der zunehmenden Bodenerschöpfung entgegenzuwirken versucht. Vor allem Bebel geht auf diese Fragen ausführlich ein (416ff.). Doch er ist zugleich einer der ersten, der sich energisch zu einem ausgewogenen ‚Stoffwechsel mit der Natur' bekennt und dafür eintritt, auch die „tierischen und menschlichen Abfallstoffe" wieder „dem Boden zuzuführen" (435). Er wendet sich deshalb erbittert gegen das bisherige „Raubsystem" (436), das den Boden einfach ausplündere und mit den menschlichen Exkrementen lediglich die Flüsse „verschmutze" (438), anstatt sich auch auf diesem Gebiet endlich zu einer sinnvollen Planung durchzuringen. Da durch den steigenden Einsatz von Maschinen die tierischen Exkremente in der Landwirtschaft allmählich weniger wurden, griffen auch andere Utopiker solche Ideen auf. So tritt etwa Ismar Thiusen in *Looking Forward* (1885) dafür ein, mit den menschlichen Ausscheidungen nicht mehr das Grundwasser zu verderben, sondern das Land zu düngen (88). In Solomon Schindlers Roman *Young West* (1894) ist der Hauptheld ein Ingenieur, der fast ausschließlich an der Verbesserung des ‚Sewage System' arbeitet und dem es schließlich gelingt, alle menschlichen Exkremente – statt sie weiterhin in die Flüsse oder auf den Meeresgrund abzuleiten – in höchst effektive Düngemittel zu verwandeln (226). West geht es in erster Linie darum, daß der Boden wieder genauso viel zurückbekommt, wie ihm entnommen wird (203). Die Bevölkerung ist von seinen Vorschlägen so begeistert, daß sie ihn gegen Ende des Romans zum Präsidenten der USA wählt. Ähnliche Überlegungen finden sich in *The Crystal Button* (1891) von Chauncey Thomas, wo es ebenfalls um Methoden zur Verbesserung der natürlichen Düngung geht (116ff.), die in manchem schon an die Kompostbereitung der Organic-Food-Farmen vorausweisen.

Ebenso schonend gehen manche bei der Unkrautbekämpfung vor. So vermeidet etwa Milan C. Edson in *Solaris Farm* (1900) alle chemischen Radikalkuren und schlägt statt dessen vor, die brachliegenden Felder im Vorfrühling mit Hilfe von Sonnenenergie leicht anzuwärmen und auf diese Weise alle Unkräuter solange zum Keimen anzuregen, bis sie von Nachtfrösten wieder getötet würden (234). Auch das Vertrauen in die Züchtung ertragreicherer Pflanzensorten, wie es sich bei Bebel, Edson und Taylor findet, wird oft mit solchen Erwägungen, nämlich der Sorge um eine geringere Bodenbelastung, gekoppelt. Überhaupt machen sich in diesem Bereich die ökologischen Aspekte besonders stark bemerkbar. So wird in diesem Zusammenhang ständig auf die Gefahren der Bodenerosion durch allzu starke landwirtschaftliche Nutzung hingewiesen. Als Gegenmittel dazu empfehlen die meisten der hier erwähnten Autoren eine planmäßige Aufforstung aller bergigen und hügeligen Gebiete. Neben Schönheits- und Nützlichkeitsgesichtpunkten spielen dabei auch Überlegungen zu jenem ‚inneren Gleichgewicht der Natur' eine Rolle, das inzwischen ins Zentrum aller ökologischen Diskussionen gerückt ist. Das gilt vor allem für jene Autoren, die sich mit dem Wasserhaushalt der Natur beschäftigen und dabei auf das Problem der wechselseitigen Abhängigkeit von Vegetation und Wasser stoßen. So treten etwa Hertzka, Morris, Schindler und Edson nicht nur für eine größere Sauberkeit der Gewässer ein, sondern weisen nachdrücklich auf den inneren Zusammenhang von wahlloser Rodung, Ausplünderung des Bodens durch unvernünftige Landwirtschaft, Bodenerosion, sinkendem Grundwasserspiegel, Überfütterung der Gewässer mit Silikaten, zunehmender Trübung und schließlich Verschmutzung der Flüsse hin. Besonders Milan C. Edson geht in *Solaris Farm* (1900) ausführlich darauf ein, wie sich unter bestimmten Bäumen eine Humus- und damit Vegetationsschicht bilde, die ein allzu schnelles Abfließen des Wassers verhindere. Auf diese Weise bleibe nicht nur der Grundwasserspiegel konstant, erklärt Edson, sondern werde zugleich die Verschmutzung der Gewässer vermieden. Er und andere traten darum immer nachdrücklicher für die Bewahrung der noch existierenden Wildnisgebiete und eine planmäßige Anlage von umweltschonenden Nationalparks ein, deren Zweck es sei, nicht nur der Erholung des Menschen, sondern auch der Erholung der Natur zu dienen.

Kein Wunder also, daß viele dieser Utopiker dem Baum eine besondere Verehrung entgegenbringen. Vor allem Edson schwärmt seitenlang von der Schönheit und dem Nutzen der verschiedenen nordamerikanischen Baumsorten (202ff.). In seiner Utopie ist deshalb der ‚Arbor-Day' der höchste aller Feiertage (185). Nicht minder große Baumfanatiker sind Titus K. Smith und C. W. Wooldridge, die in *Altruria* (1895) und *Perfecting the Earth* (1902) ständig die herrlichsten Waldungen, Baumhaine und Gehölze beschreiben. „There are trees everywhere!", heißt es bei Smith mit einem begeisterten Blick auf seine utopischen Landschaften (31). Doch auch die anderen Autoren dieser Gruppe betonen immer wieder, wie sich durch eine konsequente Bepflanzung und intensive Pflege die gesamte Erde in ein riesiges Naturparadies, ein wiedergekehrtes Eden verwandeln lasse. Und zwar finden sich solche Äußerungen nicht nur bei den Vegetariern oder jenen, die sich für die Herstellung chemischer Nahrungsmittel einsetzen und darum auf die Landwirtschaft verzichten können, sondern bei geradezu allen. So hofft etwa Friedrich Eduard Bilz in *Wie schafft man bessere Zeiten?* (1882) darauf, die ganze Welt in eine „einzige großartige Gärtnerei" zu verwandeln (118). Auch Bebel, von dem man es am wenigsten erwarten würde, würde am liebsten die gesamte Erdoberfläche in einen weitläufigen „Garten" umschaffen (397). Ähnliches liest man in C. W. Wooldridges *Perfecting the Earth* (1902), wo die Vereinigten Staaten, und in H. G. Wells' *A Modern Utopia* (1905), wo England und Schottland einen Zug ins Parkartige bekommen. Ja, bei jenen, die wie Martin Atlas in seinem Roman *Die Befreiung* (1910) zu chemischer Ernährung übergehen, werden fast alle Gebiete, „die früher unbebaut waren, in Parkanlagen, Gärten und Wälder" verwandelt (463), in denen man die herrlichsten Pflanzen, die prächtigsten Bäume und die edelsten Tiere findet.

In den meisten Utopien dieser Jahre werden sogar die Städte und Großkommunen in dieses neue Park- und Gartensystem einbezogen, um so zu einer durchgreifenden Aufhebung des bisherigen Gegensatzes von Stadt und Land beizutragen. Immer wieder wird betont, daß man dem Land ein kultivierteres und der Stadt ein naturhafteres Aussehen geben müsse. Viele stützen sich dabei auf jenes Park- und

Gartenstadt-Konzept, das damals auch in der allgemeinen Diskussion eine große Rolle spielte. Man denke an Bücher wie *Die Stadt der Zukunft. Gartenstadt* (1896) von Theodor Fritsch und *The Garden-City of Tomorrow* (1897) von Ebenezer Howard, die dem Konzept der grauen ‚Steinwüste' die Idee der grünen ‚Siedlung' entgegenstellen. Doch auch sonst melden sich in diesen Jahren allenthalben Stimmen zu Wort, welche den Folgen der rapiden Industrialisierung – nämlich der Verschmutzung der großen Städte durch den ungehemmten Bau von Fabrikanlagen, dem steigenden Verkehr und der damit verbundenen Lärmzunahme, den ungesunden Wohnverhältnissen in Form stinkender und sonnenloser Mietskasernen sowie der immer stickiger werdenden Luft – durch eine wohlgeplante Deurbanisierung entgegenzutreten hofften. Als wirkungsvollste Gegenkonzepte wurden dabei Trabantenstädte, Siedlungsgenossenschaften, die Anlage ausgedehnter Grünanlagen und eine sorgfältige Trennung von Wohn- und Fabrikbezirken vorgeschlagen. Was sich von diesen Plänen in der wirklichen Wirklichkeit um 1900 – aufgrund der kapitalistischen Eigentumsverhältnisse – nur höchst fragmentarisch durchführen ließ, wird dagegen von den erwähnten Utopikern geradezu mühelos in die Realität umgesetzt. In ihren Werken begegnet man ständig jenen geräuschlosen, sauberen und vor allem herrlich ‚begrünten' Städten, wo jene Glücklichen wohnen, die sich von den Fesseln des Kapitalismus befreit haben. Diese Städte kennen keine qualmenden Fabrikschornsteine und Kamine mehr: hier werden die misterzeugenden Pferde durch elektrisch angetriebene Transportmittel ersetzt, hier liegen die Fabriken weitgehend unter der Erde, hier ist die Kanalisation bereits zu höchster Perfektion gediehen, hier sind alle Gebäude von blühenden Grünanlagen umgeben und hier befinden sich auf den Dächern üppige Dachgärten, die diesen Städten fast das Aussehen riesiger botanischer Gärten geben.

So setzt sich etwa Bebel in *Die Frau und der Sozialismus* (1883) dafür ein, die „großen Städte" einfach aufzulösen, um der Bevölkerung wieder die Möglichkeit zu geben, in gesünderen Verhältnissen zu leben (439). Wenn Ismar Thiusen in *Looking Forward* (1885) und Michael Flürscheim in *Deutschland in hundert Jahren* (1887) utopische Städte beschreiben, streichen sie stets die Fülle der Dachgärten und öffentlichen Grünanlagen heraus. Theodor Hertzka schildert in *Freiland* (1889) sein utopisches Edenthal als einen riesigen „Feengarten", der vom „berauschenden Duft aller erdenklichen Blumenarten und dem Gesang zahlloser Nachtigallen erfüllt" ist, und wo sich die Menschen hauptsächlich auf „Terrassen" und in „Gärten" aufhalten (160). In *News from Nowhere* (1891) von William Morris ist aus dem alten, schmutzigen London, das so „beastly ugly" war, inzwischen eine einzige Gartenstadt geworden (18). In Hertzkas *Reise nach Freiland* (1891) hat jede Familie einen Garten von mindestens tausend Quadratmetern um ihr Haus. In Henry Olerichs *A Cityless and Countryless World* (1892) sind alle sogenannten ‚Big-Houses' von Obstplantagen, Gewächshäusern und kunstvoll angelegten Gärten umgeben, wie sie schöner kaum gedacht werden können (120). In Hertzkas *Entrückt in die Zukunft* (1895) ist Sizilien zur Hauptstadt der Erde geworden und selbstverständlich in eine herrliche Gartenstadt mit geradezu antik anmutenden Gebäuden verwandelt worden (187). In dem Roman *Auf zwei Planeten* (1897) von Kurd Lasswitz gibt es dagegen keine „eigentlichen Städte und Dörfer" mehr. Hier findet man nur noch „zusammengehörige Gruppen von Gebäuden", die von „gewaltigen Riesenbäumen" überragt werden und neben denen sich „reizende Park- und Gartenanlagen" ausdehnen (II, 16). Sogar die ‚Steinwüste' New York wird in Paul Devinnes *The Day of Prosperity* (1902) in eine solche „Garden-City" verwandelt (207). Ähnlich parkartig wirkt jenes umgebaute San Diego, das C. A. Steere in *When Things Were Doing* (1908) beschreibt, das sich auf wundervoll abgestuften Terrassen befindet und dessen herrlich angelegte Straßen mit Tausenden von blühenden Blumen, Sträuchern und Palmen gesäumt sind (249). Auch in *Die Befreiung* (1912) von Martin Atlas werden die früheren Städte entweder völlig aufgelöst oder in blühende Parkanlagen verwandelt. „Wo einst eine Unzahl von Fabriken die Luft mit ihrem Rauch und Qualm verpestete", heißt es hier, „wo Kohlenstaub alles schwärzte, und der Lärm und das Getöse der Maschinen ganze Gegenden um ihre Ruhe brachte, erstreckte sich jetzt ein wohlgepflegter Park, wo nur der Chor der Vögel die feierliche Stille unterbrach, und statt der früheren Fabrikabwässer ein klarer Bach sich zwischen gigantischen Bäumen schlängelte" (462).

Schon aus diesen wenigen Beispielen wird ersichtlich, daß es bei diesen Park- und Gartenstadtkonzepten nicht nur um Schönheit und Zweckmäßigkeit, sondern um ein ganz neues Konzept eines ‚naturgemäßeren' Lebens geht. Alle Reisenden, die nach Utopia kommen, oder alle Schläfer, die dort erwachen, begrüßen daher als erstes stets die „saubere Luft", die dort herrscht. Statt lediglich von den neuen Maschinen oder technischen Gimmicks fasziniert zu sein (wie das für die meisten Science-Fiction-Romane typisch ist), freut man sich hier vornehmlich, endlich in eine Welt eintreten zu dürfen, wo man nicht mehr dauernd von „smoke-vomiting chimneys" umgeben ist, wie Morris schreibt (14), oder ständig gegen „dust and noise" ankämpfen muß, wie es bei Chauncey Thomas heißt (77), sondern wo man in geräuschlosen Fabriken arbeiten kann, wo es wohlgepflegte, saubere Straßen gibt und wo man ständig einen strahlend blauen Himmel über sich hat. In vielen dieser Utopien finden sich darum lange Passagen, die sich – zum Teil mit spezifisch ökologischer Perspektive – eingehend mit Maßnahmen zur Lärm- und Schmutzbekämpfung beschäftigen. Bei der Erwägung solcher Probleme sehen sich allerdings diese Utopiker immer wieder mit der Frage konfrontiert, welches politische System man denn errichten muß, um eine idealere Gesellschaftsordnung herbeizuführen und diese dann auch aufrechtzuerhalten, die dem Menschen eine naturgemäßere und damit sinnvollere Lebensweise ermöglicht? Kehren wir deshalb noch einmal zu unserer Anfangsfrage zurück, nämlich was denn diese Utopien eigentlich an konkreten politischen, gesellschaftlichen und ökonomischen Vorstellungen aufbieten, um all diese schönen Vorstellungen und Träume auch tatsächlich in die Wirklichkeit überführen zu können? Oder – um Bebels Worte aufzugreifen – was schlagen sie denn vor, um wieder zum Urkommunismus, daß heißt zum „Ausgangspunkt" der menschheitlichen Entwicklung zurückzukehren, und doch zugleich jene „unendlich höhere Kulturstufe" beizubehalten, die wir inzwischen erreicht haben (481)?

IV

So verschieden die politische Struktur der hier behandelten Utopien auch ist, eins haben sie alle gemeinsam: den Haß auf die extrem egoistische Gesinnung des Kapitalismus und die Sehnsucht nach einem staatlichen Gebilde, das – im Gegensatz dazu – auf rein altruistischen Prinzipien beruht. Unterschiede machen sich erst dann bemerkbar, wenn sich die betreffenden Autoren darüber auslassen, welche gesellschaftlich-konkrete Form die von ihnen beabsichtigte Utopie haben soll. Doch auch hier herrscht – von einigen imperialistischen, religiösen und rassistischen Ausnahmen einmal abgesehen – letztlich *eine* Grundtendenz: nämlich innerhalb der erhofften Gemeinschaftsformen ein Höchstmaß an individueller Freiheit beizubehalten oder diese Freiheit durch eine soziale Revolution überhaupt erst herbeizuführen. Streng autokratische oder gar theokratische Utopien, wie sie im 16. und 17. Jahrhundert nicht selten waren, fehlen daher in diesen Jahren fast völlig. Immer wieder geht es primär – bei aller Sehnsucht nach neuen Formen einer engeren Gemeinschaftlichkeit – um das Glück des Einzelmenschen, das nicht irgendwelchen autoritären Prinzipien geopfert oder auch nur unterstellt werden darf. Und so bilden diese Utopien, so verschieden sie auf den ersten Blick auch wirken, letzten Endes einen recht homogenen Komplex ideologisch-literarischer Aussagen.

Lassen wir unter diesem Gesichtspunkt einige der erwähnten Utopien noch einmal Revue passieren. Sogar Bebel geht es in *Die Frau und der Sozialismus* (1883) vor allem darum, den bisher Unterprivilegierten die Möglichkeit zu einer freiheitlich-subjektiven Entwicklung zu bieten. Theodor Hertzka fordert in *Freiland* (1889) ein Gemeinwesen, das selbst in seinen „Produktiv-Assoziationen" (85) auf „unbedingter Gleichberechtigung und schrankenlosem individuellem Selbstbestimmungsrecht" beruht (16). Bertha von Suttner tritt in *Das Maschinenalter* (1889) höchst idealistisch für eine „Gemeinschaftsliebestätigkeit" im Sinne der Bodenreformkonzepte Michael Flürscheims ein, um so einer auf subjektiver Solidarität und technischem Fortschritt beruhenden „Beglückungsgemeinschaft" vorzuarbeiten (271). Edward Bellamy setzt sich in *Looking Backward* (1888) zwar für eine Sozialisierung aller Industriezweige ein, um die Gefahr einer „corporate tyranny" zu verhindern (53), nennt aber diesen Prozeß nicht Sozialisierung, sondern Nationalisierung, weil es auch ihm in erster Linie um eine volle Ausbildung der Einzelpersönlichkeit geht. Selbst William Morris, der in *News from Nowhere* (1891) für einen konsequenten „communism" eintritt (146), um die „systematized robbery" des Kapitalismus zu beseitigen (89), hat dabei eher handwerklich-subjektivistische Ziele im Auge. Theodor Hertzka propagiert in *Eine Reise nach Freiland* (1891) einen „sozialen Freistaat", in dem alle Menschen – vom „reichsunmittelbaren Fürsten bis zum einfachen Arbeiter" – eine neue

Heimat finden können (4). William Dean Howells attackiert in *A Traveller from Altruria* (1892) die Rücksichtslosigkeit der damaligen „self-made men" (8), welche die demokratische Wirtschaftsordnung rein zu ihren Gunsten ausnutzen, tritt aber im Rahmen seiner „Commonwealth"-Vorstellung – die dem Konzept der damaligen People's Party entspricht, aus der 1892 die Populist Party wurde – für einen Staat ein, dessen oberstes Telos die Chance des „self-seeking" ist (71). Auch Theodor Herzl, der zwar in seinem *Judenstaat* (1896) von „Ortsgruppen" spricht, die wieder zur „Scholle" zurückkehren, um als „Vorposten der Kultur gegen die Barberei" einen „Wall gegen Asien" zu bilden, bekennt sich letztlich zum Individualismus (29). Dasselbe tut Milan C. Edson in *Solaris Farm* (1900), wo sich zwar scharfe Ausfälle gegen den Egoismus des kapitalistischen Systems finden, innerhalb dessen ein „constant warfare of competition" herrsche, „which brings suffering to the many and success to the few" (412), wo aber wiederum eine Kommune beschrieben wird, die allein auf der „unselfish co-operation", das heißt dem ‚guten Willen' der Einzelnen, beruht (232). Ebenso widerspruchsvoll wirkt die Gründung jenes „co-operative commonwealth", die Thomas McGrady in seinem Buch *Beyond the Black Ocean* (1901) beschreibt, dem eine revolutionäre Nationalisierung des Landbesitzes und der Grundindustrien zuvorgeht, um so die Träume des „socialism" zu verwirklichen (300), wo aber in den Ausführungsbestimmungen ebenfalls recht unverbindliche Freiheits- und Freiwilligkeitskonzepte dominieren. Auch William Alexander Taylor träumt in *Intermere* (1901) von einem utopischen Staat, in dem der egoistische Kommerzgeist einer „absolute equality" weicht, die zugleich eine „absolute individuality" garantiert (44). In C. W. Wooldridges *Perfecting the Earth* (1902) werden die „commercial cities" der „competitive world" durch Städte ersetzt, wo jeder – nach der für das Gemeinwohl geleisteten Arbeit – lediglich seinen eigenen Neigungen nachgeht (144). In H. G. Wells *A Modern Utopia* (1905) wird die Privatinitiative vor allem durch eine weitgehend dezentralisierte Wirtschaft wachgehalten. Frank Rosewater bekennt sich in *The Making of a Millennium* (1908) zu einem „centrism", der auf einer glücklichen Verbindung von „individualism and collectivism" beruht (80). Wenn man C. A. Steeres *When Things Were Doing* (1908) Glauben schenken soll, werden in Zukunft selbst die hartnäckigsten Kapitalisten jene „wastful economic and industrial lottery" verfluchen (175), die man einmal Kapitalismus genannt hat, und sich für ein „Co-operative Commonwealth of America" einsetzen (43). Auch in dem Roman *Die Befreiung* (1910) von Martin Atlas ist es eine „ethisch-denkende, ein solidarisches Gefühl besitzende Menschheit" (83), auf die der Autor seine utopischen Hoffnungen setzt. Das gleiche gilt für die *Utopia Achieved* (1912) von Herman Hine Brinsmade, deren Bewohner sich die Vorteile des „single tax systems" zunutze gemacht haben (79) und die in ihrem Individualismus stolz von sich behaupten: „We are not socialists" (76).

Das neue Bild des Menschen, das den Utopien zwischen 1880 und dem Ersten Weltkrieg zugrunde liegt, bleibt deshalb weitgehend ein idealistisch-liberales. Von Sozialdemokraten wie Bebel und Zionisten wie Herzl einmal abgesehen, die ihre Hoffnungen auf die hinter ihnen stehenden Massenbewegungen setzen, glauben fast alle dieser Utopiker weiterhin an die weltverändernde Kraft des ‚guten Willens'. Die meisten ihrer Werke beruhen daher auf kleinbürgerlichen Wunschträumen von einer besseren Welt, die zwar alle Vorteile, aber keinen der Nachteile des Kapitalismus aufweist. Jenseits aller Klassen und Nationen vertrauen diese Autoren auf jenen legendären ‚Menschen', der angesichts der sich zuspitzenden Krisen endlich Vernunft annimmt. Sie stellen darum oft die reinsten, edelsten Gesinnungen zur Schau, machen aber nur in den seltensten Fällen konkrete Vorschläge, wie sie sich – außer der erwähnten Gesinnungsänderung – den Wandel von der einen Gesellschaftsordnung zur anderen eigentlich vorstellen. In diesem Punkte bleiben fast alle der hier erwähnten Utopiker gute Liberale, die sich zwar in ökonomischer Hinsicht nicht unbedingt gegen den Sozialismus sperren, aber auf allen anderen Gebieten dem Konzept einer subjektivistisch orientierten Freiheitlichkeit huldigen.

Und zwar zeigt sich das am deutlichsten in ihrem Verhältnis zur Arbeit. Für die meisten dieser Autoren ist Arbeit lediglich ein unvermeidliches Übel – ein Job, der in keinem Verhältnis zu den anderen Tätigkeiten des Menschen steht. Ihr Ideal ist daher der Zwei-, Drei- oder Vierstundentag, während dessen man mit Hilfe sinnreich konstruierter Maschinen all jene Nahrungsmittel und Gebrauchsgüter produziert, die für das menschliche Wohl nun einmal erforderlich sind. Mit einem deutlich ausgeprägten Sinn für ästhetische Qualität wird dabei von Bellamy, Hertzka, Morris, Howells, Cless, Schindler und anderen immer wieder betont, daß es in Zukunft sicher viel schönere und gediegenere Gebrauchsgüter geben werde als der heutzutage hergestellte Kitsch, wobei sich manchmal schon Affekte gegen jenes Prinzip bemerkbar machen, das man später mit dem Begriff ‚geplante Obsolenz' umschrieben hat.

Vieles an diesen Konzepten ist durchaus richtig und begrüßenswert. Schließlich vergeudet das kapitalistische Wirtschaftssystem durch eine unsinnige Konkurrenz und eine ebenso unsinnige Luxusgüterindustrie nicht nur viel zu viel Arbeitskraft, sondern auch viel zu viel wertvolles Rohmaterial. Daher tritt auch Bebel für eine Beschränkung der Arbeitszeit auf zweieinhalb Stunden ein (384). Doch bei anderen äußert sich in diesem Punkt nur das Leisure- und Freizeitbedürfnis der privilegierten Bourgeoisie des späten 19. Jahrhunderts, die auch in Zukunft nicht arbeiten, sondern vornehmlich ihrer Selbstrealisierung und ästhetischen Sensibilisierung leben möchte. Es ist daher in diesen Büchern manchmal nicht auszumachen, ob das erstrebte Ziel – nämlich der Zustand wahrer Menschlichkeit jenseits kapitalistischer Konkurrenzgefühle und Bereicherungsgelüste – ein Reich zu sich selbst gekommener Humanität oder lediglich ein privilegiertes Schlaraffenland ist? Wenn Bebel schreibt, der Sozialismus werde einmal „eine größere Stabilität in die Lebensgewohnheiten der Gesellschaft bringen; er wird Ruhe und Genuß ermöglichen und ein Befreier von der gegenwärtigen Hast und Aufregung sein", so ist das sicher ernst und emanzipatorisch gemeint (386). Wenn sich jedoch William Morris seine „epoch of rest", in der alles wieder zur Ruhe kommt, von einer Rückkehr zu den Lebensgewohnheiten des 14. und 15. Jahrhunderts verspricht, so wirkt das schon problematischer. Und auch William Dean Howells

Slogan: „In Altruria *there is no hurry*, for no one wishes to outstrip another, or in any way surpasses him" (167), bleibt in seinen Ausführungsbestimmungen reichlich nebelhaft. Und außerdem: was machen denn diese ‚befreiten' Utopiebewohner mit all ihrer freien Zeit? Verwenden sie diese nur zu ihrer eigenen Selbstvervollkommnung? Und wenn: was ist an dieser Haltung eigentlich so altruistisch? In diesem Punkte bleiben die ideologischen Konzepte all dieser Bücher reichlich vage. Es ist zwar richtig, daß sich alle entschieden gegen jene Gesinnung wenden, die lediglich auf Unwerten wie Eigennutz, Ausbeutung und Konkurrenz beruht, und statt dessen ein wesentlich stilleres, edleres Lebensgefühl beschreiben oder fordern. Aber entsprechen die von ihnen gewünschten stilleren und edleren Freizeitformen nicht weitgehend dem Lebensstil jener bürgerlichen Gesellschaft, in der sich die Herren nach dem Dinner in den Rauchsalon zurückzogen, während die Damen noch etwas am Teetisch verweilten?

Der in vielen dieser Werke beschriebene Lebensstil utopischer Altruisten und Altrurianer hat daher eine seltsame Ambivalenz: einerseits ist er von der Parasitenmentalität der Bourgeoisie des späten 19. Jahrhunderts geprägt, andererseits machen sich in dem Wunsch nach einfacheren Lebensformen erste Symptome eines steigenden ökologischen Bewußtseins, das heißt eines Erschreckens vor der kapitalistischen Verbrauchermentalität, bemerkbar. Und zwar bleibt von dieser Ambivalenz kaum eine der geschilderten Verhaltensweisen verschont. Alle haben diese Doppelgesichtigkeit: die den Leser einerseits abstößt, andererseits aufhorchen läßt.

Schon wie diese Altrurianer wohnen, spricht für diese These. Die meisten verbringen ihr Leben in großen Kommunen, Big Houses oder hotelähnlichen Appartmenthäusern, die ihnen auf der einen Seite die größtmögliche Muße erlauben und sie auf der anderen vor jedem unnötigen Verschleiß an Arbeitskräften und Rohstoffen bewahren. So preist schon Bebel jene modernen Appartmenthäuser mit Zentralheizung und Warmwasserversorgung, die später einmal nicht nur den „Auserwählten", sondern allen Menschen offen stehen sollten (472). Bellamy lobt solche Gebäude vor allem darum, weil durch sie die vielen Schornsteine und Rauchwolken verschwänden (45). Noch bequemer sind jene von Henry Olerich beschriebenen ‚Big Houses', die ebenfalls mit Zentralheizung ausgestatteten Hotels gleichen. In *Looking Forward* (1899) von Arthur Bird wird die Hausarbeit in diesen Wohnhotels weitgehend von elektrisch gesteuerten Robotern ausgeführt (185). Ähnlich reibungs-, ja geradezu arbeitslos verläuft das Leben der utopischen Hotelbewohner in *Deutschland in hundert Jahren* (1887) von Michael Flürscheim, *The Crystal Button* (1891) von Chauncey Thomas, *Altruria* (1895) von Titus K. Smith, *The Day of Prosperity* (1902) von Paul Devinne und *Die Befreiung* (1910) von Martin Atlas, die alles zum Leben Notwendige durch pneumatische Röhren geliefert bekommen.

Als die größte Bequemlichkeit und zugleich der größte Fortschritt in hygienischer wie auch ökologischer Hinsicht wird dabei stets die ‚Zentralküche' hingestellt, die alle Bewohner dieser Wohnkommunen mit wissenschaftlich zubereiteten und somit höchst nahrhaften Speisen versorgt. Schon Bebel in *Die Frau und der Sozialismus* (1883) und Ismar Thiusen in *Looking Forward* (1885) schwärmen nachdrücklich für solche ‚Einküchenhäuser'. In anderen Utopien, wie denen Bellamys, Olerichs, Thomas' und Wooldridges, ißt man dagegen lieber in Restaurants, wobei die Altrurianer weitgehend Speisen vorgesetzt bekommen, die durch die Aufbewahrung in ‚luftleeren Behältern' oder durch Einlagerung unter der Erde ihre ursprüngliche Frische behalten haben. Überhaupt wird auf ein vernünftiges, naturgemäßes Essen in fast allen dieser Utopien ein besonders großer Wert gelegt. Und zwar lassen sich dabei im Hinblick auf die verzehrten Lebensmittel etwa vier Richtungen unterscheiden. Da wären erst einmal jene, die einfach an die bisherigen Essensgewohnheiten anknüpfen und lediglich für eine größere Nahrhaftigkeit sorgen. Die zweite Gruppe bilden die Vegetarier, die entweder aus Abneigung gegen das brutale Abschlachten von Tieren oder aus Gesundheitsgründen eine rein vegetabilische Nahrung bevorzugen. Diese Gruppe ist besonders groß. So preist etwa Henry Olerich in *A Cityless and Countryless World* (1892) einen hundertprozentigen Vegetarismus, wobei er auch Gewächshäuser und den Import tropischer Früchte heranzieht, um nie auf eine reiche Auswahl erstklassiger Gerichte verzichten zu müssen (85). Auch Solomon Schindler in *Young West* (1894), Arthur Bird in *Looking Forward* (1899), T. Baron Russell in *A Hundred Years Hence* (1906) und Herman Hine Brinsmade in *Utopia Achieved* (1912) bekennen sich zum Vegetarismus und preisen die Vorzüge von Peanut-Sandwiches, Auberginen-Steaks, Nußbiskuits, Zwiebackschnitten, Malzhonig, Gemüsesuppen, Graham-Brot und anderen Delikatessen, ja verurteilen jeden, der immer noch Lederschuhe oder ähnliches trägt. Die dritte Gruppe setzt sich aus jenen Utopikern zusammen, welche die pflanzlichen Grundstoffe nur noch als Rohmaterialien einer künstlichen Lebensmittelherstellung verwendet, um so mit dem geringsten Aufwand den größten Effekt zu erzielen. So wird schon in *Looking Forward* (1885) von Ismar Thiusen, einer Utopie, in der es keine Haustiere mehr gibt, die Milch aus Mais gewonnen (85). Vor allem die in den Tropen angebauten und leicht zu erntenden Pflanzen werden gern zur chemischen Intensivierung herangezogen. Auf ähnliche, bereits durchführbare Umwandlungsprozesse, nämlich „Grundstoffe, wie Holzfasern, direkt in Lebensmittel zu verwandeln", weist Bebel hin (398), obwohl er den Thesen der strikten Vegetarier sonst recht ablehnend gegenübersteht und sich für das Recht der Arbeiter auf einen guten Braten einsetzt. Verwandten Thesen begegnet man in *Entrückt in die Zukunft* (1895) von Theodor Hertzka, der sich ebenfalls für chemisch intensivierte Nahrungsmittel begeistert. Ja, Hertzka ist – in manchen Werken – bereits ein Vertreter der vierten Gruppe, die sich immer nachdrücklicher für künstlich hergestellte Nahrungsmittel einsetzt und schließlich zur Pillenernährung übergeht. Bei ihm wird zum Beispiel alle Eiweißnahrung nur noch in chemischen Fabriken erzeugt – und daraufhin das Schlachten von Tieren eingestellt (22). Auch die aufgeklärten Marsbewohner in *Auf zwei Planeten* (1897) von Kurd Lasswitz und die utopischen Edelmenschen in *Die Befreiung* (1910) von Martin Atlas ernähren sich ausschließlich mit wohlschmeckenden Pillen. „Steine in Brot! Eiweißstoffe und Kohlehydrate aus Fels und Boden, aus Luft und Wasser ohne

Vermittlung der Pflanzenzelle", heißt es bei Lasswitz, „das war die Kunst und Wissenschaft gewesen, wodurch die Martier sich von dem niedrigen Kulturstandpunkte des Ackerbaus emanzipiert und sich zu unmittelbaren Söhnen der Sonne gemacht hatten" (II, 21). Kein Wunder also, daß in diesen beiden Romanen die Tiere und Pflanzen in Ruhe gelassen und nur noch als ästhetisch schöne Objekte betrachtet werden.

Eng verbunden mit diesen ausführlichen Reflexionen über eine arbeitersparende und umweltfreundliche Ernährung sind die vielen Gesundheitskonzepte, die sich in diesen Utopien finden. Und auch auf diesem Sektor wird eine Fülle an Vorschlägen gemacht, die zum Teil mit medizinischen, hygienischen und ökologischen Forderungen von heute übereinstimmen. Dazu gehören die Forderungen nach Einführung des Impfzwanges, nach sauberer Luft, nach regelmäßigem Aufenthalt im Freien, nach körperlicher Betätigung, nach Verzicht auf Tabak und Alkohol, nach einer auf die ‚Natürlichkeit' des Menschen Rücksicht nehmenden Sexualreform, ja überhaupt nach einer tieferen Einsicht in die ‚Geheimnisse der Natur', um das menschliche Dasein in Zukunft tiefer, voller und vor allem länger zu erleben.

Fast alle der hier erwähnten Utopiker gehen dabei von der Forderung nach besseren hygienischen Grundbedingungen aus. So liest man etwa, daß endlich allen Menschen die Möglichkeit gegeben werden müsse, wenigstens einmal am Tag zu baden – was um 1890, als fünfzig Prozent der Menschheit noch nie eine Badewanne gesehen hatte, geradezu ‚revolutionär' wirkte. Und zwar macht sich dabei häufig ein bürgerliches Ethepethete-Bewußtsein bemerkbar, das Sauberkeit weniger um der Hygiene als um der Sauberkeit willen fordert. Dafür spricht ein Roman wie *Young West* (1894) von Solomon Schindler, wo sogar die Wohnungswände mit „elektrisiertem Wasser" bespritzt werden, um nur ja jeder möglichen Bakterienbildung vorzubeugen (45). T. Baron Russell erklärt in *A Hundred Years Hence* (1906), daß man alle Wände, Gardinen und Kleidungsgegenstände wenigstens einmal am Tag mit dem Staubsauger reinigen müsse (21). Das wirkt zweifellos übertrieben. Doch andererseits entsteht durch dieses Sauberkeitsbedürfnis ein ganz neues Gefühl für all jene natürlichen und chemischen Stoffe, mit denen der menschliche Körper ständig in Berührung kommt. Wenn deshalb Ismar Thiusen, Theodor Hertzka, Chauncey Thomas, Alfred Cless, Paul Devinne und Solomon Schindler ihre Utopiebewohner täglich baden lassen, so ist das nicht nur eine Marotte. Auch der Aufenthalt in frischer Luft, der unentwegt gepriesen wird, läßt sich nicht nur als Spleen abtun, sondern hat einen deutlich gesundheitsfördernden Effekt. Häufige „Bewegung im Freien" ist daher für Alfred Cless in seinem *Zukunftsbild der Menschheit* (1893) geradezu eine Selbstverständlichkeit (10). Mit der gleichen Intensität betont Henry Olerich in *A Cityless and Countreyless World* (1892) die Notwendigkeit regelmäßiger „outdoor exercises" (351). Friedrich Eduard Bilz, Alexander Craig und H. G. Wells verstehen darunter lange Spaziergänge. Henry Olerich und C. W. Wooldridge lassen dagegen ihre Utopiebewohner aus dem gleichen Grunde Fahrrad fahren.

Diese laufende und fahrradfahrende Menschheit ist nicht nur gesundheitsbewußt, sondern trägt durch ihr umweltfreundliches Verhalten zugleich zur Sauberkeit und Geräuschlosigkeit der in diesen Utopien beschriebenen menschlichen Siedlungen bei. Aus diesem Grunde liest man ständig von ‚sauberer Luft', die nicht nur auf dem Lande, sondern auch in den Städten zu finden sei – einer Luft, welche weder Abgase noch Rauch oder Ruß enthält, sondern würzig und ozonreich ist. Ja, manche gehen sogar noch einen Schritt weiter und lassen ihre Utopiebewohner – wie Fayette Stratton Giles in *Shadows Before* (1894), Paul Devinne in *The Day of Prosperity* (1902) und Herman Hine Brinsmade in *Utopia Achieved* (1912) – schon die Vorzüge von Klimaanlagen genießen, die ihnen nicht nur Sauberkeit, sondern auch eine stets gleichbleibende Temperatur garantieren. Wohl den absoluten Höhepunkt dieser Luftsauberkeit bilden jene von Chauncey Thomas in *The Crystal Button* (1891) beschriebenen glasüberdachten „Sonnenpaläste", die aus riesigen, in der Art botanischer Gärten angelegten Environments bestehen (220), in denen immer die gleiche gesundheitsfördernde Frühlingsstimmung herrscht.

Kein Wunder also, daß die meisten Menschen in diesen Utopien, wie etwa bei Morris und Craig, selbst mit sechzig, ja mit siebzig immer noch jung und rüstig aussehen. Schließlich haben sie Zeit genug, sich ständig um ihren Körper, ihre erotischen Bedürfnisse und ihr seelisches Wohlergehen zu kümmern. Manche der beschriebenen Kommunen erinnern daher – nicht nur wegen ihres Vegetarismus und ihres Sonnenkults – an die Lebensreformkolonien der Jahrhundertwende, die sich ebenfalls gern ‚Utopia' oder ‚Edenthal' nannten. Hier wie dort verschmähte man nicht nur Fleisch, sondern auch Tabak und Alkohol – Dinge, die entweder gar nicht erwähnt oder, wie bei Henry Olerich, Arthur Bird, T. Baron Russell und Paul Devinne, ausdrücklich als gesundheitsschädlich verworfen werden. Und damit tut sich auch auf diesem Gebiet ein Widerspruch auf, der sich selbst im ökologischen Bewußtsein späterer Hippies und anderer ‚Grüner' beobachten läßt: nämlich daß sich durch die dauernde Beschäftigung mit dem eigenen Wohlergehen, der eigenen Gesundheit, dem eigenen Körper eine extreme Ichbezogenheit einstellt, die letztlich eher ins Sektiererische als ins Utopische tendiert. Da man sich immer wieder mit dem Einzelnen beschäftigt, verliert man nur allzu leicht den Blick für das Ganze. Und damit kommen wir noch einmal auf den Grundwiderspruch vieler dieser ‚liberalen' Utopien zurück, die innerhalb der Spannung zwischen ‚Freiheit und Ordnung', die Ernst Bloch als die Grundspannung aller Utopien bezeichnet,[4] den Hauptakzent eindeutig auf das Prinzip ‚Freiheit' legen, während sie das Prinzip ‚Ordnung' als etwa Autoritäres, ja geradezu Archaisches zu diffamieren suchen.

Dieser Widerspruch wird auch durch die bestechende Formel nicht aufgelöst, daß man in Zukunft nur der ‚Stimme der Natur' zu lauschen brauche (die der Mensch in all seiner Geschäftigkeit bisher überhört habe), um wieder zu einer sinnvollen Lebenweise zurückzufinden. Diese ‚Stimme der Natur' ist sicher wichtig. Allerdings gehen unsere Utopiker – wie auch manche ihrer Nachfolger – bei solchen Erwägungen meist von der idealistischen Annahme aus, daß der Mensch in erster Linie ein Naturwesen sei, dem sich auch jenseits der Gesellschaft helfen lasse, indem man es wieder mit den Gesetzen der Natur in Einklang bringe. Und mit solchen Ideen begeben sich diese Autoren zwangsläufig ins gesellschaftliche Abseits. Aus diesem Grunde sind alle utopischen Entwürfe, mit Ausnahme des zionistischen, bloße Entwürfe geblieben. Ja, selbst der zionistische, der zwar Realität geworden ist, hat sich unter dem Druck der politischen und sozialen Verhältnisse noch nicht in utopischer Richtung entwickeln können.

Die vielbeschworene Einsicht in die ‚Geheimnisse der Natur', von der vor allem Ismar Thiusen, William Alexander Craig, Godfrey Sweven und Martin Atlas mit besonderer Inbrunst sprechen, hat zwar manche richtigen Erkenntnisse gezeitigt, aber auch zu einem seltsam geschichtslosen, unkonkreten Denken geführt. Daher wirken, wie gesagt, gerade die liberalen Utopien des späten 19. Jahrhunderts, die fast immer vom Menschen an sich und nicht vom Menschen als einem primär historischen Wesen ausgehen, in vielem so problematisch, weil idealistisch verblasen. Und doch sollten wir sie nicht von vornherein als irrelevante Sandkastenspiele abtun. Denn in ihren Träumen und Phantasien zeichnet sich – bewußt oder unbewußt – immer wieder jene Dialektik ab, die zwischen dem Prozeß der alles Natürliche zerstörenden Industrialisierung und zugleich der Hoffnung auf die von schwerer körperlicher Arbeit emanzipierenden Folgen dieser Industrialisierung besteht. Und diese Dialektik dauert, wie wir alle wissen, bis heute unvermindert an. Noch immer wollen wir die Vorteile, aber nicht die Nachteile des allgemeinen Maschinenwesens. Doch inzwischen sind wir durch tiefere ökologische Einsichten zu der Erkenntnis gekommen, daß sich diese Probleme nicht mehr partikular, sondern nur noch global lösen lassen. Einer solchen Lösung stehen jedoch jene großen politischen Blockbildungen entgegen, die – trotz vereinzelter Rettungsaktionen – zu einer immer verschärfteren Ausplünderung der Natur führen. Jedes ökologische Denken hat deshalb heute, wenn es überhaupt effektiv sein will, notwendig ein politisches Denken zu sein.

Was wir daher von den ökologisch bewußten Utopien der letzten Jahrhundertwende lernen können, ist vor allem die Einsicht, daß selbst ein größerer Respekt vor der Natur, eine größere Bescheidenheit, ein den kapitalistischen Egoismus überwindender Altruismus nicht ausreichen, um auf diesem Gebiet eine wirkliche Änderung herbeizuführen. All diese Dinge sind nötig und sollten von bereits Bewußteren auch praktiziert werden. Aber dahinter sollte stets das Bewußtsein wachbleiben, daß erst eine globale Lösung dieser Probleme uns jenem sinnvollen „Stoffwechsel mit der Natur" näherbringen wird, den schon Marx und andere Utopiker des 19. Jahrhunderts als eine der Hauptaufgaben der Zukunft empfanden.[5]

Die alte und die neue Avantgarde

I

Der Begriff ‚Avantgarde' hat die Kunstkritik der letzten 150 Jahre ebenso vehement in zwei Lager gespalten wie die Begriffe ‚neu', ‚modern' oder gar ‚fortschrittlich'. Seitdem es solche Termini gibt, sind auch in der Kunst bestimmte ‚kleine, radikale Minderheiten' von Zeit zu Zeit für die verschiedensten Formen eines linksorientierten Engagements eingetreten, während sich die Mehrheit der Status-quo-Vertreter immer wieder über alles lustig gemacht hat, was die Kunst, die Gesellschaft oder die Welt in einem progressiven Sinne zu ändern suchte. Da sich jedoch Kunst, Gesellschaft und Welt trotzdem ständig geändert haben, sah sich das konservative Lager (das einerseits den mit dem Blut der Märtyrer erkauften ‚Fortschritt' durchaus genießt, andererseits jeden ideologischen Rückschritt sofort mit einer erleichterten „Siehste"-Gebärde begrüßt) schließlich gezwungen, sich ebenfalls mit dem Phänomen ‚Avantgarde' auseinanderzusetzen. Es hat dabei diese Änderungen entweder als bloße Oberflächenphänomene denunziert, die – angesichts der Unwandelbarkeit der menschlichen Natur – letztlich belanglos seien, oder es hat all diese Begriffe für seine Zwecke ausgeschlachtet, indem es den revolutionären Charakter dieser Termini ins Ästhetisch-Formalistische oder Modisch-Kommerzielle abzuschwächen versuchte. Im Zuge dieser Entwicklung sind viele, wenn nicht alle dieser Begriffe so unspezifisch geworden, daß sie wegen ihrer ideologischen Unverbindlichkeit oder auch ihres manipulatorischen Charakters heute – paradoxerweise – eher von den Rechten als den Linken verwandt werden.

Um aus diesem Dilemma wieder herauszukommen, muß die Frage nach der wirklichen ‚Avantgarde' wohl oder übel historisch-chronologisch aufgerollt werden. Mit einer bloßen Typologie, die sich an den Kriterien jener modisch verschwommenen Avantgarde-Konzepte orientiert, welche heute im Westen tonangebend sind, wäre kaum etwas erreicht. Es ist auch nicht damit getan, allein den Begriff ‚Avantgarde' ins Auge zu fassen. Wenn man zu halbwegs konkreten Ergebnissen gelangen will, empfiehlt es sich, weniger den Begriff als die Sache selbst zu analysieren. Und die äußert sich nicht allein im Phänomen der *avantgarde*, sondern im Phänomen der Modernität schlechthin. Es soll daher im folgenden nicht nur um bestimmte progressive Spielarten der französischen Literatur, sondern um die fortschrittlichen Kunstkonzepte aller hochindustrialisierten Länder der letzten 150 Jahre gehen. Um dabei nicht allzu grobschlächtig zu verfahren, setzt das neben begrifflichen Klärungen auch eine gewisse Materialfülle voraus.

Was zwangsläufig vernachlässigt werden muß, ist die Vorgeschichte der Begriffe ‚neu' oder ‚modern'. Schließlich läßt sich – im Hinblick auf die Literatur – der Begriff ‚modern' schon im 5. Jahrhundert bei Gelasius belegen[1] und macht dann bis zur berühmten „Querelle des anciens et des modernes" im 18. Jahrhundert die verschiedensten Wandlungen durch. Im Sinne einer ‚Parallelsystematik' von antik und modern kommt es dabei erst zu einer Ebenbürtigkeit des Neuen mit dem Antiken und schließlich zu einer Überlegenheit des Neuen über das Antike, was sich am Wandel der ästhetischen Anschauungen vom späten 18. zum frühen 19. Jahrhundert nur allzu deutlich ablesen läßt. In Deutschland bleibt man dabei Begriffen wie ‚modern' oder ‚Die Moderne' treu, da hierzulande die Hauptdiskussion selten ins Gesellschaftliche oder Politische vorstößt, sondern sich vornehmlich mit abstrakt-religiösen oder abstrakt-kunsttheoretischen Problemen auseinandersetzt.[2] Wo hier radikal ‚politische' Tendenzen zum Durchbruch kommen, stehen sie weitgehend unter dem Einfluß der französischen Revolutionen von 1830 und 1848 – oder werden durch deutsche Emigranten wie Börne, Heine und Marx, die sich nach 1830 zeitweilig oder für immer in Paris aufhielten, als geistige Konterbande nach Deutschland eingeschmuggelt.

In Paris selber, das damals im Zentrum der revolutionären Bewegungen stand, begnügten sich radikalere Geister schon in den zwanziger Jahren nicht mehr mit dem Begriff ‚modern', sondern griffen den wesentlich aggressiveren, aus dem Bereich des Militärischen stammenden Begriff ‚Avantgarde' auf,[3] um damit das grundsätzlich Neue, auf Technik, Ästhetik *und* gesellschaftlichen Fortschritt Bezogene, ihrer Konzepte herauszustreichen. So wird etwa im Umkreis des französischen Frühsozialismus nicht mehr von antik und modern, sondern bereits von rechts und links oder reaktionär und avantgardistisch gesprochen. Gute Beispiele dafür liefern vor allem Henri de Saint-Simon und seine Anhänger (Olinde Rodrigues, Émile Barrault), welche schon um 1825 für eine Avantgarde eintraten, die sich aus Künstlern, Wissenschaftlern und Industriellen zusammensetzt und sich vornehmlich dem gesellschaftlichen und technischen Fortschritt widmet.[4] Ähnliche Anstöße gingen von Charles Fourier und den von ihm beeinflußten Künstlern aus, wie die Schrift *De la mission de l'art et du rôle des artistes* (1845) von Gabriel-Désiré Laverdant beweist, in der die Hauptaufgabe des Künstlers im Kampf um soziale Gerechtigkeit gesehen wird.[5]

Ihren ersten Höhepunkt erlebten diese Konzepte während der Achtundvierziger Revolution. Selbst Charles Baudelaire wurde damals von diesem Avantgardismus so mitgerissen, daß er 1851 in seiner berühmten Einleitung zu den *Chants et Chansons* des linken Arbeiterdichters Pierre Dupont in aller Schärfe gegen die „puérile utopie de l'école de l'art pour l'art" vom Leder zog und sich im Zeichen progressiver Kunstkonzepte für eine Kunst einsetzte, die vom „amour de l'humanité" getragen wird.[6] Damit war endlich ein „Bündnis zwischen Revolution und Kunst, also die Gleichsetzung von politischem und künstlerischem Fortschritt" erreicht, wie Edgar Lohner das Wesen des ‚Avantgardistischen' definiert,[7] dessen oberste Ziele Volkstümlichkeit, Parteilichkeit, gesellschaftlicher Fortschritt und Gebrauch der Technik zugunsten der großen Masse der Bevölkerung waren. Künstler zu sein, bedeutete für diese Gruppe nicht mehr ästhetisch-subjektivistische Opposition gegen den Philister, nicht mehr Flucht in romantische Traumsituationen oder andere poetische Schmollwinkel, sondern als Vorhut des gesellschaftlichen Fortschritts, als Teil einer kollektiven Avantgarde aufzutreten.

Wieviele Künstler im Gefolge Saint-Simons, Fouriers, der Achtundvierziger Revolution oder des *Kommunistischen Manifests* von solchen Konzepten beeinflußt oder angesteckt wurden, ist kaum abzusehen. Besonders häufig hat man in diesem Zusammenhang auf Maler wie Gustave Courbet und Raymond Bonheur, Komponisten wie Hector Berlioz und Félicien David oder Schriftsteller wie George Sand und Eugène Pottier, den Verfasser der *Internationale*, hingewiesen. Manche dieser Künstler blieben ihren avantgardistischen Idealen bis zur Pariser Commune von 1871 treu. Doch die Mehrheit kehrte bereits in den fünfziger und sechziger Jahren – im Zeichen der einsetzenden Reaktion – wieder zum Status quo oder zu spätromantischen Außenseiterpositionen zurück. Man denke an Baudelaire, der 1862/63 in seinem Tagebuch *Mon coeur mis à nu* höchst abschätzig von den „littérateurs d'avantgarde" spricht und einen eindeutigen L'art-pour-l'art-Standpunkt bezieht.[8] Ähnliche Prozesse vollzogen sich in diesem Zeitraum in Deutschland. Die einzigen, die selbst in diesen Jahren ihren bisherigen Avantgarde-Idealen treuzubleiben versuchten und weiterhin Agitation trieben, waren die Anhänger der Ersten Internationale und die Anarchisten. So gab Kropotkin in den späten siebziger Jahren in der Schweiz ein Blatt mitheraus, das sich ausdrücklich *L'Avantgarde* nannte. Doch auch einige Künstler, die sich gegen die saturierte Bourgeoisie der viktorianisch-bonapartistisch-wilhelminischen Gesellschaft aufzulehnen versuchten und weiterhin für soziale Gerechtigkeit eintraten, ob nun die sogenannten Naturalisten oder andere linkssektiererische Splittergruppen, boten sich nach wie vor als Waffenbrüder der Sozialisten und Anarchisten an.[9]

Doch, wie gesagt, diese Gruppen und Grüppchen blieben trotz einiger Skandale weitgehend Außenseiter. Und zwar war ihr Hauptfeind nicht die satte Bourgeoisie, die sich gern einmal von ineffektiven Außenseiter kitzeln läßt, ja solchen ‚Leutchen' ruhig einige gesellschaftliche, politische und erotische Lizenzen erteilt, um sich zu unterhalten und zugleich moralisch überlegen zu fühlen. Die wirklichen Gegner dieser Gruppen saßen ganz woanders. Zu ihnen gehörten einerseits die Kulturfunktionäre der organisierten Arbeiterparteien (in Deutschland die der SPD), welche sich allen anarchistisch-naturalistischen Tendenzen energisch widersetzen und statt dessen die Aneignung des progressiven ‚Erbes' der aufsteigenden Bourgeoisie empfahlen.[10] Und dazu gehörten andererseits jene bürgerlichen Kunstcliquen, die seit den achtziger und neunziger Jahren als Gegenbewegung zum Naturalismus auftraten und sich im Zeichen eines steigenden Subjektivismus zu Konzepten wie Impressionismus, Neoimpressionismus, Art Nouveau, Jugendstil, Naturlyrismus, Symbolismus usw. bekannten.[11] Was die Exponenten all dieser Ismen verbindet, ist ein bürgerliches Selbstbewußtsein, das sich sowohl vom talmihaften Historismus der viktorianisch-bonapartistisch-wilhelminischen Ära als auch vom Zolaismus der mit dem Proletariat sympathisierenden anarchistisch-naturalistischen Gruppen abzusetzen versucht. Worum es diesen Ismen-Vertretern ging, war weder der ästhetische Ausdruck einer gesellschaftlichen Angeberpose noch die unmittelbare politische Agitation, sondern vornehmlich die ‚Revolutionierung' der Kunst. Sie wollten – vor allem in Deutschland – dem immer noch im Schatten des höfisch-offiziellen Geschmacks stehenden Bürgertum endlich den Mut zu einem eigenen ,Kunstwollen' geben, um ihm wenigstens auf dem Gebiet des Ästhetischen das Gefühl zu verleihen, die am weitesten fortgeschrittene Klasse zu sein. Von oben und unten, vom Adel und vom Proletariat in die Zange genommen, verschrieben sich daher viele Künstler dieser Klasse dem Prinzip der ästhetischen Rebellion und setzten um 1900 eine Ismen-Produktion größten Ausmaßes in Gang. Da jedoch das hinter ihnen stehende Bürgertum längst alle vorwärtsweisenden Konzepte aufgegeben hatte, blieben die von diesen Künstlern kreierten Ismen notwendig formalistisch, innovationistisch, sezessionistisch, progressivistisch und wurden selten oder nie zum Ausdruck einer fortschrittlich orientierten Avantgarde.

Der Begriff ,Avantgarde' wird daher in diesen Bereichen weitgehend durch Schlagworte wie ,Die Moderne', ,Modern Style', ,Art Nouveau', ,Sezession' oder ,Jugendstil' verdrängt, die sich aufgrund ihrer mangelnden gesellschaftlichen Zielrichtung nicht zufällig rein formaler oder biologisch-naturhafter (und damit gesellschaftsindifferenter) Begriffsprägungen bedienen. Trotz ihres in die Zukunft weisenden Anspruchs sind all dies letztlich bloße ,Ismen', das heißt modisch orientierte Trends, deren Nouveauté-Wesen weitgehend dem kurzlebigen Warenzyklus der kapitalistischen Marketingstrategie entspricht. So wie sich im Bereich der Gebrauchsgüterindustrie in diesen Jahren mehr und mehr die Markenartikel durchsetzen, kommt es auch in der Kunst zu stilistischen Warenbezeichnungen, die etwas Neues, ja Brandneues vorspiegeln sollen, die jedoch letztlich dem Prinzip der „ewigen Wiederkehr des Neuen" unterliegen, wie Walter Benjamin einmal so hübsch gesagt hat.[12] Was sich also in diesen Jahren auf dem Kunstmarkt etabliert, ist ein offizieller Modernismus, der das Neue vornehmlich um des Neuen willen propagiert. Was zählt, ist allein die frappierende Originalität, mit der sich ein Einzelner oder einige Einzelne auf dem Markt durchzusetzen versuchen.[13] Unter Aufgabe aller revolutionären (und damit wahrhaft avantgardistischen) Elemente entsteht so eine Kunst, die in ihrer sensationellen Neuheit, ihrem Konkurrenzbewußtsein, ihrem Ismenkarussell ein getreues Spiegelbild der allgemeinen wirtschaftlichen Hochkonjunktur der Jahrhundertwende bildet. Indem sich diese Kunst sowohl vom gesellschaftlich-politischen Charakter der offiziellen Hofkunst als auch vom gesellschaftlich-politischen Charakter der naturalistisch-plebejischen Kunst abzusetzen versucht, landet sie schließlich beim Konzept der totalen Autonomie, das überhaupt keine gesellschaftliche Zielsetzung mehr anerkennt. Dies ist eine Kunst, liest man immer wieder, die endlich zu sich selbst gekommen ist, die nur noch reine Kunst, nur noch künstlerische Kunst, nur noch autonome Kunst sein will, das heißt die sich weder an den bürgerlichen Parvenü noch an den Arbeiter, sondern lediglich an die Vertreter jener freischwebenden Intelligenz wendet, unter denen sich die wahren Kunstkenner befinden.[14]

Und zwar äußert sich diese Kunstverkultung in zwei Spielarten: einer eher pessimistischen und einer eher optimistischen. Bei den Pessimisten wird im Zeichen eines rein ästhetisch verstandenen Nietzsche die Erhebung ins Künstlerische gern als die einzige Rechtfertigung des Lebens hingestellt. Wie schon

Schopenhauer, Nietzsches ‚Erzieher', sehen diese Kreise in der Kunst die einzige ‚höhere' Leistung des im Bereich des Gesellschaftlichen, Politischen und Moralischen mehr oder minder ‚korrupten' Menschen. Sie ist für diese Fin-de-siècle-Naturen der endlich erreichte ‚Olymp des Scheins'. In den eher optimistisch orientierten Kreisen herrscht dagegen um 1900 entweder ein deutlich prononcierter Dandyismus, der sich mit dem bloßen Abschmecken ästhetischer Subtilitäten begnügt, oder ein prophetisches ‚Kunstwollen' à la Stefan George, das seinen subjektiven Willen einem kleinen Kreis erlesener Kunstfreunde aufzuzwingen versucht. Was alle diese Spielarten der Ismen-Kunst um 1900 letztlich verbindet, ist ein extremer Solipsismus, der nur noch sich selbst oder eine ganz kleine Anhängerschaft ins Auge faßt und daher für das kollektive Prinzip einer revolutionären Avantgarde überhaupt kein Verständnis mehr hat. Hier wird zwar auch ständig aufgebrochen: aber nicht in die weite Welt der Gesellschaft, sondern in die enge Welt der Kunst, was man als „Aufbruch in die falsche Moderne" bezeichnet hat.[15]

Eine neue künstlerisch-politische Avantgarde, die sich von der bürgerlichen Gesellschaft nicht einfach sezessionistisch absondert, sondern eine scharfe Frontstellung gegen sie bezieht, formiert sich erst um 1910. Sie hat in ihren Anfängen noch durchaus den Charakter einer anarchistisch-abenteuerlichen Rebellion, wird jedoch durch die Erfahrung des Ersten Weltkriegs, der Russischen Oktoberrevolution und der Deutschen Novemberrevolution allmählich immer konkreter und geht schließlich dazu über, die Kunst entweder völlig abzuschaffen oder nur noch als ‚Waffe' zu benutzen. Während es um 1900 lediglich Cliquen gab, setzen sich jetzt erneut Gruppen, ja ganze Bewegungen in Gang, die wieder kollektiv empfinden und sich zu Pazifismus, Anarchismus, Syndikalismus, Sozialismus, ja schließlich selbst zu Kommunismus und Faschismus bekennen. Das gilt vor allem für die italienischen Futuristen, die deutschen Expressionisten, die deutsch-schweizerisch-französisch-amerikanischen Dadaisten, die französischen Kubisten und Surrealisten, die holländischen Stijl-Künstler und die russischen Suprematisten, Tatlinisten und Konstruktivisten.

Fast alle diese Gruppen haben das Wort ‚Avantgarde' für sich in Anspruch genommen (und wurden deshalb zum Hauptuntersuchungsgegenstand der bisherigen Avantgarde-Forschung). Was dabei an Gemeinsamkeiten herausgestellt wurde, war meist folgendes: ein deutliches Gruppenbewußtsein, ein politisch orientierter Aktivismus, ein grundsätzlich utopischer Anspruch, eine scharfe Antibürgerlichkeit, ein deutlicher Zug ins Gesamtgesellschaftliche und – in letzter Konsequenz – eine Abschaffung der bisherigen Kunstkonzepte zugunsten einer höheren Schätzung der technischen Produktion und der allgemeinen Lebenspraxis, das heißt der Versuch einer Verwirklichung der realen und nicht der ästhetisch eingebildeten Bedürfnisse des Menschen.

Im Zentrum der westlichen Avantgarde-Forschung standen dabei eindeutig der Futurismus, der Dadaismus und der Surrealismus. Das gilt sowohl für Arnold Hauser[16] als auch für Renato Poggioli,[17] Peter Bürger[18] und Matei Calinescu,[19] die vor allem die Akzentuierung des Technischen, Montagehaften, Häßlichen, Unterbewußten, Lebensnahen, also all jener Elemente, die man bisher als nicht ‚kunstwürdig' empfunden hatte, als avantgardistisch bezeichnen. Bürger legt dabei den Hauptakzent auf die Kritik der Avantgardisten am geheuchelten Autonomiekonzept der bürgerlichen Kunst und bezeichnet deshalb den Dadaismus, der nicht andere Kunstrichtungen, sondern die Institution ‚Kunst' selbst in Frage gestellt habe, als die „radikalste Bewegung innerhalb der europäischen Avantgarde".[20] Im Rahmen dieser Bewegung sei Kunst wirklich in Lebenspraxis aufgegangen.

An diesen Thesen ist sicher manches richtig. Doch was ist ‚Lebenspraxis', haben Bürgers Kritiker zurecht gefragt?[21] Sind nicht alle diese Bewegungen, deren künstlerische Leistungen noch immer lebendig sind, gerade im Leben kläglich gescheitert? Und zwar hatte das zwei Gründe. Erstens mußten sie, die allen Ismen einem Ende bereiten wollten, selber als Ismen auftreten, um im Rahmen des kapitalistischen Kunstbetriebs überhaupt wahrgenommen zu werden.[22] Zweitens steckte in vielen ihrer Vertreter – trotz aller Beteuerungen, sich einem linken Gesamtwillen unterzuordnen – noch zuviel bürgerlicher Subjektivismus, der sich immer wieder als solipsistische Freiheitssehnsucht, als bloßes Revoluzzertum oder Épater-le-bourgeois-Gesinnung manifestierte. Es nimmt daher nicht wunder, daß sich der Begriff ‚Avantgardismus' – angesichts der sich stabilisierenden ökonomischen und politischen Verhältnisse um 1925 – schnell verbrauchte. Was als Abschaffung der bisherigen Kunstmoden gedacht war, wurde selbst zur Mode abgestempelt und damit ad acta gelegt. Und so war die ‚Moderne' oder der ‚Avantgardismus' um 1925 in vielen Ländern weitgehend tot. An ihre Stelle trat eine ‚Neue Sachlichkeit', die entweder auf einem resignierenden Zynismus beruhte oder ihre konstruktivistischen Ideale (wie das Bauhaus) in den Dienst eines von der kapitalistischen Wirtschaft ausgeschlachteten Funktionalismus stellte (einmal ganz grob formuliert).

Eine neue Situation trat erst mit der Weltwirtschaftskrise von 1929 ein, wo es erneut zu einer rapiden politischen Polarisierung kam und sich viele Künstler (um nicht völlig ins Abseits zu geraten) vor die Frage einer inhaltlichen Füllung ihrer zum Teil recht formalen Kunstkonzepte gezwungen sahen. Und zwar gilt das nicht nur für die Bürgerlichen, sondern auch für die Linken. Bis zur Mitte der zwanziger Jahre hatten sich die meisten linken Künstler noch durchaus als Avantgarde gefühlt. In Anlehnung an Lenins Ausführungen in *Was tun?* von 1902, wo er die Partei als die „Avantgarde des Proletariats" definiert, glaubten auch sie, zur revolutionären Intelligenz, zur Elite, zur Avantgarde zu gehören. In der Mitte der zwanziger Jahre nahm man jedoch sowohl in der UdSSR als auch in der deutschen KP Abstand von solchen Konzepten. Dafür spricht das Schicksal von Meyerhold, Eisenstein, Tretjakow, Rodschenko, Arwatow oder gar das von Malewitsch und den russischen ‚Formalisten', die sich mit ihren spezifisch ‚avantgardistischen' Vorstellungen plötzlich der Forderung einer stärkeren Volkstümlichkeit gegenübersahen. Doch auch in Deutschland wurde damals nach den linkssektiererischen Experimenten der frühen zwanziger Jahre nicht mehr die linke Intelligenz, sondern das klassenbewußte Proletariat als die eigentliche

Avantgarde hingestellt (Klara Zetkin). Statt den Proletariern zu empfehlen, sich an die Intellektuellen zu halten, empfahl man jetzt den Intellektuellen, von den Proletariern lernen. Und zwar gilt das nicht nur im Hinblick auf das Klassenbewußtsein, sondern auch im Hinblick auf die Kunst. Johannes R. Becher schrieb daher am 1. Juli 1927 über die von der KPD geförderten Arbeiterkorrespondenten in der *Roten Fahne*: „Die Reportage ist die Avantgarde, der erste Vorstoß einer kommenden Dichtung in ein neues Diesseits. Es ist kein Zufall, daß die bedeutendsten Reporter aus dem Proletariat stammen oder ihm nahestehen." Für die aus dem Bürgertum stammenden Sozialisten, also die ‚Nahestehenden', wurde es in einer solchen Situation äußerst schwierig, avantgardistische Kunstkonzepte zu entwickeln, die nicht allein dem bloßen Tagesgebrauch dienten. Noch am ehesten gelang das Künstlern wie Erwin Piscator, Bertolt Brecht, Hanns Eisler und John Heartfield, die um 1929 eine „linke Materialästhetik" entwickelten,[23] welche sich in ihren Agitprop-Tendenzen, ihrer Lehrstückpraxis, ihrem hohen technischen Standard (Montage, Collage), ihrer Hinwendung zu den neuen Medien (Film, Radio) und ihrer Produzentenorientiertheit durchaus als ‚Avantgarde', das heißt als ‚Gleichsetzung des künstlerischen und politischen Fortschritts', empfand. Allerdings wurde es auch in diesen Kreisen üblich, über andere bürgerliche Intellektuelle nur noch die Nase zu rümpfen. Man erinnere sich an Brechts ‚Tui'-Konzept, das noch aus dieser Phase stammt und jeden bürgerlichen Intellektuellen, der nicht zum Verräter seiner Klasse wird und zum Proletariat übergeht, als Mietling, als Verkäufer seines Intellekts anprangert.

Die Radikaldemokraten, die Linksliberalen, ja selbst die guten Weimaraner, die sich bis dahin auch als Avantgardisten empfunden hatten, fühlten sich durch diese Entwicklung immer stärker an den Rand des Geschehens, wenn nicht in die totale Abseitslage gedrängt. Angesichts der zunehmenden ‚Vermassung', Verheutigung, Parteiung, Medienorientiertheit und Kommerzialisierung der Künste flohen sie deshalb, um ihrer Kunst wieder eine Funktion, einen ‚tieferen Grund' zu geben, entweder in die Weltentrückheit des Mythos, des Religiösen, der ewigen Natur oder – bei heroisch-völkischer oder nietzscheanischer Disposition – schließlich auch in den Faschismus.

Als daher 1933 die Nationalsozialisten die Macht antraten, war es mit der Avantgarde endgültig vorbei. Wer sich von den neuen Machthabern einen heroischen Avantgardismus versprochen hatte, mußte – wie Benn und Jünger – bald einsehen, daß in der Kunst lediglich ein massiver Traditionalismus gefördert wurde. Während sich in Italien die ehemaligen Futuristen durchaus der Unterstützung der Partei erfreuten,[24] wurden in Deutschland alle avantgardistischen Ismen-Konzepte als jüdisch, entartet, kulturbolschewistisch oder einfach als undeutsch angeprangert.[25] Doch selbst im Exil ging es manchen der linken Avantgarde-Künstler nicht viel besser. Schließlich schwenkte auch die Sowjetunion – teilweise in Konkurrenz mit dem siegreichen Faschismus – in diesen Jahren in allen Künsten auf einen wesentlich traditionelleren Kurs um. Besonders die Vertreter der ‚linken Materialsäthetik' hatten darum in den folgenden Jahren einen schweren Stand. Angesichts der Moskauer Verdammung alles Neumodischen, die zwischen

Avantgarde und Modernismus keinen Unterschied machte, war es ihnen kaum möglich, im bisherigen Sinne weiterzuarbeiten.[26] Während der von Georg Lukács ausgelösten Expressionismus-Debatte wurden sie deshalb nur von Außenseitern, wie Ernst Bloch, unterstützt. Doch als dann der Zweite Weltkrieg ausbrach, traten selbst diese Querelen in den Hintergrund.

II

Nach 1945 war im Hinblick auf die ‚Avantgarde' zunächst eine ganz andere Situation gegeben. Aber war sie wirklich so anders? Im Osten hielt im Zuge des Kalten Krieges, der im Westen zu einer gegen den Sozialistischen Realismus gerichteten Restaurierung der ‚Moderne' führte, erst einmal die allgemeine Verdammung aller bisherigen Avantgarde-Konzepte an. Shadanow und die Folgen sind nur allzu bekannt. Ebenso bekannt ist die Verdammung des Avantgardismus in Lukács' Schrift *Wider den mißverstandenen Realismus* (1958). Im Sinne jener Polemik, bei der Hegel die klassische gegen die romantische Kunst ausspielt, wird bei Lukács, wie schon in seinem Aufsatz *Es geht um den Realismus* (1938), die realistische gegen die avantgardistische Kunst ausgespielt, indem er die spätromantischen Restelemente innerhalb dieser Avantgarde (Subjektivismus, Fragmentarismus, Mangel an gesellschaftlicher Totalität usw.) zum Grundprinzip dieser Kunst schlechthin erhebt und Autoren wie Joyce, Kafka, Musil, Beckett einer Neigung zum ‚Dekadenten' bezichtigt. Daß dies nicht nur Theorien blieben, sondern daß solche Anschauungen auch in der künstlerischen Praxis, etwa der DDR, eine entscheidende Rolle spielten, belegen die Schwierigkeiten, die Heartfield, Brecht, Eisler, Bloch, Lu Märten und andere in den Anfangsjahren der DDR hatten, als dort eine scharfe Anti-Formalismus-Kampagne lief. Doch nach dem Sturz von Lukács als maßgeblicher Autorität und den politisch-gesellschaftlichen Wandlungen der sechziger und siebziger Jahre ist diese Position selbstverständlich modifiziert worden. Dennoch hat sich, vor allem in der UdSSR, bis heute eine merkliche Abneigung gegen das Konzept ‚Avantgarde' gehalten. So charakterisiert die *Große Sowjet-Enzyklopädie* den Avantgardismus um 1970 noch immer als eine „anarchistisch-subjektivistische" Weltanschauung der Jahre zwischen 1905 und 1930.[27] Allerdings wird dabei zugegeben, daß es Künstlern wie Majakowski, Meyerhold, Prokofjew, Eluard, Brecht, Eisler, Rivera und anderen nach 1930 gelungen sei, sich auch in der Kunst zu sozialistischen Positionen durchzukämpfen, während das bloßen ‚Modernisten' wie Joyce, Proust, Mondrian, Dali, Klee, Kandinsky oder Schönberg nicht gelungen sei. Es seien daher die letzteren und nicht die ersteren, die heute im Westen als die Vorbilder des Modernismus gefeiert würden und in Kunstrichtungen wie dem Absurden Theater, dem Nouveau Roman oder der aleatorischen Musik weiterwirkten.

Abweichungen von dieser Linie machen sich erst in den letzten Jahren bemerkbar. Vor allem in Ungarn, Polen und Jugoslawien, aber auch in der DDR weist man immer energischer auf das „unerledigte" Erbe der „sozialistischen Avantgarde" der zwanziger Jahre hin und verlangt statt einer bloßen Tendenzkunst, die den neuen Inhalt in alte Schläuche füllt, eine Kunst, die „aus der Poesie eine Waffe macht“, ohne dabei „unter dem Niveau der Revolution zu bleiben“ (Majakowski).[28] Man weist in diesem Zusammenhang wieder stärker auf die frühen sowjetischen Konstruktivisten, LEF-Aktivisten und Produktionskünstler (Lissitzky, Arwatow, Meyerhold), auf die Vertreter der ‚linken Materialästhetik‘ der späten zwanziger Jahre (Brecht, Eisler, Heartfield, Piscator, Benjamin), auf die „Poesie der Revolution“ der französischen Surrealisten, auf Tretjakows Aufsatz *Die Kunst in der Revolution und die Revolution in der Kunst*, auf Lu Märtens Produktionsästhetik und Aragons Essay *John Heartfield et la beauté revolutionaire* hin, um das Konzept ‚Sozialistische Kunst‘ nicht von vornherein auf einen volkstümlichen oder kritischen Realismus Lukács'scher Provenienz einzuengen, sondern um – im Hinblick auf das Erbe der „sozialistisch avantgardistischen Kunst neuen Typs“ (Silvia Schlenstedt) – auch der Gegenwartskunst neue Anstöße zu vermitteln.[29] Was sich daraus entwickeln wird, bleibt vorerst noch abzuwarten.

Schon dieser knappe Hinweis auf die Hauptlinie der marxistischen Auseinandersetzung mit dem Konzept ‚Avantgarde‘ nach 1945 beweist wohl zur Genüge, daß die dortigen Entwicklungen in deutlicher Korrespondenz zu den Entwicklungen im Westen stehen und ohne sie gar nicht betrachtet werden können. Und so sind auch die westlichen Einstellungen zum Konzept ‚Avantgarde‘ nach 1945 nicht ohne eine direkte oder indirekte Auseinandersetzung mit der sozialistischen Kunstentwicklung im Osten zu sehen. All das spielt sich auf jenem Schlachtfeld ab, wo der Streit um Worte zugleich einen Streit um die Führungsrolle bestimmter ästhetischer Vorstellungen beinhaltet.

Direkt nach 1945 ist im Westen von diesem Kampf noch nicht viel zu merken. Damals war auch im Westen die ‚Moderne‘ weitgehend tot. Wiederentdeckt wurde sie dort erst um 1948/49, als es im Zuge des Kalten Krieges zu einer bewußten Frontstellung gegen den östlichen ‚Realismus‘ kam, der mit allen nur denkbaren Mitteln diffamiert und disqualifiziert wurde. Das geschah erst einmal, indem man im Sinne der beliebten Totalitarismus-Theorie den ‚Realismus‘ als den ästhetischen Ausdruck rückständig ‚autoritärer‘ Ideologien (Faschismus, Stalinismus) hinstellte, die nie über das 19. Jahrhundert hinausgekomen seien.[30] An seine Stelle trat in der westlichen Kunsttheorie eine bewußt restaurierte ‚Moderne‘, die sich in den fünfziger Jahren als Abstract Expressionism, Art informel, Tachismus, monochrome Malerei, Absurdes Theater, Konkrete Poesie, elektronische oder aleatorische Musik usw. etablierte und die in ihrer gesellschaftsindifferenten Haltung, ja Unverständlichkeit oder zumindest Hermetik von den ‚Moderne‘-Vertretern als Ausdruck der uneingeschränkten ‚Freiheit des Einzelnen‘ hochgejubelt wurde. Für diese Kreise war Kunst nur noch das, was sich jeder sozialen Verpflichtung, jeder ideologischen Indienstnahme, jedem totalitären Zugriff von vornherein entzieht und in den Bereich einer esoterisch-elitären E-Kunst ausweicht.

Die Theorien dazu lieferten anfänglich die Vertreter der Totalitarismus-Theorie, das heißt die Exponenten des Kalten Krieges und des Antikommunismus, dann aber auch jene durch McCarthy, de Gaulle und Adenauer eingeschüchterten Liberalen, die sich auf die Position einer ,Ohne-mich'-Haltung oder eines konformistischen Nonkonformismus zurückzogen. Die meisten beriefen sich dabei auf die ,Moderne', wobei man – etwa in der BRD – als Legitimationshilfe einer solchen Haltung vor allem auf den Symbolismus, die Art-Nouveau-Bewegung oder den Frühexpressionismus zurückgriff und daraus eine Ahnenfolge der ,Moderne' abzuleiten suchte, die sich von jeder ideologischen Indienstnahme oder funktionellen Bestimmung fernhält und sich vornehmlich dem Gedanken der totalen künstlerischen Autonomie verschreibt. Die wissenschaftlichen Begleiterscheinungen dieser Haltung, ob nun der New Criticism oder die werkimmanente Methode, sind wohlbekannt. In diesen Bereichen wurde Kunst nur noch qua Kunst betrachtet und vor allem ihre Ambiguität, ihr formaler Innovationswert, ihre Chiffrenhaftigkeit, ihr experimenteller Charakter, ihr extremer Subjektivismus herausgestellt. Wenn man überhaupt noch geschichtliche Elemente ins Spiel brachte, wie etwa Hugo Friedrich in seiner *Struktur der modernen Lyrik* (1956) oder Gustav René Hocke in seinen Manierismus-Studien (1957), dann nur um die Vergangenheit nach sogenannten ,Vorläufern der Moderne' durchzukämmen. Als das eigentliche Signum von Größe innerhalb dieser ,Moderne' galt eindeutig die „Vereinzelung",[31] wofür im Bereich der Literatur als Beispiele vor allem Autoren wie Joyce, Proust, Rilke, Benn, Valéry oder Camus herangezogen wurden. Immer wieder ist es in diesen Jahren der Einzelne, den man wie Ionesco gegen das böse Kollektiv der Nashörner ausspielt. Alles Überindividuelle, Programmatische, Kollektive, Positive, Utopische, Sozialistische, Revolutionäre und damit Avantgardistische verfällt so der Verdammung – oder wird einfach ins Lächerliche gezogen. Was dagegen als ,modern' gilt, sind Haltungen wie Defätismus, Existentialismus, das Gefühl der Endzeitlichkeit oder ein sinnloses Standhalten dem Nichts gegenüber – was meist zu elitären Konzepten allgemeiner Fortschrittslosigkeit ausgeweitet wird. Wahre Kunst sei heute nur noch in ,Einzelleistungen' möglich, liest man immer wieder, die sich vor allem durch ihre exquisit-originelle Form auswiesen. Da man in einer „postrevolutionären Situation" lebe, schrieb Hans Egon Holthusen damals höhnisch, auf welche „marxistische Kategorien" nicht mehr zuträfen, seien alle „Vorausabteilungen" der avantgardistischen Kunst notwendig „im Nebel steckengeblieben".[32] Ja, andere, wie die Autoren des *Fischer-Lexikons*, erklärten noch direkter, daß auf dem „Boden des Marxismus" bisher keine „bedeutende Kunst" erwachsen sei – und daher die wahrhaft ,moderne' Kunst lediglich im Westen zu Hause sei.[33]

Noch am interessantesten in diesem Umkreis antikommunistischer ,Moderne'-Konzepte ist die Haltung der Frankfurter Schule. So verteidigt zwar auch Theodor W. Adorno 1958 im *Monat*, einem offiziellen Organ des Kalten Krieges, das – wie wir heute wissen – von der CIA finanziert wurde, im Rahmen einer scharfen Attacke gegen Lukács das „Individuierte" als das eigentliche Prinzip der Kunst, während er alles, was einer „allgemeinen Regelhaftigkeit" entspricht, von vornherein als unkünstlerisch „disqualifiziert".[34] Was Adorno dabei von bloßen Opportunisten unterscheidet, ist sein Beharren auf einem ,avantgardistischen'

Widerstandspotential innerhalb dieser extremen Individuiertheit. Gerade indem Kunst hermetisch-elitär werde, erklärt er, verweigere sie sich der ideologischen Indienstnahme und werde so zum einzig möglichen Ausdruck des Protests. Adorno betont deshalb schon 1947 in seiner *Philosophie der neuen Musik*, daß gerade eine Musik wie die Schönbergs, welche „ungehört verhallt", die „wahre Flaschenpost" sei.[35] An diesen Überzeugungen hat Adorno bis zur *Ästhetischen Theorie* von 1970 festgehalten, wo er noch immer den ‚revolutionären' Charakter des Hermetisch-Avantgardistischen herausstreicht – und darum die „Dunkelheit des Absurden" gut und die Werke eines Brecht „naiv schlecht" findet.[36] Wie eh und je ist es die „unversöhnliche Absage" an das Bestehende, die „absolute Negativität", die hier als avantgardistisch gilt. Jeder Versuch, eine bestimmte Utopie künstlerisch zu „konkretisieren", wird deshalb scharf verworfen.[37]

Doch solche Theorien waren um 1970 kaum noch gefragt. Die Mehrheit der westlichen Kunsttheoretiker schlug in den sechziger Jahren einen ganz anderen Kurs ein. Angesichts des allmählich abflauenden Kalten Krieges, der Formierung neuer gesellschaftskritischer Bewegungen (Beatniks, Hippies, Provos, Anarchisten, antiautoritäre Studenten, Linke) und neuer gesellschaftskritischer Kunstströmungen (Neuer Realismus, Dokumentarische Literatur, Alternativtheater, Protestlied, Rotsong), die zum Teil an linke Kunstkonzepte der zwanziger Jahre anknüpften, ließ sich eine Theorie, die weitgehend auf antikommunistischen oder zumindest hermetischen Kunstkonzepten beruhte, nicht weiter aufrechterhalten. Die ‚Kritische Theorie' war zwar kritisch, aber doch zu elitär gewesen, um den neuen Tendenzen ins Radikaldemokratische, Postmoderne, ja Massenhafte gerecht zu werden. Die westliche Kunstkritik, die in den fünfziger Jahren noch mit klaren Schwarz-Weiß-Techniken operieren konnte, sah sich dagegen seit etwa 1965 einer wesentlich diffuseren Situation gegenüber – und reagierte dementsprechend, das heißt spaltete sich in verschiedene Lager und Richtungen.[38] Im Hinblick auf das Konzept ‚Avantgarde', das in diesen Jahren erneut auftaucht, lassen sich hierbei drei Haltungen herauspräparieren.

Da wären erst einmal jene, die weiterhin am Konzept der pluralistisch-individualistischen ‚Moderne' festzuhalten versuchten und alles Avantgardistische von vornherein als einen Einbruch des Gesellschaftsverpflichteten, ja Kollektivistischen empfanden und dementsprechend verurteilten. Nachdem diese Kreise Kunst und Politik lange Zeit säuberlich getrennt hatten, mußte ihnen jede Vermischung dieser beiden Bereiche wie eine Korrumpierung des Ästhetischen ins Aktualistische oder gar Agitpropmäßige erscheinen. Sie, die im Umfeld der Anti-Totalitarismus-Theorien der unmittelbaren Nachkriegszeit großgeworden waren, konnten all das nur als Linksfaschismus empfinden. Wer also mit eindeutig ‚politisierten' Kunstkonzepten (im Sinne älterer Avantgarden) auftrat, wurde von ihnen sofort als Radikaler, als Systemschädling, als Sympathisant von Gewalt und Terror angeprangert. Im Gegensatz dazu versuchten sie selbst, an einer ‚Moderne in Permanenz' festzuhalten, die einen absolut ‚unpolitischen' Charakter (im Sinne Thomas Manns) hat und sich auf Klassiker des Modernismus wie Joyce, Schönberg und Kandinsky stützt, ja diesen Klassikern des Modernismus nicht einmal ein gewisses Verweigerungspotential im Sinne Adornos zugesteht, sondern in ihnen bloße Legitimationsfiguren des eigenen Außenseitertums erblickt. Bei dieser Gruppe geht also die Bewunderung für die traditionelle ‚Moderne' bruchlos in den elitären Kunstkonzepten der älteren High Society auf.[39]

Die zweite Haltung der alten und neuen Avantgarde gegenüber bestand weitgehend darin, das Konzept ‚Avantgarde' einfach zu historisieren, das heißt als veraltet hinzustellen und es auf den Zeitraum zwischen 1905 und 1930 bzw. 1960 zu lokalisieren. Die letzten fünfzehn oder auch dreißig Jahre werden von den Vertretern dieser Richtung meist als die Ära des Postavantgardismus oder Postmodernismus charakterisiert. So bezeichnet etwa Hilton Kramer nur die Malerei von Courbet bis zum Abstract Expressionism als ‚Avantgarde', die jedoch heute – wie alles Ältere – notwendig passé sei.[40] Auch Harold Rosenberg sieht im kollektivistischen Prinzip der Avantgarde etwas Vorgestriges, das heute dem rein Individualistischen in der Kunst gewichen sei. „The only force for the new in art", heißt es bei ihm, „is the individual in his erratic communion with other individuals."[41] Im Hinblick auf die UdSSR wird jedoch von den gleichen Leuten aus ideologischen Gründen der Spieß häufig umgekehrt. Hier wird gerade die russische Avantgarde zwischen 1910 und 1930 als eine zukunftsweisende Bewegung hochgejubelt, um dann alles Spätere als einen Rückfall ins 19. Jahrhundert hinstellen zu können.[42] Doch selbst diese Haltung griff nicht über gewisse Cliquen hinaus.

Eine viel größere Breitenwirkung hatten dagegen jene Gruppen, die den Begriff ‚Avantgarde' in den sechziger Jahren einfach mit Begriffen wie ‚Moderne' oder ‚Modernismus' gleichsetzten – und alles ‚Neue' in der Kunst der letzten 150 Jahre als ‚Avantgarde in Permanenz' bezeichneten. Von den ersten Refusés der Pariser Salons über den Sezessionismus der Jahrhundertwende, die verschiedenen Ismen zwischen 1910 und 1925/30 bis zum Abstract Expressionism der fünfziger und der Pop Art der sechziger Jahre: hier galt alles Neue als gewagt, kühn, frappierend, kurz: als avantgardistisch. Viele zählten dazu sogar die Happenings, die in Brand gesteckten Müllhaufen, die ausgestellten Klobekken, die Erdhügel der Land Art, die neodadaistischen Ready-Mades, den Wiener Aktionismus, das Living Theater, die Body Art, den Photorealismus, die Concept Art, die Konkrete Lyrik, die Minimal Art, die Hard-Edge-Produkte, Dinge wie Trash, Punk und High-Tech sowie die semiologische, psychotropische und kybernetische Kunst der letzten fünfzehn Jahre. So trägt etwa das von Thomas B. Hess und John Ashbery herausgegebene Buch *Avant-Garde Art* (1968) den kühnen Untertitel *150 Years of Rebellion, Experiment and Audacity*.[43] Dazu paßt eine ‚Theorie der Avantgarde', wie sie Renato Poggioli aufgestellt hat, die einfach alle ‚modernen' Kunstströmungen seit dem Sturm und Drang und der Romantik unter dem Stichwort ‚Avantgarde' zusammenfaßt und so bei einer geistesgeschichtlich orientierten Typologie landet, die auf folgenden Adjektiv-Charakterisierungen beruht: sezessionistisch, elitär, aristokratisch, bewußt unpopulär, antagonistisch, antitraditionell, aktivistisch um des Aktivismus willen, ziellos, nihilistisch, snobistisch, intellektualistisch, egozentrisch, provozierend – hinter denen letztlich immer wieder das Adjektiv „individualistisch" hervorschimmert.[44]

Und zwar herrscht bei dieser Gleichsetzung aller modern-modernistischen Kunstströmungen entweder ein naiver Optimismus, der an den jeweiligen Erscheinungsformen dieser ewigen Avantgarde vor allem das Neue, Innovative, Experimentelle, Schockierende, Tabuzertrümmernde betont,[45] oder ein blanker Zynismus, der in all dem ein ewiges Ismen-Karussell, einen modischen Wechsel verschiedener Formkollektionen sieht, deren Hauptnutznießer die industrielle Werbung sei. Von inhaltlichen Zielsetzungen der neuesten Avantgarde ist daher in diesem Umkreis kaum noch die Rede. Sie gilt weder als Ausdruck bestimmter gesellschaftlich-progressiver Kräfte noch als Vorschein bestimmter Utopien, sondern wird als autonome Schöpfung besonders talentierter Künstler hingestellt, die lediglich ihrem eigenen Formwillen Ausdruck verleihen. Wenn man in solchen Zirkeln überhaupt noch Entwicklungstendenzen innerhalb dieser rein formalistisch aufgefaßten Avantgarde entdeckt, dann nur in folgendem: erstens in einer fortschreitenden „Vereinsamung" der einzelnen Avantgardisten,[46] zweitens in einer Verlagerung des Schwerpunkts der avantgardistischen Aktivitäten von Westeuropa nach den USA,[47] drittens in der Tatsache, daß in der heutigen Aktionskunst, Conceptual Art und Individuellen Mythologie – weit über Futurismus, Dadaismus und Surrealismus hinaus – das Konzept „Werk" überwunden und damit der Begriff „Kunst" ins Grenzenlose erweitert worden sei.[48]

Und viele der heutigen Kunstkonsumenten fühlen sich bei diesem Progreß ohne Progreß, dieser Avantgarde ohne Avantgarde recht wohl. Was daher in weiten Bereichen der sogenannten E-Kultur dominiert, ist eine Schickeria-Avantgarde, mit der sich bestimmte In-Groups gesellschaftlichen Status zu geben versuchen. Selbst wenn die Produkte dieser Schickeria-Avantgarde noch so belanglos oder gar blöd sind, so heucheln ihre Fans doch Interesse, ja Bewunderung, um nicht als vorgestrig zu gelten. Hier ist die Avantgarde wirklich zur bloßen Mode, zum Dernier Cri, zum letzten Dreck verkommen – und hat damit jede Relevanz, jede Änderungsabsicht, jeden revolutionären Elan eingebüßt.[49] Kein Wunder daher, daß der Begriff ‚Avantgarde' – wie der Begriff ‚Moderne' – heute zu einer „Allerweltsbezeichnung" geworden ist,[50] die sich inhaltlich überhaupt nicht mehr bestimmen läßt. Eine Kritik dieses Begriffs, welche seinen ursprünglichen Charakter zu restituieren suchte, um damit einen neuen Fixpunkt innerhalb des modernistischen Chaos zu gewinnen, müßte daher gerade an der Inflationierung des Avantgardistischen ins Modische ansetzen. Schließlich ist durch all diese Entwicklungen die westliche Avantgarde aus einem rebellischen Element zur hochbezahlten In-Kunst des Establishments geworden, die längst alle führenden Positionen innerhalb des E-Kunstmarkts für sich erobert hat. Avantgarde ist heute nicht mehr die Kunst, die gegen das Establishment anrennt, sondern die dieses Establishment repräsentiert.

Die Kritik an diesem korrumpierten Avantgarde-Konzept hat sich bisher in drei Richtungen manifestiert. Da wären erst einmal jene, die im Prinzip gegen alle moderne Kunst eingestellt sind und darum die Verfallserscheinungen der alten

Avantgarde gegen die moderne Kunst schlechthin ins Feld führen – und sich zu den alten Meistern zurückziehen. Darüber braucht wohl kein Wort verloren zu werden. Doch da wären auch jene, die in diesem Verfall einen bedauerlichen Verlust linker Elemente in der modernen Kunst des Westens sehen. Und darauf muß kurz eingegangen werden. Einer ihrer interessantesten Vertreter ist Hans Magnus Enzensberger, der bereits 1962 in seinem Aufsatz *Aporien der Avantgarde* der neuen und neuesten Avantgarde höchst kämpferisch die Leviten las. Er setzte sich dabei, wie Adorno, scharf von Lukács' Verdammung der Avantgarde ab, indem er einige der älteren Avantgarde-Bewegungen als echte Kollektive hinstellte, den neueren Avantgardisten jedoch „Unbestimmtheit, Leere, Reduktion zur reinen Bewegung, reine Aktion, absolute Bewegung, Motorik, mouvement pur" und damit inhaltliche „Austauschbarkeit" vorwarf.[51] Viele ihrer falschen Radikalismen könnten, wie Enzensberger behauptet, „auf die Politik übertragen", jeder „faschistischen Organisation als Wahlspruch dienen".[52] Was schon im Futurismus und Surrealismus deutlich ans ‚Gewalttätige' grenze, sei heute blinde Aktion, sinnloses Experiment oder bloßes Modephänomen geworden. Statt sich gegen die Herrschenden zu wenden, lasse sich die gegenwärtige Avantgarde – trotz ihrer verbalen Molotow-Cocktails – von ihnen aushalten oder belustige sie lediglich. Enzensberger schrieb daher apodiktisch: „Jede heutige Avantgarde ist Wiederholung, Betrug oder Selbstbetrug. Die Bewegung als doktrinär verstandenes Kollektiv, vor fünfzig oder dreißig Jahren erfunden, um den Widerstand einer kompakten Gesellschaft gegen die moderne Kunst zu sprengen, hat die historischen Bedingungen, die sie hervorgerufen haben, nicht überlebt. Konspiration im Namen der Künste ist nur möglich, wo sie unterdrückt werden. Eine Avantgarde, die sich staatlich fördern läßt, hat ihre Rechte verwirkt."[53] Im gleichen Sinne hat Peter Bürger später von einer „Institutionalisierung" der „Avantgarde *als Kunst*" und damit einer totalen Korrumpierung der „genuin avantgardistischen Intentionen" gesprochen.[54] Ja, andere sind sogar noch einen Schritt weiter gegangen und haben – wie Berthold Hinz – die These aufgestellt, daß die moderne Avantgarde, als ästhetischer Ausdruck des Establishments, eindeutig autoritäre Züge aufweise und daher (in bewußter Umkehrung der älteren Totalitarismus-Theorie) streckenweise fast ans Faschistische grenze. Für ihn ist daher braun nicht mehr gleich rot, sondern braun gleich modernistisch.[55]

Eine solche These erscheint mir etwas überspitzt. Zugegeben: weite Bereiche der heutigen ‚Avantgarde' wirken wie ein offener Affront gegen die sozialistisch-realistische Kunst und zugleich die positiven bürgerlich-demokratischen Traditionen in der Kunst. Immer wieder wird man mit modischem Getue, hanebüchenem Sensationalismus, sinnlosen Experimenten und intellektueller Megalomanie konfrontiert. Obendrein neigen viele Vertreter dieser ‚Avantgarde' zu Horror, Sadismus, Masochismus, sexueller Brutalität, Lebensmüdigkeit und Weltuntergangsstimmung, die sie zwar immer noch als Schockelemente ausgeben, obwohl sie längst auf alle progressiv-utopischen Intentionen verzichtet haben. All das wirkt streckenweise recht niederdrückend. Dennoch sollte man sich von seinen

Opponenten – selbst auf dem Gebiet der ‚Avantgarde' – nicht die Strategien oder den Wortgebrauch vorschreiben lassen. Wäre es nicht angebrachter, schärfer als bisher auf den Unsinn einer rein formalistischen Bestimmung des Konzepts ‚Avantgarde' hinzuweisen, die selbst das Inkongruenteste, das Linke und das Rechte, unter einem ursprünglich positiven Konzept zusammenfaßt, um es somit seiner politisch-progressiven Elemente zu berauben? Für die meisten ist ‚Avantgarde', wie gesagt, längst zu einer schwammigen Allerweltsbezeichnung geworden, die nur noch verschleiert, aber nicht mehr klärt, indem sie einerseits das – im westlichen Sinne – ‚subjektive' Element betont, andererseits einen Sammelbegriff vortäuscht, um auch individuell hergestellte Produkte massenhaft bekannt machen zu können. In diesem Punkte unterscheiden sich selbst Kunstwerke in nichts von anderen Waren im Rahmen der kapitalistischen Marktsituation. Alle diese Waren appellieren an Einzelne *(Me and my RC)*, sollen aber zugleich von Tausenden, ja Millionen vereinnahmt werden. Dieser Widerspruch zwischen Subjekt und Kollektiv, Individualismus und Konformismus ist nun einmal systemimmanent und wird daher zwangsläufig weiterbestehen. Vielleicht sollte man sich deshalb entschließen, in Zukunft nur noch das als ‚Avantgarde' zu bezeichnen, worin sich eine Gleichzeitigkeit von politischem *und* künstlerischem Fortschritt abzeichnet. Für das, was lediglich für die nötigen Abwechslungen sorgt und damit die Kunst-, Freizeit- und Bewußtseinsindustrie auf Touren hält, wären eher Begriffe wie modernistisch, sensationalistisch und marktorientiert angebracht.

All das ist selbstverständlich leichter gesagt als durchgesetzt. Wieviel solchen Versuchen in unserer Gesellschaft entgegensteht, weiß jeder: nämlich die weithin akzeptierte Ausweitung des Begriffs ‚Avantgarde' auf den gesamten Nouveauté-Betrieb, die zynische Vermarktung und Korrumpierung aller wirklich ‚neuen' ästhetischen Innovationen, die allgemeine Aversion gegen Fortschrittsdenken oder gar Utopismus, die zunehmende Individualisierung innerhalb aller Bevölkerungsschichten, die vom System geförderte Eitelkeit vieler Intellektuellen und Künstler, die verbreitete Abneigung gegen alles, was nach Kollektivismus riecht, der von vielen Panikmachern unterstützte Defätismus, der unter der Devise ‚Nach mir die Sintflut' zu größerer Kauflust beitragen soll, die Aversion gegen den technischen Fortschritt, der bisher eng mit dem Konzept ‚Avantgarde' verbunden war, das lähmende Bewußtsein einer zunehmenden Umweltverschmutzung und rapiden Plünderung aller übriggebliebenen Rohstoffe usw. usw. Nicht alle diese Tendenzen sind gleich gewichtig, doch wirken sie sich fast alle in der gleichen Richtung – nämlich der Verhinderung systemkritischer Tendenzen und damit der Entstehung einer neuen Avantgarde – aus. Und dabei war eine neue Avantgarde nie so nötig wie heute, wenn nicht alles in Stagnation, ja Rückschritt versinken soll.

Wie müßte jedoch eine solche Avantgarde aussehen? Sicher nicht wie jene Kunst-Ismen um 1900 oder zum Teil noch der zwanziger Jahre, die mit den Mitteln des „Bürgerschrecks" (Dada) oder des „Rausches" (Surrealismus) für die „Revolution" einzutreten versuchten.[56] Eine Avantgarde, welche die Welt von der

Kunst her zu verändern sucht, würde heute nur noch ein mokantes Lächeln hervorrufen. Solche Vorstellungen waren bürgerlich-antibürgerliche Illusionen, die letztlich immer wieder auf einen ästhetischen Sezessionismus und damit auf einen neuen ‚Ismus' hinausliefen. Eine Avantgarde im besseren Sinne des Wortes dürfte in Zukunft nicht primär von Kunst, ja nicht einmal primär von Kultur ausgehen, weil auch das noch zu partikular wäre, sondern müßte endlich ins allgemeine Leben, ins Gesamtgesellschaftliche, das heißt zu jenen konkreten Problemen vorstoßen, die heute immer größere Schichten der Bevölkerung betreffen. Und ein solcher Vorstoß würde ihr nur gelingen, wenn sie all das, was sich in den letzten zehn bis fünfzehn Jahren im Rahmen gesellschaftskritischer, feministischer, ökologiebewußter und anderer alternativer Bewegungen entwikkelt hat, in sich aufzunehmen verstünde. Was nämlich heute an Problemen ins Haus steht (vor allem Umweltverschmutzung, Energiekrise, Bevölkerungsexplosion, Rohstoffmangel, Arbeitslosigkeit usw.), wird sich mit herkömmlichen Mitteln nicht lösen lassen, sondern verlangt nach einem Gesamtwillen, der sich auch im heraufziehenden ‚Age of Scarcity' sowohl von jedem rigiden Kollektivismus als auch von jedem bloßen Anarchismus schärfstens distanziert. Statt Spontis zu werden oder den Faschisten in die Arme zu laufen, sollten wir – aufgrund unserer demokratischen Traditionen – lieber daraufhin wirken, daß sich die kommende Avantgarde dem Prinzip der ‚Freien Assoziation' verschreibt. Daß man mit solchen Forderungen notwendig ins ‚Utopische' vorstößt, ist nun einmal bei einem Thema, wie dem der Avantgarde, kaum zu vermeiden.

Ultima Thule

Völkische und faschistische Zukunftsvisionen

I

Ein Beitrag zur Ideologie der Völkischen und der späteren Nationalsozialisten hat in einem Buch über *Utopisches Denken* an sich nichts zu suchen. Was diese Leute anzubieten hatten (und zum Teil noch immer anzubieten versuchen), ist – genau betrachtet – lediglich ein gegenutopischer Überlegenheitswahn, der auf verschimmelten nationalen Hochgefühlen und atavistischen Tendenzen ins Regressive beruht, die nicht einmal den Rang echter Mythologien für sich beanspruchen können. Während bei den liberalen und sozialistischen Utopikern alles nach vorn, in eine lichtere, aufgeklärtere, humanere Welt weist, die sich von den religiös-archaischen und feudalistisch-hierarchischen Gebundenheiten der Vergangenheit freizumachen versucht, drängt im Rahmen dieser Ideologie alles zu finstersten, vorzeitlichen, ja geradezu barbarischen Bund- und Bindungskonzepten zurück. Man gibt sich dabei zwar den Anschein einer ‚Fortschrittlichen Reaktion', einer ‚Erneuung aus dem Fernsten', ja einer ‚Konservativen Revolution' – aber selbst solche Phrasen trügen. Was nämlich von den Faschisten als Rückkehr zu Urväterweisheit, zu bäuerlicher Scholle und nordischer Rasse, hingestellt wird, dient meist nur als dürftigste Verschleierung handfester Macht- und Besitzansprüche, die durchweg in den Bereich des Hier und Jetzt zielen. Was soll also, wie gesagt, ein Beitrag zur faschistischen Ideologie im Rahmen eines Utopiebuches? Er folgt hier vor allem darum, weil die Gegner jedes fortschrittlichen Denkens gerade am Beispiel des ‚Faschismus' immer wieder auf die mörderischen Konsequenzen aller Formen utopischer Denkmodelle hingewiesen haben. Um den breiten Massen endgültig die Hoffnung auf eine bessere Zukunft zu nehmen, wurden von diesen Schichten seit 1945 im Westen nicht nur der Sozialismus und Kommunismus, sondern auch der Faschismus gern als ein utopischer Popanz hingestellt, um somit – im Zeichen einer höchst effektiven Braun-gleich-Rot-Strategie – alle möglichen Veränderungswünsche bereits im Keim zu ersticken und den Status quo als die beste aller denkbaren Gesellschaftsordnungen auszugeben. Und darum muß man – wohl oder übel – auch auf den Faschismus eingehen, wenn man dem Begriff ‚Utopie' zu einem neuen Glanz verhelfen will.

Wie wenig Utopisches sich schon bei den Proto- und Präfaschisten der letzten Jahrhundertwende findet, ist bereits ausführlich dargestellt worden.[1] Während in den Befreiungskriegen von 1813 bis 1815, die selbst Friedrich Engels – trotz ihrer nationalistischen Überschwänge – als „halben Insurrektionskrieg", ja als die wichtigste politische Massenbewegung in Deutschland seit den Bauernkriegen zu rechtfertigen suchte,[2] das Völkische noch eine untrennbare Verbindung mit dem Demokratischen eingeht und daher im besten Sinne an Utopisches grenzt,[3] hat die sogenannte ‚Völkische Opposition' um 1900 kaum noch utopische Züge. Was hier überwiegt, ist eine Ideologie der ‚Fortschrittlichen Reaktion', die das Volkhaft-

Demokratische nur noch als Legitimationsfassade einer spezifisch mittelständischen Klassenposition mißbraucht. Die Befreiungskrieger von 1813 bis 1815 waren noch mit dem Gefühl einer wahrhaft demokratischen Mission ins Feld gezogen und hatten sich für ein von unten her vereintes Deutschland eingesetzt. Die Vertreter der ‚Völkischen Opposition' um 1900 fürchteten dagegen nichts mehr als die unter ihnen Stehenden, das heißt das nachdrängende Proletariat und die mit ihm verbundene ‚Umsturzpartei'. Sie stellten deshalb stets ihre eigene Klasse, den ‚gesunden Mittelstand', als die Vertretung des deutschen Volkes hin, während sie die Parias des Proletariats als vaterlandslose Gesellen, als geistig Minderbemittelte, als Rassenuntüchtige, ja als eine von außerdeutschen Mächten kontrollierte Bande von ‚Tschandalas' abzuqualifizieren suchten. Die Ideologie der Völkischen hat daher stets einen Zug ins Geheuchelte, da diese Kreise unter Volk – wie schon Gustav Freytag – nicht mehr in erster Linie die Arbeiter, Bauern *und* Bürger, sondern nur noch sich selbst verstanden.

Und so haben fast alle Ideologiebildungen der ‚Völkischen Opposition', die sich gegen unten wenden, trotz ihrer mittelständischen Ausrichtung zwangsläufig einen Zug ins Edelmenschliche, Aristokratische, Führerhafte, Bonapartistische, wenn nicht Cäsarische. Jedenfalls fühlten sich ihre Anhänger stets weit über den ins Untermenschliche tendierenden Plebs erhaben. Parvenühafte Übermenschenvorstellungen, die durch intensive *Zarathustra*-Lektüre geweckt oder weiter angefeuert wurden, gehen in ihren weltanschaulichen Verlautbarungen oft die seltsamsten Mischungen mit handfesten Macht- und Besitzansprüchen ein – wobei man nicht verschmäht, selbst das Älteste, ja Archaische zur Legitimierung der eigenen Klassenideologie heranzuziehen. Die meisten Vertreter der ‚Völkischen Opposition', denen der offizielle Kurs der Regierung gegen die Sozialdemokraten viel zu tolerant erschien, empfanden daher bereits um 1900 das Zweite Reich nur als ein ‚Zwischenreich' auf dem Wege zu jenem magischen ‚Dritten Reich', von dem sie sich die wahre Erfüllung ihrer Träume versprachen: nämlich eine Diktatur der bürgerlichen Handelsmanager und Geistesaristokraten, die sich eines ‚Starken von oben' bedienen, der den nachdrängenden Kulis und Untermenschen ein für allemal klar macht, wo sie eigentlich hingehören.

Die Parteien, Kreise, Bünde, Orden und Vereine, welche solche Gesinnungen verbreiteten, waren um die Jahrhundertwende geradezu Legion. Ob nun der Alldeutsche Verband, der Deutsch-nationale Handlungsgehilfenverband, der Deutsche Flottenverein, der Wehrkraft-Verein, der Werdandi-Bund, der Reichshammer-Bund, der Mittgart-Bund, der St.-Georgs-Bund, der Volkserzieher-Bund, der Deutschbund, der Vortrupp, der Deutsche Skaldenorden, der Germanenorden, der Wälsungen-Orden, die Thule-Gesellschaft, die Guido-von-List-Gesellschaft, die Deutsche Erneuerungsgemeinde, der George-Kreis, der Sera-Kreis oder die Nordungen: in all diesen Gruppen und Grüppchen herrschte ein nationaler Erwähltheitsdünkel, der sich – auf Männer wie Gobineau, Lagarde, Nietzsche, Langbehn und Chamberlain stützend – immer wieder in unverhohlenen Haßtiraden gegen die untergeordnete Herdenmenschheit der Proletarier entlud.[4] Neben Vertretern feudal-agrarischer und großbürgerlicher Interessen führten dabei vor allem jene mittelständischen Sozialdarwinisten das große Wort, die ‚Rasse' statt ‚Klasse' setzten und den kapitalistischen Konkurrenzkampf als einen idealen Zuchtfaktor hinstellten, durch welchen den rassisch Höherwertigen (den Bürgern) die Herrschaft über die rassisch Minderwertigen (die Arbeiter) zugefallen sei. Für die Entwicklung des Faschismus in Deutschland waren hierbei hauptsächlich Leute wie Otto Ammon, Wilhelm Schallmeyer, Alfred Ploetz und Alexander Tille von Bedeutung, die für Konzepte wie Eugenik, Rassenhygiene, Aufartung, ja selbst Euthanasie eintraten, um so unter dem Vorwand des Kampfes gegen die schleichende ‚Entartung' zur Stärkung der bürgerlichen Klassenpositionen beizutragen.[5] Von besonderer Wichtigkeit war dabei Alexander Tille, der 1895 in seinem Buch *Von Darwin bis Nietzsche* – wie schon der *Zarathustra*-Dichter – alle „christlich-human-demokratischen" Ideologien grundsätzlich verwarf und sich zu einer Auslese der Fähigsten im Sinne einer „Hebung und Höhergestaltung" der rassischen Qualitäten bekannte.[6] Statt weiterhin dem sozialistisch-liberalen „Glücksutilitarismus", der „sogenannten Völkerverbrüderung, dem Weltfrieden, dem allgemeinen Hegelschen, Bebelschen und Bellamyschen Glücke" zu huldigen,[7] trat Tille immer energischer für das Prinzip der Zuchtwahl der biologisch Stärkeren ein und schlug schließlich mit der Forderung einer konsequenten ‚Eindeutschung' all dieser Konzepte eine wichtige Brücke von Nietzsche zu den Präfaschisten.

Begriffen wie Rasse, Züchtung, Aufartung, Stärkung des deutschen Volkstums, Rückkehr zur Scholle oder gar Aufnordung begegnet man deshalb in den Schriften der ‚Völkischen Opposition' um 1900 allerorten. Wie später bei den Nazis wird dabei – bewußt oder unbewußt – der private, kleinbürgerliche Klassenegoismus stets hinter hochtrabenden, an Mythen anklingenden Vorstellungen versteckt, bei denen nicht das liebe Geld, sondern das Blut, die Aura, das Pneuma, der deutsche ‚Geist' im Vordergrund steht. Selbst wenn es um die primitivsten Eigeninteressen geht, ist hier stets von der Zukunft des deutschen Volkes oder der nordischen Rasse die Rede. Das Wort ‚Utopie' wird dabei fast immer gemieden. Während die Anarchisten und Sozialisten der Jahre zwischen 1880 und 1914 ihre Zukunftshoffnungen fast immer mit dem Begriff der ‚Utopie' verbunden hatten, bevorzugt man in diesen Kreisen lieber phrasenhafte ‚Un-Mythen' oder andere Vernebelungstechniken, wenn man sich der Pose des Weissagenden oder Prophezeienden bedient.

Die sogenannten völkischen oder rassistischen ‚Utopien', die im gleichen Zeitraum erschienen, sind darum gar keine wirklichen Utopien. Obwohl in ihnen bereits ein kommendes ‚Drittes Reich' anvisiert wird, geht es letztlich meist um eine ‚Erneuung aus dem Fernsten': aus dem Geist des Nordischen, Germanischen, Deutschbewußten, also all jener Kräfte, die seit der Renaissance in Deutschland durch den Einfluß fremdrassiger Elemente in den Hintergrund gedrängt worden seien. Der Grundgestus dieser Werke ist deshalb nicht der von progressiven Ideen beflügelte Elan der ‚Revolution', sondern stets der der Auferstehung, der Apokalypse, der Dystopie, der Totenfeier, der Wiedererweckung, der ‚Restauration' des bereits in der Vergangenheit Vorhandenen. Was daher in diesen ,Utopien' im Vordergrund steht, sind immer wieder folgende Leitkonzepte: ein schollebewußter Rücksiedlungsdrang, 2. Aufrufe zur Reinigung und Neuzüchtung der nordisch-deutsch-germanisch-arischen Rasse und 3. irgendwelche überspannten Bund-, Kreis- oder Ordensideale einer altneuen ,geistaristokratischen' Sozialordnung.

Die Siedlungskonzepte wurden vor allem von den Vertretern des Alldeutschen Verbandes, aber auch von einer Fülle mehr oder minder obskurer Bodenreformer, Gartenstadt-Utopiker, Siedlungsgenossenschaftler, vegetarisch orientierter Lebensreformer, ariosophischer Nacktkulturler und ähnlicher Gruppen propagiert.[8] So träumt etwa Heinrich Teut in seinem Buch *Neudeutschland* (1913) von einem großdeutschen Stammesreich, das außer dem wilhelminischen Staatengebilde auch Deutschösterreich, Holland, Nordbelgien, Böhmen, Luxemburg und die deutschsprachige Schweiz umfassen soll. Bismarck, heißt es hier, sei zwar der „Schöpfer des deutschen Reiches, aber nicht des Reiches der Deutschen" gewesen.[9] Diese Tat werde erst ein zukünftiger ,Volkheld' vollbringen. Erst ein solcher Mann werde Deutschland genug Siedelboden geben und es damit innerlich so stärken, daß es als weiße Führungsmacht der Erde die zivilisierten Länder des Nordens vor der Eroberung durch die ,asiatisch-mongolischen' Horden bewahren könne.[10] Im Gefolge solcher Vorstellungen gingen manche dieser alldeutschen Stammesreichschwärmer schon zwischen 1900 und 1914 dazu über, die bäuerliche Rücksiedlung oder auch germanisch-deutsche ,Landnahme', wie es hieß, mit nordischen Rassenzuchtidealen zu verbinden. So wollte etwa Willibald Hentschel im Rahmen seines Mittgart-Bundes jeweils 100 nach streng „ario-heroischen" Gesichtspunkten ausgewählte Männer auf bäuerlicher Basis mit jeweils 1000 nordischen Frauen zusammenführen, um mit ihnen eine neue, arttüchtige Blondrasse zu züchten.[11] Wohl am weitesten ging dabei Jörg Lanz von Liebenfels, der die bäuerlichen und rassenzüchterischen Gesichtspunkte nach 1900 immer stärker mit einer nordischen Gralsvostellung verband – und damit schon die faschistische Ordensstaatidee vorwegnahm.[12]

Bei der Verblasenheit dieser Konzepte nimmt es nicht wunder, daß auch die romanhaften Zukunftsbilder dieser Richtung – trotz gewisser bäuerlicher, rassenzüchterischer oder deutschreligiöser Vorstellungen – reichlich unbestimmt blieben. Immer wieder ist nur von einer höchst allgemeinen ,Wende' oder einem ,Aufbruch in bessere Welten' die Rede. Noch am konkretesten wirken jene Werke, die sich in Form apokalyptischer Visionen gegen jene Tendenzen ins Demokratisch-Liberale oder gar Sozialistische wenden, die – nach Meinung der ,Völkischen Opposition' – zwangsläufig zu einer Schwächung der Volkskräfte beitrügen. So entwirft etwa Max Haushaufer in seinem Roman *Planetenfeuer* (1899) ein Bild Münchens im Jahre 2000, wo nach friedlichen Jahren einer sozialliberalen Koalition, durch die jede „persönliche Initiative" erstickt sei, eine in jeder Weise erschlaffte, drogensüchtige, gebärfaule und sich langweilende Bevölkerung durch eine planetarische Katastrophe, die zu einem mörderischen Meteorregen führt, wieder einen Sinn für völkische Instinkte bekommt und „Es lebe Deutschland und seine Zukunft" zu brüllen beginnt.[13] Wo jedoch – wie in Otto

Henne am Rhyns *Aria. Ein Zukunftsland* (1895) – positive Zukunftsbilder entworfen werden, dringt man selten über das Platitüdenhafte hinaus. Selbst in Josef von Neupauers Roman *Österreich im Jahre 2020* (1893), der etwas konkreter ist und bei der Behandlung bevölkerungspolitischer Fragen auch rassenhygienische Faktoren ins Spiel bringt, bleibt letztlich in seinen ‚futuristischen' Aspekten reichlich nebulös. Das gleiche gilt für jene ‚Wiedererweckungs'-Romane, die nach 1900 erschienen. So berauscht sich etwa Hermann Popert, dessen ideologisches Leitbild ein germanischer Rassebund auf vegetarisch-alkoholfreier Grundlage war, in seinem Romanpaphlet *Helmut Harringa* (1910) an der „nordischen Jugendkraft" der ‚unverbrauchten' Friesen und wirbt im Sinne Langbehns und der Alldeutschen für ein rein-germanisches Stammesreich.[14] Ebenso anspruchsvoll tritt Ernst Wachler in seinem Roman *Osning* (1914) auf, in dem er den Teutoburger Wald mit den Externsteinen und dem Hermannsdenkmal – im Sinne Guido von Lists – als ein ‚deutsch-mythologisches Landschaftsbild' beschreibt, das mit allen Attributen eines germanischen Olymps ausgestattet ist. Dieses Buch gipfelt in der Forderung, Deutschland ein zweitesmal von ‚Rom' zu befreien, diesmal vom Rom der Katholiken und der ‚westlichen' Überfremdung, unter denen das germanische Wesen zu ersticken drohe. Eine solche ‚Wiedergeburt' kann nach Wachlers Meinung nur durch einen „Führer", einen „Starken von oben" erfolgen,[15] den er in der Gestalt des jungen Asbrant zu schildern versucht, der einen Geheimorden der „Hermanns-Söhne" gründet, dessen höchstes Ziel die „Herrschaft" der ‚Nordländer' über alle anderen Völker der Erde ist.[16]

II

Nachdem in den ersten Augusttagen des Jahres 1914 diese völkischen Hoffnungen einen gewaltigen Aufschwung erlebt hatten und viele der jungen Kriegsfreiwilligen mit dem Gefühl einer Weltmission des deutschen Wesens ins Feld gezogen waren, wurden gegen Ende des Ersten Weltkrieges die Alldeutschen, die Deutsch-Nationalen und ähnliche Gruppen merklich stiller. Allerdings gaben sich diese Kreise nie ganz geschlagen. Selbst in den Tagen der Novemberrevolution, als das politische Pendel nach links ausschlug und sich ein Großteil der Intellektuellen dem Expressionismus anschloß, warf die extreme Rechte die Flinte keineswegs ins Korn, sondern begann, sich in neuen Bünden wie den verschiedenen Freikorps, den Baltikumern, dem Bund Oberland, der Schwarzen Reichswehr und schließlich der NSDAP zu organisieren, um das ‚geschlagene, auseinandergerissene und blutende Reich' vor der ‚Pest' einer sozialdemokratischen oder gar bolschewistischen Korrumpierung zu bewahren (und selbst die Macht zu ergreifen). Die Folgen dieser rechten Sammlungsbewegung – die Kämpfe in den Grenzgebieten, die blutige Niederschlagung der Münchener Räterepublik und des Spartakus-Aufstandes, die Fememorde und der Kapp-Putsch – sind allgemein bekannt.

Weniger bekannt sind dagegen die literarischen Werke, in denen sich die Zukunftshoffnungen dieser Bewegung spiegeln. Wie schon in der Literatur der ‚Völkischen Opposition' vor 1914 handelt es sich auch hierbei nicht um sozialrevolutionäre Utopien, sondern um bloße ‚Wiederherstellungs'-Romane, welche sich der Erneuerungspose nur als unbeholfener Verschleierungstaktik bedienen. Ja, manche verzichten selbst darauf und beschwören – angesichts der ‚schäbigen' November- und Sozi-Republik – einfach eine Rückkehr zum Kaiser- und Kanzlerregiment des Zweiten Reiches. In den meisten ihrer Schriften wird Deutschland zwar als ein gedemütigtes, aber letztlich unbesiegbares Land hingestellt, das allen anderen Ländern der Erde himmelhoch überlegen ist und das sich seinen ‚Platz an der Sonne', falls man es weiterhin zu demütigen gedenke, notfalls mit Gewalt zurückerobern werde. Der Hauptthaß dieser immer noch wilhelminisch-nationalistisch denkenden Schichten richtet sich dabei gegen den alten Erzfeind Frankreich, das meist als ein habgieriges, dekadentes, rassisch verderbtes Land hingestellt wird, während man an England appelliert, sich doch endlich auf seine nordisch-germanischen Rasseninstinkte zu besinnen und ins deutsche Lager überzuwechseln.

Wie schon vor 1914 setzten dabei diese Kreise ihre Hoffnung nicht nur auf die Überlegenheit der deutschen Armee und der deutschen Schwerindustrie, sondern auch auf den bäuerlichen Drang nach ‚Landnahme' und den nordischen Rassenadel der deutschen Führungsschichten. Neben dem herkömmlichen Monarchen-, Offiziers- und Heroenkult entwickelt sich daher in den gleichen Jahren eine rasch anschwellende Siedlungsbewegung, die sich – in Organisationen wie ‚Ostmark' und ‚Selbsthilfe' – gegen die „Polonisierung" des deutschen Ostens wendet, oder sich in Bünden wie ‚Hellauf', ‚Deutsch-Ordensland', ‚Schwarzenerde', ‚Wiesseloh' und ‚Artam' einer lebenserneuernden Tendenz im Sinne jugendbewegter oder vegetarisch-arischer Rassekonzepte verschreibt.[17] Älteren Befürwortern der ‚Aufnordung des deutschen Volkes', wie Theodor Fritsch, Jörg Lanz von Liebenfels und Willibald Hentschel, traten dabei nach 1918 Männer wie Artur Dinter zur Seite, der in seinem Roman *Die Sünde wider den Geist* (1921) auch den Frontkämpfergeist der Weltkriegsgeneration in das völkisch-rassische Syndrom einzubringen versucht. Ja, Margart Hunkel fordert in ihrem Buch *Von deutscher Gottesmutterschaft* (1919) auch alle nordisch bewußten Frauen auf, ihr Scherflein zu dieser Erneuerungsbewegung beizusteuern und sich in den Dienst einer „völkischen Rassen- und Sippenpflege" zu stellen. Ihr Ideal sind „Deutsch-Schwestern", die sich in „ländlichen Eigenheimen" auf das Erlebnis „göttlicher Deutschgeburten" konzentrieren, um so dem deutschen Volke wieder die nötigen „Helden" zu schenken.[18]

Doch neben solchen ins Utopistisch-Wahnwitzige zielenden Träumen, deren Erfüllung eine lange Anlaufzeit erfordert, verbreitet sich im Rahmen der Freikorps- und Hakenkreuzlerbewegung der gleichen Jahre auch eine Putsch- oder Coup-Gesinnung, die auf eine wesentlich raschere Änderung der politischen Verhältnisse in Deutschland drängt. Ihre Romane stoßen nicht ins Faschistisch-Universale, ja geradezu Kosmisch-Göttliche vor, sondern laufen meist auf eine handfeste ‚Restitutio in integrum' des wilhelminischen Reiches hinaus. So geht es etwa in dem Roman *1934. Deutschlands Auferstehung* (1921) von Ferdinand Eugen Solf um den kaisertreuen Major Fritz von Seelow, der seit dem November

1918 schmollend auf seinem Gut in Pommern sitzt und unter der ,Schmach von Versailles' leidet. In diesem Werk hat Frankreich ganz Deutschland besetzt und knechtet es nach allen Regeln der Kunst. Um das fremde Joch endlich abzuschütteln, baut ein genialer deutscher Ingenieur mit Hilfe der Schwerindustrie einen „Strahlenapparat", mit dem man „alle fremden Explosivstoffe zur Entzündung bringen" kann.[19] Diesen Apparat stellt er einem Geheimklub ehemaliger Frontoffiziere unter Ludendorffs Leitung zur Verfügung, der daraufhin im März 1934 mit Unterstützung Seelows einen Coup inszeniert, die Franzosen aus Deutschland vertreibt und im deutschen Reich, nach der „kaiserlosen, schrecklichen Zeit", wieder die Monarchie einführt.[20] Wie später bei den Nazis wird dabei einerseits die gewaltige Überlegenheit der deutschen Ingenieure herausgestrichen, die – für „Kaiser und Reich" – auch vor der Anwendung „chemisch-medizinischer" Kriegsführungstaktiken nicht zurückschrecken würden, andererseits die „Rassentüchtigkeit" der deutschen Bauern als der entscheidende Garant einer ruhmreichen Zukunft des deutschen Volkes hingestellt.[21] Die „sogenannte Humanität" gilt dagegen einem Autor wie Solf als etwas zutiefst Verächtliches.[22] Nicht minder wilhelminisch wirkt ein astrologisches Machwerk wie *Die Zukunft der Welt! Völkerschicksale in den Jahren 1925 bis nach 3000* (1925) von Max Bauer. Während die Planeten am 18. Januar 1871 bei der Kaiserproklamation vom Spiegelsaal von Versailles geradezu „glänzend" gestanden hätten, lesen wir hier, habe die Gründung der Weimarer Republik am 9. November 1918 von vornherein unter einem ungünstigen Stern gestanden.[23] Bauer gibt daher diesem Staat überhaupt keine Chance. Ein „Wiedererstarken Deutschlands" sieht er vor allem für die Jahre 1931 bis 1933 voraus, worauf es 1933/34 zu „Gebietsrückerstattungen" und 1941/42 zu einer „monarchistischen Diktatur" in Deutschland kommen werde.[24]

Doch solche Konzepte fanden keinen großen Widerhall. Die Vertreter der ,Völkischen Opposition', bei denen sich Wilhelm II. wegen seiner Absetzung Bismarcks keiner besonderen Beliebtheit erfreut hatte, sehnten sich Anfang der zwanziger Jahre weniger nach einem Wilhelm III. als nach einem rettenden ,Führer' oder ,Starken von oben', in dem sich der ,gesammelte Volkswille' verkörpert. Ein interessantes Übergangswerk dieser Art bildet der Roman *Der Erlöser-Kaiser. Erzählung aus Deutschlands Zukunft und von seiner Wiedergeburt* (1923) von Adolf Reinecke. Reinecke war seit 1896 Herausgeber der Zeitschrift *Heimdall*, die sich auf einer rassistisch-alldeutschen Linie bewegte und einen wichtigen Sammelpunkt der ,Völkischen Opposition' gegen die Hohenzollern bildete. Für die Verjudung und damit ,Schwächung' des deutschen Volkskörpers macht Reinecke in diesem Blatt vor allem Wilhelm II. verantwortlich. Sogar die Niederlage des Jahres 1918 wird hier auf diese Schwächung zurückgeführt. Reinecke setzt daher 1923 seine Hoffnung auf einen wahrhaft „volksverbundenen Kaiser", einen „kaiserlichen Führer", der nach der „kaiserlosen, schrecklichen Zeit" Deutschland wieder zu neuen, noch ungeahnten Höhen emporführen werde.[25] Und diesen „Erlöser-Kaiser" findet er in der Person des Fürsten Friedrich, dem der deutsche Reichstag Mitte der zwanziger Jahre mit Zweidrittelmehrheit die Kaiserkrone anträgt. Friedrichs Ziel ist jenes großgermanische Stammesreich, das schon den Alldeutschen um 1900 als höchste Erfüllung ihrer Wünsche vorgeschwebt hatte. Um diesem neuen Reich den Weg zu bereiten, läßt Friedrich erst die Polen ausrotten und an Weichsel und Warthe Aufzuchtkolonien der nordischen Rasse gründen. Darauf besiegt er mit den wiedererstarkten deutschen Truppen die Engländer und Franzosen und macht damit Deutschland zu einer Großmacht, neben der alle anderen europäischen Mächte ins Bedeutungslose herabsinken. Den Höhepunkt des Ganzen bildet schließlich die Kaiserkrönung im Dom zu Aachen, den dieser von allen geliebte „Kaiser Blondbart" selbstverständlich in eine Deutschkirche des „arischen Heilands" umfunktioniert – und wo ihm die Abgesandten der deutschen Stämme als dem gottgewollten „Erlöser-Kaiser" der nordischen Rasse ewige Treue schwören.[26] Während bei Reinecke die Brücke von den Alldeutschen zu den späteren Nationalsozialisten geschlagen wird, bewegt sich das Buch *Bismarck II. Der Roman der deutschen Zukunft* (1921) von Otto Autenrieth eher auf bismarckisch-nationalbolschewistischer Linie. Hier geht es um den Baron Otto von Fels, der im Gefühl echter Volksverbundenheit erst ein deutsches Arbeitermädchen heiratet und sich dann als neuer Götz von Berlichingen den Kommunisten anschließt. Innerhalb dieser Partei steigt er schnell zu einem populären Volksführer auf, dem man schließlich sogar die ‚Rote Armee' anvertraut. Und mit dieser Armee, wie auch mit Unterstützung der Russen, wagt Otto schließlich den entscheidenden Schlag gegen die faschistische Reaktion und die französischen Besatzungstruppen. Nach gelungenem Coup wird er zum Führer, zum Diktator, zum neuen Bismarck erhöht, der die norddeutschen Kommunisten und die süddeutschen Nationalisten zu einer starken ‚Wiederaufbaupartei' vereint. Anschließend rüstet er Deutschland, wiederum mit Hilfe der Sowjetunion, zur stärksten Militärmacht Europas auf, liquidiert alle Polen, unterwirft Frankreich und wird so zum stärksten Mann der Welt, dem die Deutschen die Kaiserkrone antragen. Aber Otto – der Schmied des neuen Reiches – lehnt sie ab, bittet allerdings die Abordnung, diese Kaiserkrone später seinem Sohne anzutragen.

Bei anderen ‚Völkischen' dieser Jahre wird auf solche Erhöhungen ins Monarchische weitgehend verzichtet – und die Zukunftshoffnung allein auf den nationalen Willen des deutschen Volkes gesetzt. Dafür spricht etwa ein Roman wie *Unsere Stunde kommt!* (1923) von Kurt Anker, wo zwar wiederum ein wilhelminischer Offizier im Vordergrund steht, der gegen die ‚rote Flut' der Novemberverbrecher und rassisch-entarteten Franzosen eine völkische Sammlungsbewegung ins Leben ruft, dabei jedoch nicht die Monarchie, sondern einen „Sozialismus auf nationaler Grundlage" als die Regierungsform der Zukunft hinstellt.[27] Und in diesem Zusammenhang wird auch Adolf Hitler und seine NSDAP erwähnt, doch diese Partei nur als eine unter anderen charakterisiert, die später in einer deutsch-sozialen Großbewegung aufgehen müsse.[28] Wohl das interessanteste Werk dieser Richtung ist der Roman *Kommen wird der Tag! Die Geschichte der nächsten deutschen Befreiung* (1921) von Roderich Müller-Guttenbronn, der sich als Autor Dietrich Arndt nannte. Wie viele vor ihm knüpft er an den obligaten

Franzosenhaß an, der 1913 anläßlich der Jahrhundertfeier der Völkerschlacht von Leipzig und dann zwischen 1914 und 1918 in ganz Deutschland wahre Orgien gefeiert hatte. Auch in Arndts Werk werden nicht nur die Rheinlande und das Ruhrgebiet, sondern – wie in napoleonischer Zeit – alle deutschen Länder von französischen Truppen besetzt. Und wie damals unter Schill und Lützow bilden sich auch jetzt wieder völkische Bünde, deren wichtigster der ‚Bund Freiheit' unter dem weizenblonden Wilhelm Weigand ist. Angesichts dieser Situation schwören selbst die Mehrheitssozialdemokraten ihrem bisherigen Internationalismus ab und bekennen sich lauthals zur ‚deutschen Idee'.[29] Doch auch die breiten Volksmassen, die besonders über die stinkenden, geilen, geschlechtskranken Negerregimenter der französischen Besatzungsarmee erregt sind, welche alle deutschen Frauen und Mädchen vergewaltigen wollen, werden von diesem antifranzösischen Haß ergriffen. Es gelingt daher dem ‚Bund Freiheit', die französischen Truppen in einem wohlkoordinierten Coup zu überwältigen und den ‚Schandvertrag von Versailles' zu annullieren. Deutschland erhält am Schluß des Arndtschen Romans alle seine 1918 verlorenen Gebiete einschließlich seiner früheren Kolonien zurück, vereinigt sich mit Deutsch-Österreich und wird von einer rechtsextremistischen MSPD regiert, die bereits viele Züge der späteren NSDAP trägt. Den Beschluß des Ganzen bildet ein großes Nationalfest am Völkerschlachtsdenkmal zu Leipzig, wie es sich chauvinistischer kaum denken läßt.

Doch im Laufe der zwanziger Jahre traten Träume dieser Art im Rahmen der ‚Völkischen Opposition' wieder in den Hintergrund. Da sich die SPD durch eine unwandelbare Republiktreue auszeichnete, gaben die Rechten allmählich auf, diese Partei von innen her faschisieren zu wollen. Vor allem nach 1929, nach dem Ausbruch der großen Weltwirtschaftskrise, brauchte man in diesem Lager wesentlich schärfere und auch zeitgemäßere Konzepte, um der möglichen Gefahr einer antikapitalistischen Koalition von SPD, KPD, SAP wie überhaupt aller Linken entgegenzutreten. Und so wurden von den führenden Wirtschaftskreisen jetzt rechtsextreme Gruppen wie die DNVP und die NSDAP hochgespielt – und *alle* Linken als Handlanger der kommunistischen Internationale oder gar der ‚Weisen von Zion', also als Vertreter undeutscher, ja antideutscher Interessen angeprangert. Da jedoch auch die Rechten – angesichts der immer bedrohlicher werdenden ökonomischen Krise – den Kapitalismus nicht mehr offen verteidigen konnten, begannen selbst sie, sich sozialistisch klingender Phrasen zu bedienen. Um dabei nicht ins Fahrwasser der Linken zu geraten, mußten sich die Rechten allerdings ihren eigenen, nationalen, völkischen, kapitalistischen Sozialismus zusammenbrauen – und den bisherigen Sozialismus als abstrakt, überlebt, undeutsch, freimaurerisch oder jüdisch diffamieren. Und so wurde der ‚nationale Sozialismus' zur Abwehr des Bolschewismus schließlich zur idealen Legitimationsfassade aller kapitalistisch orientierten Kreise.

Die Ideologie, die hinter diesen Machenschaften steht, war von Anfang an von eklatanten Widersprüchen durchzogen, die sich nur mit einer Fülle heuchlerischer Phrasen übertünchen ließen. Schließlich trat hier der äußerste Flügel der Rechten zum erstenmal als Speerspitze des Sozialismus auf – und zog damit sowohl Opportunisten als auch blinde Idealisten an. Allerdings brachten die deutschen Nationalsozialisten – im Gegensatz zu italienischen und französischen Faschisten wie Vilfredo Pareto und Georges Sorel – kaum bedeutende Intellektuelle hervor. Die meisten ihrer ideologischen Proklamationen – wie Adolf Hitlers *Mein Kampf* (1925), Alfred Rosenbergs *Mythus des 20. Jahrhunderts* (1930) oder die Reden eines Joseph Goebbels – bleiben weitgehend im Bereich des Dritt- oder Viertrangigen. Was man in diesen Werken vorgesetzt bekommt, wirkt äußerst eklektisch, das heißt ist einerseits aus den Werken der ‚Fortschrittlichen Reaktion', also der alldeutschen, völkisch-rassistischen oder deutsch-religiösen Bewegung der Jahrhundertwende,[30] andererseits aus den Schriften und Verlautbarungen der sogenannten ‚Jungkonservativen', also Politikern und Schriftstellern wie Oswald Spengler, Eduard Stadtler, Arthur Moeller van den Bruck, Edgar Jung, Carl Schmitt, Othmar Spann oder den Vertretern nationalgesinnter Gruppen wie des Berliner Juni-Klubs, der Antibolschewistischen Liga, des Deutschen Herrenklubs oder des *Tat*-Kreises um Hans Zehrer, zusammengestoppelt.[31] Ob nun die Idee des ‚Dritten Reiches', der Rückkehr zur Scholle, der nordischen Rassenzüchtung, der Hoffnung auf ein Imperium teutonicum, der hierarchischen Wertverschiedenheit der Stände oder des Deutschen Sozialismus: all diese Ideen hatten viele schon vor den Nazis propagiert.

Was daher die Nationalsozialisten vor 1933 an ‚weltverändernder' Ideologie anzubieten hatten, ist ein opportunistisches Gemisch verschiedenster Weltanschauungskomplexe, wo es zwar an überspannten Erwähltheitsposen, mystischem Blutsgeraune, chauvinistischer Kraftmeierei, rassischem Größenwahn und finstersten Drohungen gegen Juden, Marxisten und Freimaurer nicht mangelt, das aber keine wahrhaft utopischen Elemente enthält. Doch auf eine solche ‚Ehre' erhoben die Nazis gar keinen Anspruch. Sie wollten keinen Fortschritt in Richtung Demokratie, Toleranz, Frieden und Völkerverständigung, sondern schworen einzig und allein auf das Prinzip der Rückkehr, und zwar der Rückkehr zum Mythus. Begriffe wie Utopie oder Progreß wurden darum in ihren Kreisen weitgehend als ‚undeutsch' abgelehnt. Um so inniger liebten die Nationalsozialisten pseudo-mythische Beschwörungsformeln wie Opfer, Kult, Ritual – und faselten ständig von Tod und Auferstehung, wobei sie hinter der christlichen Tod- und Auferstehungs-Metaphorik gern die biologistische Vorstellung nordisch-urarischer Lebenszyklen durchschimmern ließen.[32]

Die Völkische Opposition der Weimarer Republik lehnte deshalb den Fortschrittsglauben der Liberalen und Sozialdemokraten ebenso entschieden ab wie schon die Völkische Opposition der wilhelminischen Ära. Was die Vertreter der Weimarer Koalition als ‚Republik' bezeichneten, war für sie nur ein Marxisten- und Judenstaat, ein ‚Unstaat', der es nicht vermocht habe, die ‚Schmach von Versailles' zu tilgen. Ja, manche empfanden diesen Staat überhaupt nicht als Staat, sondern nur als eine ‚Feuerpause' zwischen dem Ersten Weltkrieg und der endgültigen ‚Deutschen Revolution'. Doch nicht einmal im Umfeld des Begriffs ‚Revolution' taucht das Wort ‚Utopie' auf. Schließlich stellte sich die Völkische

Opposition diese Revolution vornehmlich als ‚Restitutio', als Wiedereinsetzung des Ewig-Deutschen in seine angestammten Rechte, vor. Diese Schichten sahen sich nicht als Utopiker, welche die Gegenwart in einem vorwärtsweisenden Sinne zu überwinden hofften, sondern als Prediger des Alten und Ältesten, nämlich der Wiederherstellung der bäuerlich-nordischen Ursprünge des deutschen Volkes. Mit solchen Phrasen glaubten sie noch am ehesten zu verschleiern, daß sie nur den Status quo, die Beibehaltung des kapitalistischen Systems, im Auge hatten, dies jedoch nicht so deutlich sagen durften. Daher imitierten sie immer wieder jene Alldeutschen, die bereits um 1900 einen romantisch-utopischen Antikapitalismus und eine Rückkehr zur Scholle gepredigt hatten. Und wie diese ließen sie sich dafür von der Schwerindustrie finanzieren.[33]

Wohl das wichtigste Buch im Rahmen dieser Ideologiebildung, die an die Stelle der Utopie den Mythus setzt, ist Alfred Rosenbergs *Mythus des 20. Jahrhunderts* (1930), das nichts weniger als eine rassistische Interpretation der gesamten Weltgeschichte zu bieten versucht. Das Kernelement alles höheren Lebens auf Erden sieht Rosenberg, wie schon Houston Stewart Chamberlain, im nordischen Blut, das sich im Kampf gegen Juda, Rom und Moskau siegreich durchsetzen müsse, um so die Menschheit vor dem endgültigen Versinken im Rassen- und damit Kulturchaos zu bewahren. Der dritte Teil dieses Buches ist deshalb logischerweise *Das kommende Reich* überschrieben. Den Führer zu diesem Reich sieht Rosenberg in jenem germanischen Lykurg, der das rassisch Reine mit scharfem Messer vom rassisch Unreinen sondern werde. Bei einer solchen Aufgabe könnten ihm, wie es heißt, nur an militärische Drillvorstellungen gewöhnte Männerbünde, also germanische Recken, preußische Soldaten und zum Letzten entschlossene SA-Männer helfen.[34] Zur Unterstützung dieser Politik der ‚Rückkehr zum Mythus' fordert Rosenberg nicht nur eine konsequente „Entproletarisierung" der deutschen Nation durch einen „bewußten Abbau unserer Weltstädte" und eine planmäßige Rücksiedlung aufs Land,[35] sondern auch den Aufbau einer „Deutschen Volkskirche", welche in Rasse und Volk die obersten Glaubenswerte sieht.[36]

An Romanen dieser ins Wahnwitzig-Mythologische tendierenden Gesinnung ist die Zeit zwischen 1929 und 1933 nicht besonders reich. Die meisten der völkisch-faschistischen Autoren waren über die Fortdauer der ‚jüdisch-sozialistischen' Novemberrepublik viel zu verzweifelt, um bereits wirksame Gegenmodelle entwerfen zu können. Was daher bei den glühenden Nationalisten vorherrscht, ist eher bitterer Haß als utopische Hoffnung. So schildert etwa Josef Magnus Wehner in seinem Roman *Die Wallfahrt nach Paris. Eine patriotische Phantasie,* der bereits vor 1933 geschrieben wurde, aber erst 1933 erscheinen konnte, einen Freikorpsführer, der in Oberschlesien den Kampf gegen die „Polacken" verliert und dann frustriert zusehen muß, wie die „feige, unentschiedene Reichsregierung" vor den Franzosen zu Kreuze kriecht und eine ehrlose Erfüllungspolitik treibt, die in einer großen Wallfahrt nach Paris gipfelt.[37] Statt die Franzosen aufzufordern, mit ihnen gemeinsame Sache gegen den „mongolischen Bolschewismus im Osten" zu machen, seien die Deutschen dümmlich genug, nach Osten und Westen zu dienern und überhaupt keine eigene Außenpolitik zu treiben.[38] In der Weimarer Koalition sieht daher Wehner lediglich eine Koalition von „Verbeugungsparteien", in ihren Ministern ein Kabinett von „Schmiegern und Dämpfern", wodurch aus Deutschland ein „führerloses Reich" geworden sei, in dem nicht mehr die Edlen, sondern die Vielzuvielen den Ton angäben. In tiefer Verbundenheit mit den Toten des Ersten Weltkrieges, deren Blut nach Sühne schreie, sehnt sich daher der Autor dieses Buches nach einem Reich, in dem wieder der Geist der Frontkameradschaft, eine christgermanische Religion und ein bäuerlicher Siedlerinstinkt herrschten. Doch wohin er auch blickt, sieht er vorerst nur Depravierung, aber keine „Auferstehung".[39] Noch düsterer wirkt der Roman *Revolution 1933* (1930) von Martin Bochow. Hier versinkt Deutschland gegen Ende der zwanziger Jahre im totalen Chaos, da Frankreich weiterhin unerbittlich auf horrenden Reparationszahlungen besteht und die USA die wichtigsten deutschen Konzerne aufgekauft und dann stillgelegt haben. Und die Deutschen lassen das alles über sich ergehen, weil sie nicht ‚völkisch' empfinden, sondern sich in blinder Parteiwut untereinander befehden und sich schließlich zerfleischen. Das nationale Deutschland, „eigener Art getreu, eigenen Gesetzen folgend, wurzelnd im Heimatboden, eigenwillig bewußt des unvergänglichen Schicksals, das aus Blut und Boden gewaltig aufsteht", wie es in nationalbolschewistischer Perspektive heißt,[40] kommt daher nicht zustande. Was siegt, ist am Ende Wallstreet, das hieß die „raubende Geldinternationale", wodurch der Möglichkeit zu einer nationalen Revolution für Jahre hinaus der Boden entzogen wird. Eine ähnliche Verzweiflung liegt dem Pamphlet *Deutschland ohne Deutsche. Ein Roman von übermorgen* (1929) von Hans Heyck zugrunde. Dieses Buch spielt im Jahre 2050 und zeigt Deutschland im Zustand totaler Auflösung und Erniedrigung. Im Gefolge des Internationalismus der Weimarer Republik ist hier aus dem Deutschen Reich ein Land übelster „Rassenvermischung" geworden, in dem fast ausschließlich verkümmerte „Einheitsmenschen" leben, die sich von einem „halbschwarzen Despoten" regieren lassen, der jeden Tag eine deutsche Jungfrau schändet.[41] Und niemand empört sich dagegen, so verjudet und vernniggert sind die meisten Deutschen bereits. Angesichts dieser Situation entschließen sich die Letzten, die noch wahrhaft „deutsch empfinden", und das sind nur noch Zweihunderttausend, nach „Norrland" in Nordskandinavien auszuwandern und dort eine von aller Welt abgeschlossene Kolonie der Blonden zu gründen, die sich der Zucht einer neuen Herrenrasse widmet.[42]

Etwas optimistischer sieht ein Völkischer wie Hans Nitram [Martin] in seinem utopisch gefärbten Report *Achtung! Ostmarkenrundfunk! Polnische Truppen haben heute Nacht die ostpreußische Grenze überschritten* (1932) in die Zukunft, wo die ‚frech gewordenen' Polen einfach in deutsche Reichsgebiete einmarschieren, weil sie auf Grund der Schwäche der Reichswehr und des allgemeinen Parteienhaders keinen Widerstand erwarten – aber dann doch auf die hartnäckige Opposition der ‚einfachen' Bevölkerung stoßen. Ja, Franz Hermann geht in seinem Buch *Die Erde in Flammen. Ein Zukunftsroman aus den Jahren 1937/38*, das um 1931 geschrieben wurde, aber erst 1933 einen Verleger fand, bereits eindeutig zum Gegenangriff über. Seine Wut richtet sich einerseits gegen Frankreich, dessen „Senegalneger und Marokkaner“ bei der Rheinlandbesetzung Tausende deutscher Frauen und Mädchen vergewaltigt hätten,[43] andererseits gegen die Regierungsparteien der ‚Systemzeit‘, die mit der Sowjetunion den Rapallo-Vertrag abgeschlossen hätten, statt diesen bolschewistischen Unstaat in die Knie zu zwingen. Den Gegenpol zu den ‚feigen Regierungsdeutschen‘ bilden hier einige freischärlerische Piloten der Junkers-Werke, die sich auf eigene Faust in die Weltpolitik einmischen und schließlich im Endkampf um die Vormacht in Europa den faschistischen Italienern helfen, die Engländer und Franzosen vernichtend aufs Haupt zu schlagen. Und so kommt es 1938 auch in Deutschland zu der lang ersehnten völkischen Wiedergeburt, wobei auch Hinweise auf das von den Nationalsozialisten geförderte Siedlungswesen nicht vergessen werden.[44]

III

Nach der Machtübergabe an die Nazis im Frühjahr 1933 war für jene Schwärmer, die sich seit Jahren oder Jahrzehnten nach irgendeinem Dritten Reich gesehnt hatten, eine völlig neue Situation gegeben. All ihre Sehnsüchte schienen sich plötzlich zu erfüllen. „Nun ist das Morgen zum Heute geworden“, rief der Germanist Julius Petersen damals begeistert aus, „Weltuntergangsstimmung hat sich in Aufbruch verwandelt. Das neue Reich ist gepflanzt. Der ersehnte und geweissagte Führer ist erschienen.“[45] Doch dieser Enthusiasmus, so groß er auch anfänglich war, hielt nicht lange vor. Indem sich auch das Dritte Reich als ein regelrechter Staat mit all den üblichen Verwaltungsorganen und Regierungsmechanismen etablierte, ja mit den bisher verbal befehdeten Mächten, wie dem Zinskapital und der katholischen Kirche, sofort großzügige Bündnisse und Konkordate schloß, waren viele der alten Völkischen, Arierfanatiker, soldatischen Nationalisten und Strasser-Leute schnell enttäuscht. Sie hatten sich dieses neue Reich viel radikaler, sozialistischer, wilder, archaischer, ‚schlimmer‘ vorgestellt und zogen sich daher schon in den Jahren 1934/35 ins gesellschaftliche Abseits zurück oder wurden von den Nazis aus Rivalität zum Zwangsverstummen verurteilt.[46] Vor allem nach dem Münchener Massaker vom 30. Juni 1934, dem auch Ernst Röhm, der Stabschef der SA, zum Opfer fiel, wurden jene, die sich von der NSDAP einen wirklichen deutschen Sozialismus versprochen hatten, wesentlich stiller. Von spezifisch ‚utopischen‘ Tendenzen ist daher in den nächsten Jahren immer weniger die Rede. In den parteioffiziellen Blättern werden zwar auch weiterhin gern Begriffe wie ‚Tausendjähriges Reich‘ oder ‚Das werdende Deutschland‘ gebraucht, aber die Idealisten dieser Bewegung sahen zusehends ein, daß man mit solchen Phrasen nur die Rückkehr zu kleinbürgerlicher Normalität und Klassenversöhnung zu verschleiern suchte.

Idealistische Zukunftsprogramme finden sich deshalb nur bei den Enthusiasten der ersten Stunde, die glaubten, jetzt sei die Morgenröte eines völlig neuen Zeitalters angebrochen. Doch sogar diese Leute haben – genau besehen – nicht viel Revolutionäres anzubieten. Trotz ihres gewaltigen Wortschwalls dreht sich auch bei ihnen alles um ‚Blut und Boden‘, die beiden Grundvokabeln vieler faschistischen Programme der zwanziger Jahre. Was daher in diesen Schriften im Vordergrund steht, ist immer wieder das Konzept der bäuerlichen Rücksiedlung oder das der nordischen Aufartung. Beide dieser Vorstellungen gipfeln meist in einer seltsam atavistischen Reichsvorstellung, der – wie in germanischer Vorzeit – nur die Reinheit des Blutes, der Adel der Seele und die bäuerliche Kraft zugrunde liegt. Von der fortschreitenden Industrialisierung Nazi-Deutschlands, vom Bau der Autobahnen, der Stukas und der Panzer, ist darum in diesen Werken nirgends die Rede. Immer wieder bekommt man nur bäuerlich-teutomanische Wunschtraumphantasien vorgesetzt, die in einen steigenden Gegensatz zur gesellschaftlichen und ökonomischen Wirklichkeit des Dritten Reiches treten. Schließlich verließen zwischen 1933 und 1938 etwa ein Viertel aller männlichen Arbeitskräfte die ländlichen Gebiete und zogen in die Städte, wie sich statistisch nachweisen läßt.[47] Auch die Geburten stiegen nicht in dem Maße, wie die Nazis oft behauptet haben. Und doch wurden von der Nazi-Kunst und Nazi-Propaganda immer wieder die weizenblonden Siedler mit der großen Kinderschar in den Vordergrund gerückt,[48] während die Fabrikarbeiter, denen die Nazis ihren tatsächlichen Aufstieg und ihre militärische Aufrüstung verdankten, selten oder nie ins Blickfeld geraten.

Wie heuchlerisch die faschistischen Zukunftsprogramme oft sind, läßt sich wohl am besten anhand der bäuerlichen Rücksiedlungskonzepte demonstrieren. Und zwar griffen hierbei die Nazis auf eine Reihe wesentlich älterer Siedlungskonzepte – wie die Bodenreformbewegung Otto Damaschkes, den Sippensiedlungsgedanken Georg Hauersteins, die Mittgart-Idee eines Willibald Hentschel sowie die Aktivitäten der Artamanen und des Jungdeutschen Ordens der zwanziger Jahre – zurück, welche fast alle in der Vision einer Wiederseßhaftmachung altarischer Familien im Rahmen wehrhafter Bauernsiedlungen gipfeln. Um Deutschland den nötigen ‚Lebensraum' zu verschaffen, wird dabei oft eine militante Ostkolonisierung propagiert, möglichst bis zum alten Gotenlande an der Krim, wie es bei den Alldeutschen schon um 1900 hieß.[49] Neben den Anregungen im Hinblick auf die Innen- und Ostkolonisation, die sich auch in Hitlers *Mein Kampf* (1925) finden, wurden auf diesem Gebiet vor allem die Bücher *Das Bauerntum als Lebensquell der nordischen Rasse* (1929) und *Neuadel aus Blut und Boden* (1930) von Ernst Darré für die spätere Bauern- und Siedlerverkultung des Dritten Reiches maßgebend. Um den nötigen Platz für den Siedlungsdrang der deutschen Bauern zu schaffen, werde es einmal unumgänglich werden, wie sich Hitler später ausdrückte, „ganze Volksstämme zu beseitigen".[50]

Zu den Schriften, welche diese Siedlungskonzepte am leidenschaftlichsten vertraten und zugleich energisch in die Zukunft projizierten, gehört das Buch *Deutsche Siedlung im I., II. und III. Reich* von Edmund Schmid, das 1932 bei Eher Nachf., dem offiziellen NSDAP-Verlag in München, erschien. Schmid kam aus der Innensiedlungsbewegung und hatte sich in den zwanziger Jahren den Nazis angeschlossen. Sein Leitkonzept ist die germanische „Landnahme".[51] Um der volksschädlichen Auswanderung vieler Deutscher nach Übersee vorzubeugen, propagiert er ein großes, zusammenhängendes und dichtbesiedeltes Stammesreich auf rein bäuerlicher Grundlage. „Blut und Boden, Bauerntum und

Staatsmacht", heißt es bei ihm, „sind die Träger, auf denen wir unser Reich aufbauen müssen."[52] Schmid wendet sich deshalb sowohl gegen den Moloch Großstadt als auch gegen den Vampir Kapitalismus, die im Zweiten Reich zu einer verheerenden Landflucht und damit slawischen Unterwanderung der Ostgebiete geführt hätten. Um diese Entwicklung wieder rückgängig zu machen, schlägt er vor, die Masse der Arbeitslosen in den Ostgebieten anzusiedeln und sie in würdige Vertreter des Reichsnährstandes zu verwandeln.[53] Außerdem setzt sich Schmid für die Einführung einer allgemeinen Arbeitsdienstpflicht ein, um so zur ‚Verbauerung' des gesamten deutschen Volkes beizutragen und „Männer mit harten Fäusten" zu schaffen.[54] Bezeichnenderweise wird dabei der bestehende Großgrundbesitz nie in Frage gestellt. Schmid will nicht sozialisieren, sondern militarisieren, wofür ihm vor allem eine konsequente West-Ost-Siedlung und ein „Wille zu Kindern" erforderlich erscheint.[55] Sein ideologisches Leitbild ist hierbei die „Artamanenbewegung", mit der in den zwanziger Jahren auch Darré und Himmler sympathisiert hatten.[56] Schmids Bauern pflügen deshalb mit Pferden – und nicht mit Traktoren, während seine Bäuerinnen mütterliche Typen mit „langem, fraulichem Haar" sind, die für den nötigen „Bevölkerungsüberschuß" sorgen.[57] „Gott und Hitler", heißt es bei ihm am Schluß, werden schon dafür sorgen, daß Deutschland genug neues Siedlungsland im Osten erhalte, um ein Anwachsen jenes „blonden und blauäugigen" Nährstands zu ermöglichen, der zugleich der beste „Wehrstand" sei.[58]

Von den Romanen, die mit dieser Siedlungsbewegung sympathisierten, seien in diesem Zusammenhang nur drei erwähnt. Das erste und zugleich anspruchsvollste Buch dieser Gruppe ist der Roman *Robinson kehrt heim. Ein Roman zwischen Gestern und Morgen* (1934) von Hans Heyck, wo es um Harro Wülfing, einen verbitterten Offizier des Ersten Weltkrieges, geht, der sich in der ‚Systemzeit' mit seiner Frau auf eine unbewohnte Atlantikinsel, sein „Ultima Thule", zurückzieht, weil „ihm der Schweinekram Deutschlands bis an den Hals steht".[59] Da in der Weimarer Republik die Juden und Nigger den Ton angäben, will er die arische Rasse wenigstens auf dieser Insel rein erhalten und möglichst viele blonde Kinder auf die Welt setzen. Doch seine Frau stirbt bereits kurz nach der Geburt des ersten Kindes. Als ihn im Winter 1932 auf 1933 zwei alte Frontkameraden, die inzwischen stramme SA-Männer geworden sind, auf seiner Insel besuchen, läßt er sich schließlich bereden, wieder ins Reich zurückzukehren. Obwohl ihm das Bonzentum in der NSDAP mißfällt, wird er Mitglied des Reichsarbeitsdienstes und beteiligt sich in Friesland an der Eindeichung eines neuen Kooges. Und hier trifft er dann die weizenblonde Friesin Hanna, mit der er die Hallig Nyland bezieht, nachdem sie ihm verschämt und zugleich offen gestanden hat, daß sich in ihrem Schoße „Deutschlands Zukunft rege".[60] Ähnlich, wenn auch etwas entspannter wirkt der Roman *Das Welpennest. Ein Buch von Siedlern, Tieren und Kindern* (1943) des gleichen Autors, wo sich ein völkisch gesinnter Intellektueller im ‚bösen Marxistenstaat' der zwanziger Jahre entscheidet, auf einem Einödhof Siedler zu werden, wo ihm und seiner Frau – nach langer kinderloser Zeit – die Vorsehung plötzlich eine Reihe prächtiger Nachkommen beschert. Und auch der

Roman *Das Riesenspielzeug* (1935) von Emil Strauss sollte in diesem Zusammenhang erwähnt werden, in dem sich eine Gruppe junger Künstler und Studenten in ländlicher Abgeschlossenheit von den lebensreformerischen Überspanntheiten der Jahrhundertwende allmählich zu einer gesunden Natürlichkeit entwickelt, und der Hauptheld – als Bekenntnis zu Scholle und Volkstum – schließlich ein einfaches Bauernmädchen heiratet.

Soviel zu jenen Siedlungsromanen, in denen es vornehmlich um den Prozeß der Reintegrierung ins bäuerliche Leben geht. Sie sind weitgehend unproblematisch, weil individualistisch orientiert. Problematisch wird dieses Genre erst dann, wenn der Siedlungsdrang über die deutschen Grenzen hinausstößt oder gar mit Science-Fiction-Elementen verbunden wird – und damit die wahre Natur des Faschismus, nämlich das imperialistische Verlangen nach einer weltverändernden und weltbeherrschenden Technologie zum Durchbruch kommt. Gute Beispiele dafür finden sich in den Werken von Hans Dominik. So entdeckt in seinem Roman *Land aus Feuer und Wasser* (1939) das deutsche Raumschiff „St 25“ mitten im Atlantik eine unbekannte vulkanische Insel. Indem Eggerth, der geniale deutsche Ingenieur, den Vulkan zu weiteren Lavaausbrüchen anreizt, verhundertfacht er schließlich die Größe der Insel, so daß am Schluß Scharen deutscher „Erbhofbauern“ fünf Millionen Hektar fruchtbarsten Bodens für die deutsche Kolonisation urbar machen können.[61] Noch eklatanter äußert sich dieser Widerspruch zwischen hochentwickelter, ja geradezu futuristischer Technik und atavistischer Bauernverkultung in Dominiks Roman *Befehl aus dem Dunkel* (1933), wo es Astenryk, einem ebenso genialen deutschen Ingenieur, gelingt, die nach Australien eingedrungenen ‚gelben Untermenschen‘ durch eine „elektrische Verstärkung“ seines Gehirns, die wie ein Radiosender funktioniert, telepathisch in Schach zu halten und schließlich zu vertreiben.[62] Um in Zukunft gegen weitere Einfälle asiatischer Horden gewappnet zu sein, werden anschließend „Millionen weißer Siedler“ nach Australien eingeschleust. Obwohl es eigentlich die geniale Erfindung eines einzigen Ingenieurs war, welche die Gelben zum Rückzug gezwungen hatte, sollen dieses Geschäft in Zukunft die „kräftigen Bauernfäuste“ der deutschen Siedler übernehmen.[63] Und so ist der Leser am Schluß völlig verwirrt: ist es die Technik oder ist es das siedlungsstolze Bauerntum, auf das hier der Autor (und die hinter ihm stehenden Nazis) ihre Hoffnung setzen? Oder ist das eine nur ein Vorwand für das andere? Was will denn der Faschismus eigentlich: die Rückkehr zur Scholle oder die Schaffung technischer Wunder? Und wenn er beides will: wie läßt sich das ideologisch vermitteln?[64]

IV

Soviel zum faschistischen Bauernkult und dem damit verbundenen Siedlungsgedanken, der sich, wenn er über den Bereich des im engeren Sinne ‚Schollehaften‘ hinausdringt, sofort als zu eng, ja geradezu heuchlerisch erweist. Schließlich konnte man sich, wenn man die Weltherrschaft oder wenigstens die Überlegenheit der arischen Rasse über alle anderen Rassen erstrebte, nicht nur mit agrarischen

Siedlungsvorstellungen begnügen. Dazu mußten ganz andere Erwähltheits- oder Überlegenheitskonzepte herangezogen werden, als deren Wirksamstes sich das Konzept der ‚Rasse' erwies. Während der Bauer letztlich ein niederes und begrenztes Leitbild blieb, konnte man den rassestolzen Arier auch als Führertyp im Bereich des Kulturellen, Geistigen, Ingenieurshaften, Technologischen, Strategischen, Militärischen, ja geradezu aller auf Weltbeherrschung drängenden Tendenzen verwenden. Bauer zu sein, war etwas Konkretes; Arier dagegen etwas Innerliches, Mystisches, von der Scholle bis zu den Sternen Reichendes. Und etwas Mystisches läßt sich immer besser zur Rechtfertigung eines allgemeinen Führungsanspruchs ausschlachten als etwas Konkretes.

Welch lange Vorgeschichte diese arischen Überlegenheitsgefühle in Deutschland haben, ist nach den Forschungen der letzten zwei Jahrzehnte kein Geheimnis mehr. Schon in den siebziger und achtziger Jahren, und dann vor allem um die Jahrhundertwende, entwickelt sich in Deutschland eine Rassenideologie, die sich immer stärker zu einer ‚Aufnordung' des deutschen Volkes bekennt, um die Welt am arischen Blut genesen zu lassen. Die Germanenschwärmer, deren imperialistische Propaganda den Krupp und Wilhelm natürlich sehr gelegen kam, sind daher um diese Zeit geradezu Legion. Zu Sozialdarwinisten wie Wilhelm Schallmeyer, Eugenikern wie Heinrich Driesmans und Christian von Ehrenfels, Nietzsche-Anhängern wie Alexander Tille oder Antisemiten wie Theodor Fritsch gesellten sich dabei schon um 1900 rabiate Züchtungsfanatiker wie Willibald Hentschel und Jörg Lanz von Liebenfels,[65] deren nordischer Überlegenheitswahn selbst von Hitler kaum überboten wurde. Schließlich traten bereits diese Leute – mit zukunftsbetonter Perspektive – für eine planmäßige Entmischung des deutschen Blutes, für nordische Rassenzuchtkolonien und eine konsequente Liquidierung aller undeutschen Untermenschen ein. „Liebe deinen rassisch Nächsten", heißt es bei Liebenfels schon 1905 in seiner *Theozoologie*, „und töte alle teuflischen Untermenschen."[66]

Die Flut solcher Schriften und Konzepte wurde in der Weimarer Republik, nach der ‚Schmach von Versailles' und der Rheinlandbesetzung durch die französischen ‚Nigger'-Regimenter, nicht kleiner, sondern eher größer. Nicht nur in Artur Dinters *Die Sünde wider das Blut* (1918) oder den erwähnten Freikorps- und Hakenkreuzler-Romanen, geradezu überall stößt man in den Schriften der völkischen Opposition dieser Jahre auf rabiate Haßausbrüche gegen semitische, negroide, mongolische oder slawische Untermenschen, denen die Lichtgestalten einer blauäugigen und weißblonden Nordrasse entgegengestellt werden. Und überall wird in diesen Schriften, wie etwa dem Buch *Rassenforschung und Volk der Zukunft* (1932) von Hermann Muckermann, nicht nur die „negative", sondern auch die „positive Eugenik" betont, wobei sich das rassische Telos stets am Ideal des Nordischen ausrichtet.[67]

Als daher im Frühjahr 1933 die Machtübergabe an die Nazis erfolgte, herrschte in den Kreisen der Nordfanatiker ein allgemeines Aufjubeln. Diese Wende schien ihnen endlich eine Rückkehr zum artreinen Germanentum, zu einer Wiedererweckung der arisch-nordisch-gotischen Urelemente des deutschen Wesens, zu garantieren.[68] Und die Praxis ließ auch nicht lange auf sich warten. So wurde als erste eugenische Maßnahme schon am 14. Juli 1933 das Gesetz zur ‚Verhütung erbkranken Nachwuchses' erlassen, dem sich am 15. September 1935 die berüchtigten ‚Nürnberger Gesetze' zur Ausmerzung des Judentums aus dem deutschen Volkskörper anschlossen. Parallel dazu verlief eine Kampagne zur Stärkung der nordischen Rasse, deren Schriftenfülle kaum zu überblicken ist. Neben die Forderung der Ausschaltung des Erbuntüchtigen und Minderwertigen traten dabei immer stärker Tendenzen zur Neuzüchtung einer deutsch-arischen Rasse in den Vordergrund, die über die bestehenden Verhältnisse in eine ‚bessere' Zukunft weisen. Als Beispiel solcher Tendenzen sei hier der Sammelband *Rassenhygiene im völkischen Staat* (1934) herangezogen, der von der Frage ausgeht, wie sich „politische Macht" in „biologische Revolution und Reform" umsetzen lasse.[69] Da Frankreich und die USA bereits rassisch völlig verkommen seien, stellt hier Walter Schultze, einer der Beiträger, unter Berufung auf Adolf Hitler, Oswald Spengler und Alfred Ploetz, den ‚Altvater' der Münchener Rassenhygiene, Deutschland als eins der wenigen Länder hin, in denen der Versuch der arischen Neuzüchtung noch die Chance der Realisierbarkeit habe. Er gebraucht dabei für die Liquidierung der „Erbschädlichen" den Begriff „Ausmerze" und für die Unterstützung der „Erbtüchtigen" den Begriff „Auslese".[70] Zu den „Erbuntüchtigen" rechnet er etwa ein Drittel der deutschen Bevölkerung, die er durch „Eheverbote" an der Fortpflanzung hindern will.[71] Die „Erbtüchtigen", erklärt Schultze, sollten dagegen im Neuen Reich zu einer wesentlich „stärkeren Fortpflanzung" angeregt werden, um diesen Ausfall wieder auszugleichen, wobei er eine „rassenhygienische Siedlungspolitik" gen „Osten" als besonders empfehlenswert hinstellt.[72] Als Anreize zu einer solchen Politik der verstärkten Fortpflanzungstätigkeit wurden bekanntlich nicht nur die Mutterkreuze geschaffen, sondern auch die Kindergelder erhöht, „Entbindungsheime für uneheliche Mütter guten Blutes" eingerichtet und schließlich jene „Lebensborn"-Anstalten gegründet, von denen sich vor allem Himmler einen veredelnden Einfluß auf die nordische Rasse versprach.[73]

Doch solche ins Medizinisch-Pragmatische tendierende Bestrebungen waren gewissen völkisch-nazistischen Philosophen, Kulturtheoretikern und Schriftstellern noch längst nicht genug. Sie erhöhten daher diesen Prozeß gern ins Religiöse, Mystische, Feierliche und entwarfen Bilder einer lichtvolleren Zukunft, wo die arische Menschheit wieder völlig zu sich selbst gekommen ist. Eins der interessantesten Werke dieser Richtung ist das Buch *Im Jahre 2000 im Dritten Reich* (1933) von Schmid, wo dieser Rassenzuchtgedanke so übersteigert, ja geradezu glühend dargestellt wird, daß die NSDAP dieses Buch schon kurze Zeit nach seinem Erscheinen verbot.[74] Im Zentrum dieses Werks steht eine Feier zu Ehren von Hitlers Nachfolger, des ehrwürdigen Herrn König, der im Jahre 2000 hundert Jahre alt wird. Frankreich ist zu diesem Zeitpunkt bereits völlig „verniggert".[75] Rußland hat sich durch eine Reihe von Judenpogromen von dem bedrückenden „Sowjetjoch" befreit.[76] Indem sich Deutschösterreich, Dänemark, Danzig, Westpreußen, das Memelgebiet und die Deutschschweiz mit dem deutschen Reich vereinigt haben und Deutschland zugleich ganz Westafrika erworben hat, ist das

Hitler-König-Reich zur Führungsmacht Europas aufgestiegen. Alle Juden und Marxisten haben dieses Land inzwischen verlassen (oder sind beseitigt worden). Und so ist aus dem deutschen Reich ein Staat der wahren Volksgemeinschaft geworden. Vor allem in der „Gartenstadtbewegung“ und der „Bauernsiedlung“ setzt sich immer stärker der Gedanke „Gemeinnutz geht vor Eigennutz“ durch.[77] Doch die zentrale Ideologie dieses Reiches ist die „Eugenik“, die zu einer Vorherrschaft der „nordischen“ und „dinarischen“ Rasse geführt hat.[78] Das deutsche Blut ist also endlich wieder ‚rein‘, die deutschen Männer wieder stark, die deutschen Frauen wieder mütterlich, vollbusig und gebärtüchtig. Und so bestehen die Höhepunkte dieser Feier zu Ehren des deutschen ‚Volkskönigs‘ aus dem Zug jener Mütter, die mit nackten Brüsten an ihrem Führer vorbeiparadieren, und schließlich jener Szene, wo die junge Hildegard den fröstelnden, greisenhaften, von der langen Feier erschöpften Herrn König nachts mit ihrem nackten Leibe wärmt, um durch diese kultische Opferhandlung dem deutschen Reiche seinen ehrwürdigen Führer-König so lange wie möglich zu erhalten.

Ebenso überspannt, ja geradezu prophetisch-religiös wirkt ein Buch wie *Deutschland das Bildungsland der neuen Menschheit* (1933) von Ernst Bergmann, wo ebenfalls ein Blick in die Zukunft des Dritten Reiches geworfen wird. Während wir bei ‚Schmid‘ nur spekulieren können, wer sich hinter diesem Namen verbirgt, wissen wir das bei Bergmann ganz genau. Dieser Mann hat schon um 1930 eine Fülle von Schriften publiziert, in denen er sich einerseits zu einer idealistischen Kulturmission à la Fichte bekennt, andererseits jenen arischen ‚Muttergeist‘ verherrlicht, der auch bei Schmid eine zentrale Rolle spielt. Und zwar beginnt Bergmann mit einem theoretischen Teil und steigert sich erst am Ende seines Buches ins Visionäre. Um Deutschland wieder rassisch höherzuführen und damit zum Führungsland der Erde zu machen, schlägt er drei Dinge vor: „Abriegelung, Ausmerze und Auslese“.[79] Sein besonderer Haß richtet sich dabei gegen Franzosen, Juden, Katholiken und jene, die er „großstädtische Untermenschen“ nennt.[80] Deutschland werde nur dann eine Zukunft haben, erklärt er, wenn es sich dieser artfremden Elemente entledige und sich zu bäuerlicher Rücksiedlung und „Eugenik“ oder noch besser „Aristogenik“ im Sinne Nietzsches entschlösse.[81] Um die herrschende „Kakogenik“ (Schlechtestenauslese) ein für allemal unmöglich zu machen und einen „heiligen Frühling der Nation“ herbeizuführen, schlägt Bergmann sowohl pragmatische Maßnahmen – wie die konsequente „Sterilisation“ aller „Erbminderwertigen“ – als auch eine Reihe ins Religiöse zielender Reformen vor.[82] Schließlich sind die Arier für ihn nicht nur Schollebauern und Muskelprotze, sondern jenes „auserwählte Volk Gottes auf Erden“, das den Keim einer durchgreifenden Menschheitserneuerung in sich trage.[83] Und zwar setzt er dabei seine Hoffnung vor allem auf die nordischen Frauen, deren arische Urinstinkte es neu zu wecken gelte. Von jeder rassebewußten Frau solle man in Zukunft, wie Bergmann schreibt, mindestens sechs Kinder erwarten. Und zwar dürften sich diese Frauen ihre Partner, ob nun einen oder sechs verschiedene, selber wählen. Während der Mann, selbst der nordische, vornehmlich auf den unmittelbaren Geschlechtsgenuß aus sei und daher auch um minderwertige

Frauen buhle, wähle die nordische Frau, der es nicht um Geschlechtsgenuß, sondern um Mutterschaft gehe, ihre Partner nur im Hinblick auf die „hochwertigen Erbeigenschaften dieser Männer“ aus.[84] Bergmann entwirft daher schließlich einen „Hundertjahrplan der Nationalhygiene“, der in aller Offenheit ins Altgermanische und zugleich Ariosophische tendiert.[85] Wie schon die Alldeutschen sehnt er sich nach einer rassischen Nationalreligion, die alle ‚semitischen‘ und zugleich ‚romhörigen‘ Elemente von sich abgestreift hat. Diese Idee wird dann des längeren und breiteren in seinem Buch *Die deutsche Nationalkirche*, das ebenfalls 1933 erschien, ausgewalzt. Hier heißt es noch deutlicher, daß die Deutschen wieder ein germanisches „Muttervolk“ werden müßten.[86] Um dies zu erreichen, solle man in Zukunft „völkische Gotteshäuser“ bauen, das „Mysterienprinzipat der Frau“ einführen und schließlich – in bäuerlicher Landnahme – Osteuropa „bis zum Jennissei“ erobern.[87]

Doch zurück zu seinem Buch *Deutschland das Bildungsland der neuen Menschheit*. Hier folgt nämlich auf all die wahnwitzigen Spekulationen über den arischen Muttersozialismus auf den letzten dreißig Seiten plötzlich ein Blick in die Zukunft des Dritten Reiches im Jahre 1960. Die großen Städte sind – nach Bergmann – bis dahin bereits weitgehend verschwunden. Deutschland ist wieder ein Bauern- und vor allem „Kinderland“ geworden, in dem das Weizenblonde den Ton angibt.[88] Die neue Hauptstadt heißt „Heldenaue“, da sich hier jener Ehrenhain befindet, in dem man alle um das Vaterland verdienten Deutschen unter Eichen bestattet hat.[89] Im Zentrum dieser Stadt steht ein riesiger neogotischer Dom, der den Petersdom in Rom weit überragt. Auf der Spitze dieser „deutschen National- und Einigungskirche“ prangt ein altarisches „Odalskreuz“; im Zentrum seines Mittelschiffs steht die „Mutter Germania“, deren Sohn ein arischer „Heilsbringer“ und „Deutschchristus“ ist.[90] Es gibt zwar auch im Jahr 1960 noch Katholiken und Protestanten, doch die Zahl der Deutschreligiösen nimmt ständig zu. Und nachdem Bergmann dies alles beschrieben hat, trifft plötzlich der gealterte Hitler in Heldenaue ein und nimmt in dieser „nordischen Heilsbringerkirche“ an einer „Waffenweihe“ und „Rekrutenvereidigung“ teil, bei der Tausende junger Blondköpfe schwören, für Deutschland „in den Tod zu gehen“.[91] Der „Führer“ stellt sich dabei als neuer Christus unter das Bild der „Mutter Germania“ und zelebriert einen Ritus der „providentiellen Maternität“, der in der Idee gipfelt, daß Deutschland, da es endlich eine ihm artgemäße Religion gefunden habe, nur noch auf-, aber nie wieder absteigen könne.[92]

Wie alle Kenner der nationalsozialistischen Ideologie sofort erkennen werden, liegt dieser Version eine Reihe von Konzepten zugrunde, die sich auch bei anderen Völkischen, Alldeutschen, Deutschen Christen, Nordungen, Gottgläubigen oder Vertretern der Nordischen Glaubensgemeinschaft, des Tannenbergbundes, der Deutschen Glaubensbewegung oder des Bundes für deutsche Gotteserkenntnis finden, die bei ihrem Kult der arischen Rasse ihre neogotisch-nazarenischen, wilhelminisch-völkischen, deutsch-christlichen und schließlich faschistischen Konzepte immer wieder zu den seltsamsten synkretistischen Religionsvorstellungen vermischten.[93] Hitler und die NSDAP haben solche Tendenzen in den Jahren kurz nach 1933 eine Weile durchaus geduldet, dann jedoch mehr und mehr in den Hintergrund gedrängt. Und zwar geschah das nicht nur, weil es Hitler erst einmal um ein Bündnis mit den tatsächlichen Machtblöcken, in diesem Falle der protestantischen und katholischen Kirche, ging. Er sah in diesen Kreisen zugleich Rivalen, Spinner, Enthusiasten der ersten Stunde, die in ihren Büchern esoterische Geheimlehren und -weisheiten in die Welt hinausposaunten, die man nicht sofort popularisieren oder gar vulgarisieren dürfe. Schließlich hatten auch die faschistischen Führungskräfte ihre eigene Rassenreligion. Diese war jedoch rein aristokratisch ausgerichtet und wandte sich – im Sinne des vorherrschenden Führerprinzips – nur an die Eingeweihten: die SS, die Leibstandarte Adolf Hitler und den Stab Rosenberg.

Was im Rahmen dieser mehr oder minder geheimen Führungsideologie im Vordergrund stand, war ein Organisationsprinzip, das sich nicht nur auf Bauernfäuste und nordische Mütter stützt, sondern im Sinne völkisch-bündischer Vorstellungen zusehends auf polit-religiöse Ordensvorstellungen hinausläuft. Und so entwickelte sich trotz aller ‚Volksgemeinschafts'-Ideen in den faschistischen Führungsstäben immer stärker das Gefühl, ein ‚Staat im Staate' zu sein. Neben das Bild des scholleverbundenen Bauern, als der eigentlichen Basis des Dritten Reiches, trat daher schon um 1933/34 das Bild des Ritters, des Deutschritters, des Deutschordensritters. Und auch hier ging man höchst synkretistisch vor, indem man bei der Herausbildung dieser Rittervorstellung sowohl auf Moeller van den Brucks Konzept des ‚Preußischen Stils', auf Oswald Spenglers ‚Preußischen Sozialismus', auf Ernst Jüngers Kriegerfigur, auf eine Gestalt wie Heinrich von Plauen als auch auf Alfred Rosenbergs allgemeine Ordensvorstellungen zurückgriff. Welche praktischen Folgen diese Ordensideologie hatte, beweisen die drei Ordensburgen, welche die NSDAP in Krössinsee (Ostpreußen), Vogelsang (Eifel) und Sonthofen (Bayern) bauen ließ, in denen die junge Parteielite ihre ‚Stählung' zu nordischen Rittern durchmachen sollte.

Besonders Rosenberg, der „Beauftrage des Führers für die weltanschauliche Erziehung der NSDAP" spielte schon früh mit solchen Ordensstaatideen. So hielt er bereits 1934 auf der Marienburg eine Ansprache, die im gleichen Jahr unter dem Titel *Der deutsche Ordensstaat. Ein neuer Abschnitt in der Entwicklung des nationalsozialistischen Staatsgedankens* auch im Druck erschien. Und zwar wird hier nicht nur, wie zu erwarten, die „Ostkolonisation" der früheren Deutschordensritter als vorbildlich gepriesen, sondern auch das „lebendige Menschenverhältnis", das im Rahmen dieses Ordens zwischen dem Hochmeister und seinen Vasallen geherrscht habe, als jenes urdeutsche Herrschaft-und-Dienst-Prinzip hingestellt, das auch dem Dritten Reich seine innere Kraft und Würde gebe.[94] Rosenberg schlägt daher vor, dem „Führer des nationalsozialistischen Ordens" die absolute „Autorität" zu übertragen, jedoch um ihn herum einen „Ordensrat der Bewegung" zu bilden, dem es obliege, die von Hitler erträumten Visionen in die Tat umzusetzen.[95] Daß der damalige Deutschordensstaat gescheitert sei, wird weitgehend auf seine mönchische Struktur zurückgeführt, welche zu einer allmählichen Blutauszehrung geführt habe. Um also dem faschistischen Deutschordensstaat zum Sieg über die slawischen Untermenschen des Ostens zu verhelfen, setzt sich auch Rosenberg sowohl für eine konsequente Siedlungspolitik als auch für eine bewußte Aufartung der nordischen Rasse ein. Ähnliche Vorstellungen hegte, wie wir wissen, Heinrich Himmler. Dieser sagte auf einer SS-Gruppenführertagung im Oktober 1944 in Posen: „Das Gesamtziel ist für mich seit elf Jahren, seit ich Reichsführer der SS bin, immer unverrückbar dasselbe geblieben: einen Orden guten Blutes zu schaffen.“[96]

Und auch Hitler kam immer wieder auf diesen Ordensgedanken zu sprechen, den er meist mit jener ihm so am Herzen liegenden Gralsvorstellung verband, die er teils Richard Wagner, teils dem Wiener Arierfanatiker Jörg Lanz von Liebenfels verdankte, der bereits 1908 auf Burg Werffenstein an der Donau eine Hakenkreuzfahne gehißt hatte, um so diese Burg in eine Gralsburg der ariosophischen Mannesrechtler umzufunktionieren.[97] Während es Wagner im *Parsifal* vor allem um eine Umdeutung des Abendmahls ins Vegetarische gegangen war, hat Hitler den Gralsmythus stets als einen arischen Mythus hingestellt. Das Blut, das im Gralskelch aufbewahrt werde, war für ihn nicht das Blut Christ, sondern das nordische Blut. Er stellte daher die SS – in diesem Zusammenhang – gern als eine „Brüderschaft der Templeisen um den Gral des reinen Blutes“ hin, der erst dann wieder zu strahlen beginne, wenn, wie es in Gesprächen mit Hermann Rauschning heißt, das deutsche Blut von allen fremdrassigen Bestandteilen gereinigt sei. Sich selbst hat Hitler gern als den „leidenden Amfortas“ bezeichnet, der – wie so viele Deutsche – noch immer an Blutsvermischung kranke.[98]

Daß sich hinter dieser arischen Umdeutung des christlichen Gralsmythus in einen Kult des nordischen Blutes noch andere geheimwissenschaftliche Erwähltheitskonzepte verbergen, kann hier nur angedeutet werden. So setzten etwa Hitler, Himmler und Rosenberg den Gralsmythus auch mit den alten Asgard-, Atlantis- und Thule-Mythen in Beziehung oder verbanden ihn mit den vegetarisch-katharischen Traditionen in Südfrankreich, um daraus das Konzept der „Reinen“ oder „Perfecti“ abzuleiten. Aufgrund solcher Phantastereien sahen sie schließlich in sich selbst eine wiedererweckte oder wiedergeborene nordisch-asische Führungselite, die sich durch Fleisch-, Tabak- und Alkoholabstinenz noch zusätzlich ins ‚Heilige‘ steigern müsse.[99] In die gleiche Richtung deutet das Buch *Kreuzzug gegen den Gral. Die Tragödie des Katharismus* (1934) des SS-Führers Otto Rahn sowie die Tatsache, daß Rosenberg im März 1944 noch einmal Montségur, die letzte Zufluchtsstätte der Katharer, aufsuchte, um die Überreste des verlorengeglaubten Gralssteins in Sicherheit zu bringen.[100]

Dieser gralshafte Elitismus, nämlich die Überzeugung, einem besonderen Männerbund, einer Herrenrasse, einem Ritterstand anzugehören, erzeugte in Hitler und seinem Führungsstab sowohl ein aristokratisches Erwähltheitsbewußtsein ihrem eigenen Siebzigmillionenvolk als auch allen anderen Rassen und Völkern der Welt gegenüber. Je erhabener sich diese Kreise dünkten, desto verachtungsvoller schauten sie auf jene schnöden, ressentimentgeladenen ‚Untermenschen‘ der schwarzen, mongolisch-asiatischen und bastardisiert-westeuropäischen Völker herab, deren einziges Trachten es sei, die höheren arischen

Menschen schrittweise auszurotten, um sich endlich schamlos ihren primitiven Trieben hingeben zu können. Und daraus leiteten diese Schichten geradezu logischerweise das Vorrecht der arischen Rasse zur Herrschaft über die gesamte Welt ab, die ohne die Führungsqualität der Arier auf alle Ewigkeiten in einem trüben Rassen- und Kulturchaos versinken würde.

V

Der Anspruch auf Weltherrschaft wird deshalb von den Nazis nie historisch, politisch, sozial oder ökonomisch, sondern stets rassisch begründet. Indem sie die Arier als das göttliche Urvolk bezeichnen, das von Gott dazu ausersehen sei, Zucht und Ordnung auf dieser Erde aufrechtzuerhalten und der Größe dem Sieg über die Niedrigkeit zu verhelfen, stellten sich Hitler und seine Mannen von vornherein als die planetarisch Gerechtfertigten hin. Es ist daher letztlich nicht das Siedlungskonzept, sondern der rassische Erwählheits- und Überlegenheitsanspruch, der zur Legitimation ihres Imperialismus herangezogen wird. Und zwar scheuten die Nazis dabei selbst vor hanebüchenen Ammenmärchen nicht zurück, um ihre eigene Größe in einem möglichst gottgefälligen Licht erscheinen zu lassen. Zwei der wichtigsten dieser rassischen Ammenmärchen waren die von Jörg Lanz von Liebenfels entwickelte Lehre vom arischen „Götterelektron" sowie jene von Hanns Hörbiger verkündete „Glazial-Kosmogonie", mit denen Hitler bereits vor 1914 in Wien vertraut wurde – also in jener Zeit, in der er das „granitene Fundament" seiner Weltanschauung legte, wie er später in *Mein Kampf* schrieb.[101] Beide dieser Lehren laufen letztlich auf die ‚Erkenntnis' hinaus, daß die vom Untergang bedrohte Menschheit einzig und allein durch ein Wiedererstarken der heroischen und kulturschöpferischen Instinkte der nordischen Rasse gerettet werden könne. Während Hörbiger hierbei im Rahmen planetarischer Katastrophen und biologischer Mutationen denkt, geht Lanz mehr von der mystischen Kraft des arischen Blutes aus, das sich auf keinen Fall mit dem Blut niederer Rassen vermischen dürfe. Aufgrund solcher Theorien glaubten viele Nazis, und darunter auch Hitler, daß es alle 700 Jahre zu einem Aufwallen des nordischen Blutes komme – und dann die Zeit für einen neuen Sprung, einen weltverändernden Ruck, eine Mutation ins Höhere „reif sei".[102]

Eins der typischsten Produkte dieser Gesinnung ist das Buch *Die Sage vom Weltreich der Arier* (1937) von Paul Lamberty. Wie viele dieser faschistischen Nordfanatiker setzt Lamberty die Höhepunkte der Menschheitsgeschichte einfach mit den Flutzeiten des nordischen Blutes gleich. Und eine solche Flut nordischen Blutes schien für ihn auch im Jahr 1933 eingetreten zu sein. Im Gegensatz zu anderen, welche die Urheimat und damit den Quell des arischen Blutes im untergegangenen Atlantis sahen, setzt Lamberty einfach Deutschland mit dem alten Atlantis gleich. Die arische „Blutwurzel" steckt daher für diesen Mann tief in der deutschen Scholle.[103] Nicht irgendeine im Meer versunkene Insel ist für ihn der „Urquell aller arischen Kulturen", sondern jenes Land, wo das Hakenkreuz noch immer an das alte „Odalskreuz" gemahne.[104] Aus diesem

Grunde stehe Deutschland von vornherein die Weltherrschaft zu. Und zwar stellt sich Lamberty die Aufrichtung dieser arischen Suprematie nicht als einen Fortschritt ins Utopische, sondern als eine Rückkehr zur Stein- und Bronzezeit, als einen Triumph der speerbewaffneten Asen über das „Otterngezücht" aller anderen Rassen vor.[105] Nur so könne es, wie er behauptet, zu einer neuen „Blütezeit des wuchtigen arischen Volksstammes" der lange Zeit benachteiligten „Ger-Asen oder Germanen" kommen.[106] „Ein Erneuerungswille und folglich ein Kampfwille", schreibt Lamberty im Hinblick auf die Ereignisse in Deutschland seit 1933, „erfaßt das arische Blut, wie nie zuvor! Denn es weiß, daß, wie nie zuvor, Ordnung zu schaffen ist!! Es weiß, daß die göttliche Verlebendigung, wie nie zuvor, zur Entfaltung gelangen will!"[107]

Und so sind denn auch die meisten jener faschistischen Romane, die den Endkampf um die Welt darzustellen versuchen, in erster Linie Rassenromane. Statt sich offen zum Imperialismus zu bekennen, werden immer wieder rassische Auseinandersetzungen vorgeschoben, um den Anspruch Deutschlands auf Weltherrschaft zu rechtfertigen. Als die Hauptgegner der nordischen Rasse treten dabei in diesen Werken – neben den Juden – vor allem die kommunistisch-slawischen und mongolisch-asiatischen Untermenschen auf – wobei allerdings nach dem Abschluß des Antikominternpaktes mit Japan im November 1936 die Japaner nicht mehr als Vertreter der ‚Gelben Gefahr' hingestellt werden. Und zwar dürften auch auf diesem Sektor ein paar repräsentative Beispiele ausreichen, um einen Einblick in die vorherrschenden Tendenzen zu bekommen.

Einer der frühsten Zukunftsromane, der sich noch gegen die Japaner richtet, ist der Roman *Befehl aus dem Dunkel* (1933) von Hans Dominik. Hier ist der Führer der asiatischen Untermenschen der Mongole Turo-Chan, der die Japaner aufhetzt, alle Europäer aus Asien zu vertreiben. Daraufhin erobern die japanischen Armeen China, Singapur und schließlich halb Australien, bis ein deutscher Ingenieur durch eine geniale technische Erfindung dafür sorgt, daß „unsere Rasse Sieger bleibt".[108] Noch aufschlußreicher in dieser Hinsicht ist der Roman *Weltbrand von Morgen* (1934) von Werner Chomton. Auch hier sind es alte Dschingis-Chan-Träume, welche die Japaner so begeistern, daß sie ausziehen, die gesamte Welt für die gelbe Rasse zu erobern. Erst überfallen sie Rußland und dann die USA – und beide Staaten erweisen sich als zu schwach, um dem Vormarsch der Japaner Paroli bieten zu können. Die Russen versagen, weil sie der Bolschewismus innerlich ‚ausgezehrt' hat. Die Nordamerikaner versagen, weil sie durch „pazifistische Frauenclubs, Studentenvereinigungen, die kommunistische Partei sowie die Neger" am Aufbau einer schlagkräftigen Armee verhindert werden und Hawai und Kalifornien bereits zu stark von Japanern unterwandert sind.[109] Die einzige Hoffnung, den Vormarsch der ‚Gelben' zu bremsen, besteht am Schluß des Romans darin, daß sich alle Europäer den ‚rassisch erstarkten' Deutschen unterordnen und zum Gegenschlag ausholen, um im „Endkampf der Völker weißer Rasse gegen die Farbigen" doch noch Sieger zu bleiben.[110] Und zwar wird dabei – in der üblichen Verschleierung – nicht die Überlegenheit der deutschen „Kanonen, Flugzeuge und Tanks" über die japanischen Waffen als der entscheidende Faktor hingestellt, sondern die Überlegenheit der nordischen Seele über die asiatische.[111] All dies entspricht bis aufs I-Tüpfelchen der damaligen Parteilinie. So schreibt etwa H. Gauch 1933 in seinem Buch *Neue Grundlagen der Rassenforschung*: „Letzten Endes aber kann nur die Vereinigung der Nordischen Menschheit und der germanischen Länder und andern stark Nordischen Gebiete zum dauernden Erfolge führen; denn schon droht das Mongolentum in Gestalt des Vormarsches Japans nach dem Westen gar gewaltig und muß zum einmütigen Zusammenstehen der Nordischen Menschheit führen, wenn nicht alles verloren sein soll."[112]

Wenn es nicht die Japaner sind, sind es die Bolschewisten oder Juden (oder gar die bolschewistischen Juden), welche in diesen Romanen der weißen Rasse den Garaus machen wollen. So schildert etwa Hans-Joachim Flechtner in seinem Roman *Front gegen Europa* (1935), wie die bolschewistischen Untermenschen alle „farbigen Rassen" in Asien und Afrika durch GPU-Agenten aufzureizen versuchen, das Kolonialjoch der weißen Herrenmenschen abzuwerfen.[113] Doch den Europäern, die sich in letzter Minute – unter der Führung der Deutschen – einem Konsortium aus weißen Offizieren, Kolonialbeamten und Konzernmanagern unterstellen, gelingt es, den geplanten Aufstand der bolschewistisch verseuchten Untermenschen zu vereiteln und Afrika und Asien für die weiße Rasse zu ‚retten', wodurch die Herrschaft der Ersten über die Dritte Welt aufrechterhalten wird. Wohl das ‚interessanteste' Buch dieser Art ist der Roman *Eurofrika. Die Macht der Zukunft* (1938) von Titus Taeschner. Dieses Werk spielt im 21. Jahrhundert und schildert, wie sich die europäischen Völker – wiederum unter der Führung Deutschlands – zu einer „Eurofrika-Union" zusammenschließen. Die größte Leistung dieser „Union" stellt der Gibraltardamm dar, durch den des gesamte Mittelmeer verlandet und Europa und Afrika zu einem einzigen großen Siedelgebiet, dem besagten „Eurofrika", verschmelzen. Das bedeutet politisch, daß die weißen Siedler immer weiter nach Afrika vordringen und mit den schwarzen „Bestien" einfach kurzen Prozeß machen.[114] Daß Deutschland dabei die Führungsrolle zufällt, liegt einerseits an seiner „Rassenreinheit", welche dieses Reich „nach einem Jahrzehnt der Schmach und Verjudung" seinem „großen Führer" zu verdanken habe,[115] andererseits – und das scheint noch wichtiger zu sein – an den Erfindungen seiner genialen Ingenieure, denen es nicht nur gelungen ist, mysteriöse Strahlenbatterien und Zielkraftgeschütze zu bauen, sondern auch hinter das Geheimnis der Atomzertrümmerung zu kommen, wodurch Deutschland zwangsläufig die militärische Vormachtstellung in Europa zugefallen sei. Das einzige Gebiet, das die von den Deutschen angeführte weiße Rasse noch nicht erobert hat, ist jene Landmasse, die sich aus dem asiatischen Teil Rußlands, Chinas und Indiens zusammensetzt, wo eine Clique bolschewistischer Juden die Macht an sich gerissen hat. Und diese Juden stacheln nicht nur die Schwarzen und Araber zum Freiheitskampf gegen die Weißen an, sondern versuchen auch, den Gibraltardamm in die Luft zu sprengen, um so den gesamten Mittelteil Eurofrikas mit einem Schlage unter Wasser zu setzen. Doch einer der genialen deutschen Ingenieure greift auch hier in letzter Minute rettend ein und bringt den asiatischjüdischen Untermenschen eine Schlappe bei, von der sie sich nicht so leicht wieder erholen werden.

Noch offener kann man eigentlich gar nicht sein. In Werken dieser Art läßt der Faschismus endlich einmal alle Masken fallen und entpuppt sich als nacktester Imperialismus.[116] Selbstverständlich ist auch in diesem Roman wiederholt von Rasse und Blut die Rede. Doch das sind lediglich Verschleierungstaktiken. Hier geht es nicht darum, die arische Blutleuchte zu entzünden und den anderen Rassen der Welt eine überlegene Kultur zu bringen, sondern nur um Ausrottung und Eroberung. Hier sind es nicht die Ritter und Bauern, die den göttlichen Führungsanspruch der arischen Rasse vertreten, sondern eher die Krupp und Thyssen, die den Ausschlag geben und die ganze Welt in eine ‚I. G. Deutschland' verwandeln wollen. Mochten auch Leute wie Himmler von einer Wiederherstellung des „Reichs der Karolinger" träumen, in dem es keine „Dunkelhaarigen" und keine „großen Städte" mehr geben werde, sondern eine „blonde Kriegerkaste" tonangebend sei,[117] die Grundlage einer solchen Machtergreifung und Machtbehauptung konnte schließlich nur die Überlegenheit der deutschen Technik sein.

Und so kommt man immer wieder zu dem gleichen Schluß: so nötig es ist, den faschistischen Mystifikationen nachzugehen, ebenso nötig ist es, ihnen die Maske abzureißen – und das Bild der Zukunft, das in den Äußerungen der faschistischen Führer wie auch mancher faschistischen Romane deutlich wird, als einen Herrschaftsanspruch hinzustellen, der allein auf nackter Gewalt beruht. Es wäre daher verfehlt, den Faschismus als Utopie zu charakterisieren. In ihm wird nicht eine bessere Zukunft, sondern eine schlimmere Vergangenheit anvisiert. Faschismus ist daher letztlich Regression, und zwar Regression im Dienste gegenutopischer Autorität. Hier wird nicht befreit, sondern versklavt – wovon letztlich auch jene nicht ausgenommen sind, die sich zur nordischen Elite zählen. Denn auch diese Elite partizipiert nur an der Macht, indem sie sich willenlos ihrem ‚Führer' unterwirft.

Utopisches bei Brecht

Jeder Literaturwissenschaftler weiß, daß die Sekundärliteratur zu Brecht bereits ins Uferlose angewachsen ist.[1] Man sollte daher meinen, daß es im Rahmen seines Werkes und seiner Begriffswelt kaum noch einen dunklen Winkel gibt, in dem nicht schon das Licht der germanistischen, polit-historischen oder gesellschaftswissenschaftlichen Erkenntnis gedrungen wäre. Zum Phänomen des ‚Utopischen', das auf allen anderen Gebieten so fleißig untersucht wird, findet sich jedoch in der Brecht-Forschung bisher nur Beiläufiges.[2] Denn auf den ersten Blick scheint eine solche Fragestellung bei einem Autor wie Brecht völlig irrelevant zu sein. Gilt nicht dieser Dichter als ein absolut im Hier und Jetzt verankerter Materialist, der jede über die konkrete Weltlage hinausgehende Spekulation als bloße Phantasterei oder sinnlosem Idealismus verworfen hat? Und war er nicht in der zweiten Hälfte seines Lebens ein relativ konsequent denkender Marxist, der sehr wohl wußte, wie geringschätzig sich die Klassiker des Marxismus über die Sinnlosigkeit solcher ‚utopischen' Hoffnungen ausgesprochen haben?

Lohnt sich deshalb eine solche Fragestellung überhaupt? Oder wird hier etwas völlig Fremdes an Brecht herangetragen, für das er weder Verständnis noch Interesse hatte? Hat sich nicht dieser Mann in all seinen großen Dramen stets auf die Kritik vergangener oder noch bestehender Ausbeutergesellschaften beschränkt und die klassenlose Gesellschaft immer nur indirekt, als implizites Gegenbild, anvisiert, wie das in radikalster Form sein Parabelstück *Der gute Mensch von Sezuan* beweist?[3] Wenn sich Brecht überhaupt auf das Phänomen der ‚Veränderung' einläßt, tut er das meist in recht chinesisch/chinesischer oder krypto-hegelianischer Manier, indem er auf die Widersprüche im ‚ständigen Fluß der Dinge' verweist, deren Resultat eine unaufhörliche Bewegung sei. Auf diese Weise evoziert er ein Weltbild, nach dem alles gleitend, übergänglich, prozeßhaft ist, wo es nichts Festes gibt und sich die Gegensätze zwischen Alt und Neu in geradezu unendlich variierten dialektischen Konfigurationen verschränken. Genau besehen, scheint daher in seinen Werken nur der ständige Wechsel zu herrschen, was eine Fixierung auf einen Endpunkt der Geschichte – im Sinne einer detailliert ausgemalten Utopie – von vornherein auszuschließen scheint. Statt sich einer bestimmten Doktrin zu verschreiben, zieht es Brecht vor, selbst im Hinblick auf den Marxismus ständig zu zweifeln, ständig zu kritisieren, ständig neue Fragen zu stellen, um nicht zu verhärten und veränderten Situationen mit unveränderten Lehren entgegenzutreten. Wie soll es da bei Brecht im engeren Sinne ‚Utopisches' geben?

Und doch hat auch die Kategorie der vorweggenommenen Zukunft für ihn eine zentrale Bedeutung. Denn wer einmal über den Gang der Geschichte nachzudenken beginnt und sich dabei mit Hilfe von Hegel, Marx, Lenin und anderen zu einem konsequenten Dialektiker entwickelt, kann nicht umhin, neben der Betrachtung des Vergangenen und des Gegenwärtigen auch das Zukünftige ins Auge zu fassen. Bricht man nämlich aus diesem Dreischritt-Schema eine der drei Komponenten heraus, so versackt man sofort im Ungeschichtlichen und damit Undialektischen. Wirkliches Geschichtsbewußtsein besitzt lediglich derjenige, der nicht nur weiß, woher er kommt und wo er steht, sondern auch: wohin er will. Alles andere sind Halb- oder Drittelweisheiten. Und das wußte auch Brecht – der Anti-Idealist – nur allzu genau.

Die Reflexion über die Zukunft muß daher selbst ihm, der sich über das bloße Spekulieren stets lustig gemacht hat, eines Tages zum unabweislichen Problem geworden sein. In Brechts Frühzeit, also vor seiner Wendung zum Marxismus ab 1926, ist davon noch wenig zu spüren. Hier liegt ihm geschichtliches Fortschrittsdenken noch völlig fern. In zynischer Verachtung der expressionistischen Paradieses-Utopien eines Landauer oder Rathenau zieht er sich in diesen Jahren in eine atheistisch-antibürgerliche Außenseiterposition zurück, die nicht selten ans Anarcho-Bohemische grenzt. Was daher Brecht vor 1926 als ‚rühmenswert' hinstellt, ist fast ausschließlich das Triebhafte, Asoziale, Verbrecherische, das heißt das bedingungslose Sichausleben, um so dem allgemeinen ‚Nichts' wenigstens einige rein lukullische oder fleischliche Freuden abzugewinnen. Seine Genießer, Abenteurer und Piraten, kurz alle Baalschen Naturen der Brechtschen Frühzeit, stürzen sich in ein zweckloses,aber desto intensiveres Leben. Stets sind sie auf der Suche nach einem „Land, wo es besser zu leben ist", wie es in der *Ballade von den Abenteurern* heißt, und wenn dies nur im Rausch, in „absinthenen Meeren" zu finden wäre (8,217).

Das Ergebnis einer so unentwickelten politischen Haltung ist zwangsläufig eine allgemeine Hoffnungslosigkeit. Statt sich von Zukunftsparolen ‚verführen' zu lassen, schockiert Brecht seine bürgerlich wohlmeinenden Leser ständig mit der aufreizenden These, in den finsteren Zeiten der Wirren nur ihr eigenes Ich im Auge zu behalten. Eine Welt wie die der frühen zwanziger Jahre, in der man selbst aus den schrecklichen Erfahrungen des Ersten Weltkrieges keine Lehren zog, erschien ihm absolut untergangsreif. Nach einem solchen Chaos „kommt kein Morgen mehr", heißt es provokant und bitter in der *Hauspostille* (8,262). Über die Gedichte dieses Bandes notierte sich Brecht später in seinem *Arbeitsjorunal*: „Die Poesie folgt der zugrunde gehenden Gesellschaft auf den Grund [. . .]. Das Erhabene wälzt sich im Staub, die Sinnlosigkeit wird als Befreierin begrüßt. Der Dichter solidarisiert sich nicht einmal mehr mit sich selber."[5]

Im Hinblick auf die Geschichte dominiert deshalb in dieser Phase des Brechtschen Werkes weitgehend das Bild vom „Rad der Fortuna", nach dem sogar das Große und Herrscherliche – wie etwa im *Leben Eduards des Zweiten von England* – immer wieder vom Orkus verschlungen wird.[6] Wie soll es da leuchtende Zukunft oder gar beseligende Utopien geben! Nicht einmal die demokratische Verfassung der Weimarer Republik oder die Segnungen der Technik erschienen Brecht vor 1926 als Fortschritt. Ob nun in seinen frühen Gedichten oder frühen Dramen – was dominiert, ist stets ein zum Himmel stinkender Kreislauf unzusammenhängender Einzelvorgänge, hinter dem sich keine Richtung, keinerlei Plan erkennen läßt. Hier ist alles Chaos. Im Rahmen dieses Metaphernfeldes gibt es daher als Bilder des Geschichtlichen nur das Rad, das sich sinnlos dreht, oder die Schlange, die sich in den Schwanz beißt.

Doch nach 1926 ändert sich das. Plötzlich bekommt Brechts Gedankenfluß eine bestimmte Richtung und nimmt immer mehr marxisische Ideen in sich auf. Angesichts der Repressionstaktiken der späten Weimarer Republik und der beginnenden Weltwirtschaftskrise beschäftigt sich Brecht in steigendem Maße mit den Theorien von Marx, Engels und Lenin, die ihm die „Große Unordnung“ des Kapitalismus, die er bisher als anarchisches Naturgeschehen hingenommen hatte, als ökonomisches System durchschaubar machen, das wegen seiner Krisenhaftigkeit notwendig dem Sozialismus Platz machen muß. Was Brecht aufgrund seiner anarchisch-vitalistischen Gesinnung bisher weilweise verklärt hatte, nimmt jetzt ausgesprochen dystopische Züge an. So beschreibt er in *Aufstieg und Fall der Stadt Mahagonny* (1930) das ‚goldene Zeitalter des Kapitalismus‘, wo alles erlaubt ist, was man sich leisten kann – und wo deshalb Gewalt, Gier, Prostitution und Unterdrückung herrschen. Selbst die Vergnügungsmetropole dieser Welt, das vielgerühmte, sagenhafte Mahagonny, ist nicht mehr als ein Sumpf, in dem die große Langeweile herrscht. „Ach, mit eurem ganzen Mahagonny“, singt einer der geprellten Lustkonsumenten verzweifelt, „wird nie ein Mensch glücklichwerden“ (2,523). In sinnloser Untätigkeit – als dem Gegenpol zu sinnloser Schufterei – versumpft man hier in billigen Betäubungen, die von den Drahtziehern der kapitalistischen Unordnung als erfüllte Utopien ausgegeben werden. Selbst ein Mann wie der unaufgeklärte und zynische Holzfäller Paul kommt in diesem Eldorado alkoholischer und sexueller Genüsse plötzlich zu der Erkenntnis: „Etwas fehlt“ (2,518). Es ist gerade die Sinnlosigkeit und Brutalität eines solchen Systems, die Brecht ab 1926 – ex negativo – in seiner Hoffnung auf jene „Große Ordnung“ bestärkte, die bereits den Marxisten des 19. Jahrhunderts als Konzept einer befreiten, klassenlosen Gesellschaft vorgeschwebt hatte. Unter dem Einfluß solcher Erkenntnisse stellt sich Brechts Denken immer stärker auf Neubesinnung, auf Veränderung, auf revolutionären Umsturz ein – alles Vorstellungen, die auf den Aufwind des Utopischen nicht ganz verzichten können. „Wenn das bleibt, was ist / Seid ihr verloren. / Euer Freund ist der Wandel“, heißt es kurze Zeit später im Rückblick auf diesen Entschluß (9,562).

Diese Umorientering äußert sich fast in allen Brechtschen Werken zwischen 1929 und 1933, als die Weimarer Republik in die Phase der akuten ökonomischen Krise und damit des verschärften Klassenkampfes geriet. Was Brecht in diesen Jahren rühmt, ist nicht mehr der Materialismus des Genießens, sondern der Materialismus der Revolution. Gegen „alles Postulat rein geistiger Erneuerung, alles bloße Gutsein-Wollen“,[7] das aus idealistischen Impulsen stammt und letztlich auf einen abgestandenen kategorischen Imperativ im Sinne Kants hinausläuft, tritt Brecht jetzt mehr und mehr für politische Aktionen ein, die auf eine radikale Veränderung der Basisverhältnisse abzielen. In Anlehnung an die Klassiker des Marxismus fordert er vorab den Umsturz – und verschiebt das Problem einer sinnvollen Neuordnung der Verhältnisse auf die Zeit nach der Revolution. Was daher in den Dramen dieser Jahre im Vordergrund steht, sind weniger Hoffnungen auf die Zukunft als revolutionäre Appelle an die Gegenwart. Man denke an die berühmten Zeilen aus dem *Badener Lehrstück vom Einverständnis* von 1929, wo es ausdrücklich heißt (2,610):

Euch fordern wir auf, mit uns zu marschieren und mit uns
Zu verändern nicht nur
Ein Gesetz der Erde, sondern
Das Grundgesetz:
Einverstanden, daß alles verändert wird
Die Welt und die Menschheit
Vor allem die Unordnung
Der Menschenklassen, weil es zweierlei Menschen gibt
Ausbeutung und Unkenntnis.

Trotz aller Abstraktheit der Forderung wird hier zum erstenmal jene Dialektik von Theorie und Praxis bejaht, die Brecht in der Sentenz zusammenfaßt: „Ändernd die Welt, verändert euch!" (2,612). Ihren ersten Höhepunkt erreicht diese Gesinnung in seiner Gorki-Bearbeitung *Die Mutter* (1931). „Wer noch lebt, sage nicht niemals!", heißt es hier. „Wer seine Lage erkannt hat, wie sollte der aufzuhalten sein? / Denn die Besiegten von heute und die Sieger von morgen/Und aus niemals wird: heute noch" (2,895). Wie allerdings der kommunistische Staat der Zukunft einmal aussehen wird, bleibt offen. Zu seinem Lobe heißt es einfach (1,852):

Er ist das Ende der Verbrechen.
Er ist keine Tollheit, sondern
das Ende der Tollheit.
Er ist nicht das Chaos,
Sondern die Ordnung.
Er ist das Einfache,
Das schwer zu machen ist.

Ähnliches findet sich in der *Heiligen Johanna der Schlachthöfe* (1931), wo ebenfalls nur das für „gut" erklärt wird, „was diese Welt endgültig ändert" (2,780), wo aber das Bild der Zukunft wiederum im Dunkeln gelassen wird. Wie stark jedoch Brecht in diesen Jahren auf eine solche Zukunft vertraute, erfährt man aus einer der gleichzeitigen *Keuner-Geschichten*, in der er darauf insistiert, in der Gegenwart lediglich das „Altertum", das heißt die Vorgeschichte der eigentlichen Menschheit zu sehen (12,388). Fast die gleiche Überzeugung kommt in den Schlußabschnitten des *Dreigroschenromans* (1934) zum Ausdruck, wo der von allen gehetzte ehemalige Soldat und Kriegskrüppel Fewkoombey folgende Traumvision hat (13,1152):

Nach Jahren des Elends kam der Tag des Triumphes. Die Massen erhoben sich, schüttelten endlich ihre Peiniger ab, entledigten sich in einem einzigen Aufwaschen ihrer Vertröster, vielleicht der furchtbarsten Feinde, die sie hatten, gaben alle Hoffnung endgültig auf und erkämpften den Sieg. Alles änderte sich von Grund auf. Die Gemeinheit verlor ihren hohen Ruhm, das Nützliche wurde berühmt, die Dummheit verlor ihre Vorrechte.

Seinen Höhepunkt erreicht dieser traumhaft vorweggenommene Umbruch in folgendem „großen Gericht“, nach dem das „wirkliche Leben“ auf Erden überhaupt erst beginnen wird:

> Jedermann weiß, was damit gemeint ist. Von diesem Gerichte wurde immerzu gesprochen; seit undenklichen Zeiten erwartete man es; alle Völker malten es sorgfältig aus. Einige Leute hatten versucht, es an das Ende aller Zeiten zu verlegen, aber dieser Versuch der Verschiebung war verdächtig gewesen, keinesfalls konnten die Völker so lange damit warten. Keine Rede konnte davon sein, daß dieses Gericht am Ende allen Lebens stehen konnte, da es doch eigentlich erst seinen Beginn einleitete. Bevor dieses Gericht stattgefunden hat, kann von wirklichem Leben natürlich nicht gesprochen werden.

Als die „Mächtigen von morgen“ werden seit 1929 immer stärker die „Proletarier“ gefeiert (1,389). Nur mit ihnen glaubt Brecht den Sprung in die „Große Ordnung“ vollziehen zu können. Seine Lehr- und Revolutionswerke dieser Ära – vom *Badener Lehrstück* bis zum *Dreigroschenroman* – sind deshalb vornehmlich für sie und nicht für irgendein imaginäres bürgerliches Publikum geschrieben. Es sind Einsehwerke, die sich an jene Klasse wenden, die mittels der Revolution die Führung übernehmen und mittels der „Großen Methode“ die „Große Ordnung“ herbeiführen soll. Als das „Vaterland der Vernunft“ taucht dabei schon vor 1933 die Sowjetunion auf, neben der Brecht das kapitalistische Deutschland der Weimarer Republik wie ein „Land der Unordnung und der Verbrechen“ erscheint (8,398).

Daran ändert sich auch in den Jahren nach 1933 nichts. Entgegen aller ‚westlichen‘ Verteufelung des Stalinismus und entgegen allen eigenen Zweifeln an den dort angewandten Methoden hält Brecht während der gesamten Exilzeit – jedenfalls in seinen öffentlichen Verlautbarungen – eisern am Leitbild der Sowjetunion als des einzigen und deshalb unübersehbaren sozialistischen Staates fest. So feiert er etwa die Vollendung der Moskauer Metro als einen Akt, wie ihn die Welt noch nie gesehen habe, da hier die Bauleute zum erstenmal als ihre eigenen Bauherren aufgetreten seien. „Dies ist das große Bild“, schreibt er, „das die Klassiker einstmals / Erschüttert voraussahen“ (9,675). Dieselbe Bedeutung einer halbwegs erfüllten Utopie hat das 1944 konzipierte Vorspiel zum *Kaukasischen Kreidekreis*, das einen Planungsvorgang innerhalb einer befreiten Gesellschaft vorführt, wo nicht mehr die Gewalt, sondern die Vernunft regiert. Der Ziegenzuchtkolchos „Galinsk“ muß hier dem Wein- und Obstbaukolchos „Rosa Luxemburg“ weichen, der durch die Anlage eines Stausees die Versöhnung von Natur und Technik und zugleich eine gewaltige Produktionssteigerung herbeiführen will. Ja, es wird sogar auf die Rolle der Kunst in dieser Auseinandersetzung hingewiesen, indem eine lokale Theatergruppe eine Gerichtsszene aufführt, die zwar in der Vergangenheit spielt, wo jedoch – unter dem Armeleuterichter Azdak – schon einmal die „Goldne Zeit beinah der Gerechtigkeit“ (5,2105) geherrscht hat. So wie das Wirken des Azdak – unter günstigen Umständen – auf das „Goldne Zeitalter“ vorausweist, so weist auch für Brecht „Der Streit um das Tal“ auf eine erfüllbare

Utopie voraus, die bereits beträchtlich näher gerückt ist. „Was, zum Teufel, sollte uns veranlassen", sagte er anläßlich seiner eigenen Inszenierung des *Kreidekreises*, „Stücke zu spielen, die uns politisch keinen Nutzen bringen in dem großen Bemühen, die Welt endlich bewohnbar zu machen?«[8] Im Vergleich zu dieser qualitativen Verbesserung menschlicher Verhältnisse in der Sowjetunion erschien Brecht die politische Situation in den parlamentarischen Demokratien des Westens immer hoffnungsloser. Vor allem in den Vereinigten Staaten konstatierte er lediglich „Entwicklung, aber nichts, was sich entwickelt", wie er sich am 19. Januar 1942 in sein *Arbeitsjournal* notiert. Was er in diesen Ländern vermißte, war ein in die Zukunft entworfenes Programm, eine Zielrichtung ins ‚Utopische', die allein einen wahrhaft qualitativen Fortschritt mit sich bringen kann, während jede Entwicklung um ihrer selbst willen stets etwas rein Quantitatives behält, ja letzten Endes lediglich der Steigerung der Profitrate dient.

Diese Äußerungen sind klar genug. Doch reichen sie wirklich aus, um Brecht als einen wichtigen ‚utopischen' Denker zu qualifizieren? Sicher nicht. Denn ein konsequent lineares Denken, welches das eigene Tun auf eine bessere Zukunft bezieht, findet sich bei allen überzeugten Marxisten. Wäre es daher nicht sinnvoller, in Sachen ‚Utopie' lieber Bücher wie *Mut zur Utopie! Baupläne für eine neue Gesellschaft* (1939) von Otto Rühle oder Ernst Blochs *Freiheit und Ordnung. Abriß der Sozial-Utopien* (1946) zu konsultieren, in denen vollentwickelte utopische Systeme ins Auge gefaßt werden? Doch Brecht hat in diesen Jahren nicht nur das Vorspiel zum *Kaukasischen Kreidekreis* geschrieben, sondern auch ein Werk, das sich an zentralen Stellen immer wieder mit der Notwendigkeit utopischen Denkens auseinandersetzt und über die bloß revolutionäre Forderung zu inhaltlichen Bestimmungen der ersehnten Gesellschaftsordnung vorstößt. Ich meine den *Me-ti*-Komplex, den Brecht vor allem zwischen 1934 und 1942 konzipierte und den er selbst das *Buch der Wendungen* zu nennen pflegte. Aber auch das *Arbeitsjournal*, die *Marxistischen Studien*, die *Flüchtlingsgespräche*, die *Gedichte* und die *Keuner-Geschichten* aus dieser Zeit enthalten eine Reihe wichtiger Hinweise auf seine Zukunftsvorstellungen. Versuchen wir in diese Gedanken, die bei Brecht höchst unsystematisch vorgetragen werden, einmal in eine gewisse Ordnung zu bringen.

Das erste, was dabei ins Auge fällt, ist die immer wieder geäußerte Empfehlung, im Hinblick auf die Zukunft so vorsichtig wie nur möglich zu taktieren. Statt sich enthusiastisch für ein bestimmtes Konzept zu engagieren und damit das Gefühl über die Vernunft zu stellen, rät Brecht stets, jedes vorgeschlagene Programm zunächst daraufhin zu überprüfen, ob es auch wirklich praktikabel sei. Er bejaht deshalb nur Konzepte, die konkret und zugleich änderbar sind, das heißt solche, die man in einer neuen Situation gegen bessere eintauschen kann. Alles Feste, Endgültige und Doktrinäre ist ihm verhaßt. Nichts schreckt ihn mehr ab als parteiamtliche Selbstgenügsamkeit oder ideologisches Pharisäertum. Anstatt zu behaupten, daß man auf alles eine Antwort wisse, wie es in den *Keuner-Geschichten* heißt, rät er, lieber eine Liste jener „Fragen aufzustellen, die uns ganz ungelöst erscheinen" (12,382). Brecht spricht daher nie von Doktrinen oder

Leitlinien, sondern immer nur von Hinweisen, Entwürfen, Vorschlägen oder Versuchen – wie er auch in den großen Dramen dieser Jahre, der *Mutter Courage* und dem *Guten Menschen*, den Schluß bewußt offen läßt und so den Zuschauer zwingt, die Konsequenzen selbst zu ziehen.

Ja, an manchen Stellen des *Me-ti* behauptet Brecht in einem geradezu gegenutopischen Sinn, daß man sich der Zukunft gegenüber völlig bildlos verhalten solle.[9] So wird unter der Überschrift „Was Me-ti nicht liebte" auch die Maxime „Zukunftspläne zu machen" angeführt (12,515). Überhaupt plädiert Brecht immer wieder für eine Kritik, die nur „im Hinblick auf eine bestimmte mögliche Lösung kritisiert" und sich nicht auf vage Zukunftsspekulationen einläßt (20,627). Besonders verhaßt sind ihm jene bürgerlichen „Weltbildhauer", wie er sie nennt, die sich bei ihren subjektiven Weltveränderungsideen ständig „auf das Proletariat berufen" (20,606). Eine solche Bildermacherei wirkt auf ihn wie eine peinliche Prophetenpose. In diesem Punkte hält sich Brecht eindeutig an Engels, der in einem Brief vom 26. November 1885 an Minna Kautsky über die sogenannten bürgerlichen „Tendenzpoeten" und ihren Hang zu subjektiven Utopien geschrieben hatte: „Der Dichter ist nicht genötigt, die geschichtliche zukünftige Lösung der gesellschaftlichen Konflikte, die er schildert, dem Leser an die Hand zu geben."[10] Auch Marx, dem anderen „Klassiker", wird es hoch angerechnet, daß er sich bei seinem Postulat der klassenlosen Gesellschaft auf wenige Hinweise beschränkt habe, anstatt einen utopischen Fetisch aufzurichten. Denn Brecht ist fest davon überzeugt, daß dieser Umwälzungsprozeß auf ungeheure Schwierigkeiten stoßen wird, denen man nicht mit unveränderlichen Zielrichtungen entgegentreten darf. Und so schreibt er im *Me-ti* unter dem Titel „Die Große Ordnung *verwirklichen*" im Sinne höchst konkreter und zugleich prozeßhafter Utopievorstellungen, die sich nach allen Seiten in der Wirklichkeit abzusichern versuchen (12,527):

> Viele halten die *Große Ordnung*, von der Ka-meh [Karl Marx], En-fu [Friedrich Engels] und Mi-en-leh [Lenin] gesprochen haben, für eine aller vorhandenen Ordnung oder Unordnung ganz entgegengesetzte Ordnung, einen fertigen Plan, den es zu verwirklichen gilt. Nun ist sicher, was wir haben, Unordnung, und was wir planen, Ordnung, aber das Neue ergibt sich aus dem Alten und ist seine nächste Stufe. Wir versuchen weniger, etwas ganz Anderes, zu dem es keinen Zugang gibt, durchzusetzen, als den nächsten Schritt zu tun, d. h. den Schluß aus dem Vorhandenen zu ziehen. Das Neue entsteht, indem das Alte umgewälzt, fortgeführt, entwikkelt wird. Die Klassiker haben die Unordnung ihrer Zeit als eine Ordnung erkannt und gezeigt, die einmal mühsam und auf gewaltsame Art eingeführt wurde und die eine Fortführung, Umwälzung, Entwicklung einer vorausgehenden Ordnung war. Deshalb kann man nicht erwarten, daß die *Große Ordnung* auf einen Schlag, an einem Tag, durch einen Entschluß eingeführt werden kann. Die Einführung der *Großen Ordnung* ist, weil ihre Gegner gegen sie Gewalt anwenden, ein Akt der Gewalt, ausgeübt durch die große Mehrheit des Volkes, aber ihr Aufbau ist ein langer Prozeß und eine Produktion.

Brecht stellt deshalb diesen Umwälzungsprozeß stets als ein mühsames, widerspruchsvolles, dialektisch-zerrissenes Weiterschreiten vor, bei dem sich das Neue ständig mit dem Alten auseinandersetzen muß. Jede Hoffnung auf eine schlagartige Durchsetzung der „Großen Ordnung" erscheint ihm absurd. Ebenso skeptisch ist er allen bürgerlichen Beratern und parteiamtlichen Funktionären gegenüber, die sich bei diesem Prozeß als Gerichtsvollzieher der zu verwirklichenden Utopie aufspielen und stets nur ihre absolute Idealvorstellung im Auge haben, statt sich in den einzelnen Entwicklungsetappen den jeweils gegebenen Umständen anzupassen. Brecht schreibt daher im *Me-ti* unter dem Titel „Über die Verwirklichung der Großen Ordnung" (12,507):

> Ka-meh sagte den Arbeitern: Hütet euch vor Leuten, die euch predigen, ihr müßtet die *Große Ordnung* verwirklichen. Das sind Pfaffen. Sie lesen wieder einmal irgend etwas in den Sternen, was ihr machen sollt [. . .]. In Wirklichkeit handelt es sich für euch doch darum, eure Angelegenheiten zu ordnen; das machend schafft ihr die *Große Ordnung*. Die schlimmen Erfahrungen, die ihr mit der *Großen Unordnung* gemacht habt, mögen euch dazu leiten [. . .]. Es wird aber gut sein, wenn ihr nicht in Gedanken eine Wohnung bis auf den letzten Nagel im Kopf einrichtet, die es dann zu ‚verwirklichen' gilt. Behaltet euch lieber so viel wie möglich vor. Beim Planen zerstreitet man sich leichter als beim Ausführen und beim Ausführen fällt einem mehr ein als beim Planen. Hütet euch, die Diener von Idealen zu werden; sonst werdet ihr schnell die Diener von Pfaffen sein.

Doch Brecht merkt nur allzubald, daß dies nicht das letzte Wort in Sachen „Große Ordnung" sein kann. Denn warum soll man für eine neue Ordnung kämpfen, wenn man nicht weiß, wie diese aussehen soll? Muß man sich nicht doch ein gewisses ‚Bild' von dieser Zukunft machen, um die Arbeiter anzufeuern, ihre Neugier zu wecken, sie zu überzeugen, daß mit dieser Umwälzung ein qualitativer Fortschritt in ihrem eigenen Leben und in der Geschichte verbunden ist? Sonst wird selbst das Postulat der ‚klassenlosen Gesellschaft' zu einem rein formalen Begriff. Wenn Leute massiv unterdrückt werden, wenn sie hungern und leiden, sehnen sie sich selbstverständlich nach einer radikalen Umkehrung der herrschenden Machtverhältnisse. Doch wenn dieser Druck nun nicht so stark ist oder wenn er durch die Perpetuierung eines falschen Bewußtseins geschickt verschleiert wird? Wie erweckt man dann die Vorlust auf eine bessere Gesellschaftsordnung? Muß man nicht in jedem Falle gewisse Leitbilder aufstellen, die diesem Umwälzungsprozeß eine definitive Richtung geben?

Solchen Gedanken kann sich natürlich auch Brecht nicht verschließen. Er sieht genau, wie nötig es ist, dem Volk einige utopische Bilder an die Hand zu geben, betont jedoch sofort, daß man diese nur so lange verwenden soll, wie sie praktikabel und nützlich sind. Die Vorstellung ‚fertiger Bilder' lehnt er stets entschieden ab. Er nähert sich damit – wenn auch wohl unbewußt – in manchen Punkten recht auffällig den prozeßhaft-konkreten Utopievorstellungen von Ernst Bloch. Wie dieser wendet er sich gegen alle naiv ausgemalten Utopien und betont eher die utopische Intention, die dialektische Funktionalität, das Vorläufige solcher Konzepte. Statt jedoch wie Bloch auch die theologische Tradition in diese Zukunftserwartungen einzubeziehen, legt Brecht den Hauptakzent immer wieder auf den nüchternen Wechselbezug von Theorie und Praxis, der rein auf die Gegenwart bezogen ist. So heißt es in seinem *Lehrgedicht von der Natur der Menschen* (10,902):

Gleichermaßen gefährlich und nützlich ist auch das Machen
Einleuchtender Bilder. Da wird der Kosmos gebildet.
Nebeneinander liegen, einander bedingend, die Dinge
Vielerlei dient dazu, ein Alles ahnbar zu machen
Der nachschaffende Geist genießt die Genüsse des Schaffens
Alles scheint ihm geordnet, da er es geordnet. So manches
Was nicht hineinpaßt, läßt er heraußen und nennt es ‚das Wenige'.
Oder es wird die Geschichte gebildet. Vor aller Augen
Lösen die Situationen einander ab. Nur wenige immer
Wiederkehrende Grundgesetze regeln die Vorgänge.
Solche Bilder sind nützlich, solange sie nützen. Nicht länger.
Nur im Kampf mit andern Bildern, nicht mehr so nutzbaren
Aber einstmals auch nützlichen, bringen sie Nutzen.
Kämpfend nämlich mit neuen Lagen, niemals erfahrenen
Kämpfen die Menschen zugleich mit den alten Bildern und machen
Neue Bilder, das nunmehr möglich Gewordene
Auszuzeichnen, das Unhaltbare verschwunden
Schon beseitigt zu zeigen. In großen Modellen
Zeigen sie so sich selbst das schwer vorstellbare Neue
Schon funktionierend. Da nun diese neuen Modelle
Meist aus den alten gemacht, den vorhandenen gebildet
Werden, scheinen die falsch, doch sie sind's nicht. Sie wurden's.

Aber selbst solche Gedankengänge könnte man noch als hegelianische Tricks abtun. Denn was wird hier wirklich konkret ausgesagt? Muß man diesen Bildern nicht auch eine inhaltliche Determiniertheit geben, um sie wahrhaft ‚ansprechend' zu machen? Mit bloßen Intentionen, Richtungen, geschichtsphilosophischen Spekulationen ist es auf diesem Gebiet nun einmal nicht getan. Trotz aller Skepsis gegen solche ‚Vorgriffe' gibt sich daher auch Brecht manchmal die Mühe, bestimmter zu werden.

Allgemein marxistisch (oder humanistisch) sind erst einmal jene Formulierungen, daß in der klassenlosen Gesellschaft der „Mensch dem Menschen kein Wolf [mehr] ist" (10,865), sondern der „Mensch dem Menschen [zum] Helfer" wird (9,725). Doch neben solchen Großpostulaten, die meist darauf hinauslaufen, daß die Erde dem Menschen endlich zur „Heimat", zur „Wohnung" werden müsse, gibt es bei Brecht auch eine Reihe wesentlich konkreterer Vorstellungen. Und dazu gehört vor allem das Konzept einer gesteigerten und zugleich qualitativ veränderten „Produktion", das auch im Vorspiel zum *Kaukasischen Kreidekreis* die entscheidende Rolle spielt. In der „Großen Unordung" wird nach Brecht die Produktion immer wieder durch falsche Organisationsformen an einer sinnvollen Nutzbarmachung der natürlichen Rohstoffe gehindert. Nur der Sozialismus, die klassenlose Gesellschaft, die „Große Ordnung" verspricht nach seiner Meinung völlig neue und bessere Produktionsbedingungen, weil dort der „Zustand eines

Gemeinwesens" angestrebt wird, „in dem der, welcher für sich selber sorgt, zugleich für das Gemeinwesen sorgt", wie Me-ti einmal sagt (12,433).

In schroffem Gegensatz zu älteren Utopievorstellungen, die zum Teil nur auf der negativen Umkehrung der bestehenden Ausbeutungsmethoden beruhten und sich das alleinige Heil von einer fortschreitenden Arbeitsverkürzung und damit ausgeweiteten Freizeit versprachen, was selbst für Bebels Manifest *Die Frau und der Sozialismus* (1883) gilt, betrachtet Brecht die befreite Arbeit im Sozialismus durchaus als Genuß. In Anknüpfung an das Leninsche Produktionsethos, aber auch an manche expressionistischen Konzepte, ja sogar Bauhaus-Ideale, die in den zwanziger Jahren weit verbreitet waren,[14] erscheint ihm eine bloße Freizeit-Utopie als ein bürgerliches oder revisionistisches Wunschgebilde – um es milde auszudrücken. Wonach Brecht sich sehnt, ist nicht ein konservativ-idyllischer Zustand, der letztlich im Parasitären verharrt, sondern ein sozialistisches Produktionsethos, durch das die im Kapitalismus entfremdete ‚Arbeit' endlich in ein kreatives ‚Schaffen' verwandelt wird. Nur darin sieht er eine grundsätzliche Umwälzung der bestehenden Verhältnisse. Es geht ihm nicht bloß um eine Befreiung der Arbeiter (so wichtig diese natürlich ist), es geht ihm auch und vor allem um eine Befreiung der Arbeit aus dem Zustand der Entwürdigung, des Zwangs und des bloßen Müssens, wie er für die privatkapitalistische Wirtschaftsordnung typisch sei. Brecht schreibt daher in seinen *Marxistischen Studien*, die in diesem Punkte einen qualitativen Fortschritt im Rahmen der kommunistischen Ideologie bedeuten (20,605):

> Nur der Konservative kann glauben, die Abtötung etwa der Organisationswut und öffentlichen Besitzgier der großen Amerikaner des 19. Jahrhunderts könnte die früheren idyllischen Zustände wiederherstellen. Der Revolutionär erwartet sich alles von der kollektiven Steigerung dieser im Grunde revolutionären Leidenschaften. Die Vorstellung einer idyllischen Staatsform, in der die Sorge um das Materielle (das sie hassen) dem Einzelnen und der Masse abgenommen wäre, ist eine rein bürgerliche Vorstellung. Der Revolutionär haßt das Materielle nicht. Die Revolution soll im Gegenteil jene Sorge zur Sorge aller machen. Der Kommunismus erstrebt weniger eine Teilung der freien Zeit als eine solche der Arbeit! Heute haben die wenigsten eine Ahnung davon, welch eine ungeheure Steigerung der Lust an öffentlichen Geschäften bei der Masse zu erfolgen hat, damit sie fähig werde, den Staat zu übernehmen. Arbeit zur Beseitigung der Arbeit ist eine ganz jämmerliche Pensionistenidee! In Wirklichkeit müssen nur alle Leute instand gesetzt werden, es sich leisten zu können, um der Arbeit willen zu arbeiten!

Dieses Konzept ist beileibe nicht im Sinne der älteren bürgerlich-protestantischen Arbeitsethik gemeint. Ganz im Gegenteil. Schon der Ausdruck „Lust an öffentlichen Geschäften" weist auf Brechts absolut antispartanische Haltung hin, die jedes bloße ‚Sollen' oder ‚Müssen' verwirft; wie in so mancher älteren Utopie wird von ihm jede sinnvolle Tätigkeit stets als ‚Genuß' empfunden. So betont schon Thomas Morus in seiner *Insula Utopia* von 1516, die das moderne utopische Denken entscheidend beeinflußt hat, daß der Endzweck all unserer Unternehmungen nichts anderes als die ‚Annehmlichkeit' sein dürfe. Ähnliches behaupten später Saint-Simon, Fourier, Enfantin und der frühe Marx. Ja, selbst der nicht besonders ‚lustbetonte' Hegel schreibt in der Einleitung zu seinen *Vorlesungen über die Philosophie der Geschichte*, daß man beim Aufbau eines besseren Staates die „allgemeinen Zwecke" aufs engste mit den „selbstsüchtigen, partikulären" Interessen der Einzelbürger verbinden solle.[12]

Brechts Begriff der „Produktion" darf deshalb nicht ausschließlich im Sinne einer quantitativen Steigerung der industriellen Zuwachsrate verstanden werden.[13] Was er darunter versteht, ist nicht allein die technische oder manuelle Güterherstellung, sondern zugleich eine fortschreitende Verbesserung *aller* menschlichen Produkte, Zustände und Verhaltensweisen, die unter den Bedingungen des Kapitalismus, in denen das Konkurrenzprinzip und die Erhöhung der Profitrate die einzig ausschlaggebenden Faktoren seien, nie jenen Entwicklungsgrad erreichen könne, der dem Menschen den Genuß seiner selbst erlaube. Der Begriff „Produktion" ist daher für Brecht geradezu gleichbedeutend mit konstruktiver Kritik, Aktivierung, qualitativer Umwandlung oder Vorbereitung der klassenlosen Gesellschaft, das heißt, er wird im Marxschen Sinne als eine umwälzend-emanzipatorische Kategorie verstanden. So schreibt Brecht einmal im Hinblick auf die zu schaffende sozialistische Gesellschaft (20,261):

> Die Freiheit ist eine Produktion und eine Sache der Produktion. Die Menschen müssen die Produktion befreien, ihre Fesseln abstreifen, dann sind sie frei. Nur bei einer Produktion aller Menschen für alle Menschen sind alle Menschen frei.

An anderer Stelle heißt es mit der gleichen Entschiedenheit (19,545):

> Wir müssen das Produzieren zum eigentlichen Lebensinhalt machen und es so gestalten, es mit soviel Freiheit und Freiheiten ausstatten, daß es an sich verlockend ist.

Der Begriff „Große Ordnung" – Brechts utopischer Zentralbegriff in diesen Jahren – wird daher in seinem *Arbeitsjournal* am 7. März 1941 bedeutsam genug durch den noch größeren, noch umfassenderen Begriff der „Großen Produktion" ersetzt, in dem sich alle diese Konzepte zu einem Hauptkonzept vereinigen:

> [Die] *Große Ordnung* ist viel praktischer als *Große Produktion* zu definieren. Produktion muß natürlich im weitesten Sinne genommen werden, und der Kampf gilt der Befreiung aller Menschen von allen Fesseln. Die Produkte können sein Brot, Lampen, Hüte, Musikstücke, Schachzüge, Wässerung, Teint, Charakter, Spiele usw. usw.

Und damit wird auch das Geschäft des Dichters in diese „Große Produktion" sinnvoll eingegliedert. Seine Aufgabe sollte es sein, selbst die literarische Praxis in eine große Methode der Produktion und damit in eine „Lust" zu verwandeln, wie Brecht im *Kleinen Organon* mit unleugbar utopischer Akzentsetzung schreibt (16,682). Der Künstler, der sich seinem Werke ganz um der ‚Sache' willen hingibt, das heißt, der für die Allgemeinheit schafft und doch den höchsten persönlichen Lustgewinn aus seinem sozialbezogenen ‚Schaffen' zieht, wird so geradezu zum Prototyp des utopisch ersehnten Produzenten der klassenlosen Gesellschaft erhoben – wenn auch Brecht solche Gedanken meist recht kühl und antiutopisch vorzutragen scheint. Letztlich bricht gerade in diesem Punkt immer wieder seine große und nur mühsam gezügelte Hoffnung auf ein total befreites, unentfremdetes Leben durch, die sich auch in seiner Vorliebe für Villon, Wedekind, ja sogar für manche Expressionisten äußert.

Neben der Lust an produktiver Arbeit wird deshalb von Brecht mit gleicher Intensität die Lust an rein körperlichen Freuden gepriesen, die übrigens auch Freud – allerdings in ganz anderen Zusammenhängen – als die beiden wichtigsten Voraussetzungen menschlichen Zufriedenseins bezeichnet hat. Brecht läßt sich darum selten eine Chance entgehen, auf jene Philosophen oder Lehrer der Menschheit hinzuweisen, die sich für die Wichtigkeit der „Vergnügungen" ausgesprochen haben (20,887). So wie er der Arbeit einen transbürgerlichen Sinn geben will, so versucht er auch, die Erotik von der versklavenden Leibeigenschaft der Bourgeoisie zu befreien. Während im Bereich der bürgerlichen Ideologie die Arbeit als ‚niedrig' und die Sexualität als ‚schmutzig' gegolten hatte, sieht Brecht gerade in diesen beiden Phänomenen jene Grundbedingungen der menschlichen Existenz, die keiner zusätzlichen und damit notwendig ‚idealistischen' Überhöhung bedürfen.

Genau besehen, erscheint ihm in Sachen ‚Moral' die bürgerliche Gesellschaft ebenso ungeordnet wie in Sachen „Ökonomie'. Der Skeptikus Ziffel sagt einmal in den *Flüchtlingsgesprächen*, daß in einer solchen Gesellschaft sowohl die Ehe als auch der Ehebruch beide gleichermaßen „schweinisch" seien. Was das ideologisch heruntergekommene Bürgertum voller Stolz eine ‚Ordnung' nenne, meint er, sei in Wirklichkeit ein einziger großer „Schweinestall", in dem jedes echte Gefühl, jede echte Erotik von vornherein durch gesellschaftliche Abhängigkeitsverhältnisse korrumpiert würden (14,1416). Ziffel sehnt sich deshalb – mit echt utopischem Anspruch – nach einem „Land, wo es einen Sinn hätte, unkeusch zu sein" (14,1417). Daß sich Brecht diese ‚sinnvolle' Unkeuschheit manchmal recht niedrig, das heißt in seinem Sinne absolut konkret, absolut materialistisch vorstellte, um der unidealistischen Natur des Menschen so weit wie möglich entgegenzukommen, beweisen wohl am besten jene Lieder aus den fragmentarischen *Reisen des Glückgotts*, die kurz nach den *Flüchtlingsgesprächen* entstanden sind. Hier heißt es mit unmißverständlicher Derbheit, die selbst das Obszöne nicht scheut (10,892):

> Ich bin der Gott der Niedrigkeit
> Der Gaumen und der Hoden
> Denn das Glück liegt nun einmal, tut mir leid
> Ziemlich niedrig am Boden.

Aufgrund dieser unidealistischen Einschätzung des Menschen hütet sich Brecht (im Gegensatz zu vielen anderen marxistischen Schriftstellern), seine politischen Hoffnungen allein auf einen heroischen Aufschwung des Proletariats zu setzen. Immer wieder betont er, daß man vom Menschen nur ja nicht zu viel verlangen solle. Die meisten Menschen seien bloße Schweyk-Naturen, das heißt durch

Jahrtausende an Unterdrückung lediglich in der wichtigen, wenn auch erbärmlichen Kunst gedrillt, sich durch opportunistische Tricks auch unter widrigen Umständen eine Überlebenschance zu verschaffen. Ja, die Mehrheit sei nicht einmal so geschickt, so listig, so schlitzohrig wie Schweyk. Brecht rät daher in diesen Jahren dringend davon ab, auf einen ‚neuen sozialistischen Menschen' zu hoffen, und mahnt statt dessen, lieber ein System (also doch eine Utopie) zu entwerfen, das auch dem einfachen Menschen die Möglichkeit gebe, ein einfacher Mensch zu bleiben. Auf heroische Idealwesen zu warten, erscheint ihm dagegen total illusionär. So sagt sein Herr Keuner in bewußter Ablehnung aller expressionistisch-utopischen Hoffnungen auf die Heraufkunft eines ‚neuen Menschen': „Alles kann besser werden, außer dem Menschen" (12,404). Auch in Brechts *Arbeitsjournal* findet sich eine Stelle, wo er seine utopischen Hoffnungen weniger auf den „neuen Menschen" als auf die „neuen Situationen" setzt (12. Dezember 1940):

> In Wirklichkeit ist der neue Mensch der alte Mensch in den neuen Situationen, d. h. derjenige alte Mensch, der den neuen Situationen am besten gerecht wird, den die neuen Situationen nach vorn treiben, das neue Subjekt der Politik. Alle Postulate an den Menschen, welche über die Postulate hinausgehen, welche die Situationen stellt, sind zu verwerfen.

Der Vorteil der von den Klassikern geplanten „Großen Ordnung" besteht also für Brecht hauptsächlich darin, daß dort vom Menschen nicht mehr so viele Tugenden gefordert werden wie in der „Großen Unordnung". So schreibt er im *Me-ti* ausdrücklich (12,520):

> Ein Land, in dem das Volk sich selbst verwalten kann, hat keine besonders glänzende Führung nötig. Ein Land, wo nicht unterdrückt werden kann, braucht keine besondere Freiheitsliebe. Ohne Ungerechtigkeit zu spüren wird man auch keinen besonderen Gerechtigkeitssinn entwickeln. Ist der Krieg unnötig, ist auch die Tapferkeit unnötig. Sind die Institutionen gut, muß der Mensch nicht besonders gut sein. Freilich ist ihm dann die Möglichkeit gegeben, es sein zu können. Er kann frei, gerecht und tapfer sein, ohne daß er oder andere zu leiden haben.

An anderer Stelle heißt es im *Me-ti* noch deutlicher: „Verlangt nicht gute Leute, sondern schafft gute Posten! Ein guter Posten ist ein Posten, der keinen guten Mann benötigt" (12,547). In einem „geordneten Staatswesen" wird man – nach Brecht – nicht fortwährend von der Verpflichtung des Einzelnen gegenüber dem Staat" sprechen müssen. Der Einzelne hat da „ein leichtes Leben", heißt es im *Me-ti*, „was er nicht kann, macht ein anderer. Wenn er nicht kommt, sind noch genügend [andere] da" (12,493). Ja, selbst seine Mutter Courage läßt Brecht sagen: „In einem guten Land brauchts keine Tugenden, alle können da ganz gewöhnlich sein, mittelgescheit und meinetwegen Feiglinge" (4,1366). Nicht minder klar drückt sich Ziffel in den *Flüchtlingsgesprächen* aus (14,1497):

> Wir brauchen eine Welt, in der man mit einem Minimum an Intelligenz, Mut, Wahrheitsliebe, Ehrgefühl, Gerechtigkeitssinn usw. auskommt, und was haben wir? Ich sage Ihnen, ich habe es satt, tugendhaft zu sein, weil nichts klappt, entsagungs-

> voll, weil ein unnötiger Mangel herrscht, fleißig wie eine Biene, weil es an Organisation fehlt, tapfer, weil mein Regime mich in Krieg verwickelt.

Das alles wirkt sehr einleuchtend: Man soll Verhältnisse herstellen, die dem Menschen nicht ständig hohe idealistische Leistungen abverlangen, sondern in denen er sich seiner auf die Allgemeinheit bezogenen ‚Arbeitsfreude' und seinen ‚niederen' Gelüsten hingeben kann, ohne sich dauernd irgendwelchen ‚Geboten' unterstellt zu fühlen. Brecht erreicht damit auf seine Weise durchaus ein Gleichgewicht von Freiheit und Ordnung, privater und sozialer Nützlichkeit, das an die besten Traditionen utopischer Hoffnungen anknüpft.

Indem er dabei jedoch den Akzent immer wieder auf die Schwäche, das Niedrige, das Anpassungsbereite der Menschennatur legt, fragt man sich notgedrungen, ob sich die Menschheit bei einer solchen Veranlagung je zu einer so großartig funktionierenden „Ordnung" durchringen wird. Wenn es stimmt, daß der Mensch von Natur aus unheroisch ist und sich gegen allzu große Tugenden sträubt, wenn ihm Opfermut, Disziplin, Selbstlosigkeit und Entsagung von Natur aus fremd sind – wer soll dann den nötigen Opfermut, die Disziplin, die Selbstlosigkeit und Entsagung aufbringen, um diese „Große Ordnung" revolutionär zu erkämpfen? Denn zu diesem Endkampf um die Macht werden alle ebengenannten Tugenden bitter nötig sein. Daß sich Brecht dieser Frage bewußt war, beweist wiederum eine Stelle aus dem *Me-ti*, wo er sich in diesem Punkte selber Mut zuzusprechen versucht (12,519):[14]

> Soll man also streiken, wenn besondere Tugenden verlangt werden? fragten die Schüler den Me-ti, als er gegen Länder sprach, die besondere Tugenden verlangten. Das Volk, antwortete er schnell, kann sich nicht weigern, besondere Tugenden zu betätigen. Es wird sie betätigen müssen [. . .], um die Machthaber zu stürzen. Freiheitsliebe, Gerechtigkeitssinn, Tapferkeit, Unbestechlichkeit, Aufopferung, Disziplin, all das ist nötig, um ein Land umzuformen, daß um zu leben keine besonderen Tugenden mehr nötig sind. Man kann sagen, daß es ja gerade die elenden Zustände sind, welche solche Extraanstrengungen nötig machen.

Doch wie erreicht man einen solchen Umschwung zu „tugendhafter" Gesinnung? Auf diese Frage bleibt uns Brecht in der *Me-ti*-Zeit leider die Antwort schuldig. Die Mutter Courage, der Galileo, der Schweyk, der Matti, der Azdak, die Shen Te: fast alle seine großen Figuren aus diesen Jahren sind keine ausgesprochenen Kämpfernaturen, sondern wollen in erster Linie überleben. Und auch Brecht selber sieht, wie er im Exil nicht den nötigen kämpferischen Aktivismus aufbringt, den man von einem Revolutionär eigentlich verlangen könnte. Er weiß zwar, daß nicht nur Spanienkämpfer gebraucht werden, sondern auch Schriftsteller, die der Sache des Kampfes auf ihre Weise dienen – und schreibt *Die Gewehre der Frau Carrar* (1937). Aber eine solche Haltung wirft auch grundsätzliche Fragen auf. Denn wenn die „Niedrigkeit" die eigentliche Natur des Menschen ist, wie Brecht im *Me-ti* und anderen Werken dieser Zeit ständig beteuert, dann ist es um die Hoffnung auf eine revolutionäre Umwälzung allerdings schlecht bestellt.

Nach dem Krieg treten die Reflexionen über die Zukunft allmählich in den

Hintergrund – wie überhaupt das Utopische, das Auf-die-Zukunft-Bezogene in mancher Weise ein spezifisches Exil-Phänomen ist. Wer dort den Mut nicht vollends aufgeben wollte, mußte sich notwendig an das Bild einer besseren Möglichkeit jenseits der gegenwärtigen Misere klammern. Als jedoch diese Phase zu Ende war, und Brecht wieder in die Arena der realen Politik zurückkehrte, wurden seine Zielsetzungen zusehends konkreter, enger, auf die Forderung des Tages zugeschnitten. In der DDR war er kein einsamer Flüchtling mehr, der sich im engen Kämmerlein seinen Gedanken hingeben konnte, sondern sah sich vielmehr Tag für Tag mit höchst aktuellen Problemen der Aufbau- und Parteipolitik konfrontiert. Nach Jahren der Zurückgezogenheit wurden jetzt ständig Entscheidungen im Hier und Jetzt von ihm abverlangt. Und er war bereit, so viele Ratschläge zu erteilen, wie er nur konnte. Daß diese manchmal recht widersprüchlich sind und nicht mehr die relative Geschlossenheit des *Me-ti* besitzen, ist nur allzu verständlich. Denn bei dem Mangel an wirklichen ‚Lehrern' wurde Brecht von Ratsuchenden geradezu überrannt. Doch er ließ sich davon nicht entmutigen. Ein begrenzter, wenn auch hoffnungsvoller Zuspruch erschien ihm nützlicher als gar kein Zuspruch, gar kein Rat. Schließlich waren in dieser Phase des totalen Zusammenbruchs erst einmal die ganz simplen Wahrheiten und nicht die großen Ideenkonzepte gefragt. Brecht sagte daher in diesen Jahren auch manches, was er kurz zuvor – von einer höheren philosophischen Warte aus – noch als höchst problematisch empfunden hatte.

So bekennt er sich jetzt mit einem Male doch zu der utopischen Hoffnung auf den „neuen Menschen", um in dieser harten Aufbauphase, die von vielen Menschen ein Übermaß an Tugenden verlangte, eine Hoffnung auf bessere Zeiten zu erwecken. Schon 1948 heißt es im *Kleinen Organon für das Theater*, als hätte es nie den *Me-ti* gegeben: „Da ist viel im Menschen, sagen wir, da kann viel aus ihm gemacht werden. Wie er ist, muß er nicht bleiben; nicht nur, wie er ist, darf er betrachtet werden, sondern auch, wie er sein könnte" (16,682). Ja, über Strittmatters Aufbaustück *Katzgraben* schreibt er 1953 noch deutlicher, daß es endlich die „neuen Menschen" auf die Bühne bringe. Dies Werk sei das „Hohelied ihrer neuen Tugenden", heißt es im Programmheft, „ihrer Geduld ohne Nachgiebigkeit, ihres erfinderischen Muts, ihrer praktischen Freundlichkeit zueinander, ihres kritischen Humors" (16,779). Ebenso wichtig schien es ihm, gegen den verbreiteten Pessimismus aufzutreten und den Leuten Hoffnung auf die Überwindung des Kalten Krieges zu machen. So schreibt er 1955, als sich die Weltlage wieder bedrohlich verdüsterte: „Wir haben die feste Zuversicht, daß auch die Wasserstoffbomben den Traum der Menschen von einem glücklichen Leben nicht vernichten können" (20,898). Im Gegensatz zu westdeutschen Politikern, die gerade die Atomtoddrohung zur ideologischen Liquidierung hoffnungsfreudiger und damit veränderungsbereiter Kräfte einzusetzen versuchten, blieb Brecht auch in dieser Phase seines Lebens der Zukunft treu.

Seine Hauptvokabel im Hinblick auf das Utopisch-Erreichbare ist in diesen Jahren die Vorstellung der „Bewohnbarmachung" der Erde. So will Kai Ho, der Aufwiegler seiner *Turandot* (1954), sein Heimatland China vor allem zu „einem bewohnbaren Land machen“ (5,2199). Auch in den Gedichten der fünfziger Jahre heißt es wiederholt, daß wir endlich daran gehen sollten, uns in der Welt „häuslich einzurichten“ (10,1032).[15] Und zwar werden dabei zwei verschiedene und doch komplementäre Haltungen empfohlen. Einerseits vertritt Brecht die These, nicht ständig auf bessere Zeiten zu hoffen, sondern die lang ersehnte Utopie im Hier und Jetzt beginnen zu lassen. Anstatt dauernd zu entsagen und das Glück den kommenden Generationen zu überlassen, besteht er darauf, an diesem Glück schon heute antizipierend teilzunehmen. „Warum, fragten wir uns / Das goldene Zeitalter noch aufschieben? /Wir leben doch nicht ewig“, heißt es in einem seiner späten Gedichte (10,961). Und Brecht gibt darauf im selben Gedicht die apodiktisch-optimistische Antwort, um sich und die anderen DDR-Bewohner in ihrem Lebenswillen zu bestärken:

> Nimm Platz am Tisch, du hast ihn doch gedeckt.
> Von heute ab wird auch die das Kleid tragen, die es genäht hat.
> Heute, mittag um zwölf Uhr
> Beginnt das goldne Zeitalter.

Doch Brecht weiß zugleich, daß dies nur die kleinen, vorläufigen Vergnügungen sein werden. Denn schließlich stehen in dieser Phase des mühsamen Aufbaus der „Großen Ordnung“ noch immer die verhaßten Tugenden im Vordergrund. Hier darf nicht jeder einfach das tun, wonach es ihn gerade gelüstet. Hier kann man sich zwar schon vergnügen (und soll es auch), aber in den Grenzen des momentan Erreichbaren. Nichts wäre törichter, als in einer solchen Situation auf das ‚Alles oder Nichts‘ zu pochen. Brechts wohlbekannter Katalog der „Vergnügungen“ aus diesen Jahren klingt daher relativ bescheiden: „Der erste Blick aus dem Fenster am Morgen / Das wiedergefundene alte Buch / Begeisterte Gesichter / Schnee, der Wechsel der Jahreszeiten / Die Zeitung / Der Hund / Die Dialektik / Duschen, Schwimmen / Alte Musik / Bequeme Schuhe /Begreifen / Neue Musik / Schreiben, Pflanzen / Reisen / Singen /Freundlich sein“ (10,1022). Doch das bedeutet nicht, daß er diese Liste als etwas Endgültiges betrachtet. Er sieht lediglich, daß noch immer halbfinstere Zeiten herrschen und also manches notwendig im Unerreichbaren bleibt. Ein Gespräch über Bäume ist zwar kein Verbrechen mehr; aber es gibt immer noch Aufgaben, die wesentlich dringlicher sind. Wie es später einmal aussehen wird, wenn sich die „Vergnügungen“ vervielfachen werden, wagt er nur als Scherz anzudeuten. So heißt es in einem anderen Gedichtfragment aus der Spätzeit (10,1027):

> Einmal, wenn da Zeit sein wird
> Werden wir die Gedanken aller Denker aller Zeiten bedenken
> Alle Bilder aller Meister besehen
> Alle Spaßmacher belachen
> Alle Frauen hofieren
> Alle Männer belehren.

Brecht weiß, daß bis dahin noch ein weiter Weg zurückzulegen sein wird. Doch er will wenigstens die Richtung angeben, das utopische Ziel aufrechterhalten. Statt sich mit kurzfristigen Plänen zu begnügen, behält er stets die großräumige Dialektik von Gegenwart und Zukunft im Auge. Und dabei kommt er nicht umhin, auch sich selbst in diesen Prozeß einzubeziehen. Statt sich als Dichter zu betrachten, der im Auge der Ewigkeit schreibt, ist er immer stärker auf aktuelle Wirkung, auf Aufnahme seiner „Vorschläge“ bedacht. Nicht seine eigene Zukunft, sondern die Zukunft des Fortschritts erscheint ihm als das Wesentliche. In diesem Sinne hatte er schon in einem seiner Exil-Gedichte geschrieben (9,561):

> Einst dachte ich: in fernen Zeiten [. . .]
> Wird mein Name noch genannt werden
> Mit anderen. [. . .]
> Aber heute
> Bin ich einverstanden, daß er vergessen wird. [. . .]
> Warum
> Soll es eine Vergangenheit geben, wenn es eine
> Zukunft gibt?

Fast mit den gleichen Worten hofft er kurz vor seinem Tod auf „den schönen Tag“, an dem er „nutzlos“ werde (10,1028), das heißt, wenn seine „Vorschläge“ auf einer neuen, höheren Stufe der Menschheit angenommen und damit aufgehoben sind. Das klingt bescheiden – und ist gleichwohl der höchste utopische Anspruch, den ein Dichter überhaupt haben kann. Hierin äußert sich eine Dialektik, die jeder falschen Ganzheit, jeder heilen Welt, jedem konfliktlosen Bild der Zukunft aus dem Wege geht und dennoch stets auf die „Große Produktion“ ausgerichtet bleibt, in der einmal vieles, wenn nicht alles möglich sein wird, ohne daß die erreichte Ordnung wieder durcheinander gerät.

Die Metapher ‚heile Welt'

Zu Adornos Antiutopismus

I

Die Metapher ‚heile Welt' hat in den letzten drei Jahrzehnten eine höchst wechselvolle Geschichte durchgemacht. Als sie Werner Bergengruen 1950 zum Titel seines letzten Gedichtbandes wählte, gab er ihr eine eindeutig religiöse Färbung. In seinen Gedichten steht ‚heile Welt' für jenen symbolischen Bereich von Dorf, Straße, Haus, Anger, Garten, Brunnen und Feld, wo sich das menschliche Leben – wie eh und je – in gottgewollten Bahnen vollzieht. In ihnen gibt es noch keine großen Städte, keine Technik, keine Politik, keine unheilvolle Dialektik, keine von Konflikten gezeichnete Modernität. Hier ist alles noch ganz, rund, harmonisch, ‚heil'. Ob im Rascheln von Halm und Blatt, im Geblök der weidenden Schafe, im Sausen der Winde: in allem tönt bei Bergengruen die Melodie der ‚Ewigkeit'. In diesen Gefilden preist noch jede Kreatur, jede Pflanze, jedes Sandkorn unentwegt den „Herrn der Schöpfung".[1] Nicht die Menschen, sondern die vier Elemente und die vier Jahreszeiten beherrschen hier die Szene. Im Rahmen einer solchen Welt scheint alles ausschließlich dem Gesetz des Wachsens, Blühens, Früchtetragens und Verwelkens zu unterstehen. Hier ist das ewige Ende zugleich der ewige Anbeginn. Wenn sich ein Leben erfüllt hat, kehrt es wieder in den Schoß der Natur zurück. Sogar das Sterbende, Verfallende, Verwesende braucht in diesen Bereichen nicht bedauert zu werden, da es letztlich an Gott zurückfällt und in ihm aufgehoben wird. In diesen Gedichten weist alles – ob nun das Kleinste oder Größte – ständig auf IHN. Hier hilft der ewige „Hirte" allen Strauchelnden und Sichverirrenden immer wieder auf den rechten „Pfad" zurück.[2]

Allerdings gibt es in Bergengruens ‚heiler Welt' auch gewisse Einbrüche des Bösen, Dämonischen, Schrecklichen. Doch selbst sie, kaum daß sie sich bemerkbar machen, werden sofort in den allgemeinen Heilsplan einbezogen. Auf diese Weise gelingt es ihm, sogar die „toten Soldaten" des Zweiten Weltkriegs in ein „erhöhtes Wesen" aufzunehmen und damit ihrem sinnlosen Sterben etwas Positives abzugewinnen.[3] „Jeder Schmerz entläßt dich reicher", heißt es im Hinblick auf solche Leiden.[4] In anderen Gedichtzeilen wird – ebenso blasphemisch – die „geweihte Not" gepriesen oder die „Schrecknis" der Vergangenheit als die „Amme der Zukunft" hingestellt.[5] Ja, selbst „Weltraumfahrt", „Raketen und Elektronen" haben für Bergengruen nichts Bedrohliches.[6] Solange noch an ein höheres Wesen geglaubt wird, solange es noch eine „Mitte" gibt, solange man noch dem „Geheimnis", der „Schöpfung", dem „Leben" vertraut, solange noch unentwegt Gottes „Lob" ertönt, ist für ihn noch nichts verloren.[7] Mag auch auf Erden zeitweilig Chaos, Krieg und Feuer herrschen, das Urgestein des Glaubens wird seiner Meinung nach dadurch nicht zerstört. Sogar nach großen Katastrophen ist für diesen Dichter das „zerstückte" Leben „allerwegen wieder ganz".[8] Zugegeben: bei frommen Menschen – wie ihm – stellen sich nach solchen Zeiten zwangsläufig Gefühle der Befleckung und Entehrung ein. Die rechte ‚Einkehr' hilft jedoch allen gläubigen Seelen, solche Gefühle wieder schnell zu überwinden. Wer nur fest auf seinen Gott vertraut, bleibt daher – nach Bergengruen – in dieser Welt nicht unbelohnt. Ihm lockt am Ende seines Weges jene süße Labung aus dem Jenseits, die schon den ältesten christlichen Pilgern als das höchste Glück erschien. Es nimmt daher nicht wunder, daß gerade das Gedicht *Die heile Welt*, das mit dem Titel des Ganzen identisch ist, sich in besonders programmatischer Form zu dieser Haltung bekennt. Es lautet:[9]

Wisse, wenn in Schmerzensstunden
dir das Blut vom Herzen spritzt:
Niemand kann die Welt verwunden,
nur die Schale wird geritzt.

Tief im innersten der Ringe
ruht ihr Kern getrost und heil.
Und mit jedem Schöpfungsdinge
hast du immer an ihm teil.

Ewig eine strenge Güte
wirket unverbrüchlich fort.
Ewig wechselt Frucht und Blüte,
Vogelzug nach Süd und Nord.

Felsen wachsen, Ströme gleiten,
und der Tau fällt unverletzt.
Und dir ist von Ewigkeiten
Rast und Wanderbahn gesetzt.

Neue Wolken glühn in Fernen,
neue Gipfel stehn gehäuft,
Bis von nie erblickten Sternen
dir die süße Labung träuft.

Doch die Metapher ‚heile Welt' blieb schon in diesen Jahren nicht allein auf den Bereich des Religiösen beschränkt, sondern wurde auch von existentialistisch oder geistesgeschichtlich orientierten Kreisen aufgegriffen. Was bei Bergengruen noch als Rechtfertigung des Gottgewollten erscheint, nimmt bei den Vertretern solcher Haltungen meist die Form gesellschaftlicher ‚Seinsvoraussetzungen' an, die immer unverhüllter ins Politische tendieren. Neben der christlich-romantischen Nostalgie für die ‚heile Welt', die weitgehend auf die ‚Innere Emigration' zurückgeht, meldet sich daher im Zuge des Kalten Krieges und mit lebhafter Unterstützung der Adenauerschen Restaurationsstrategen nach 1950 auch eine spätkapitalistische Legitimationsideologie zu Wort, die in ihrer Propagierung des ewig einen Status quo weit über die bloße Vorliebe für christlich-abendländische oder auch seinsbedingte Gesinnungsformen hinausreicht und sich als massiver Herrschaftsanspruch zu erkennen gibt. In diesen Bereichen erscheint die Metapher ‚heile Welt' meist als Äquivalent für Mittelalter, für Ordo, für Ständestaat, für Ancien régime, für Metternichsche Restauration, für Biedermeier, für Stifters *Nachsom-*

mer, kurz: für Pietät vor dem Überlieferten. Hier schwört man auf Zustände, in denen noch Zucht und Ordnung herrschen, in denen die Menschen noch die vorgegebenen Klassenunterschiede akzeptieren, in denen es noch keine Aufstände der Benachteiligten und Unterdrückten gibt. Neben christlichen Konzepten à la Werner Bergengruen taucht darum in den gleichen Jahren auch eine Reihe mühsam verbrämter Gesellschaftsideologien auf, die eine unleugbar reaktionäre, ja geradezu faschistoide Note hat. Eine solche Entwicklung ist bei der konservativen Militanz, welche die herrschende Schicht der fünfziger Jahre an den Tag legte, kaum verwunderlich. Da alle Versuche zu einer konsequenten Vergangenheitsbewältigung oder gar Wendung zu sozialistischen Gesellschaftsvorstellungen entweder ausblieben oder rücksichtslos unterdrückt wurden, war es in dieser Zeit selbst für ehemalige Faschisten ein Leichtes, auf dem Herdfeuer der allgemeinen Nostalgiegesinnung auch ihr braunes Süppchen wieder aufzuwärmen – und sich als Vertreter der ‚heilen Welt' auszugeben.

II

Niemand wird leugnen, daß es zu den Verdiensten Theodor W. Adornos gehört, sich solchen Tendenzen von Anfang an entschieden entgegengestellt zu haben. Durch seine Marx-Lektüre, seine Exilerfahrung und seine Studien zur ‚autoritären' Persönlichkeitsstruktur war er von vornherein gegen alles kritisch, worin er eine spezifisch ‚deutsche Ideologie' witterte. Und so blieb er selbst in diesen Jahren – trotz seiner prinzipiellen Frontstellung gegen den Kommunismus, die er mit Christen und Faschisten teilte – davor gefeit, einfach in regressive Vorstellungen zurückzufallen. Als eine der gefährlichsten, weil relativ harmlos wirkenden Regressionen dieser Art erschien ihm schon in den fünfziger und dann verstärkt in den frühen sechziger Jahren die allgemeine Nostalgie für ‚heile Welten'. Wohl das bekannteste Dokument dafür ist seine Schrift *Jargon der Eigentlichkeit* (1964), die den programmatischen Untertitel *Zur deutschen Ideologie* trägt. Als Aufhänger seiner Polemik benutzt Adorno hier unter anderem Bergengruens Gedichtband *Die heile Welt*, dessen „dankbare Zustimmung zum Dasein" ihm angesichts der von den Nazis verübten Greueltaten geradezu ungeheuerlich erscheint.[10] Eine religiös gefärbte ‚Seinsgläubigkeit' wie die Bergengruens hält er für ebenso problematisch wie jene fatale ‚Deutschgläubigkeit', von der nach 1933 soviel die Rede war. Was beide gemeinsam hätten, sei jener auch von Heidegger, Bollnow und Konsorten unentwegt strapazierte ‚Jargon der Eigentlichkeit', der Tiefe, Geborgenheit, Seinsnähe und Wesensfülle vorzutäuschen suche, jedoch nur allzu oft dazu geholfen habe, selbst den übelsten Verbrechen den Anschein der Legitimität zu geben. Von solchen Leuten, heißt es hier, werde „Seiendes" einfach von vornherein als „wesenhaft, sinnvoll" und damit „gerechtfertigt" hingestellt.[11]

Doch letztlich geht es Adorno bei solchen Attacken nicht allein um die ‚deutsche Ideologie', so groß auch seine Abscheu davor ist. Zugegeben: er will auch Ideologiekritik treiben, wenn er die inneren Zusammenhänge religiöser und seinsbedingter Gesinnungen mit dem Gedankengut des Faschismus oder deren

Funktion im Rahmen der faschistischen Rechtfertigungsstrategien aufzudecken versucht. Bewußt oder unbewußt äußert sich jedoch in solchen Polemiken wesentlich mehr: nämlich Adornos grundsätzliche Abneigung gegen alles, was er als undialektisch – und damit als ‚zurückgeblieben' oder ‚heil' empfindet. Selbst jene Attacken, bei denen seine Kritik durchaus treffend und ideologisch gerechtfertigt ist, haben darum nur allzu leicht einen Stich ins Arrogante. Und das gibt seinem Antifaschismus zwangsläufig eine etwas problematische Note. Denn ‚heile Welt' ist für Adorno nicht nur der Bereich der faschistischen Blut-und-Boden-Ideologie, nicht nur das verlogene Geraune der Existentialisten, nicht nur die Geborgenheitsemphase aller frommen Seelen – ‚heile Welt' ist für ihn zugleich die Welt der Provinz, der Landbewohner, der Subalternseelen, der Banausen, der Naiven, der Zurückgebliebenen, der Kleinbürger, also all jener, die noch immer auf die ‚Heimeligkeit' oder ähnliche ‚Herd'-Ideologien vertrauten. Dies sind für ihn jene Low- oder Middle-Brow-Typen, die es ständig nach dem ‚Heilen', das heißt nach dem „Seelenheil" oder dem „richtigen Leben", verlange. Wovon solche Menschen träumten, heißt es an einer Stelle, seien „soziale Enklaven", in denen es noch keinen „Industrialismus" gebe, „oder auch schlicht Gegenden, wo Nietzsche und die Aufklärung noch nicht sich herumsprachen, oder sittige Zustände, in denen die Mädchen ihre Kränzlein bis zur Ehe festhalten".[12] In solchen Bereichen werde „Leben" einfach mit „Sommerfrische" verwechselt.[13] All dies sei schlimmste „Provinzialität", „geschichtliche Zurückgebliebenheit" oder gar „lautlose Identifikation des Archaischen mit dem Echten".[14]

Und damit wird deutlich, worin Adornos ‚eigentlicher' Affekt besteht: nämlich in seiner Wut auf Banausentum, auf Spießbürgertum, auf Philistertum. Nun, eine solche Haltung ist weder besonders neu noch besonders originell – obwohl Adorno auf beides durchaus Anspruch erhebt. So haben sich bereits die Romantiker, Nietzsche, die Expressionisten, ja fast alle spezifisch ‚bürgerlichen' Ideologiekritiker – angesichts der ihnen immer unverständlicher werdenen ‚Welt' – verhalten. Und Adorno zieht aus dieser Einstellung die gleiche Konsequenz wie die meisten seiner Vorgänger: er behauptet einfach, den anderen geistig ‚überlegen' zu sein. Anstatt ein menschliches Verständnis für die Zurückgebliebenen, Unterdrückten und Enterbten aufzubringen, behandelt er sie einfach als geistig Minderbemittelte. Und er tut das mit allen ihm zur Verfügung stehenden Überheblichkeitsgesten, indem er sich so witzig, so arrogant, so avantgardistisch, so sprachgewandt wie nur möglich gibt. Wie Nietzsche oder George kennt auch er nur ‚Erwählte' und ‚Verworfene', das heißt Menschen, die sich zu den ‚Höhen des Geistes' aufgeschwungen haben – oder Menschen, denen das nicht gelungen ist. Das zeigt sich wohl am deutlichsten in seinem Verhältnis zur Sprache, da er sich auf diesem Gebiet den anderen am überlegensten fühlt. „Zur Bildung gehört Urbanität, und ihr geometrischer Ort ist die Sprache", heißt es in *Eingriffe*, „wem die Emanzipation von der Provinz mißglückte, der steht zur Bildung exterritorial".[15] Hätten nicht Friedrich Schlegel, Nietzsche oder Karl Kraus fast das gleiche sagen können?

Und zwar treibt Adorno diesen Hochmut manchmal soweit, daß er schließlich nicht nur unter den ‚Zurückgebliebenen', sondern auch unter den ‚Avancierteren', wie er sie gern nennt, keine wahlverwandten Seelen oder Geister mehr findet. Sein Gegenbild zur „heilen Welt" der Provinz ist nämlich nicht die Welt des Fortschritts, sondern jene „verwaltete Welt" der großen Städte,[16] wo selbst die Avancierten immer stärker in den Sog eines alles nivellierenden Konformismus geraten und schließlich in ihm untergehen. Sogar hier, wo es an Möglichkeiten zu fortschreitender Individuation und damit Mündigkeit keineswegs mangele, behauptet er, treffe man selten oder nie auf wirkliche Originalität. Selbst in diesem Milieu werde der bürgerliche Drang zu ungehemmter Freiheit immer stärker von affirmativer Ideologie, dirigistischer Manipulation, ja schließlich totaler Herrschaft überlagert. Dem „naiven Leben" der Provinzen steht daher in Adornos Denken nicht der progressive Elan der wahrhaft Engagierten, sondern lediglich das „beschädigte Leben" innerhalb der modernen Massenkultur gegenüber.[17]

In einer solchen Situation ist guter Rat teuer. Hier scheint jene Dialektik, auf die Adorno sonst so versessen ist, plötzlich stillzustehen. Was bleibt, ist ein sinnloses Stand- oder Aushalten. Und dazu entscheidet sich Adorno denn auch. Er wählt also weder die Haltung des Tragikers, der angesichts der Sinnlosigkeit der allgemeinen Weltsituation in herzerschütternde Lamentationen ausbricht, noch die Haltung des Utopikers, der sich nach potentiellen Bündnispartnern umschaut und mit ihnen konkrete Wege der Verbesserung einzuschlagen versucht. Was Adorno statt dessen bevorzugt, ist die Haltung des Außenseiters, der sich wegen seiner geistigen Überlegenheit und tiefgründigen Erkenntnisfähigkeit allen übrigen Denkern und Nichtdenkern himmelweit überlegen fühlt. Deshalb ist ihm nichts peinlicher, als mit anderen verwechselt oder in eine Gruppe oder gar Bewegung eingegliedert zu werden. Adorno will immer nur der besserwissende und darum pessimistisch gestimmte Adorno sein. Dafür spricht der häufige Gebrauch von Worten wie „Bildlosigkeit" oder „Ohne Leitbild" in seinen Werken, mit denen er sich von allen polit-utopischen Hoffnungen von vornherein zu distanzieren versucht. Er gebärdet sich dabei manchmal noch solipsistischer als Nietzsche, dem sich Adorno sonst so tief „verpflichtet" fühlt.[18] Während nämlich Nietzsche selbst in seinen düstersten Momenten am Gedanken der ‚Erneuung aus dem Fernsten' festzuhalten versucht und von einer Wiederkehr Griechenlands, ja Erhöhung des Menschen zum Übermenschen träumt, versagt sich Adorno solche utopischen Projektionen. Er geht von der Erkenntnis aus, daß sich Nietzsche als Utopiker gründlich blamiert habe, und hält sich deshalb lieber an den Kritiker oder prinzipiellen Neinsager Nietzsche, der wie er nirgends – nicht einmal in Gott – seinesgleichen finden könne. Nicht der Prediger Nietzsche, sondern der große Verächter und Polemiker Nietzsche ist darum Adornos Vorbild, jener Nietzsche, der jede Ideologie zugunsten einer ideologischen Haltung verwirft, die auf offene Massenverachtung und ungezügelte Selbstrealisierung hinausläuft.[19] Beide standen daher ihren ‚Mitmenschen' – jedenfalls auf dem Papier – weitgehend indifferent oder zynisch gegenüber. Vor allem in ihren philosophierenden Kollegen sahen sie vornehmlich zurückgebliebene Spießer. Was dem einen sein David Friedrich Strauß war, ist dem anderen sein Martin Heidegger. Nichts gegen gute

Polemiken! Aber solche Angriffe, falls sie ernst genommen werden wollen, sollten nicht nur vom Gefühl der eigenen Größe ausgehen. Und das ist bei Nietzsche und Adorno leider nur allzu häufig der Fall. Beide kennen weder Altruismus noch Mitgefühl mit anderen. Beide interessieren sich nur für ihr eigenes Ich. Beide schlagen daher in einer Situation, wo es weder ein Vor noch ein Zurück zu geben scheint, den Weg nach oben ein: zur Höhe, zur azurnen Einsamkeit, zum Olymp des Scheins, zum Zenith des eigenen Ich.

Adorno geht bei dieser Selbsterhebung zwar etwas bescheidener, aber desto gründlicher vor. Während Nietzsche, wie gesagt, mit solchen Gedankengängen wenigstens die Utopie der Fernstenliebe verbindet, das heißt sich selbst im Hinblick auf die Nach-ihm-Kommenden ‚erhebt', bleibt es bei Adorno bei einem zwar harmlosen, aber desto peinlicheren Egoismus. Seine Kritiker hatten darum sicher recht, wenn sie im Hinblick auf Adornos *Dialektik der Aufklärung* und seine *Negative Dialektik* von einer „Abschaffung der Hegel-Marxschen Dialektik" sprachen, durch die das Prinzip der Negation einen „absoluten" Charakter bekomme.[20] All sein Schreiben sei eine „Negation des *Prinzip Hoffnung*", lesen wir bei Otto F. Gmelin, und so laufe das „Geschäft der Negation" bei Adorno lediglich auf eine „absolute Individuation" hinaus.[21] Andere haben im Hinblick auf diesen Antiutopismus von einem hoffnungslosen „Kritizismus" gesprochen, der in „elitäre Apathie" münde, da er die „Resignation" zum einzigen „Postulat" erhebe.[22] Und damit reduziere Adorno, wie Peter Reichel schreibt, den Marxismus auf eine „kritische Theorie", die nicht auf „dialektische Negation", sondern auf „Verewigung des Widerspruchs" hinauslaufe.[23] Die meisten von Adornos Kritikern, die sich vor allem um 1970 – im Zuge der sogenannten ‚Neuen Linken' – recht lebhaft zu Wort meldeten, zogen daraus die Folgerung, daß bei Adorno lediglich die Pose der affektierten Weigerung herrsche. Immer wieder bediene er sich der einfachen und nicht der negativen Dialektik, heißt es bei diesen Autoren. Adorno sei einzig und allein bemüht, erklärten sie, sich aus allen politischen und gesellschaftlichen Verwicklungen herauszuhalten und sich nach alter idealistischer Tradition rein auf den abstrakten Geist zu stützen.

Und damit hatten diese Kritiker so unrecht nicht. Wenn nämlich Adorno überhaupt auf die Möglichkeit einer Veränderung der Gesellschaft zu sprechen kommt (was selten genug geschieht), dann meist auf recht unkonkrete Weise. Es stimmt zwar, daß in solchen Zusammenhängen bei ihm manchmal Worte wie ‚Utopie' oder zumindest ‚utopische Intention' fallen; aber damit sind selten wirkliche Projekte, Konstruktionen oder Entwürfe gemeint, die eine gesellschaftliche Relevanz beinhalten. Meist wird an solchen Stellen lediglich die Utopie eines abstrakten ‚Besseren' oder ‚Anderen' anvisiert, das jenseits aller inhaltlichen Konkretionen angesiedelt ist. Wo Adorno dagegen auf irgendwelche Utopien oder utopischen Intentionen zu sprechen kommt, bei denen hinter dem bloßen ‚Schein' deutlich erkennbare gesellschaftliche Zielsetzungen aufleuchten, wehrt er meist arrogant oder auch erbittert ab. Das gilt selbst für linke Utopien, über die er sich oft ebenso höhnisch mokiert wie über die Ideologeme der Existentialisten, Völkischen oder Nazis. All das erscheint ihm von vornherein als ‚billig' – und damit subaltern, provinzlerisch, kleinbürgerlich. Leute, die angesichts der herrschenden ‚Welt'-Situation immer noch an ‚Positives' glauben, sind eben für Adorno von vornherein Hinterwäldler. „Der linke Optimismus", heißt es in *Minima Moralia*, wiederhole lediglich den „tückischen bürgerlichen Aberglauben, man solle den Teufel nicht an die Wand malen, sondern sich ans Positive halten".[24] Adorno malt daher lieber den Teufel an die Wand, um den Leuten endlich das Gruseln vor der Zukunft beizubringen, anstatt sich irgendwelchen utopischen Hoffnungen hinzugeben.

All das hat natürlich seine Konsequenzen – vor allem gesellschaftlicher und politischer Art. Denn ein solcher Antiutopismus, der sich auf der Basis eines aristokratischen Pessimismus entwickelt, führt zwangsläufig zu „Praxisfeindlichkeit", „Ohnmacht", „Apologie der Klassengesellschaft", „Absage an Klassenkampf und Revolution" und schließlich „Antikommunismus", um nur ein paar der Reichelschen Vorwürfe aufzuzählen.[25] Ja, nicht nur das. Eine Einstellung wie diese mündet folgerichtig in eine totale Entideologisierung, die alle Änderungsvorschläge von vornherein als Formen des ‚falschen Bewußtseins' denunziert und nur noch das eigene, hohe Ich gelten läßt. Und eine solche Haltung, besonders wenn sie so aristokratisch vorgetragen wird wie bei Adorno, hat schon immer dazu geführt, sich von allem Mittelmäßigen oder auch Unterwertigen schärfstens zu distanzieren und einen übertriebenen Stolz auf den eigenen Geschmack zu entwickeln. ‚Geschmack' bedeutet jedoch für alle guten Bürger stets ästhetischer Geschmack. Im Gefolge Nietzsches, der in der Kunst die einzige höhere Rechtfertigung des ansonsten sinnlosen menschlichen Lebens gesehen hatte, klammert sich darum auch Adorno in spätestbürgerlicher Verzückung noch einmal an den Strohhalm des Ästhetizismus. Da er in allem anderen nur falschen Schein, bloße Ideologie, Manipulation, Dirigismus, Entfremdung, Zurückgebliebenheit, Provinz, Subalternität, ja ‚heile Welt' erblickt, entscheidet er sich, wenigstens in den großen Leistungen der Kunst einen Rest an ‚wirklich' oder ‚echt' Erlebtem zu sehen. In der „authentischen Kunst", hören wir, sei noch Unentfremdetes verfügbar. Sie sei die einzig effektive Negation, wie Adorno in seiner *Ästhetischen Theorie,* aber auch sonstwo, unentwegt beteuert.[26] Während alles andere nur auf im schlechten Sinne „Daseiendes" hinweise, deute sich in ihr, als der einzigen Form menschlicher Tätigkeit, auch heute noch „Nichtseiendes" an.[27] Allerdings sei dieses „Nichtseiende", wie Karol Sauerland schreibt, bei Adorno zwar das „Ersehnte, aber kaum zu Hoffende".[28] Denn dieses „Nichtseiende" werde auch im Kunstwerk nirgends konkret, sondern drücke sich nur in der Spezifik seiner Formgebung aus. „Im Aufgang eines Nichtseienden", heißt es in der *Ästhetischen Theorie*, „als ob es wäre, hat die Frage nach der Wahrheit der Kunst ihren Anstoß. Ihrer bloßen Form nach verspricht sie, was nicht ist, meldet objektiv und wie immer auch gebrochen den Anspruch an, daß es, weil es erscheint, auch möglich sein muß."[29]

Doch neben solchen Stellen, wo sich Adorno – wenn auch höchst verschlüsselt – noch am ehesten dem Umkreis des Utopischen nähert, stehen immer wieder solche, wo „alle Zukunft als etwas Finsteres, noch Schlechteres gesehen wird".[30]

Interessanterweise verzichtet jedoch Adorno selbst bei solchen Erwägungen nicht auf eine gewisse Pseudodialektik, indem er erklärt, daß sich eine heute noch vertretbare Utopie nur im „Bild des Untergangs", das heißt in der Form absoluter Negativität, ausdrücken lasse.[31] Ja, er behauptet manchmal sogar, daß jedes bedeutsame Kunstwerk „kraft eben jener Negativität kein absolut Negatives" sein könne.[32] Doch damit wird die eigentliche Qualität des Utopischen, nämlich *positive* „Negation der Negation" zu sein, wie Arnhelm Neusüß behauptet,[33] immer wieder zugunsten der bloßen Negation in den Hintergrund gedrängt.

Es nimmt daher nicht wunder, daß Adorno die moderne Kunst – wie schon seine politischen oder gesellschaftlichen Konzepte – von allen inhaltlichen Bestimmungen peinlichst freizuhalten versucht. Auch hier geht er stets vom Prinzip des absoluten Subjektivismus aus – und verwirft sämtliche ästhetischen Werke, die sich in den Dienst rechter oder linker Gesinnungen stellen, von vornherein als Ausdruck der sogenannten ‚verwalteten' oder ‚heilen' Welt. All das erscheint ihm, selbst wenn es – wie bei Brecht – im Gewande einer hohen ästhetischen Qualität auftritt, als Manifestation des Kollektiven, Anonymen und damit Zwangshaften. Auf seiten der Rechten sind es vor allem die Vertreter des Religiösen, Bündischen oder Faschistischen, die Adorno als hoffnungslos ‚regressiv' empfindet. „Aus der Dialektik ist nicht nach rückwärts herauszuspringen", heißt es in seinen *Dissonanzen* einmal apodiktisch.[34] Seine besondere Wut gilt dabei jener bündischen Jugendmusik, die „krampfhaft ihr Heil in institutioneller Kirchlichkeit" suche und sich damit neben der Musik eines Schönberg als abgestanden blamiere.[35] Doch nicht minder gnadenlos fällt Adorno über alle sozialistischen Kulturleistungen her, die er als ebenso „konservativ-restaurativ" hinstellt.[36] Ob nun rechte oder linke Kunst: all das ist für ihn lediglich Ausdruck ‚totalitärer' Machtsysteme und damit „autoritätsgebunden, starr, konventionell, konformistisch".[37] Und wenn etwas in seinem Sinne ‚autoritär' ist, das heißt sich über jene großbürgerlichen Privilegien hinweggesetzt, die Adorno so lieb und teuer sind, verzichtet er von vornherein darauf, zwischen solchen Systemen irgendwelche qualitativen Unterschiede zu machen. Ideologien – außer der seinen – sind für Adorno nun einmal Zwangsmechanismen, die letztlich indiskutabel sind.

Was Adorno dagegen als Positivum hinstellt, ist einzig und allein die Entfesselung der „Subjektivität", die ihm in allen Staaten, allen Gesellschaftssystemen „unterdrückt" zu sein scheint.[36] Wie Nietzsche sieht nämlich auch Adorno im Staat das „kälteste aller kalten Ungeheuer", da Staaten stets die Tendenz zu sozialer Gleichschaltung und damit kultureller Nivellierung hätten. Adornos Ideologie läuft daher nicht einfach auf eine Legitimierung des Monopolkapitalismus hinaus – wie man nach diesen Angriffen auf alle ‚totalitären' Systeme erwarten könnte. Im Gegenteil. Selbst jene westlichen Staaten, die sich als ‚Demokratien' ausgeben, sind für ihn in erster Linie ‚Staaten'. Auch in ihnen dominiere letztlich die ‚verwaltete Welt', behauptet er, wodurch sich die „Autonomie" des Einzelnen nie recht entfalten könne.[39] Auch hier werde für die Kunst immer wieder ein „Ort", eine „Funktion", eine „Legitimation" gesucht, obwohl sie solcher Stützen überhaupt nicht bedürfe, sondern nur wahrhaft ‚Kunst' sein könne, wenn sie mit dem Rang des Autonomen ausgestattet werde.[40]

Eine solche Ideologie tendiert zwangsläufig zu einer geheimen oder offenen Glorifizierung der absoluten Ich-Kunst. Doch wenn es nur das wäre! Eine solche Haltung läuft zugleich auf einen massiven Ästhetizismus, Snobismus und damit eine Verklärung des gesellschaftlichen Außenseiters hinaus. In spätestbürgerlicher Überheblichkeit, die jede Berührung mit der ‚schlechten Realität' sorgfältig meidet, lehnt daher Adorno auch im Bereich Kunst alles, was nicht in den innersten Kreis des absolut Erlesenen und Herausragenden gehört, von vornherein als Provinz, als Kitsch, als subalternes Kroppzeug oder miese Hotelkunst ab. Auf dem Gebiet der Musik, wo er sich als Schönberg-Adept und Komponist besonders zuständig fühlt, zählen dazu fast alle Werke, die unter dem Niveau der *Kunst der Fuge*, der späten Streichquartette Beethovens oder der Werke der Wiener Schule bleiben. Nur in solcher Kunst, die von den Genien der Menschheit stammt, sieht Adorno jenen Widerschein des Nichtseienden, das für ihn der Ausdruck eines erhofften und doch nichteinlösbaren Utopischen ist. In Höhen dieser Art stoße jedoch nur eine Kunst vor, betonte er immer wieder, die jenseits der materiellen Welt und ihrer Produktionsverhältnisse stehe, eine Kunst, die wie Pallas Athene fleckenlos dem Haupt des Zeus entsprungen sei, eine Kunst, die sich von aller Geschichtlichkeit und allen Klassenkämpfen distanziere, eine Kunst, die daher den Banausen unverständlich bleibe und deren ‚Bedeutsamkeit' sich nur den wahrhaft hohen Geistern voll erschließe.

Mit ältester romantischer Attitüde wird hier noch einmal jener Gegensatz zwischen den musischen und den zutiefst unkünstlerischen Menschen beschworen, wie er sich schon bei Wackeroder oder Novalis findet. Das beweist wohl am deutlichsten seine *Einleitung in die Musiksoziologie*, wo Adorno die „Experten" und „guten Hörer" mit dem Gros jener „Gleichgültigen, Unmusikalischen und Anti-Musikalischen" konfrontiert, die zwar – soziologisch gesehen – die „einzig relevante" Schicht darstellten, die man aber ansonsten getrost übersehen könne.[41] Adornos Ideal ist daher eine Avantgarde von Außenseitern, die auf die „Kraft des künstlerischen Widerstandes" vertrauen und das Nichtseiende, aber Mögliche, in „hoffnungsloser Vereinzelung" in sich selber aufzubewahren suchen.[42] In diesem Sinne ist für ihn die höchste Kunst – wie zu erwarten – stets eine „Spiegelung des hilflos Einsamen".[43] Heute, wo alles und damit auch die Kunst sinnlos geworden sei, habe nur noch jene „Katastrophen"-Kunst Rang,[44] welche das „unverklärte Leid" über die zunehmende Entwürdigung unseres Daseins zum Ausdruck bringe.[45] Überhaupt ist Kunst für Adorno nur dann wahre Kunst, wenn sie sich *sperrt*, das heißt aristokratisch leidet und sich somit weigert, von den ‚Vielzuvielen' im Sinne Nietzsches gebraucht oder vereinnahmt zu werden. Daß sich eine solche Kunst durch ihre bewußte Abseitsstellung von vornherein zur Wirkungslosigkeit verurteilt, wird von Adorno keineswegs bedauert, sondern – im Gegenteil – als ihre eigentliche Qualität hingestellt. Eine Kunst, die sich so elitär, so hermetisch, so verschlüsselt gibt, daß sie nur von ganz wenigen verstanden wird oder verstanden werden kann, ist für ihn notwendig die bedeutsamste.

So betrachtet, wirken die von Adorno anvisierten Kunstwerke wie „Metaphern einer imaginären geschichtlichen Bewegung“, nämlich der „ungeschehenen Revolution, der unerreichbaren Utopie“, um Otto Karl Werckmeister zu zitieren.[46] Mit ihnen wird in ähnlich ‚musisch‘ gestimmten Seelen eine Hoffnung geweckt, die ins Andere, Bessere zielt, jedoch nie und nimmer eingelöst werden kann. Diese Werke appellieren letztlich an eine Liberalität, deren einzige Hoffnung die Auflösung des Staates, das heißt der Verzicht auf Macht und damit die Eröffnung ‚herrschaftsfreier Räume‘ ist, in denen sich die wahre Freiheit in ungehemmter Subjektivität entfalten könne. Und damit wird den höchsten Kunstwerken der Moderne, also etwa denen eines Schönberg, die Adorno besonders schätzt, die „Statthalterschaft für die kommende Gesellschaft“ zugesprochen, welche „die Macht nicht mehr kennt und ihrer nicht mehr bedarf“.[47] Doch gerade diese Hoffnung ist die gefährlichste, weil trügerischste. Denn einen solchen Zustand, bei dem man auf Macht, Autorität, Staat (in denen Adorno lediglich negative Phänomene sieht) total verzichten kann, wird es auch in Zukunft nicht geben. Es wäre beschönigend, darin nur Illusionen zu sehen. Mit solchen Thesen entpuppen sich ‚Außenseiter‘ wie Adorno nicht als die Gegner, sondern als die wahren Repräsentanten eines Systems, das sich gerade auf *jene* Liberalität soviel einbildet, die sich zwar höchst verführerisch beschwören, aber nie verwirklichen läßt.

All die von Adorno vorgebrachten Proteste gegen die ‚verwaltete‘ oder ‚heile‘ Welt der Jetztzeit dienen darum letztlich der Stützung des Status quo. Denn diese hermetisch abgesicherten Kunstwerke, die sich da gegen die Vereinnahmung durch das Establishment sperren, sind – wie wir in den letzten Jahrzehnten gesehen haben – gerade von diesem Establishment mit besonderer Wonne zur Absicherung seiner elitären Kunstpolitik herangezogen worden. Die Werke eines Schönberg, Kandinsky oder Beckett, auf die sich Adorno so gern beruft, haben sich nicht als die von ihm so oft apostrophierte ‚Flaschenpost‘ zu anderen, besseren Ufern erwiesen, sondern dienen bis heute weitgehend dazu, eine spezifisch spätbürgerliche, esoterische, sich nach unten absperrende Kulturpolitik zu rechtfertigen. Und das kann in einer Klassengesellschaft auch gar nicht anders sein. Hier müssen sich Werke des höchsten ästhetischen Anspruchs notwendig als Machtmittel der oberen Zehntausend auswirken. Schließlich steckt in dem Postulat der Autonomie, die sich gegen jede Indienstnahme sperrt, zugleich die Forderung nach der Unbezweifelbarkeit des Herrschaftsanspruchs jener oberen Zehntausend. Die gut- oder bestbürgerlichen Outsider dieser Gesellschaft werden daher gerade von den Vertretern des Establishments als höchst brauchbare Insider geschätzt. Diese Outsider vertreten, ob sie es merken oder nicht, den Führungswillen einer Clique, die gar nichts Neues mehr will, sondern sich nur noch bemüht, den Zustand ihrer Herrschaft ins Unendliche zu verlängern. Auch ihre Kunst muß daher autonom sein, das heißt darf nichts wirklich Neues, kein konkretes Ziel, kein ideologisches Telos enthalten. Sie darf zwar manchmal auf das Andere, das Bessere, vielleicht sogar das Utopische hinweisen. Allerdings muß sie dabei verzichten, sich an „Schein und Trost zu verraten", wie es in Adornos *Ästhetischer Theorie* heißt, um nicht tatsächlich „Utopie" zu werden. Denn das wäre „ihr zeitliches Ende", wie er im gleichen Abschnitt erklärt.[48] Was sich also in dieser Kunst als ‚Protest' artikuliert, darf nur ein Protest des Subjektiven, das heißt ein cliquenhafter, formalisierter, nichtssagender sein. Was dabei ideologisch herauskommt, ist zwangsläufig das Konzept einer ästhetisch orientierten Avantgarde, die ständig die gleichen bedeutungslosen Proteste vorbringt und sich dadurch als gesellschaftliche Avantgarde – nämlich als Vertretung eines kollektiven Willens – selbst entmündigt. Adorno ist sogar ehrlich genug, das an einer Stelle selber zuzugeben, wo er erklärt: „Noch die Kategorie des Neuen, die im Kunstwerk repräsentiert, was noch nicht gewesen ist und wodurch es transzendiert, trägt das Mal des Immergleichen unter stets neuer Hülle."[49] Und damit wären wir wieder einmal bei jener „ewigen Wiederkehr des Neuen", die nach Walter Benjamin der eigentliche Motor des spätbürgerlichen Kunstbetriebs ist.[50]

So gesehen, stehen sich negativierende Avantgarde und affirmierende U-Kunst, in denen Adorno unüberbrückbare Gegensätze sah, wesentlich näher, als es den Anschein hat. All das, was Adorno noch als widerborstig empfand, hat das System inzwischen längst „assimiliert".[51] Ja, nicht nur das. Dieses System hat auch Adorno längst in seine Ideologie integriert, ohne dabei ihm oder sich selbst viel Gewalt antun zu müssen. Schließlich war Adornos Abneigung gegen alles Kollektive, Totalitäre, Sozialistische oder gar Kommunistische für die Drahtzieher der kapitalistischen Gesellschaftsordnung ein gefundenes Fressen. Doch auch seine Kunsttheorie konnte von den systemkonformen Journalisten und Publizisten der BRD ohne besondere Mühe vereinnahmt werden. Das läßt sich wohl am besten am diffamierenden Gebrauch der Metapher ‚heile Welt' zeigen. Mit ihr hatte man endlich ein Schlagwort zur Hand, mit dem sich alles Positive, Änderungswillige und Utopische von vornherein als ‚naiv' oder ‚dümmlich' abstempeln ließ. Zugleich diente diese Metapher dazu, der eigenen Status-quo-Attitüde den Anschein des Kritischen, Geistig-Überlegenen zu geben, indem man mit ihr all jene Phänomene, die einem ideologisch nicht in den Kram paßten, auf die Ebene des Provinzlerischen, Rückständigen, Kleinbürgerlichen herabdrücken konnte. All das, vor allem wenn es sich um Sozialistisches handelte, galt plötzlich als ‚19. Jahrhundert' oder als ‚säkularisiertes Christentum'. Und diese Sprachregelung erwies sich als äußerst effektiv, da nun einmal im Rahmen des westlichen Kulturbetriebs alles, was nicht der gegenwärtigen ‚Mode' entspricht, für viele von vornherein mit dem Odium des Vorgestrigen und damit Lächerlichen behaftet ist.

III

Um mit solchen Thesen nicht völlig im Bereich des Theoretischen zu bleiben, soll im folgenden der diffamierende Gebrauch der Metapher ‚heile Welt' an einigen Beispielen aus westdeutschen Zeitungen der frühen siebziger Jahre erhärtet werden, in denen sich diese Haltung des Hochmütigen, Mokanten, Elitären besonders deutlich zu erkennen gibt. Wie bei Adorno wird auch von den Journalisten dieser Ära mit bestbürgerlicher Arroganz all das als Kitsch, Spießermentalität oder zumindest Kleine-Leute-Gesinnung hingestellt, was noch an eine Änderung zum Besseren glaubt oder sich gar dafür einzusetzen versucht. Dies sind jene Leute, liest man in ihren Feuilletons, die immer noch nicht eingesehen hätten, daß sich die Welt nicht ändern lasse und daß der Kapitalismus – trotz all seiner Mängel – nun einmal das beste aller denkbaren Systeme sei. Solche Journalisten versuchen daher alles, den eher optimistisch Gestimmten durch ein ständiges Nörgeln auch die letzte Hoffnung zu nehmen und sie somit auf die vorgegebenen Zustände zu konditionieren. Ja, manche gehen dabei soweit, wie Adorno ständig den Teufel an die Wand zu malen oder mit Weltuntergangsstimmungen zu kokettieren, um so ihren Lesern eine ‚Hauptsache-Ich'- oder ‚Nach-mir-die-Sintflut'-Gesinnung einzubläuen und sie auf diese Weise gegen alle Einflüsterungen linker Ideologien abzustumpfen.

So mokiert sich etwa Hans Schwab-Felisch 1974 in der *Frankfurter Allgemeinen* über einen Roman von Hans Hellmut Kirst vor allem deswegen, weil in ihm mit kolportagehafter „Gesellschaftskritik" gegen die „verbrecherische Schickeria mit den feinen Umgangsformen", ihre „Schlemmerlokale" und „Massagepuffs" sowie die „korrupte Sensationspresse" der BRD vom Leder gezogen werde.[52] In solchen Vorwürfen sieht er lediglich „banale Klischees", in denen sich die „grobschlächtige Sehnsucht nach einer heilen Welt" äußere. Ähnliches behauptet Jürgen Stefan, der im November des gleichen Jahres seinen Bericht über den Privatdetektiv Banyon, der sich gegen die Mafia durchzusetzen versucht, in der *FAZ* mit dem Titel *Suche nach der verlorenen heilen Welt* überschrieb.[53] Fast dasselbe gilt für Ernst-Otto Maetzkes Story *Der Dreck und die Sehnsucht nach der heilen Welt*, die ebenfalls in der *FAZ* erschien und ein Öko-Film-Festival in Mährisch-Ostrau beschreibt.[54] Maetzke gibt zwar zu, daß die östlichen Filme ausgezeichnet waren und man ‚drüben' überhaupt viel für Umweltschutz übrig habe. Doch dann wird auch bei ihm der „sozialistische Umweltfilm" als Ausdruck einer „Sehnsucht nach der heilen Welt" diffamiert – und die westlichen Darstellungen als „pessimistischer und härter" (und damit zwangsläufig ‚besser') herausgestrichen.

Noch einen Schritt weiter geht Horst Krüger in seiner Reportage *Zeit der Napfkuchen*, die 1972 in der *Zeit* herauskam.[55] Hier geht es um die DDR – und da muß natürlich alles eingesetzt werden, was diesen Staat als „heile Welt" erscheinen läßt. In der DDR, wird uns weisgemacht, sei nicht nur alles „langweiliger" und „braver", sondern auch „hübscher", da man hier noch tief im 19. Jahrhundert stecke. Dies sei ein Land, wo die Frauen noch „Biedermeieraugen" hätten, wo das Essen noch auf Meißener Porzellan serviert werde, wo es noch selbstgebackene Napfkuchen gebe, wo man die Abende noch mit „Kammermusik und langen Lesestunden" verbringe, wo man noch „Antiquitäten" und „alte Truhen" schätze, wo man noch in Pantoffeln herumlaufe, kurz: wo man sich noch „richtig zu Hause" fühlen könne. Dort gebe es noch das gute alte „deutsche Bürgerhaus", dort habe man noch einen Sinn für „besonnte Vergangenheit", dort sei die Zeit, die im Westen so schnell dahineile, seit Jahrzehnten einfach „stehengeblieben". Wer selbst dann noch nicht begriffen hat, daß all dies (im Sinne einer höhnischen Verachtung für „heile Welt") eindeutig negativ gemeint ist, wird am Schluß mit der bitteren Pointe konfrontiert: „Eine von ihren Widersprüchen erlöste Welt ist ein Alptraum – an Spießigkeit."

Und damit wird auch hier die Katze aus dem Sack gelassen: alle, die für Veränderung, Verbesserung, das heißt für über das eigene Ich hinausgehende Ideale oder gesellschaftliche Konzepte eintreten, werden von solchen Leuten sofort als Vertreter der ‚heilen Welt' hingestellt und damit der Lächerlichkeit ausgesetzt. Dies seien jene seltsamen Typen, jene Idealisten, jene ‚Weltveränderer', heißt es immer wieder, die noch im Sinne des 18. oder 19. Jahrhunderts an Altruismus, an Gemeinschaft, an Verschönerung der Erde glaubten, anstatt endlich zu jenen überzulaufen, die solche Vorstellungen längst als frustrierende Hemmnisse auf dem Weg zur Selbstrealisierung ihres eigenen Wesens durchschaut hätten. Was daher solche Feuilletonisten des ‚20. Jahrhunderts' als zeitgemäß empfinden, ist ein Subjektivismus, der nur noch das Anti-Utopische als positiv anerkennt, das heißt der sich von allen übersubjektiven Konzepten freizumachen und diese Haltung in einer möglichst kritischen, gehetzten, ziellosen Attitüde zur Schau zu stellen versucht.

Und damit wird der ideologische Gegensatz innerhalb der bürgerlichen Schichten westlicher Demokratien – nämlich das Gegeneinander von Dialektikern, die sich für gesellschaftlichen Fortschritt einsetzen, und Reaktionären, die zum Zwecke ihrer Machterhaltung das Ideal falscher ‚heiler Welten' propagieren – geradezu auf den Kopf gestellt. Wer nicht wüßte, was Dirigismus und Manipulation sind, könnte bei der Lektüre solcher Zeitungen fast glauben, in einer ‚verkehrten Welt' zu leben. Die machthabende großbürgerliche Schicht gibt sich in ihren Feuilletons gern als ‚fortschrittlich' aus, indem sie ihre zerstörerische Verbrauchermentalität ins Modebewußte, Großstädtische, Avantgardistische stilisiert, während sie die wahrhaft fortschrittlich Gesinnten als frustrierte Kleinbürger hinstellt, die noch immer den Idealen der ‚heilen Welt', das heißt der Bescheidenheit, Ruhe und Schönheit, nachhängen, deren ‚idyllischer' Grundzug eindeutig ans Kitschige grenze. Und wie man weiß, wirken sich solche Verdikte des ‚Unzeitgemäßen' in einer Welt, die fast ausschließlich auf Prinzipien wie Modewechsel, geplanter Obsolenz und Verbrauchermentalität beruht, geradezu tödlich aus.

Allerdings zeichnen sich in den letzten Jahren im Rahmen dieser ideologischen Konstellationen auch einige Änderungen und Akzentverschiebungen ab. Solange es bloß gegen den ‚fortschrittsverlangsamenden' Sozialismus ging, funktionierte eine solche Verhetzung relativ gut. Doch wird sich das Konzept ‚heile Welt' auch dann noch als brauchbar erweisen, wenn sich in breiteren Schichten das Bewußtsein ökologischer Gefährdung durchsetzt, wenn die großen Städte aufgrund ihrer Unwirtlichkeit allmählich ihren bisherigen Reiz einbüßen, wenn der Begriff ‚Provinz' seinen diffamierenden Charakter verliert, wenn Schlagworte wie Ländlichkeit, Ruhe, Gesundheit, saubere Luft wieder einen neuen Glanz bekommen?

Vielleicht wird dann der Begriff ‚heile Welt' wieder positiver klingen. Wer weiß? Es gibt bereits Anzeichen, die in diese Richtung deuten. So wird etwa in der Zeitschrift *Das Tier,* die von Bernhard Grzimek, Heinz Hediger und Konrad Lorenz herausgegeben wird, dieser Begriff in einem äußerst positiven Sinne verwandt, um damit den Zustand einer sinnvollen ökologischen Balance zu umschreiben. Doch auch manche Linke bedienen sich schon wieder dieses Begriffs, wie der Kalender *Zingerls heile Welt* (1975) beweist.[56]

Und die andere Seite? Vielleicht wird man für ihre Lebensweise einmal den Begriff ‚heile Hölle' verwenden. Es gibt da bereits einen Roman mit diesem Titel, nämlich Gerold Späths *Die heile Hölle* von 1977, in dem eine großbürgerliche Familie als Inbegriff einer solchen Mentalität hingestellt wird. Hier geht es um ein Lebensgefühl des Ausbeuterischen, Verbraucherischen, Ausplündernden, das sich entweder bis zum Lustmord steigert (Vater) oder in Verzweiflung und Selbstmord umschlägt (Sohn). Was müssen wir in Zukunft alles aufbieten, um dieser Zerstörung und Selbstzerstörung entgegentreten zu können, die hier am Verhalten einzelner Familienmitglieder dargestellt wird, jedoch den Zustand der gesamten Gesellschaft meint?

Zukunft in der Vergangenheit

Über den Gebrauchswert des kulturellen Erbes

Es gibt seit einigen Jahren eine Reihe von Leuten, denen das Lesen oder Unterrichten sogenannter ‚älterer Literatur', die nicht mehr so ganz up to date, so ganz relevant oder systemerschütternd ist, als etwas Unwichtiges, ja – angesichts dringenderer Probleme – geradezu Eskapistisches erscheint. Sie fragen sich mit schlechtem Gewissen und zugleich ideologischen Skrupeln: Wen interessiert denn das noch – von ein paar ‚Literaturmenschen', die beruflich dazu angehalten sind, einmal abgesehen? Selbst erklärte Großwerke der Vergangenheit wie das *Nibelungenlied*, den *Simplizissimus* oder die *Wanderjahre* liest doch niemand mehr spontan. Sind solche Werke nicht längst zu obskuren Studienobjekten für Berufsspezialisten geworden? Gespräche über sie finden doch bloß noch im Klassenzimmer, im Seminarraum, im Vortragssaal oder (bei besonderen Anlässen) unter Kollegen statt. Und daraus ergibt sich für manche das besagte ‚schlechte Gewissen'.

Daß dies nicht immer so war, weiß jeder mit der Geschichte der ästhetischen Geschmacksbildung Vertraute nur allzu genau. Im bürgerlichen Salon des 19. Jahrhunderts wurde noch unentwegt, ja fast ausschließlich und mit dem besten Gewissen über ‚ältere Kunst' geredet. Außerdem trug man dort Lieder vor, zeigte Bilder herum und las Dramen in verteilten Rollen. Im Gegensatz zu den heutigen Mittelschichten, deren Parties meist einen betont anspruchslosen Charakter haben, war diese Gesellschaft noch ungebrochen elitär und stolz auf ihren kulturellen Status. Kunst hatte damals noch Aura; und das Bürgertum, als Vertreter von Besitz und Bildung, fühlte sich noch als Bewahrer und Mehrer der überkommenen Erbschaft. Doch ironischerweise war es gerade diese bürgerliche Besitzideologie, die zur allmählichen Aushöhlung der kulturellen Überlieferung führte. Denn durch diese klassenspezifische Monopolisierung wurde die Kunst immer stärker mit privaten Affektionswerten aufgeladen und schließlich so stark ins Symbolische oder Hermetische stilisiert, daß sie – um 1900 – zu einem bloßen L'art-pour-l'art-Produkt erstarrte. Indem man sie krampfhaft verknappte und verdichtete, um sie als ästhetische Feinkost, als Essenz genießen zu können, blieb letztlich von ihrer bis dahin stets betonten ‚Allgemein-Menschlichkeit' kaum etwas übrig. Daß im Verlauf dieser Entwicklung die unteren Regionen mehr und mehr der kommerzialisierten Trivialität verfielen und somit der Gegensatz zwischen raffinierter Artistik und kruder Gebrauchskunst immer schreiender wurde, störte diese Schichten nicht im geringsten. Ja, die wahren Ästheten zogen gerade diesen Kontrast zu ihrer gesellschaftlichen und kulturellen Selbstrechtfertigung heran. Während die Bourgeoisie als kulturbestimmende Schicht zusehends in den Hintergrund trat, versuchten die Connaisseurs in den Trümmern der von ihr hinterlassenen ‚Kultur' einfach weiterzuleben und dort – bei verschärfter materieller Abhängigkeit – ihre ästhetische Autonomie zu zelebrieren.

Kein Zweifel, daß diese Zustände auch heute noch bestehen. Noch immer gibt es Snobs und Ästheten, die in ihren feinsinnigen Schneckenhäuschen zu überwintern versuchen und auf eine neue Oberschicht, eine neue bürgerliche Ästhetik mit klaren und gesicherten Normvorstellungen warten. Doch die anderen, die in Demokratiekonzepte hineinwachsen und über die bisherige Besitzideologie hinausgehen wollen, werden allmählich ungeduldig und pochen auf eine neue Besitzverteilung – auch im Rahmen der Kultur. Sie haben ein ungutes Gefühl, wenn sie erfahren, daß die sogenannte ‚E-Kunst' nur 4,76 Prozent der westdeutschen Bevölkerung anspricht. Sie geben sich nicht damit zufrieden, daß durch die bürgerliche Privatisierung alle ‚universalen' Elemente innerhalb der Kunst weitgehend auf den Hund gekommen sind. Sie wollen keine Kunst für Eingeweihte, für Webern-Spezialisten, Mondrian-Fans oder Joycesche Wortklauber. Sie wollen eine gesellschaftsbezogene, konkrete, effektive, ins Universale tendierende Kunst.

Die Gruppen, die solche Konzepte vertreten, sind leider noch gar nicht so groß, wie sie von verstörten Reaktionären manchmal hingestellt werden. Man hört zwar hie und da einige Stimmen, die auf Relevanz, größeres Verantwortungsbewußtsein oder wenigstens neue Darstellungsformen pochen, doch die Mehrheit der Literaturwissenschaftler schweigt, winkt ab oder verdrängt. Denn es ist eine „traurige" Aufgabe, sich in „unserer Zeit über den hemmungslosen und schaurigen Verfall der Kultur klarzuwerden", wie Brecht einmal schreibt.[1] Eine solche ‚Klarheit' setzt nämlich stets eine politische Vorentscheidung voraus.

Wer es sich leicht machen will, verharrt also einfach beim Status quo und geht solchen Problemen, so weit er kann, aus dem Wege. Da wären erst einmal jene, die sich in gut- oder bestbürgerlicher Tradition à la Emil Staiger lediglich an den Kanon der etablierten Meisterwerke halten. Nach ihrer Meinung hat Kunst überhaupt keine historischen oder gar zeitgeschichtlichen Aspekte, sondern bekommt erst dann einen Sinn, wenn man sie sub specie aeternitatis betrachtet. Vor allem die leicht ‚existentialistisch' angehauchten unter diesen Meisterinterpreten sehen in Kunst fast so etwas wie eine Offenbarung der ‚wahren Zeit' oder des ‚vollkommenen Seins', die ihnen in der ‚Scheinzeit' der Gegenwart einen Durchblick ins Unendliche erlaubt oder sie zumindest in der Unwandelbarkeit aller menschlichen Verhältnisse bestätigt. Wirklich ‚groß' sind daher für die Vertreter dieser Richtung nur Dinge mit genügendem Abstand, also Werke bis zur Mitte des 19. Jahrhunderts. Durch diese verklärende Attitüde erstarrt ihnen alles zum Kanon, zum Klischee, zum Markenartikel, zum Ausdruck des ewig einen Status quo. Ungern in ‚demokratischen' Zeiten lebend, warten sie bewußt oder unbewußt auf eine neue Oberschicht und akzeptieren bis dahin alles, was von den bisherigen Oberschichten akzeptiert worden ist: die Kunst der Herrscher, der Sieger, der Triumphierenden, die von allen undemokratischen Regimen als die eigentliche Kunst hingestellt wird.

Nicht ganz so reaktionär wirkt die zweite Gruppe dieser Status-quo-Verehrer, die der Positivisten. Sie akzeptieren nicht nur die Meisterwerke, sondern die geradezu unendliche Fülle der gesamten künstlerischen Überlieferung. Während die erste Gruppe vornehmlich anbetet, sehen die Positivisten ihre Hauptaufgabe im Sammeln, Stapeln und Katalogisieren. Sie fühlen sich nicht als Priester im Tempel, sondern als Magazinbeamte im Museum. Doch trotz aller Emsigkeit, alles Sammeleifers stoßen auch sie selten über die Mitte des 19. Jahrhunderts hinaus. Die Kunst der Gegenwart ist ihnen einfach noch nicht museal, nicht verstaubt genug, um wirklich ‚wissenschaftswürdig' zu sein.

Diese beiden Gruppen wären erst einmal die, welche sich der unabweislichen Relevanzforderung einfach durch einen Sprung in die Vergangenheit zu entziehen versuchen. Für die Gegenwart und ihre unpatinierte Kunst haben diese Kreise meist nur ein müdes Lächeln übrig. Doch es gibt auch solche, die sich den hier aufgezeigten Problemen wirklich stellen und dennoch Status-quo-Verehrer bleiben. Man denke an jene ach so fortschrittsbegeisterten Snobs innerhalb der bürgerlichen Journalistik, die einfach alles – ob nun Kunst oder Kitsch, die bedeutendsten Meisterwerke der Vergangenheit oder letzten Dreck von heute – mit derselben Wurstigkeit in sich aufzunehmen vermögen. Für sie liegen E-Kunst und U-Kunst, Werke mit Anspruch oder bloßer Camp, Beethoven und die Rolling Stones, Rembrandt und Comic Strips weitgehend auf der gleichen Ebene, als sei der Gegensatz zwischen elitärer und trivialer Kunst eine rein akademische Fiktion. Statt zwischen high brow, middle brow und low brow zu unterscheiden, kokettieren sie gern mit der enormen Breite ihres ästhetischen Geschmacks, die von der Gregorianik bis zum Hard Rock, von Altamira bis zu Andy Warhol, von der Sappho bis zu Mickey Spillane reicht – was den Eindruck einer ‚demokratischen' Vorurteilslosigkeit erweckt, aber letztlich ohne jedes Telos bleibt. Denn bei einer solchen Verzehrfreudigkeit, die einen ästhetischen Pferdemagen voraussetzt, wird schließlich gar nichts mehr rezipiert oder gar verarbeitet, sondern bloß noch geschluckt. Ob hoch oder niedrig: hier gilt nur das, womit man sich die Zeit vertreiben kann. Und zwar wird das meist mit Slogans untermalt, wie sie auch die Agenturen der Madison Avenue nicht besser erfinden könnten: „Don't be narrowminded! Hör nicht nur Beethoven, gönn Dir auch mal ein paar Minuten Jazz!", um auch im Rahmen der High-Brow-Gesellschaft so viele Freizeitprodukte wie nur möglich abzusetzen.

Genau die entgegengesetzte Position innerhalb dieser ‚modernistisch' orientierten Kreise vertreten Theodor W. Adorno und seine Schüler, die sich zwar ebenfalls ständig mit der gegenwärtigen Massen- und Konsumkultur auseinandersetzen, aber im Hinblick auf das Ästhetische nur die E-Kunst der letzten Jahrzehnte (Kafka, Beckett, Schönberg, Kandinsky usw.) als rezeptionswürdig anerkennen. Hier scheint zum erstenmal eine echte Progressivität aufzuleuchten, die sich jedoch – bei näherem Zusehen – leider als ein Irrlicht erweist. Da nämlich die Adornisten in der gesamten Menschheitsgeschichte lediglich eine ‚Verfallsgeschichte' sehen, deren unaufhaltsamer Fortschritt im Sinne einer negativen Dialektik zu immer stärkeren Repressionen führt (wodurch alle ‚echten Werte' der Vergangenheit in Vermassung und Manipulation untergehen), bleiben auch sie in einer nie zugestandenen, aber dennoch nicht zu leugnenden Status-quo-Ideologie befangen. Denn im Hinblick auf die Zukunft herrscht bei ihnen weitgehend Ohnmacht, ja völlige Resignation. Was daher die Vertreter dieser Schule für sinnvoll halten, ist allein der Versuch, die Kunst dem Massenkonsum zu entziehen, indem man sie so schwierig, so artistisch, so hermetisch macht, daß sie für die Masse ‚ungenießbar' wird und nur noch von den einsamen Individuen im intellektuellen Ghetto gewürdigt werden kann. Wie bei Herbert Marcuse sieht man hier die antagonistische Kraft der modernen Kunst einzig und allein in ihrer Negativität, ihrem total entfremdeten Charakter. Indem sie sich dem breiten Konsum „verweigert", äußert sie ihren Protest gegen das, was ist.[2] Statt wie die eindimensionale Massenkunst bloße Affirmation zu sein, demonstriert die Kunst der Adornisten die elitäre Narrenfreiheit einer bildungsprivilegierten Oberschicht, was sich – ideologisch gesehen – nur als die letzte Schwundstufe ältester bürgerlicher Traditionen interpretieren läßt.

Angesichts solcher Theorien, die in bloßer Anbetung, emsiger Sammeltätigkeit, snobistischer Wurstigkeit und elitärer Absonderung kulminieren und damit letztlich nur die Wirkungslosigkeit von Kunst im Rahmen einer Status-quo-Gesellschaft unter Beweis stellen, nimmt es nicht wunder, daß ein paar radikalere Geister, die von einer revolutionären Unruhe ergriffen sind und auf Änderung dieser Verhältnisse drängen, den ganzen ‚bürgerlichen' Kunstrummel überhaupt verwerfen. Nach so viel schönem Schein wollen sie endlich zur Wirklichkeit, zur Aktion, zur Politik übergehen. Ihr Ziel ist nicht die ideale Kunst, sondern der ideale Staat. Eine solche Haltung führt zwangsläufig zu einem allgemeinen Vandalismus. Denn wer nur die Zukunft im Auge hat, muß die Vergangenheit notwendig abschaffen und wieder mit dem Jahre Null beginnen. Wie man weiß, hat dieser pietätlose Radikalismus eine ehrwürdige Tradition. Zu ihm bekannten sich schon die Puritaner und Bilderstürmer und schließlich selbst der alte Tolstoi, der im Zeichen der Schlichtheit, Reinheit und Volkstümlichkeit geradezu alles verwarf, was er als unfromm, luxuriös und unverständlich empfand. Und das war in seinen Augen nichts weniger als die gesamte ‚hohe Kunst' der Gebildeten von Aischylos über Dante, Shakespeare und Milton bis hin zu Goethe, Wagner und Richard Strauss. Noch radikaler gebärdeten sich zu Anfang der zwanziger Jahre Männer wie George Grosz und John Heartfield, die in der Zeitschrift *Der Gegner* in aller Offenheit dazu aufriefen, die bürgerliche Malerei von Rubens bis Kokoschka einfach zu verbrennen.[3] Kunst, die nur der Schönheit diene, war nach ihrer Meinung entweder schnöder Luxus oder Opium fürs Volk. In den sechziger Jahren wurde ein solcher Kunstvandalismus vor allem von manchen Enzensberger-Adepten, *Kursbuch*-Autoren und Mitgliedern der ‚Roten Zellen' vertreten, die angesichts des versnobten, antiquarischen oder rein formalistischen Kunstbetriebes der fünfziger Jahre die These aufstellten, daß die Kunst im ‚bürgerlichen' Sinne längst gestorben sei und man ihren verwesenden, aber immer wieder neu aufgeschminkten Leichnam endlich zu Grabe tragen solle. Nach ihrer Meinung wird eine befreite, das heißt klassenlose Gesellschaft einmal keine Kunst mehr nötig haben. In ihr werden alle Scheinaktivitäten und Kompensationen verschwinden und sich die Humanität in sich selbst realisieren.

Bei dieser Gruppe gibt es endlich ein klares Ziel, aber leider keine Kunst mehr. Daher bietet auch sie keine vernünftige Antwort auf die Frage, wie man sich sinnvollerweise zum kulturellen Erbe zu stellen habe und welche Funktion der Kunst heutzutage überhaupt noch zufalle. Man muß also weiter fragen: Wo sind denn die Gruppen, die sich als die legitimen Erben der kulturellen Tradition empfinden und diese Erbschaft positiv zu aktivieren versuchen? Schließlich wollen wir ja nicht nur den Status quo beseitigen, sondern zugleich ein fruchtbares Verhältnis zur Vergangenheit gewinnen.

Da wäre erst einmal jene Gruppe, die zur totalen Aktualisierung neigt, das heißt die alles auf das ‚Hier und Jetzt' bezieht und in sämtlichen künstlerischen Relikten der Vergangenheit lediglich Dokumente der menschlichen ‚Vorgeschichte' erblickt. Wie die Bilderstürmer sehen diese Aktualitätsfanatiker ihr Ziel allein in der Zukunft, in der idealen Gesellschaft. Anstatt jedoch die Vergangenheit einfach über Bord zu werfen, versuchen sie der kulturellen Tradition wieder einen echten Lebenswert zu geben. Denn diese Gruppe glaubt, daß alle bedeutenden Kunstwerke der letzten Jahrtausende trotz der gesellschaftlichen Misere, der sie entstammen, doch einen gewissen Hinweischarakter auf Besseres haben, wie Walter Benjamin in seinen *Geschichtsphilosophischen Thesen* behauptet, ja daß sie dieses Bessere bereits größtenteils traumhaft vorweggenommen haben. Und so sieht Benjamin in allen den Durchschnitt überragenden Kulturdokumenten der Vergangenheit nicht nur mit Narben übersäte Manifestationen der Frustrierung, in denen das Barbarische und Inhumane aller bisherigen Klassengesellschaften zum Ausdruck kommt, sondern zugleich Produkte einer privilegierten ästhetischen Phantasie, die ein alle Zeiten überspannendes ‚utopisches' Element enthalten. Wirklich große Kunst weist daher nach Benjamin stets über sich selbst hinaus, enthält das Blochsche „Prinzip Hoffnung" und läßt sich mit einem „Tigersprung ins Vergangene" ohne weiteres für die utopischen Hoffnungen unserer Zeit nutzbar machen.[4] Benjamin wendet sich deshalb sowohl gegen die museale als auch gegen die existentialistische Kunstbetrachtung und fordert eine Kulturwissenschaft, die alles auf die „Jetztzeit" bezieht.[5] Nach seiner Meinung soll man die Kunstwerke der Vergangenheit nicht in ihrer Zeit sehen, sondern „in der Zeit, da sie entstanden, die Zeit, die sie erkennt – das ist unsere – zur Darstellung bringen", wie es im *Angelus Novus* heißt.[6] Eine solche Sicht läuft letzten Endes auf eine unterschiedslose Gleichzeitigkeit aller utopischen Hoffnungen hinaus, die in den Wunschvorstellungen des heutigen Betrachters in eins zusammenfallen. Damit ist zwar wieder ein Ziel gewonnen, aber die Frage des kulturellen Erbes zugleich beantwortet und vermieden. Denn was ist wirklich groß, bedeutend, utopisch in der Vergangenheit? Was gilt es im echten Sinne zu erben, aufzuheben, zu konservieren? Was läßt sich stets aufs neue aktualisieren? Nur die menschliche Größe, der Überschuß an Phantasie, der ästhetische Mehrwert? Das sind zwar schöne Konzepte, aber wie konkret sind sie?

Die nächste Gruppe dieser mehr zukunftsorientierten Kunsttheoretiker rekrutiert sich aus jenen Autoren, die sich dem Prinzip der unendlichen Innovation verschrieben haben. Hier herrscht meist ein Progressionsdenken, das sich an Vokabeln wie ‚Bewußtseinserweiterung', ‚steigende Sensibilisierung', ‚Aufbruch zu neuen Empfindungshorizonten' oder ‚Vergrößerung des Artikulations- und

Wahrnehmungsspielraums' stimuliert. Im Zentrum steht dabei stets die Eskalation der individualpsychologischen Erlebnismöglichkeiten, die aufs engste mit einem forcierten Avantgarde-Konzept in der Kunst verbunden wird. Mit einer seltsamen Mischung aus Adorno, Snobismus, Aktualitätsdenken und modischen Nouveauté-Prinzipien versucht man hier eine progressive Linie zu erreichen, die auf eine Verherrlichung des aristokratischen Außenseiters hinausläuft, der in Fragen der Bildung und des Geschmacks den anderen stets um eine Nasenlänge voraus ist. Vereinsamte Intellektuelle identifizieren sich in diesen Bereichen mit anderen vereinsamten Intellektuellen, indem sie sich über den altmodischen ‚kleinen Mann von der Straße' erheben und innerhalb der allgemeinen Vermassung und Manipulation eine gewisse ‚Würde' zu wahren versuchen. Im Gegensatz zur Mehrheit der Bevölkerung, die sich bedingungslos dem Einfluß der Massenmedien unterwerfe, schwören diese Leute weiterhin auf die Autonomie des Künstlerischen und sehen den Höhepunkt der Menschheitsentwicklung in einem ästhetischen Sensibilitätstraining. Voller Stolz auf ihr intellektuelles Außenseitertum fühlen sie sich immer noch als die Schrittmacher eines bürgerlichen Liberalismus, der längst alle fortschrittlichen Züge eingebüßt hat. Und so ist auch ihr Verhältnis zum kulturellen Erbe meist rein formalistischer Art. Wenn man sich überhaupt mit der Vergangenheit beschäftigt, dann nur um sie nach Vorläufern einer nicht näher qualifizierten ‚Moderne' durchzukämmen. In der Malerei sucht man lediglich nach Tendenzen, die dem ersten total abstrakten Gemälde Kandinskys vorgearbeitet haben. In der Literatur läßt man bloß das gelten, was auf die absolute, hermetische, absurde, groteske, das heißt im weitesten Sinne formalästhetisch orientierte Literatur seit 1910 vorausweist. In der Musik gilt nur das als interessant, worin sich bereits im 19. Jahrhundert eine Tonalitätsauflösung à la Schönberg bemerkbar macht. Was an einer so formal modernistischen Perspektive noch ‚progressiv' sein soll, ist schwer einzusehen. Denn ein solcher Avantgardismus bleibt letztlich ohne jedes Ziel und damit harmlos, ja geradezu reaktionär. Diese Leute gehen zwar mit der Bewegung, setzen aber nichts mehr in Bewegung. Und damit bleiben sie Repräsentanten jener auf dem Prinzip der formalistischen Innovation beruhenden ‚Mode', die Benjamin so schön als die „ewige Wiederkehr des Neuen" definiert hat.[7] Denn eine solche Neuerungssucht, die das Postulat der ‚Entwicklung' zum bloßen Selbstzweck erhebt, läuft zwangsläufig auf das kapitalistische Marktprinzip der Trends und Fads hinaus. Es gibt wohl kaum etwas, worin sich das gesamte Dilemma des bürgerlichen Liberalismus besser widerspiegelte, als in dieser leerlaufenden Progressivität. Und damit scheidet auch diese Gruppe als ideologische Leitbild aus.

Was tun, fragt man sich verzweifelt in einer solchen Situation? Den Status quo lehnen zwar manche dieser Gruppen mit Entschiedenheit ab – aber in welcher Form: der Form der radikalen Negierung alles Gewesenen, der spontanen Aktualisierung oder der leerlaufenden Emanzipation! Ist das alles – oder gibt es nicht auch noch jene, die das Verhältnis von Vergangenheit und Gegenwart in einer unmittelbaren Wechselbeziehung sehen, die das Vergangene im Lichte der Gegenwart für die Zukunft betrachten, die den Prozeß der ‚dialektischen Aneignung' propagieren? Es gibt sie, aber sie sind relativ selten geworden, da man sie als altmodische Idealisten empfindet. Schließlich handelt es sich hier um ein Geschichtsbewußtsein, das bereits bei Vico, Herder und Hegel auftaucht, bei denen sich die Perspektive entwickelt, den historischen Erkenntnisprozeß aus der Einheit von Vergangenheit und Gegenwart herzuleiten. Für diese Leute war es noch eine Selbstverständlichkeit, das „Vergangene mit dem Gegenwärtigen zu verknüpfen“, wie es in Schillers berühmtem Aufsatz über das Studium der Universalgeschichte heißt. Bis zu den Jungdeutschen und Vormärzlern fühlten sich in dieser Ära alle progressiv eingestellten Historiker nicht als teilnahmslose Chronisten, sondern als aktive Bildner und Mitgestalter der Zukunft und damit Teilhaber am allgemeinen Geschichtsprozeß. So bezeichnete sich etwa ein Mann wie Georg Gottfried Gervinus noch unverfroren als Anwalt der Nation, ja als „Parteimann des Schicksals“.[8] Daß diese Einheit von Vergangenheit und Gegenwart zerfiel, geht weitgehend auf das Konto jenes resignierenden Positivismus, der nach dem Scheitern der Achtundvierziger und ihrer Fortschrittsideologie um sich zu greifen beginnt. Erst jetzt macht sich ein zielloser Objektivismus breit, der die historische Stellungnahme durch das museale Etikettieren ersetzt. Auch die verschiedenen Reaktionen auf den Positivismus, die mit Schlagworten wie ‚Lebensphilosophie‘, ‚Stilforschung‘ oder ‚Geistesgeschichte‘ umschrieben werden, haben daran nicht viel geändert. Durch sie trat zwar wieder eine Tendenz ins Wertende ein, die jedoch außerhalb der objektiven Dialektik zwischen Vergangenheit, Gegenwart und Zukunft blieb. Wie bei den bloß ‚innovationistischen‘ Bewegungen dominiert auch in diesen Schulen meist eine bürgerlich-unverbindliche und damit ziellose Liberalität.

Der ästhetisch-erzieherische Charakter des älteren aufklärerischen Gesichtsbewußtseins wurde nach 1900 lediglich von Gruppen links der bürgerlichen Mitte aufgegriffen. Nur hier dachte man in einem echten Sinne dialektisch und versuchte, die Gesamtheit des kulturellen Erbes aufs neue nutzbar zu machen. Man denke an Lenins berühmte Thesen von 1919, in denen er sich sowohl gegen die bürgerliche Erstarrung als auch gegen den linksradikalen Vandalismus und den bloßen Proletkult wendet und davon spricht, daß der Sozialismus von der gesamten Kultur, die der Kapitalismus hinterlassen habe, Besitz ergreifen müsse.[9] Ähnlich scharf trat Anatoli Lunatscharski, der erste Volkskommissar für Bildungswesen der jungen Sowjetrepublik, den sogenannten „Linsfront-Leuten“, das heißt Futuristen und Formalisten entgegen und wies sie auf das „Erbe der Klassiker“ hin.[10] Statt einem blinden, traditionslosen Avantgardismus zu huldigen, verlangte daher auch eine Reihe deutscher Linkstheoretiker der frühen zwanziger Jahre in scharfer Ablehnung des dadaistischen Kunstvandalismus eines George Grosz oder John Heartfield, daß sich die Arbeiterschaft aller wertvollen Werke der feudalistischen und bürgerlichen Vergangenheit bemächtigen solle und daß dieser Aneignungsprozeß wesentlich wichtiger sei als die Herausbildung einer eigenen proletarischen Kultur.[11] Diese Richtung erhielt dann in den dreißiger Jahren auf dem 1. Allunionskongreß der Sowjetschriftsteller ihre offizielle Legitimation, die sich auch für die späteren Volksfrontkonzepte als verbindlich erwies.[12]

Welche Folgen die hier entwickelten Erbe-Parolen hatten, ist in der Sowjetunion und in der DDR zum Teil bis auf den heutigen Tag zu spüren.[13] Vor allem durch den Einfluß von Andrej Schdanow und Georg Lukács wird in diesen Ländern die These der ‚dialektischen Aneignung' oft im Sinne einer unkritischen Übernahme alles Anerkannten und Klassischen ausgelegt, was oft eine ausgesprochen ‚traditionsverpflichtete' Kulturpolitik im Gefolge hat. Als verantwortungsbewußte ‚Schatzbewahrer' der im Kapitalismus verschleuderten Kulturgüter neigt man in diesem Lager nur allzu stark zum Konservierenden. Alles Große der bisherigen Welt- und Nationalkultur wird hier von vornherein als ‚Erbe' reklamiert und als Basis eines kontinuierlichen Weiterbaus empfohlen. Was man wirklich verdammt, sind an sich nur Werke der jüngsten Vergangenheit mit unübersehbar antisozialistischem, militaristischem und imperialistischem Charakter, während man die ältere Vergangenheit – vor allem die bürgerliche Kunst zwischen 1750 und 1850, die Kunst des ‚klassischen' Zeitalters – wesentlich unkritischer durchmustert und auf diesem Sektor zum Teil reine Denkmal- oder Erbepflege treibt.[14] Im Hinblick auf diese Haltung könnte man fast von einer ‚bürgerlich-marxistischen Ästhetik' sprechen.[15]

Und zwar stützt man sich dabei gern auf das bekannte Marx-Zitat aus der Einleitung zu den *Grundrissen der Kritik der Politischen Ökonomie* von 1857, wo es heißt, daß man sich bei der Interpretation älterer Kunstwerke nicht darauf beschränken solle, ihren historischen Stellenwert und ihre gesellschaftliche Entwicklungsform hervorzuheben, sondern daß man sich auch mit der Frage auseinandersetzen müsse, warum uns selbst ideologisch so problematische Werke wie die Tragödien des Aischylos noch heute einen unleugbaren „Kunstgenuß" gewähren. Die Antwort, die Marx darauf gibt, ist leider nicht recht brauchbar, da er sich mit einem gut hegelianischen Trick aus der Schlinge zieht und den „ewigen Reiz" der griechischen Kunst auf ihren jugendlichen Charme im menschheitsgeschichtlichen Sinn zurückzuführen versucht.[16] Doch damit wird der grundsätzlichen Frage nach der Möglichkeit einer zutiefst ‚dialektischen' Aneignung leider aus dem Wege gegangen und der unkritischen Übernahme alles bisher als groß und verehrenswert Empfundenen Tür und Tor geöffnet. Wenn man nämlich an einen „Kunstgenuß" glaubt, der sich vom Historischen und Gesellschaftlichen so weit abheben läßt, daß man ihn ins Zeitlos-Universale transponieren kann, ist man von einer materialistisch-dialektischen Kunsttheorie, die auf einem unlösbaren Wechselspiel seinshafter und bewußtseinshafter Elemente beruht, noch relativ weit entfernt. Solche Gedanken liegen etwa auf derselben Ebene wie Benjamins These vom utopischen Überschuß, den jedes echte Kunstwerk enthalte. Mit Theorien dieser Art kann man eigentlich alles ‚beerben'.

Es gibt daher auch linke Kunsttheoretiker, die sich mehr um eine ‚nichtbürgerlich-marxistische' Ästhetik bemühen und die Frage nach dem kulturellen Erbe wesentlich dringlicher stellen. So schreibt etwa Brecht im April 1955 über die „Wirkung alter Kunstwerke":[17]

> Marx weist auf die erstaunliche Fähigkeit der Menschen hin, auch sehr alte Kunstwerke noch auf sich wirken zu lassen. Er zeigt sich mit Recht darüber erstaunt, denn

> die billige Formel von der Ewigkeit der Kunst befriedigt ihn nicht. Seine Bemerkung, die Menschheit erinnere sich gerne ihrer Kindheit, scheint mir beiläufig. Eher schon kann man sich denken, daß sie gerne die Erinnerung an ihre Kämpfe und Siege pflegt und durchschauert wird, wenn sie sich der immer neuen Bemühungen, Erfindungen, Entdeckungen entsinnt. Denn die großen Kunstwerke entstehen in diesen Zeiten der Kämpfe. Und die Fortschritte sind Schritte weg von Fortschritten.

Was nach Brechts Meinung geerbt werden soll, ist also erst einmal das Fortschrittliche, die Kunst der Empörer, wie es in dem Gedicht *Die Literatur wird durchforscht werden* heißt,[18] und nicht einfach alle von der feudalistischen und bürgerlichen Tradition anerkannten Werke des Establishments. Er schreibt daher an anderer Stelle, daß er die Emotionen früherer Kunstwerke nur teilen könne, wenn sie „die Interessen von Klassen vertreten, die den Fortschritt führen". Ja, dieser Fortschrittsgeist erscheint selbst ihm, der nicht gern ins Universale wabert, als etwas im besten Sinne „Allgemein-Menschliches".[19] In einem ähnlichen Sinne hat Robert Weimann einmal von den „Literaturen der Zeitenwende" gesprochen, worunter er im Hinblick auf Deutschland vor allem die Renaissance, die Aufklärung, die Klassik, den Vormärz und die Anfänge der sozialistischen Literatur versteht.[20] Gute Kunst wäre nach der Auffassung dieser Theoretiker nur das, worin sich der Geist aufsteigender Klassen manifestiert, was „Parteilichkeit für die Zukunft" enthält, was einen utopischen „Vor-Schein" gewährt, was an der „Front" liegt, wie Ernst Bloch im *Prinzip Hoffnung* schreibt.[21]

Nicht das harmonische, in sich abgerundete, der Ewigkeit zugedachte, museale *Objet d'art* hat daher für Bloch den höchsten Kunstcharakter, sondern eher das, was sich fragmentarisch gibt, als Hinweis oder Entwurf auftritt, auf Verbesserung und Ergänzung angewiesen ist, also das Bestehende in einem progressiven Sinne umzumodeln versucht. Fast die gleichen Thesen finden sich bei Brecht. Auch er sieht nur in „unvollendeten",[22] „groß geplanten", aber „unfertigen",[23] prozeßhaft angelegten Werken oder besser „Versuchen" etwas, was wirklich brauchbar ist, worin wir mit bestem Gewissen einstimmen können, da es uns die Welt als eine sich entwickelnde und damit veränderbare hinstellt. „Alle Vormärsche", schreibt Brecht einmal im *Kleinen Organon*, „jede Emanzipation von der Natur in der Produktion, führend zu einer Umgestaltung der Gesellschaft, alle Versuche in neuer Richtung, welche die Menschheit unternommen hat, ihr Los zu bessern, verleihen uns, ob in den Literaturen als geglückt oder mißglückt geschildert, ein Gefühl des Triumphes und des Zutrauens und verschaffen uns Genuß an den Möglichkeiten des Wandels aller Dinge."[24] Nach Anschauung dieser Kreise liegt also das ‚Lebendige', das sich dialektisch aneignen läßt, vornehmlich in der geschichtsbezogenen Unmittelbarkeit und emanzipatorischen Verve der jeweils ins Auge gefaßten Werke. Was schon damals wirklich ‚gezündet' hat, zündet für sie auch heute noch, das heißt löst in fortschrittlich Gestimmten anregende, effektverheißende, energetisierende Impulse aus. Was jedoch schon damals – in der Vergangenheit – durch formale Glätte und forcierte Konfliktlosigkeit den Eindruck des Ewigen erwecken sollte, ist nach ihrer Meinung nie wirklich lebendig gewesen und wird es auch nie sein. Dafür sprechen in der jüngsten DDR-Kritik vor allem die Heine-Studien von Hans Kaufmann[25] und Werner Mittenzweis Buch *Brechts Verhältnis zur Tradition* (1973), die über die bloße Legitimationsphase innerhalb der DDR zu einem Erbe-Konzept vorstoßen, das wesentlich kritischer und zugleich zukunftszugewandter ist.[26]

Eine solche Haltung, bei der eine echte Dialektik ins Spiel gebracht wird, führt natürlich zu ganz anderen Konsequenzen als eine undifferenzierte Übernahme des bereits in vergangenen Kulturen Anerkannten. Denn wenn nur das gut und fruchtbar ist, was sich im Sinne der dialektischen Kulturbewegung nach ‚vorn' entscheidet, dann muß auch der Betrachter, Leser oder Zuhörer ein wahrer Dialektiker und kein bloßer Kunstfreund sein.[27] Dazu gehört jedoch die Fähigkeit, den geschichtlichen Prozeß in sich selbst als ein fortwährendes Spannungsfeld von Revolution und Restauration zu erleben. Wie man überhaupt nur Historiker ist, wenn man stets den Prozeßcharakter der gesamten menschheitlichen Entwicklung im Auge behält und sich über das bloße Betrachten hinaus immer wieder zu Beurteilungen und Entscheidungen verpflichtet fühlt. „Ohne lebendige, dialektisch wache Zeitgenossenschaft erstarrt auch die kulturelle Vergangenheit", ermahnt uns Bloch, „und wird zu einem Stapelgut von Bildungsware, aus dem abstrakte Rezepte gezogen werden."[28]

So weit, so einleuchtend. Die Richtung sieht man wohl, allein zu welchen Konsequenzen führt ein solcher Selektions- und Umarbeitungsprozeß? Wird hier nicht etwas zuviel geopfert? Was geschieht denn mit all jenen Werken, die nicht Ausdruck bestimmter ‚Zeitenwenden' sind, die keinen fragmentarischen Hinweischarakter haben? Was machen denn diese Leute mit den Epen Homers, der athenischen Tragödie, den mittelalterlichen Heldenliedern oder den Trauerspielen eines Corneille und Racine, die weder den Charakter des Unvollendeten haben noch die Werke aufsteigender Klassen sind?

Entschiedene Aufklärer haben auf solche Fragen recht entschiedene Antworten gehabt: Was nicht ‚brauchbar' ist, muß bekämpft oder umgearbeitet werden. Man denke an die Urteile der frühen Aufklärung über den barocken Schwulst, Lessings Geringschätzung der französischen *Tragédie classique*, Gibbons Verdammung der dunklen Jahrhunderte des Mittelalters, Heines Aufforderung, den Kölner Dom in einen Pferdestall umzuwandeln, oder Brechts Ausspruch, daß er den ganzen Shakespeare bearbeiten wolle, weil die Originale nur noch Materialwert besäßen und ihr wahrer Nutzen lediglich bei einer konsequenten Umfunktionierung herauskäme. Gerade Brecht drängte immer wieder auf den ‚Gebrauch' und verabscheute jede Denkmal- oder Erbepflege. „Gewisse klassische Stücke, deren reiner Materialwert nicht ausreicht", schreibt er als junger Mann, „sind für unsere Epoche ungenießbar."[29] Im Hinblick auf Shakespeares *Antonius und Cleopatra* notierte er sich nach dem Thronverzicht Edwards des Achten: „Heute verliert ein englischer King in ähnlicher Lage seinen Job und wird glücklich."[30] Noch schärfer sprang Brecht mit der deutschen Klassik um. Selbst Stücke wie der *Faust* erschienen ihm nur noch verwendbar, wenn man sie „zusammenstreiche" und „mit anderem Sinn" versehe,[31] wie er 1926 schreibt. Brecht ließ sich daher von der

Schlachthof-Johanna bis zur Hofmeister-Bearbeitung nur wenige Gelegenheiten entgehen, gerade das ‚humanitäre' Pathos der deutschen Klassiker als leeres Geschwätz oder heuchlerische Phraseologie zu entlarven, was Hans Mayer – mehr von Lukàcs kommend – als eine „pseudo-marxistische Einschätzung der deutschen Klassik" bemängelt.[32] Daß Brecht später in seinem Urteil etwas milder wurde, ist bekannt.[33] „Das Neue muß das Alte überwinden", schreibt er gegen Ende der dreißiger Jahre, „aber es muß das Alte überwunden in sich haben, es ‚aufheben'."[34] Doch im Gegensatz zu den Frankfurtisten, die im Exil ständig in Wehklagen über den Untergang des Abendlandes und seiner Kulturgüter ausbrachen, behielt er in diesen Dingen einen wesentlich kühleren Kopf. Das Politische war ihm eben doch wichtiger als das bloß Ästhetische. „Natürlich werden nur die Künste gerettet, die an der Rettung der Menschheit sich beteiligen", notierte er sich nach einem Gespräch mit Adorno und seinen Freunden am 2. August 1942 in sein *Arbeitsjournal*, als man mal wieder einen ganzen Abend nur von der Rettung der Kunst und nicht von der Rettung des Menschen gesprochen hatte. Auch in seinen letzten Jahren in der DDR ist Brecht dieser Einstellung weitgehend treu geblieben. So berichtet Hanns Eisler, der die deutsche Klassik trotz ihrer „Exklusivität" sehr hochschätzte, daß Brecht die Frage, ob man in der DDR Goethes *Wilhelm Meister* lesen solle, im Hinblick auf dessen Unvolkstümlichkeit sicher mit einem entschiedenen ‚Nein' beantwortet hätte.[35]

Das bedeutet letzten Endes, daß man jegliche ältere Kunst, die nicht ‚fortschrittlich' ist, als Vertreter einer konsequenten Wirkungsästhetik entweder ablehnen oder umarbeiten muß. Welche praktischen Folgerungen ergeben sich daraus? Um zu einer fortschreitenden Mündigkeit des Menschen beizutragen, die sich die Aufhebung aller mythischen, religiösen, politischen und gesellschaftlichen Zwangsvorstellungen zur Aufgabe setzt, müßte man demnach überall die aus der Dialektik der Geschichte erwachsenden emanzipatorischen Impulse sichtbar machen. Der Nutzwert der Kunst bestände dann vornehmlich in ihrer Fähigkeit zu kritischer Bewußtseinserweiterung. Geht man einmal so weit, dürfte man so manches nicht mehr dulden, was sich auch heute noch weitester Zustimmung und Unterstützung erfreut. So sollte man eigentlich keine religiöse Kunst mehr erlauben, die uns lediglich Ergebenheit in Leiden, Verzicht und Entsagung predigt, um uns von der wirklichen Erfüllung im Diesseitigen abzulenken. Selbst bedeutende Werke dieser Richtung müßte man dann entweder verbieten oder umfunktionieren, das heißt Bach-Kantaten neue Texte unterlegen, um ihre Kreuzstab- oder Blut- und Wundenmentalität außer Kurs zu setzen. Das gleiche gilt für alle betont heroischen, kriegerischen oder militaristischen Werke, angefangen mit Epen der grauen Vorzeit wie dem *Mahābhārata*, dem *Chanson de Roland* oder dem *Nibelungenlied*, das heißt all jene Großschlächtereien, wo Heldentum oft lediglich an der Zahl der abgestochenen Gegner gemessen wird, bis hin zu den Jünger, Dwinger und Beumelburg. Außerdem müßte man alle ‚höfische' Kunst verbieten oder umfunktionieren, wenn sie uns bloßes Machtprotzentum oder knechtische Servilität vordemonstriert. Und so manches andere mehr.

Das klingt auf Anhieb höchst barbarisch, ja geradezu vandalistisch. Doch ist es das wirklich? Will diese Richtung nicht gerade Barbarismus verhindern und ‚Freundlichkeit' in der Welt verbreiten? Verdammt sie nicht das Religiöse, Mythische, Archaische, Kriegerische, Monumentalistische, Aristokratische oder Höfische nur deshalb, um damit jene Elemente in der Vergangenheit etwas stärker hervorzuheben, die wirklich Zukunft enthalten, wirklich ‚vorn' liegen? Denn wahllos pluralistisch kann doch nur jemand sein, der sich überhaupt keine Gedanken über Kulturpolitik macht, der die gesamte Weltkunst – von der Venus von Willendorf bis zu Warhols *Jackie*, vom *Lorscher Bienensegen* bis zum jüngsten Agitprop-Vers, von Adam de la Halle bis zu John Lennon – im Sinne eines unverbindlichen Laissez-faire-Prinzips in sich hineinfrißt, ohne sich groß um den Inhalt oder den Nutzeffekt der von ihm konsumierten Kunstprodukte zu kümmern. Für so jemanden wird alles zum bloßen Genußobjekt, zum Partygeschwätz oder irrelevanten Forschungsgegenstand – und verliert damit jede gesellschaftliche Verpflichtung. Von politischer Bedeutsamkeit werden solche Dinge nur dann, wenn man sie auf ihren Gebrauchswert für die Zukunft hin überprüft. Doch dazu muß man schon ein gewisses Bild von dieser Zukunft haben, einer Zukunft, die humaner, repressionsfreier, klassenloser als unsere eigene Gegenwart ist und die Versprechungen der ‚Demokratie' wirklich einlöst. Nur so bekäme man ein wahrhaft dialektisches Verhältnis zur Geschichte, das auf einem vollentwickelten System vergangener, gegenwärtiger und zukünftiger Elemente beruht. „Der heutige Tag ist ein Resultat des gestrigen", schreibt Heine in den *Französischen Zuständen*, „was dieser gewollt hat, müssen wir erforschen, wenn wir zu wissen wünschen, was jener will."[36] Bricht man aus diesem Dreischrittschema eine der drei Komponenten heraus, versackt man sofort im Ungeschichtlichen. Daher bleiben selbst jene Positivisten, die sich so unermüdlich mit der Vergangenheit beschäftigen und alles à la Ranke streng objektivistisch sehen, zutiefst unhistorisch. Ein echtes Geschichtsbewußtsein besitzt man nur dann, wenn man weiß, woher man kommt, wo man steht und wohin man will. Alles andere sind Halb- oder Drittelweisheiten.

Fragen wir uns darum noch einmal: Zu welchen Konsequenzen führt die von Brecht, Bloch und anderen vorgeschlagene Praxis der dialektischen Aneignung beim Lesen, Hören, Betrachten oder Unterrichten älterer Kunst? Sollen wir im Sinne dieser Lehren die gesamte Weltkunst einem durchgreifenden Reinigungsprozeß unterwerfen und nur die ‚humanistischen' Werke mit den Nathans, den Iphigenien und Marquis Posas als empfehlenswert hinstellen? Sollen wir bloß noch Durchbruchswerke zu größerer Freiheit interpretieren und die Werke der ‚dunklen Jahrhunderte' in den Orkus der Vergessenheit befördern? Sicher nicht! Denn ein solcher Abschaffungsradikalismus, wie ihn etwa die Vertreter der maoistischen Kulturrevolution empfahlen, führte notwendig zu absoluter Geschichtsblindheit. Auch auf dem Gebiet der Kunst geht es nicht nur mit der ‚Milch der frommen Denkart'. Man muß auch die anderen Werke kennen: die Werke der mythischen Gebundenheit, der religiösen Verirrung, der Rückfälle ins Barbarische, um Fehler einzusehen, abschreckende Beispiele zur Hand zu haben und sich über die höchst windungsreichen Wege zu wahrer Humanität bewußt zu werden. Es wäre daher töricht, das *Mahābhārata*, den *Beowulf* oder das *Nibelungenlied* einfach zu verbieten. Aber vielleicht sollten wir solche Werke nicht mehr aus rein ästhetischen oder existentiellen Gründen empfehlen, wie das bisher so oft geschehen ist. Selbst bei Großwerken dieser Art wäre es sinnvoller, sie wesentlich konkreter zu sehen und als historische Dokumente bestimmter menschheitlicher Entwicklungsphasen vorzustellen. Denn dies sind nun einmal Werke, die nur noch durch erzwungene Schul- oder Universitätslektüre ‚lebendig' bleiben und die aus sogenannten ‚existentiellen' oder ‚ästhetischen' Gründen niemand mehr lesen würde.[37]

Dennoch haben sie eine Funktion. Wichtig an ihnen ist nämlich gerade die Erkenntnis ihrer Zeitgebundenheit, die uns im Gefühl unserer eigenen Geschichtlichkeit und damit Veränderbarkeit aller Dinge bestärken sollte. An ihnen kann man lernen, daß sich nichts unmittelbar wiederholt, daß man weder im Leben noch in der Kunst in frühere Stadien der Entwicklung zurückfallen kann, daß in der Weltkunst wie in unserer Kindheit unsere eigene ‚Vorgeschichte' steckt, daß der Fortschritt der Menschheit wie des Einzellebens auf einem Gewinn beruht, der zugleich Verluste in sich einschließt, daß alles ‚relativ' ist und daß gerade in dieser Relativität zugleich ein positives Element zum Durchbruch kommt. Statt wie das Tier im Ungeschichtlichen zu verharren und seit Jahrtausenden die gleichen Urerlebnisse zu haben, schafft sich der Mensch ständig neue politische, ökonomische und gesellschaftliche Verhältnisse, in denen nicht nur seine ‚Urerlebnisse' – wie Lieben und Altern – sondern auch seine künstlerischen Ausdrucksformen erheblichen Modifikationen unterworfen werden. „Die Geschichte ist die wahre Naturgeschichte des Menschen", sagt Marx in der *Deutschen Ideologie*.[38] Wer diesen Prozeß von barbarischer Naivität zu geistiger Abstraktion, von der Kindheit zum gereiften Alter überschauen kann, wird zwar von leiser Trauer über das Unwiederbringliche ergriffen, fühlt sich jedoch zugleich in dem Gefühl bestärkt, daß es weiter ging und weiter geht. Er sieht, daß es nicht nur solche gab, die verzagt, feige und konformistisch waren und durch ihren lähmenden Pessimismus den Machthabenden geradewegs in die Hände spielten, sondern auch andere, Hoffnungsfreudigere, Protestierende, Kämpfende. Wer also vorankommen will, sollte sowohl seine Bundesgenossen als auch seine Gegner kennen, über die Herkunft der verschiedenen Entwicklungslinien reflektieren und diese zugleich in die Zukunft hinein projizieren können. Bei einer solchen Einschätzung der Vergangenheit würde man weder einem blinden Historismus verfallen, für den alles Staub, alles Dokument, alles Gewesenheit ist, noch einen absoluten Existentialismus befürworten, der an das schlechthin Ewige und Aktualisierbare glaubt. Hier bliebe man am Puls der Entwicklung und sähe die Dinge in ihren dialektisch-synthetischen Zusammenhängen.

Unter einer solchen Perspektive hätte auch ältere Kunst, ja Kunst überhaupt – denn auch die Kunst der Gegenwart ist ja sofort nach ihrem Erscheinen schon wieder Vergangenheit – durchaus eine gesellschaftspolitische Funktion. So gesehen, wäre sie nicht nur ästhetischer Schein, Feiertagsbeschäftigung oder elitäres

Statussymbol, sondern ein Stimulans zu höherem Verantwortungsbewußtsein, das uns auf unsere geschichtliche Aufgabe hinweist, den einmal begonnenen Emanzipationsprozeß konsequent weiterzutreiben. Nur so würde man endlich jenen unverbindlichen ‚bürgerlichen‘ Liberalismus überwinden, der die gesamte Weltkunst unter rein privatästhetischen Gesichtspunkten betrachtet und daher zutiefst ziellos bleibt. Für diese Kreise ist als Auswahlprinzip meist nur das Formale, das ästhetisch Vollendete entscheidend. „Ist es gekonnt oder bloß gut gemeint?“, lautet die zynische Frage fast aller liberalen Snobs. Doch das wäre eine völlig falsche Alternative. Denn was ist das ‚Gekonnte‘? Darunter versteht man meist nur das, was den 4,76% der Hochkulturschichten als geistvoll, ästhetisch abgerundet oder elitär erscheint. Im Sinne einer höchst fadenscheinigen Objektivität wird hier Künstlerisches noch immer weitgehend mit Objekten ‚interesselosen Wohlgefallens‘ gleichgesetzt – und doch zugleich höchst massiv Partei ergriffen, und zwar die Partei der Privilegierten, die sich auf dem ‚Olymp des Scheins‘ versammelt hat. Denn wer findet schon außer verwöhnten Großbürgern an Proust- oder Henry James-Romanen Gefallen, die in diesen Kreisen als das Non plus ultra moderner Erzählkunst gelten? Wer kein Interesse am Lebensgefühl der dort geschilderten Schichten hat, wird auf solche Werke höchst kühl reagieren. Das gleiche gilt für die *Buddenbrooks* oder den *Zauberberg*. Wer Schilderungen echter Konflikte bevorzugt, greift vielleicht eher zu Upton Sinclair, Jaroslav Hašek oder Heinrich Mann. Urteile solcher Art sind weitgehend durch das jeweilige Bildungs- oder Sozialinteresse mitbedingt – und daher alles andere als objektiv. Hier wie dort regiert im Hinblick auf die ‚Interessantheit‘ lediglich der ideologische Bewußtseinsgrad.

Auch jene, die sich von berufswegen Professores oder Bekennende nennen und im Dienst der Gesamtheit des Volkes stehen, sollten darum endlich von einem Kunstkonzept abkommen, das noch immer in der Besitzideologie der oberen 4,76% verankert ist. In einer echten Demokratie dürfte es den Gegensatz zwischen U-Kunst und E-Kunst eigentlich gar nicht mehr geben. Daß er immer noch so kraß ist, ja ständig krasser wird, spricht nicht unbedingt für die Chancengleichheit innerhalb dieser Gesellschaft. Was als ‚Kunst‘ zu gelten hat, wird in ihr weitgehend durch die Zugehörigkeit zur Hochkultur definiert – mögen es nun die Werke Homers, Michelangelos und Beethovens oder noch so irrelevante Dinge wie die Tomatendosen Warhols, die musikalischen Firlefanzereien eines John Cage oder dadaistisch verblödelte Lautgedichte sein. Es sind daher solche Dinge, die in den Journalen der Oberklasse die meiste Beachtung finden und in Objekte ‚interesselosen Wohlgefallens‘ umgedeutet werden. Was dagegen sonst noch existiert, das heißt die Kunst der 95,24%, die Kunst der Massenmedien, des Fernsehens, des Radios, der Reklamen, der Comic Strips, der Heftchenromane, mit denen diese 95,24% jeden Tag mindestens zwei bis drei Stunden berieselt werden, wird von diesen Kreisen kaum wahrgenommen. Ihrer ist das Erbe und die Avantgarde – mögen die anderen, die nicht so bildungsprivilegiert sind, mit dem kruden Rest vorliebnehmen. Um diesen undemokratischen Zustand noch möglichst lange aufrechtzuerhalten, scheiden sie zwischen einer elitär-ästhetischen

Kunst und einer Kunst der breiten Massen. Und in dieser letzteren, die von den Oberen für die Unteren produziert wird, verzichtet man ganz bewußt auf alle ‚foinen' Gesichtspunkte. Hier wird feste manipuliert. Hier wird nicht dem interesselosen Wohlgefallen gehuldigt, sondern eine wohlgefällige Interessenkunst getrieben. Hier wird in geballter Form Mythisches, Religiöses, Kraftmeierisches, Brutales, Militaristisches oder sentimental Harmonisiertes auf die Massen losgelassen, um ihnen den befreienden Weg aus der unverschuldeten Unmündigkeit zu versperren. Hier ist man völlig intolerant. Hier dominiert weitgehend das Reaktionäre, die Status-quo-Ideologie, die mit strengen Zensurmaßnahmen alles Kritische und Progressive entweder unterdrückt oder bis zur Unkenntlichkeit verzerrt.

Es wäre darum eine falsche Auslegung von Toleranz, wenn man auch an Schulen und Universitäten, die nicht an bestimmte Interessengruppen gebunden sind, bei der Interpretation von ‚Kunst' das Mythische, Religiöse und Brutale in kritikloser Unparteilichkeit behandeln würde, anstatt der allgemeinen Repression mit einer kritischen Durchleuchtung des Reaktionär-Abgelebten *und* einer positiven Akzentuierung fortschrittlich orientierter Werke entgegenzutreten. Sollten wir nicht von der gleichen Frage ausgehen, die auch den Drahtziehern und Hintermännern der Massenmedien als Leitschnur ihres Handelns dient, nämlich der Frage: Wem nützen wir? Und sollten wir diese Frage nicht auch im Hinblick auf das ‚kulturelle Erbe' stellen? Wem nützen wir, wenn wir in positivistischer Objektivität auch Frömmelndes und Brutales, auch Höfisches und Mythisches als ‚ewige Werte' präsentieren und somit falsches Bewußtsein verewigen? Machen wir uns damit nicht mitschuldig an der Herrschaft des Terrors in der Welt? Wenn wir antike Feldherrnstatuen oder isländische Sagas besprechen und nicht das ‚Heroische' in Frage ziehen, unterstützen wir damit nicht indirekt den Slogan ‚Kriege hat es immer gegeben', der von allen Kriegshetzern zur Rechtfertigung ihres Tuns herangezogen wird? Entschuldigt denn der ästhetische Mehrwert selbst die Verführung zu falschem Heldentum, zu Gewalt oder noch Schlimmerem?

Mit einer bloß ‚liberalen' Einstellung ist es in diesen Fragen leider nicht getan. Dafür sprechen folgende Beispiele, die vielleicht etwas willkürlich wirken und doch das Dilemma des ‚bürgerlichen' Kulturverhaltens höchst augenscheinlich machen. So haben jüngst ein paar Kunsthistoriker den ‚Vereinten Nationen' empfohlen, ihre Mitgliedstaaten aufzufordern, die Herstellung von Kriegsspielzeug einzustellen. Würde man denselben Leuten sagen, daß dann auch gewisse Epen und Romane verboten werden müßten, würden sie sicher entrüstet zurückschrecken und sich auf den ästhetischen Mehrwert solcher Werke berufen. Doch Spielzeug und Dichtung, angewandte oder sogenannte freie Kunst: stehen sie nicht für das gleiche, wenn es ums Ideologische geht? Ein anderes Beispiel: Vor kurzem beklagte sich ein Philosophieprofessor, daß seine Studenten den Hegel entsetzlich langweilig fänden, jedoch den Nietzsche – wegen seiner stilistischen Brillanz und aufwühlenden Emotionalität – über alles liebten. Er fand das ideologisch höchst verwerflich, wußte dem aber aufgrund seiner ‚liberalen'

Einstellung nichts entgegenzusetzen. Sein Konzept von Fairneß bestand darin, die Studenten mit beiden vertraut zu machen – und ihnen die Konsequenzen selbst zu überlassen. Ein drittes Beispiel. Soll man mit jungen Studenten Kafka lesen und sie damit der Gefahr aussetzen, in schwere seelische Depressionen zu geraten? Würde man als guter ‚Liberaler' noch einmal ein Kafka-Seminar geben, falls sich einer der Studenten nach der Lektüre des *Prozeß* das Leben nehmen würde (was passiert ist)?

Man kann natürlich sagen, dieser Student war seelisch gefährdet und hätte sich sowieso das Leben genommen. Die Kafka-Lektüre war nur ein letzter Anstoß dazu. Aber soll man überhaupt seelisch und historisch unkonditionierte Menschen an Probleme heranführen, die sie noch nicht bewältigen können? Soll man sie einfach ins kalte Wasser werfen, damit sie schwimmen lernen? Wenn sich ihr infantiler Egoismus durch die verordnete Nietzsche-Lektüre nur verhärtet? Wenn sie der *Zarathustra* bloß in arroganter Kraftmeierei bestärkt? Wenn Leute beim Anhören von Wagners *Parsifal* in Tränen ausbrechen und sich der ‚Erlösung' nahe fühlen? Wenn sich ein Siebzehnjähriger nach einer überwältigenden Aufführung der *Matthäus-Passion* wie ein mickriges Würmchen vorkommt, das sich vor dem Angesicht Gottes am liebsten in der Erde verkriechen möchte?[39]

Falls sich die Wirkung von Kunst in solchen Gefühlen manifestiert, was ist dann der Sinn der Erziehung und des kulturellen Erbes? Angesichts solcher Tatsachen sollte man sich in Zukunft als Lehrer die Auswahl der Texte und Werke vielleicht doch etwas sorgfältiger überlegen – und sich dabei stets die Frage des historischen Nutzwertes stellen. Wer sich auf diesem Sektor ins Ästhetische, Wertfreie oder ‚Wissenschaftlich-Neutrale' zurückzuziehen versucht und lediglich ‚kritische Distanz' empfiehlt, ist nicht nur unpädagogisch, sondern geradezu herzlos. Denn die Wirkung, die Kunst auf manche Menschen um Fünfzehn, um Zwanzig, um Dreißig oder noch später hat und die oft in einem starken Maße für ihr weiteres Leben persönlichkeitsbestimmend bleibt, belegt zur Genüge, welch höchst wirksame, ideologisch-determinierende Kraft in diesem ‚Erbe' steckt. Kunst neigt nun einmal dazu, bestimmte Menschen einfach gefühlsmäßig zu überwältigen oder zumindest zur Nachahmung zu verführen. Dies ist ihre gefährliche und zugleich positive Macht, die wir genauso bewußt einsetzen sollten, wie das im außerschulischen oder außeruniversitären Bereich geschieht.

Wer über solche Probleme rein ästhetisch argumentiert, beweist lediglich seine Unkenntnis auf diesem Gebiet. Literatur, Musik, ja selbst Malerei haben nun einmal eine Wirkung, die weit über das bloß Künstlerische hinausreicht, sonst würden sie nicht so konsequent von den Massenmedien als Mittel der ideologischen Beeinflussung verwendet. Mit einer bloß formalistischen Einstellung ist es daher in diesen Dingen nicht mehr getan. Ansonsten landet man bei der unverbindlichen Haltung eines Anthony Burgess, der seinen Roman *The Clockwork Orange*, der eine Welle von Gewaltakten in England auslöste, als ‚guter Liberaler' mit dem Hinweis auf seine ästhetische Qualität verteidigte. Kunst sei doch bloß Kunst, meinte er, und damit jenseits von gut und böse! Man könne doch niemanden für seine Romane zur Verantwortung ziehen! Aber das tut man doch auch, wenn der fiktionale Anspruch wegfällt. Ist es denn bloß die Kunst der Formulierung, die ein Stück Prosa von einem politischen Text unterscheidet? Einen Politiker würde man allerdings zur Verantwortung ziehen, wenn er seine Anhänger zu Lynchjustiz, Vergewaltigung, Sodomie und Rassenhetze auffordern würde. Doch als Dichter darf man das alles? Wer duldet das? Wer verspricht sich einen Nutzen davon?

Wenn man aus diesem kulturpolitischen Dilemma herauskommen will, durch das Kunst zu einem Sanktuarium der ungehemmtesten Manipulation geworden ist, muß man diesen Korruptionsmethoden wohl oder übel mit wesentlich schärferen emanzipatorischen und praxisbezogenen Maßnahmen entgegentreten als bisher. Wenn man schon die Demokratie befürwortet – und wer täte das nicht? –, muß man sie auch in allem wollen: in der politischen Meinungsbildung, am Arbeitsplatz und in Fragen der Kultur. Und zwar sollte man dabei sowohl das kulturelle Erbe der Vergangenheit als auch die Medienkunst der Gegenwart im Auge behalten, die als E- und U-Kunst scheinbar unverbunden nebeneinanderstehen und doch dialektisch aufeinander bezogen sind. Auf der einen Seite wird das Erbe immer exklusiver und unverbindlicher, da die meinungsbildenden Kreise innerhalb der bürgerlichen Führungsschicht nicht mehr zwischen progressiven und reaktionären, sondern nur noch zwischen ästhetisch hochwertigen und ästhetisch minderwertigen Werken unterscheiden; auf der anderen Seite wird die sogenannte ‚Gebrauchskunst' immer kruder und gewöhnlicher. Wie sehr sich dieser Prozeß von Jahr zu Jahr verschärft, ist jedem kulturpolitisch Interessierten nur allzu vertraut. Die Zunahme der Freizeit schafft nämlich immer größere Spielräume für die Kulturberieselungstaktiken jener ‚Bewußtseins-Industrie', die uns Hans Magnus Enzensberger bereits Anfang der sechziger Jahre deutlich vor Augen gestellt hat. Wohl noch nie wurde im Verlauf der Menschheitsgeschichte soviel Kunst manipuliert und konsumiert wie im Augenblick. Daher war auch die Verpflichtung des Literaturhistorikers noch nie so groß wie heutzutage, sich im Sinne der Aufklärung zum ‚Kunstrichter' aufzuwerfen, das heißt im Zeichen der Demokratie der Spaltung in U- und E-Kunst mit allen ihm zur Verfügung stehenden Mitteln entgegenzutreten und zugleich die von der positivistischen Forschung der letzten Jahrzehnte ausgegrabenen Werke der Vergangenheit auf ihren Gebrauchswert für die Zukunft hin zu untersuchen.

All das sind selbstverständlich leere Deklamationen. Jedermann weiß, welch enge Schranken solchen Versuchen gesetzt sind. Einen wirklichen Sinn bekämen Postulate dieser Art erst dann, wenn es irgendwo ein kulturpolitisches Konzept gäbe, das solchen utopischen Wünschen einen gewissen Aufwind verleihen würde. Ansonsten bleiben wir immer beim Status quo – das heißt der Pflege des kulturellen Erbes für die Oberschicht und der Speisung der Massen mit billigen, verdummenden Surrogaten – stehen. Wer für ein solches System plädiert, ist nicht nur ein Parasit, sondern geradezu ein Totengräber in Sachen Kunst. Denn durch diese Polarisierung wird die kulturelle Tradition immer steriler, immer volksfremder. Mit einer solchen Haltung verglichen, hatten selbst die in manchen Abschnitten recht problematischen *Hessischen Rahmenrichtlinien* wenigstens den Vorteil größerer Ehrlichkeit, da sie überhaupt erst einmal die bildungsmäßigen Voraussetzungen für eine sinnvolle Kulturpolitik schaffen wollten. Doch ein solches Konzept wird sich nie partiell durchsetzen lassen. Um es in die ‚wirkliche' Wirklichkeit zu überführen, müßten auch die ökonomischen, politischen und gesellschaftlichen Grundbedingungen umgestaltet werden. So leicht, das heißt rein auf dem Weg über Kultur, ist eine ‚idealere' Gesellschaft leider nicht zu haben.

Doch bis dahin braucht auch der Literaturkritiker oder Literaturwissenschaftler seine Hände nicht in den Schoß zu legen. Einmal ganz grob gesprochen, sollte er seine Aufgabe darin sehen, aus den progressiven Elementen des kulturellen Erbes und der kritisch-realistischen Kunst von Heute das Konzept einer fortschrittlichen und zugleich populären A-Kunst, einer Allgemein-Kunst abzuleiten, in der die Mehrheit der Bevölkerung auch auf ästhetischem Gebiet eine Vertretung und Befriedigung ihrer Interessen erblicken könnte. Bekennen wir uns daher nicht nur als politisch denkende Menschen, sondern auch als Literatur-, Musik- und Kunsthistoriker zum Postulat einer alle Schichten umfassenden Demokratie, in der man auf kulturellem Gebiet nicht mehr einerseits an Überfülle, andererseits an Unterernährung zu leiden hat. Das hieße: mit Hilfe der Vergangenheit in der Gegenwart etwas für die Zukunft tun.

Was die Monopole mit uns vorhaben

Mathias Schebens „Konzern 2003"

I

Ob nun auf politischer, philosophischer, religiöser oder literarischer Ebene – immer wieder kommt es zu Vorstellungen einer besseren oder auch schlechteren Zukunft des Menschengeschlechts: sei es in Form utopischer Gottesstaaten, tausendjähriger Reiche, glückseliger Inseln und Schlaraffenländer oder in Form dystopischer Untergangsvisionen, Apokalypsen und Höllenfahrten. All das geht bis auf die Anfänge der menschlichen Phantasietätigkeit zurück. Und doch ist das Gleiche – auch auf diesem Gebiet – nicht immer das Gleiche, da sich in solchen Bildern und Konzepten nicht nur eine aus dem Unterbewußtsein gespeiste Phantasie, sondern auch ein von den jeweiligen sozio-ökonomischen Verhältnissen mitbedingtes Vorstellungsvermögen äußert, das oft mehr über die eigene Gegenwart als über die erhoffte oder gefürchtete Zukunft aussagt.

Im Hinblick auf die ‚Utopie' war es wohl die Einführung der manufakturellen und dann der industriellen Produktionsweise, die den kräftigsten Einschnitt in dieser Traumsequenz bewirkte. Denn erst durch die steigende Gütererzeugung ergab sich die Möglichkeit, immer breitere Schichten der Bevölkerung in den sogenannten ‚Prozeß der Zivilisation' hineinzuziehen, sie dadurch zu befreien und zugleich stärker auszubeuten, als das unter feudalistisch-agrarischen Verhältnissen je möglich war. Auf diese Weise setzte sich innerhalb der utopischen Phantasietätigkeit eine ganz neue Form der Dialektik durch: nicht mehr die zwischen bösem Diesseits und gutem Jenseits, sondern die zwischen bösem und gutem Diesseits. Die *Utopia* (1516) des Thomas Morus ist dafür wohl der beste und wirkungsmächtigste Beleg. Hier wird eine mögliche Chancengleichheit und damit das eventuelle Glück aller Menschen zum erstenmal mit einem ‚realen' Faktor, nämlich der steigenden Gütererzeugung, verknüpft. Was im Rahmen dieser Schrift noch relativ spartanisch wirkt, weicht dann im 18. Jahrhundert – trotz mancher rousseauistischen Rückschläge – aufgrund der weiterentwickelten Produktionsverhältnisse einer wesentlich hedonistischeren Einstellung. Einen maßgeblichen Einfluß auf diese Entwicklung hatte das sich immer stärker herausbildende Maschinenwesen, das die handwerkliche Produktion allmählich zu verdrängen begann und sich auch in den naturwissenschaftlich-technischen Utopien dieses Zeitalters manifestierte.[1] Vor allem in England und Frankreich, den ökonomisch fortgeschrittensten Ländern dieser Zeit, entstand so ein kapitalistisch orientierter Utopismus, gegen den sich vereinzelte romantische Dystopien wie Mary Wollstonecraft-Shelleys *Frankenstein* (1818) oder christliche Proteste wie Emile Souvestres *Le Monde tel qu'il sera* (1846), die sich gegen jedes bloß rationale Nützlichkeitsdenken wandten, als ohnmächtig erwiesen.

In diesen Ländern verbreitete sich deshalb schon um 1840 das Gefühl, daß der Siegeslauf der Technik und damit des Kapitalismus nicht mehr aufzuhalten sei.

Allerdings entwickelte dieser Kapitalismus sehr bald seine eigene Dialektik, da er sich mit der Herausbildung der Industrie zugleich seinen Erzfeind, den Sozialismus, schuf. Der kapitalistische Utopismus wurde darum in der Folgezeit weniger durch romantisch-christliche Proteste als durch die Ideologie des Sozialismus in Frage gestellt. Anfangs neigten manche der kapitalistischen Utopiker noch durchaus zum Kompromißlerischen, indem sie – wie Saint-Simon, Fourier und Owen – von einer idealistischen Gemeinschaft von Fabrikherren und Arbeitern träumten.[2] Doch solche Träume, die an der Eigentumsfrage glatt vorbeisahen, scheiterten nicht nur in der industriellen Praxis, sondern wurden vom Marxismus auch theoretisch schnell in die Schranken gewiesen. Mit der fortschreitenden Konsolidierung des Kapitalismus nach 1850 verlor dieser dann ohnehin seinen bisherigen Elan. Er verzichtete auf seine älteren Gleichheitsparolen und beschränkte sich darauf, die Technik zu seinem Vorteil auszuschlachten. Und so blieb auch literarisch von der kapitalistischen Utopie schließlich nur jene ‚Sciene Fiction' übrig, wie sie damals vor allem Jules Verne kultivierte.

In deutlicher Frontstellung gegen idealistische oder religiöse Pervertierungen früherer Gleichheitskonzepte gab sich allerdings auch der organisierte Sozialismus nach 1860/70 bewußt antiutopisch. Er konnte jedoch nicht verhindern, daß im Zuge des Naturalismus und der mit ihm sympathisierenden Intellektuellen immer wieder messianische oder technisch-naturwissenschaftliche Utopien geschrieben wurden, die sich als ‚sozialistisch' verstanden und dabei häufig auf die Mittel der Science Fiction zurückgriffen. Zu den einflußreichsten Utopien dieser Art gehörten *Looking Backward. 2000–1887* (1888) von Edward Bellamy und *News from Nowhere* (1891) von William Morris, in denen ein Träumer im Jahr 2000 erwacht und sich in einem sozialistischen Zukunftsland wiederfindet. Bei Bellamy, der eine weltweite Wirkung hatte, wird als die größte Gefahr der Gegenwart das Schreckgespenst der „corporate tyranny" hingestellt.[3] Sein Zukunftsstaat ist daher ein nationalisierter Industrieverband, in dem es keine „big corporations" mehr gibt, und die totale Gleichheit aller durch ein wohldurchdachtes Kreditsystem und planungsbewußte Manager des Gemeinwohls aufrechterhalten wird. Statt kapitalistischer Anarchie herrschen hier sorgfältige Vorsorge und gerechte Verteilung, die allen Bürgern ein Leben in Freiheit, Würde und Zufriedenheit garantieren.

Dieser Optimismus wurde natürlich durch den Ersten Weltkrieg arg erschüttert. In den zwanziger Jahren tritt daher der naive Utopismus – ob nun kapitalistischer oder sozialistischer Prägung – fast völlig in den Hintergrund. Es kommt zwar in diesem Zeitraum – durch die fortschreitende Taylorisierung und fordistische Rationalisierung der Industrie – in den bereits durchkapitalisierten Ländern zu einer ungeahnten Produktionssteigerung, die sich jedoch ideologisch eher ‚sachlich' als ‚utopisch' äußert. Wenn überhaupt Utopien erscheinen, dann meist im Stile jenes Hans Dominik, der in diesen Jahren einen betont ‚jugendbuchartigen' Science-Fiction-Roman entwickelt. Was sich deshalb aus diesem Zeitraum erhalten hat, sind weniger die Utopien als jene Gegen-Utopien, die vor dem allgemein propagierten Technikkult zurückschrecken. Man denke an Romane wie

My (*Wir*, 1920) von Evgenij Samjatin oder an Aldous Huxleys *Brave New World* (1932), die sich beide – unter Einbeziehung bestimmter Science-Fiction-Elemente – gegen die fortschreitende Technisierung und die damit verbundene Allmacht des Staates wenden. Samjatin schildert einen superperfekten Staat, dessen Erfinder ein gewisser Taylor (sic) war und in welchem die einzelnen Menschen nur noch Nummern sind, deren Phantasietätigkeit durch Röntgenbestrahlung abgetötet wird. Der oberste Lenker dieses Reiches nennt sich „Wohltäter". Die Massen der Staatsbeamten sind die „Hüter", welche dafür sorgen, daß selbst die Freizeit in staatlich geregelten Formen abläuft.[4] Was bei Samjatin der ‚Große Bruder' der Parteiführung ist, ist bei Huxley der ‚Große Bruder' der fordistischen Trustverwaltung. Bei ihm handelt es sich um einen Weltstaat, dessen höchstes und einziges Ziel die soziale Stabilität ist. Alles wird hier von oben gelenkt: die Bewußtseinsgestaltung, die Gütererzeugung, ja selbst die Herstellung von Retortenbabys, die in Alphas, Betas, Gammas, Deltas usw. eingeteilt werden. Alles ist sauber, hygienisch, deodoriert und rationalisiert. Alle schwören auf das Motto „Cleanliness is next to Fordliness".[5] Falls sich dennoch Depressionen einstellen sollten, gibt man den davon Betroffenen eine aufheiternde Droge, „Soma" genannt. Einer der letzten ‚Wilden', der in diesem Staat noch lebt und gegen die alles beherrschende ‚Ordnung' aufbegehrt, wird mit folgenden Worten eines ‚Besseren' belehrt: „You must make your choice. Our civilization has chosen machinery and medicine and happiness."[6]

Solche Dystopien ließen sich nach der Erfahrung des Faschismus, der Konzentrationslager, des Stalinismus und des Zweiten Weltkriegs natürlich zu den verschiedensten Zwecken wiederverwenden. Vor allem ab 1947, nach Ausbruch des Kalten Krieges, als sich die Totalitarismustheorie entwickelte, die auf der Gleichsetzung von braun gleich rot beruht, kam es innerhalb der westlichen Welt zu einem wahren Boom an dystopischen Schriften. Das gilt in besonderem Maße für Westdeutschland, wo zwar nicht die bedeutendsten Gegen-Utopien entstanden, aber der Kalte Krieg am schärfsten geführt wurde, mit dem man die Offensive gegen Ostdeutschland ergriff und zugleich von der eigenen faschistischen Vergangenheit ablenken wollte. Von besonderer Wichtigkeit erwies sich bei dieser politischen Konfrontation der Roman *Nineteen Eighty-Four* (1949) von George Orwell, der schnell zu einer ‚ideologischen Superwaffe' (Isaac Deutscher) des Antikommunismus wurde und bereits 1950 in deutscher Übersetzung vorlag. Im Mittelpunkt dieses Werkes steht die hoffnungslose Revolte eines kleinen Beamten gegen den allmächtigen Staat. Neben Folterungen wird dabei auch der Prozeß der ‚Gehirnwäsche' geschildert, der sich als so effektiv erweist, daß der ehemalige Revoluzzer schließlich den ‚Big Brother' fast zu lieben beginnt. Selbst Huxleys *Brave New World* wurde in diesen Jahren von vielen als antitotalitäres und damit antikommunistisches Werk gelesen. Kein Wunder, daß 1958 in der BRD auch Samjatins lange verschollener Roman *My* erschien.

Ein weiteres Feld der „massiven antikommunistischen Hetze" auf dem Gebiet der utopisch-dystopischen Literatur stellte in diesen Jahren die nordamerikanische Science Fiction dar.[7] Was hier vorherrschte, waren entweder ins Groteske gesteigerte Angst-und Untergangsvisionen à la Ray Bradburys Bestseller *Fahrenheit 451* (1955), wo eine technisch perfekte Superstadt mit totalitärer Obrigkeit auf apokalyptische Weise zugrunde geht, oder Schilderungen einer imperialistisch-kolonialistischen Gewaltpolitik, in denen ein geradezu „faschistoider" Führerkult zum Durchbruch kommt.[8] Immer wieder handelt es sich in diesen Werken um technokratisch verwaltete Welten ohne Klassenkampf, ohne historischen Fortschritt, ohne aufklärerische Bewußtseinserweiterung, um so den Lesern die Hoffnung auf die Möglichkeit einer ‚vernünftigeren' Welt auszutreiben. Daß dabei vieles auf die Ebene der gängigen Heftchenliteratur abrutschte, versteht sich wohl von selbst.

Und auch das hatte – neben den antikommunistischen Dystopien – seine Auswirkungen auf die BRD. Schließlich stand hier von Anfang an eine ausgesprochen utopiefeindliche Gesinnung im Vordergrund, die jeden Zug ins ‚Kollektive' sofort als ‚totalitär' verdächtigte. Nach Faschismus, Judenvernichtung, Zweitem Weltkrieg, totaler Kapitulation und Kaltem Krieg wollte man in diesem Lande von positiven Darstellungen einer ‚Totalität der gesellschaftlichen Beziehungen' erst einmal nichts hören. Die Folgen dieses Trends – ob nun Existentialismus, Formalismus, Absurdität, Außenseiterstimmungen oder eskapistischer Naturlyrismus – sind wohlbekannt. Dies waren jene Jahre, in denen Theodor W. Adorno von der „Vermessenheit" aller Utopien sprach,[9] ja Karl R. Popper jede Utopie als Schleichweg zum Totalitarismus denunzierte.

Es gibt daher in dem Zeitraum zwischen 1945 und 1960 in Westdeutschland kaum utopische, aber desto mehr dystopische Romane. Den Auftakt dazu bildete *Die Stadt hinter dem Strom* (1947) von Hermann Kasack, wo sich die unmittelbare Nachkriegsstimmung im Bild einer kafkaesken oder besser kubinesken Totenstadt verdichtete. Was in den fünfziger Jahren folgte, läßt sich weitgehend in drei Rubriken unterbringen: romanhafte Schreckbilder der atomaren Vernichtung, dystopische Darstellungen eines allgewaltigen Totalitarismus oder Science-Fiction-Romane im Dienste des Kalten Krieges. Als Beispiele für die Atombombenromane sei hier lediglich auf Werke wie *Brand's Haide* (1951) von Arno Schmidt oder *Die Kinder des Saturn* (1959) von Jens Rehn hingewiesen. Zu den Romanen gegen den Totalitarismus gehören unter anderen *Der achte Tag* (1950) von Hermann Gohde (d. i. Friedrich Heer), der im Jahre 2074 in Wien spielt und die unbegrenzte Herrschaft des „BÜROS" anprangert, welcher sich nur ein paar überzeugte Christen zu entziehen versuchen, und der Roman *Nein. Die Welt der Angeklagten* (1950) von Walter Jens, in dem ein aufrührerischer Intellektueller (Walter Sturm) an einer Welt roboterhafter Einheitsmenschen scheitert und sich schließlich selbst liquidiert. Als Science-Fiction-Romane, die sich in den Dienst des Kalten Krieges stellten, seien in diesem Zusammenhang nur *Die Erde brennt* (1951) von Freder Holk, in dem westdeutsche Wissenschaftler Vernichtungsmittel konstruieren, welche die „Sowjetunion endlich in die Schranken weisen",[10] und *Menschen zwischen den Planeten* (1953) von F. L. Neher erwähnt, wo der Bau einer US-Weltraumstation die „Sowjets zum Frieden mit dem ‚demokratisch-ständischen Weltstaatenbund'" zwingt.[11] Das utopisch-kritische Element macht in all diesen Werken entweder einer lähmenden Katastrophenstimmung, einer „technischen Sachgesetzlichkeit“[12] oder einem globalen Herrschaftsanspruch Platz. Dies sind Produkte jenes „kulturellen Dienstleistungsgewerbes“ des Kapitalismus,[13] deren berühmtestes Beispiel ab 1961 jene *Perry-Rhodan*-Reihe wurde, die vor allem unter Jugendlichen geradezu sensationelle Erfolge hatte.

II

Eine neue Situation im Hinblick auf Utopie und Dystopie tritt in den USA und der BRD erst Mitte der sechziger Jahre ein. Aufgrund der stabilisierten Wirtschaftssituation, die zu einem ökonomischen Boom ersten Ranges führt, und zugleich der ersten großen Erfolge auf dem Gebiet der Weltraumfahrt, die in der erfolgreichen Mondlandung gipfeln, bekommt das kapitalistisch-technologische Denken wieder einen merklichen Auftrieb. Ideologisch und literarisch äußert sich das in einer neuen Zukunftsorientiertheit, welche die bisherigen Weltuntergangsstimmungen zeitweilig in den Hintergrund drängt. An ihre Stelle treten im Dichten und Denken jener Jahre weitgehend technokratische oder futurologische Utopien, die sich bei genauerem Zusehen meist als ausgesprochene Manager-Utopien erweisen, in denen ein „Hurratechnizismus“ herrscht,[14] der zwar wieder positive Zukunftsbilder entwickelt, welchen jedoch lediglich der technologische Fortschritt, ein total ahistorisches Weltbild und eine oberflächlich-kommerzielle Befriedigung aller menschlichen Bedürfnisse zugrunde liegen.

Ideologisch lassen sich dabei in den USA zwei Haupttrends beobachten. Eine Gruppe stützt sich weiterhin auf die traditionelle These des „Free Enterprise“, die sich alles Heil von einer ‚freien‘, das heißt sich selbst regulierenden Wirtschaft verspricht und daher jede altruistische Planung sofort als ‚Sozialismus‘ verdächtigt. Die Hauptexponentin dieses Kurses war für eine Zeitlang Ayn Rand, die sich in ihren Büchern *The Virtue of Selfishness* (1964) und *Capitalism: The Unknown Ideal* (1966) gegen jede staatliche Bevormundungspolitik wandte und – im Zeichen einer „Free Society“ – ein hemmungsloses Manchestertum befürwortete.[15] Doch ein solcher Liberalismus wurde schon damals von vielen als altmodisch, ja anachronistisch empfunden. Wofür sich diese Kreise einsetzten, war im Gegenteil eine wesentlich engere Zusammenarbeit von Regierung und Industrie, um so zu einer Gesamtplanung aller gesellschaftlichen Vorgänge vorzustoßen. Und zwar gebrauchte man dafür meist den Begriff ‚Futurologie‘, um so die ‚Wissenschaftlichkeit‘ solcher Planungen zu betonen. Ihre ersten Impulse empfing diese Richtung von der sich sprunghaft entwickelnden Computer-Technik, die eine wesentlich genauere Datenverarbeitung und damit Prognostik erlaubte denn je zuvor. Doch auch eine gewisse Konkurrenz mit den sowjetischen Fünfjahresplänen, denen zum Teil ebenfalls ‚futurologische‘ Planungsgesichtspunkte zugrunde liegen,[16] darf nicht übersehen werden. Daher entstanden seit Mitte der sechziger Jahre, erst in den USA und dann in den westeuropäischen Ländern, eine Reihe von Instituten, die sich mit den nötigen Statistiken versahen und – trotz einiger Unsicherheitsfaktoren – die wirtschaftliche Zukunft als ein weitgehend errechenbares Phänomen hinstellten. Dazu gehörten vor allem folgende Institute und Kommissionen: die „RAND Corporation“ und die „System Development Corporation“ (Santa Monica), „TEMPO“ (Santa Barbara), das „Hudson Institute“ (New York), die „Commission on the Year 2000“ (Boston), „Mankind 2000“ und das „Committee on the Next Thirty Years“ (London), die „Association Internationale des Futuribles“ und die „Groupe 1985“ (Paris), die „Werkgroep 2000“ (Amsterdam), „PROGNOS“ (Basel), die „Gesellschaft für Zukunftsfragen“ und das „Industrie-Institut zur Erforschung technologischer Entwicklungslinien“ (Hamburg), das „Zentrum für Zukunftsforschung“ (Westberlin) und das „Max-Planck-Institut zur Erforschung der Lebensbedingungen in der wissenschaftlich-technischen Welt“ (Starnberg).

Der Grundtenor fast aller Berichte, welche diese Institute und Kommissionen in den ersten Jahren ihrer Existenz lieferten, war ausgesprochen optimistisch. Nach ihren Prognosen sollen bis zum Jahre 2000 folgende Fortschritte erzielt worden sein: absolut perfekte Wettervorhersagen, serienmäßig hergestellte Kunstherzen, Fernsehtelephone, kontrollierte Kernfusion, Nahrungsstoffe aus den Meeren, synthetisch erzeugtes Eiweiß, Retortenbabys, biochemische Fabriken zur Lebensmittelerzeugung, Immunisierung gegen alle Bakterien- und Virenkrankheiten, Luftkissenfahrzeuge, Roboterdienstmädchen, eine durchschnittliche Arbeitszeit von fünfzehn Stunden und eine Lebensverlängerung um mindestens dreißig bis vierzig Jahre. Als Beweis für all diese Vorhersagen berief man sich meist auf die Tatsache, daß in den letzten zwanzig Jahren mehr erfunden worden sei als in der gesamten Menschheitsgeschichte zuvor und sich dieser Prozeß noch verstärkt fortsetzen werde. In den Augen dieser Futurologen wird der Mensch im Jahre 2000, wenn nicht schon früher, ein Mensch mit besserer Bildung sein, der in einer vergnügungsorientierten Freizeitgesellschaft lebt, der neben Sport und Fernsehen eine Fülle neuer Hobbies entdeckt, der ständig visuell-stimulierende Kontakte hat, der immer höhere Gehälter bezieht – und somit durch die Segnungen des ‚Bigger and Better‘ immer glücklicher wird.

Neben den Schriften von Marshall McLuhan waren es vor allem folgende Bücher, die diesem technologischen Optimismus ständig neue Nahrung boten: *The Year 2000. A Framework for Speculation on the Next Thirty-Three Years* (1967) von Herman Kahn und Anthony J. Wiener, der von Daniel Bell herausgegebene Sammelband *Toward the Year 2000* (1967), *Utopia or Oblivion. The Prospects for Humanity* (1968) von R. Buckminster Fuller, *The Coming of Post-Industrial Society. A Venture in Social Forecasting* (1973) von Daniel Bell und der Kongreßbericht *The Future of the Corporation* (1974), den Herman Kahn edierte. Fast alle dieser Bücher gipfeln in der These, daß in Zukunft nicht mehr die Gütererzeugungsindustrie, sondern die Dienstleistungs- und Wissensindustrie im Vordergrund stehen wird. Die dadurch erforderlichen Planungs- und Rationalisierungsmaßnahmen würden, wie es heißt, bald nur noch von sogenannten ‚Think Tanks‘ geleistet. Das Top-Management der großen Konzerne, die neue „leadership group“,[17] werde daher in Zukunft nicht mehr vornehmlich aus Geschäftsleuten, sondern weitgehend aus Technikern, Naturwissenschaftlern und Futurologen bestehen, von denen man eine bestmögliche Lösung aller noch anstehenden gesellschaftlichen und ökonomischen Probleme erwarten dürfe. Gegenüber dieser „leadership group" des bevorstehenden ‚technotronischen' Zeitalters werden Robespierre und Lenin, wie sich Zbigniew K. Brzezinski Ende der sechziger Jahre ausdrückte, einmal wie „milde Reformer" wirken.[18] Überhaupt waren diese Gruppen der Überzeugung, daß die Industrialisierung der Welt erst in den Anfängen stecke und im Jahre 2000, wenn die großen Konzerne voll entfaltet seien, alles ‚größer und besser' werde.[19] Die entscheidende Voraussetzung dafür sei allerdings, daß zwischen 1980 und 2000 die Herrschaft an die „professional and technological class" übergehe.[20] Während Bell im Hinblick auf solche Zukunftsplanungen vor allem zur optimistischen Vision einer post-industriellen ‚service society' neigt, lassen es Buckminster Fuller und Kahn – bei aller Zukunftsgläubigkeit – dabei nicht an Warnungen vor der Möglichkeit eines Atomkriegs oder einer Zunahme von egoistischer Gewalttätigkeit im Rahmen der kommenden Freizeitgesellschaft fehlen.

Viele dieser Themen wurden kurze Zeit später auch in der BRD propagiert. Um gegenüber den Supermächten nicht „in Rückstand zu geraten", wie Werner Holste schrieb,[21] versuchte man auch hier, eine wissenschaftlich fundierte Futurologie zu begründen. Statt sich weiterhin mit einem ‚kurzsichtigen Realismus' oder utopischen ‚Hirngespinsten' zu begnügen, wie es hieß, wurden plötzlich auch in diesem Lande eine Reihe futurologischer Planungsstrategien für das Wirtschaftsgefüge der Zukunft entwickelt. So trat etwa Rainer Waterkamp 1969 in seinem *Zukunftsreport 2000* energisch gegen die „traditionalistische Planungsfeindlichkeit" auf[22] und bekannte sich zu einer „Zukunftsforschung" à la Herman Kahn, Daniel Bell, Nigel Calder, Olaf Helmer und Robert Jungk,[23] die sich vor allem auf die modernen Computermöglichkeiten stützt. Im gleichn Sinne schrieb Ossip K. Flechtheim, einer der Begründer der westdeutschen Futurologie, in diesen Jahren: „Ideologie und Utopie werden *aufgehoben* durch die kritisch-rationale Fortbildung der Utopie zur konkreten und realen Utopie, das heißt zur Futurologie."[24]

Und so wurde der westdeutsche Buchmarkt um 1970 geradezu mit Büchern überschüttet, auf denen folgende Titel prangten: *Der Griff nach der Zukunft, Programm 2000, Modelle für eine neue Welt, Wege ins neue Jahrtausend, Ziele der Zukunftsforschung, Nordrhein-Westfalen auf dem Weg in das Jahr 2000, Planung der Zukunft, Die organisierte Forschung, Geplante Zukunft, Rückblick auf die Zukunft, Der Weg ins Jahr 2000, Politik für das Jahr 2000, Interview mit der Zukunft, Ihr werdet es erleben. Voraussagen der Wissenschaft bis zum Jahre 2000, Die große Transformation* oder *Fünfzig Jahre Zukunft*. Schon bei einem höchst oberflächlichen Durchblättern dieser Werke stößt man allenthalben auf die gleichen Prognosen wie in ihren nordamerikanischen Vorbildern. Auch hier liest man von Retortenbabys, synthetisch erzeugtem Eiweiß, Luftkissenautos, planetarischen Reisen oder vollautomatisierten Fabriken, die durch Nutzung von biologischen Mikroorganismen Zehntausende von Menschen mit den nötigen Kalorien versorgen.[25] Ja, neben rein technischen Vorhersagen wird sogar über die fortschreitende Intellektualisierung des ‚Menschen' spekuliert, der bisher nur vier Prozent seiner Gehirnzellen aktiv nutze.

Nach langen Jahren eines weitgehenden ‚Ideologieverzichts' werden in vielen dieser Bücher plötzlich wieder höchst anspruchsvolle Ideologeme vertreten, die sich nicht nur auf McLuhan, Kahn oder Bell, sondern auch auf Ernst Bloch und Teilhard de Chardin berufen, um ihre futurologischen Konzepte mit einer gewissen philosophischen Würde auszustatten. Ihre Autoren waren weitgehend angesehene Volkswirtschaftler, Soziologen, Naturwissenschaftler oder Politiker, von denen allerdings einige nach 1968 – durch Erscheinungen wie Apo und Studentenbewegung – unter den Einfluß kritischer Linkstendenzen gerieten, wodurch sich neben einer deutlich systemfördernden Futurologie auch eine relativ systemkritische Futurologie entwickelte. Außerdem gab es schon in diesen Jahren Stimmen, welche die Futurologie überhaupt verwarfen. So stellte Claus Koch 1968 in einem *Kursbuch*-Aufsatz die Futurologie als eine schamlose Apologetik des kapitalistischen Technizismus hin, hinter der sich eine „Gewaltstrategie" zur „Krisenverhinderung" verberge.[26] Mit noch schärferem Geschütz fuhr der DDR-Kritiker Alfred Bönisch auf, der 1971 die Futurologie als Ideologie des „staatsmonopolistischen Kapitalismus" denunzierte,[27] die sich bemühe, zutiefst Labiles in den Zustand der Stabilität zu überführen, indem sie sich über die Eigentumsfrage und damit den Grundwiderspruch unserer Epoche einfach hinwegsetze. Durch illusionäre „Wohlstandsprognosen" versuche man hier die Illusion zu erwecken, daß sich eine sozial gerechte Gesellschaftsordnung auch ohne revolutionäre Umgestaltung erreichen lasse.[28] Die Futurologie sei daher letztlich eine bürgerliche Pseudo-Wissenschaft, die das „Zusammenwirken von Monopolunternehmen und Regierungsorganen" verbessern solle, ohne dabei die „Entscheidungsfreiheit der Konzerne in Frage zu stellen".[29]

Durch diesen Meinungsstreit spaltete sich die westdeutsche Futurologie schnell in zwei Lager: eine „Establishmentfuturologie",[30] der sich alle systemintegrierten oder systemfördernden Wissenschaftler anschlossen, und eine kritsch-liberale Futurologie mit „demokratischer Gesinnung",[31] die eine Ideologie des „dritten Weges zwischen Kapitalismus und Sozialismus" zu vertreten suchte.[32] Ossip K. Flechtheim sprach im Hinblick auf diese Teilung von einem „konservativ-technokratischen" und einem „kritisch-humanistischen" Lager.[33] Er selbst schloß sich dabei der letzteren Richtung an, indem er sich einerseits gegen den „dogmatischen Materialismus des Ostens", andererseits gegen den „positivistischen Szientifismus des Westens" wandte und sich das alleinige Heil der Zukunft von einer „Weltföderation" für „Frieden, Wohlstand und Kreativität" versprach.[34] In einem ähnlichen Sinne äußerte sich Robert Jungk, der wiederholt für eine „Mobilisierung sozialer Phantasie" gegen den platten Pragmatismus der meisten Unternehmer und Politiker eingetreten ist.[35]

Doch sowohl die konservativen als auch die liberalen Futurologen kamen nach 1970 schnell ins Gedränge. Während es bis dahin hauptsächlich die linke Kritik war, mit der sie sich auseinandersetzen mußten, wurden sie plötzlich mit einem allgemeinen ökologischen Krisenbewußtsein konfrontiert, das allen technologischen Spekulationen ein schnelles Ende bereitete. Statt wie bisher – aufgrund der relativ stabilen ökonomischen Situation – einfach ins Blaue hinein zu planen, mußte sich in der Folgezeit auch die Futurologie mit Phänomenen wie Bevölkerungsexplosion, Rohstoffmangel, Energiekrise, Atomtodgefahr, Arbeitslosigkeit und galoppierender Inflation beschäftigen, was ihren bisherigen Elan merklich dämpfte und sogar in diesen Kreisen eine Stimmung der Lethargie, wenn nicht des nahenden Untergangs auslöste. Wohl den stärksten Schock übte damals jener Bericht über die „Grenzen des Wachstums" aus, den ein unter Dennis Meadows am Massachusetts Institute for Technology arbeitendes Team für den „Club of Rome" angefertigt hatte und der 1972 publiziert wurde. Hier erfuhren viele zum erstenmal jene ‚harten Fakten' über die schrumpfenden Rohstoffe und die gleichzeitige Bevölkerungszunahme, die seitdem ein Teil des Allgemeinbewußtseins geworden ist. Die Industriestrategen versuchten zwar diesen Katastrophenstimmungen anfänglich energisch entgegenzutreten, was etwa ein Buch wie *Die Zukunft des Wachstums. Kritische Antworten zum ‚Bericht des Club of Rome'* beweist, das 1973 von Heinrich von Nußbaum herausgegeben wurde. Doch dieses Bewußtsein – von der Entwicklung bestätigt – war nun einmal da und ließ sich nicht wieder verdrängen. Selbst ein kritisch-liberaler Futurologe wie Flechtheim schrieb daher 1973 in seinem Aufsatz *Futurologie in der zweiten Phase?*, daß er zwar immer noch dem schönen Traum einer liberalen „Weltdemokratie" anhänge, sich jedoch zugleich bewußt geworden sei, daß man auch die Gefahren eines „Neo-Cäsarismus", einer Zunahme der „Gewalt", eines „Total-Totalitarismus", eines „Dark Age", ja eines „Ende des Menschen" ins Auge fassen müsse.[36]

Auch den westdeutschen Linken machte dieser Zukunftsschock arg zu schaffen. Während man in diesem Lager solche Untergangsvisionen bisher meist als Teil einer kapitalistischen Ablenkungsstrategie hingestellt hatte, welche den Massen ihre revolutionäre Hoffnung rauben solle, wurde man nach 1972/73 selbst hier etwas vorsichtiger, skeptischer, resignierter. So ging etwa Hans Magnus Enzensberger 1978 in seinem *Kursbuch*-Beitrag *Zwei Randbemerkungen zum Weltuntergang* so weit, die Zerstörung der Biosphäre, die Bevölkerungszunahme und die atomare Bedrohung als einen weltweiten Akt hinzustellen, der nicht mehr aufzuhalten sei.[37]

III

Sind in einer solchen Situation überhaupt noch ‚utopische' Romane zu erwarten, in denen die heutige Industriegesellschaft als ein entwicklungsfähiges, ja bis zur Perfektion zu verbesserndes Modell dargestellt wird? Oder ist eine solche Frage von vornherein rhetorisch? Müssen nicht heute in allen Bereichen die dystopischen Elemente überwiegen, da ja die Literatur dasjenige, was sich im Bereich des Politischen, Gesellschaftlichen und Ökonomischen abspielt, meist noch um einige Grade übersteigert?

Wenn man die Produkte der Science Fiction der letzten Jahre Revue passieren läßt, so haben allerdings die dystopischen Elemente (trotz mancher Happy-End-

Situationen) wieder merklich zugenommen. In vielen Bereichen herrscht hier wieder die gleiche Untergangsstimmung wie in den fünfziger Jahren. Ja, manches ist inzwischen noch düsterer, grauenvoller, apokalyptischer geworden. Man denke an Filme wie *Star Wars* oder *Close Encounters of the Third Kind*, wo es um intergalaktische Kriege oder UFO-Invasionen geht, oder an all jene Werke, in denen draculaähnliche Vampire oder andere gräßliche Tierungetüme ihr Unwesen treiben. Der *Spiegel* sprach daher 1978 von einer „neuen SF-Welle" ungeahnten Ausmaßes, in der es nicht mehr um glänzende Zukunftswelten, sondern hauptsächlich um „Umweltkatastrophen, Rassenkonflikte, die Dschungel der Städte, Ausbeutung, Verelendung und machtpolitische Korruption" gehe.[38] Kein Wunder daher, daß die SF-Heftchenreihen in der BRD seit einigen Jahren erheblich auflagenstärker geworden sind. So hat etwa die *Perry-Rhodan*-Serie inzwischen eine Gesamtauflage von 300 Millionen erreicht und damit selbst die geschätzte Weltauflage der *Bibel* (250 Millionen) überholt.

Nicht viel anders sieht es im Bereich der technokratisch-futurologischen Zukunftsvisionen aus, wo sich ebenfalls eine merkliche Verdüsterung beobachten läßt. Und doch finden sich hier – innerhalb des allgemeinen Defätismus – noch am ehesten utopische Elemente. Schließlich kann sich das kapitalistische System nicht einfach selber aufgeben und nur noch seinen eigenen Untergang beschwören, sondern muß sich – im eigenen Interesse – ständig in die Zukunft projizieren. Natürlich sucht es sogar aus Untergangsstimmungen Profit zu ziehen, was ein Großteil der heutigen dystopischen Literatur nur zur Genüge beweist. Doch auch die futurologischen Elemente, einmal etabliert, werden innerhalb dieses Systems und seiner Literatur nicht sofort absterben. Greifen wir dafür ein zufälliges Beispiel heraus, und zwar den Roman *Konzern 2003* (1977) von Mathias Scheben, der trotz aller ‚kritischen' Elemente noch immer ein futurologisches Werk ist. Während sich ein Roman wie *Der Konzern* (1967) von Peter Heim schon beim ersten Anblättern als die übliche Sex- und Ehestory unter feinen Leuten entpuppt (ohne daß damit irgendwelche futurologischen Spekulationen verbunden würden), geht es bei Scheben wirklich um ein Zukunftsbild der westdeutschen Industrie. Und das macht seinen ‚Fall' wesentlich interessanter als die übliche Bestsellerliteratur im Schickeriamilieu.

Schebens Buch liegt die utopische Fiktion zugrunde, daß sich bis zum Jahre 2003 in der BRD, ja nicht nur in ihr, sondern auch in Österreich, Italien, Holland, Nordbelgien und der Schweiz, ein einziger Machtfaktor, nämlich der Zannen-Konzern, durchgesetzt hat. Die erwähnten Staaten werden sich – nach seiner Meinung – bis dahin aufgelöst haben. Die einzigen anderen Machtkomplexe, die es neben dem Zannen-Konzern dann noch in Westeuropa geben wird, sind die Konzerne Interproducts und Napol, die sich den englischen, skandinavischen, iberischen und französisch-südbelgischen Markt untereinander aufgeteilt haben.

Wie es zu dieser Situation gekommen ist, wird folgendermaßen erläutert: Einerseits hat sich Zannen gegen alle wirtschaftlichen Konkurrenten durch seine „FFT-Methode", das heißt seine „Fünf-Fronten-Taktik", durchgesetzt.[39] Die Kernpunkte dieser Taktiken sind: „Unterbietung an der Preisfront, Verwicklung der Konkurrenten in teure Prozesse", „systematische Zerstörung der Betriebsanlagen", „imageschädigende Kampagnen in der Presse und systematische Ankäufe von Roh-, Zwischen- und Betriebsstoffen, ohne die konkurrierende Unternehmen nicht weiterproduzieren konnten" (67f.). Andererseits hat Zannen zwischen 1980 und 2000 auch alle staatlichen Organe ausgeschaltet und sich erst als Staat im Staate und dann als der Staat selbst etabliert. Für den Niedergang des älteren Staatsgebildes wird sowohl die „Bummelei" der Beamten als auch die „Zersplitterung der Gewerkschaften" verantwortlich gemacht (40). Dadurch habe es schließlich überhaupt keine Gegenkräfte zum Zannen-Konzern mehr gegeben. Weil die „staatliche Bürokratie" nie so „produktiv" arbeite wie die „private Wirtschaft", seien in allen öffentlichen Anstalten Miliardendefizite keine Seltenheit gewesen (108). Selbst die Post und die Eisenbahn wären darum schrittweise „reprivatisiert" worden (107). Schon in den achtziger Jahren hätten alle Begabten den Zannendienst – wegen besserer Bezahlung und interessanterer Aufgabenbereiche – eindeutig dem Staatsdienst vorgezogen. Und so sei es schließlich dahin gekommen, daß man im Jahre 2003 unter staatlichen „Organisationen" bereits etwas Historisches verstanden habe (15).

Aus Zannen wird so ein Großkonzern, der acht Millionen Beschäftigte hat und 30 000 „kurz-, mittel- oder langlebige Gebrauchsgüter" herstellt (31). Seine 15 000 Zweigstellen versuchen geradezu „alle materiellen und immateriellen Wünsche" der Bevölkerung zu erfüllen (31), was zu einem Umsatz von 160 Milliarden im Jahr führt. Um nicht allzu tyrannisch zu erscheinen, muß natürlich auch Zannen die Illusion des freien Wettbewerbs aufrechterhalten und den Konsumenten die Möglichkeit einer ‚freien Wahl' vorspiegeln. Aus diesem Grunde läßt er einzelne seiner Produkte miteinander konkurrieren, ja inszeniert sogar einen Wettbewerbskrieg gegen seinen englischen Konkurrenten Interproducts, dessen „Zauberland-Läden" die „Wunderland-Läden" des Zannen-Konzerns in Holland und Nordbelgien zu verdrängen suchen. Er setzt dabei alle Mittel der Erpressung, Diffamierung, Werkspionage, ja sogar des offenen Betriebsgangstertums ein – und kann so den Eingriff in seine Interessenssphäre siegreich zurückschlagen. Aber so blutig das Ganze auch abläuft, letztlich handelt es sich bei dieser Konkurrenzschlacht vor allem um den Versuch, die „Bereitschaft der Bevölkerung zu testen", einen gewissen „Wettbewerb zu akzeptieren" (278). Daß die eigentlichen Verantwortlichen für diese Manöver in den USA sitzen, ja daß Westeuropa zu diesem Zeitpunkt bereits innerlich und äußerlich geradezu unzertrennlich mit den Vereinigten Staaten verflochten ist, wird dem Leser lediglich en passant mitgeteilt, als so selbstverständlich wird diese Allianz bereits empfunden. Die Bosse dieser Welt sitzen nicht mehr in Frankfurt oder Düsseldorf, sondern in Boston und New York – und lassen von dort ihre Fäden über den Atlantik spielen.

Die zentrale Figurenschicht dieses Romans sind deshalb die Manager, das heißt die Vertreter jener „professional and technological class", wie sie Daniel Bell nennt, für die alles in der Welt nur noch ein Organisationsproblem ist. Wer in diesen Bereichen – und daher auch in diesem Roman – etwas zu sagen hat, muß also zu den Junior Executives, den Abteilungsleitern, den Chefs, den Managern, den Bossen gehören – um überhaupt wahrgenommen zu werden. Von den Arbeitern und Konsumenten ist darum kaum die Rede. Immer wieder geht es nur um jene, die mit den Fragen des Management betraut sind. Jeder strebt hier bloß danach, sich durchzusetzen, aufzusteigen, die Chefetage zu erreichen und Manager zu werden. Wem der Zannen-Konzern eigentlich gehört, bleibt unerwähnt. Hier prahlt man nicht mehr mit Besitz, sondern nur noch mit jugendlichem Elan, Dynamik, Durchsetzungsvermögen. Man will Manager sein, weil das Erfolgserlebnisse verspricht, weil das zu einem gesteigerten Selbstbewußtsein führt, weil das den Schimmer der Wichtigkeit verleiht. Große Teile des Romans spielen deshalb in den Managertürmen des „Zentralen Werkgeländes“, in denen jene fixen Kerle sitzen, deren Hauptaufgabe im Entwurf neuer Marketing-Strategien besteht (31). Da mit der Abschaffung der Konkurrenz zugleich das Bedürfnis nach Qualität abgestorben ist, geht es jetzt bloß noch um weitere Umsatzsteigerung. Und darauf verstehen sich diese jungen, flotten, dynamischen Aufsteigertypen allerdings aus dem Effeff. Sie tun daher alles, um zur Profitmaximierung beizutragen und sich somit als Top-Manager zu qualifizieren. Dies ist die Welt jener „Brainstorming-Büros“ (31), wo man mit 35 Jahren bereits sein bestes Alter erreicht hat und mit Fünfzig pensioniert wird, weil man dann nicht mehr über die erforderliche Dynamik und Aggressivität verfügt.

Manche Kapitel dieses Romans wirken deshalb fast wie ein Katalog guter Ratschläge, die jeder karrierebewußte Aufsteiger auswendig wissen sollte. In der Negativbilanz werden dabei folgende Eigenschaften verbucht: ein eierköpfiger Intellektualismus, eine allzu deutliche Gemütsbetontheit, ein Interesse an Kunst oder auch eine ausgeprägte Liebe zur Natur, die auf „Aggressionslosigkeit“ und damit mangelndes Durchsetzungsvermögen hindeuten (61). All das mache, wie es heißt, aus Menschen notwendig Langweiler. Dasselbe gelte für Weingenuß oder Pfeiferauchen, in denen sich eine abwägende, kontemplative Gesinnung zu erkennen gebe. Als empfehlenswert gilt dagegen, unentwegt Zigaretten zu rauchen, scharfe Drinks zu sich zu nehmen oder einen „Jagdschein“ zu erwerben, worin sich eine begrüßenswerte „Brutalität“ manifestiere (61). Nicht minder geschätzt wird eine „schlanke“ und „sportlich durchtrainierte“ Erscheinung (13), ein „hartes und unmenschliches“ Auftreten (100), eine gleichbleibende „Treue zum Unternehmen“, ein „absolutes Wohlverhalten“ und ein hoher „Leistungsquotient“ (9). Bei Zannen kann nur jemand Karriere machen, der sich widerspruchslos in die bestehende „Leistungshierarchie“ einfügt (51), das heißt die offizielle Hackordnung anerkennt. Außerdem empfiehlt es sich, gewisse Amerikanismen wie „clever“ oder „overdressed“ zu gebrauchen und seinen Namen in Manfred Cannon oder Charly Feldberg abzuändern.

Um dabei nicht im Handbuchmäßigen steckenzubleiben, gebraucht Scheben zur Illustration dieses Tugendkatalogs die Figur des jungen Aufsteigers Tobias Sabaco, der sich bereits mit 24 Jahren – nach erfolgreichem Besuch einer Zannen-Universität – als „Erster Experte“ bei der erfolgreichen Einführung des Kindersaftes „Labelle“ einen Namen gemacht hat (54). Diesem Mann gelingt es, nach dreimonatiger Einführungsphase und unter Einsatz aller Medien einen Absatz von „500 000 Flaschen pro Verkaufstag“ zu erreichen und damit alle Nebenbuhler aus dem Felde zu schlagen (54). Sabaco sieht sein einziges Ziel darin, „beruflich voranzukommen“ (98). Er setzt sich deshalb bei den Oberen geschickt ins rechte Licht und wird schließlich zum Abteilungsleiter ernannt. Als solcher führt er ein Heer von „20 000 Filialleitern, Supermarkt-Angestellten, Verkäufern und Verkäuferinnen“ an die „Verkaufsfront“, um ständig „neue Umsatz- und Gewinnrekorde“ zu erzielen (134). Von diesem Zeitpunkt an gehört er zu jenen Managertypen, die in Schebens Utopie stolz durch die Chefetage schreiten, von Zeit zu Zeit in Nobel-Restaurants speisen, die Klubfreuden ausgesuchter Erotikbars genießen, mit schnellen Autos durch die Gegend rasen, mit ihren Sekretärinnen schlafen – kurz: alle Privilegien des sogenannten „Top-Managements“ genießen (10).

Daß die Zugehörigkeit zu dieser Managerklasse auch ihre Gefahren in sich birgt, zeigt sich daran, daß der Bezirk, auf dem jene Managertürme stehen, in denen die 60 000 Angestellten der Zentralverwaltung arbeiten, mit „elektrisch gesicherten Drahtzäunen“ umgeben ist (31). Alle, die dieses „Heiligtum des Zannen-Konzerns“ betreten wollen, müssen durch drei Sperrschranken hindurch und sich die „obligatorische Abtasterei“ gefallen lassen (33). Dabei wird allerdings immer wieder betont, daß diese Managerschicht keine bevorrechtigte Kaste bildet. Hier qualifiziert ‚man‘ sich nicht durch Herkommen oder Besitz, sondern allein durch ‚Leistung‘. Eine solche Karriere steht *allen* offen, da alle die gleichen ganztägigen Zannen-Kindergärten und Zannen-Schulen besuchen, wo sie die gleiche Bildung genießen. In diesen Schulen werden sie einerseits auf das „erstrebenswerte Wir-Gefühl eingestimmt“, das heißt sich als Teil des Zannen-Konzerns zu fühlen (41). Andererseits herrscht hier eine ausgesprochen aggressionssteigernde Erziehung, die sich auf eine Reihe höchst effektiver Kampf- und Konkurrenzspiele stützt, um die Schüler an den Zustand einer „organisierten Friedlosigkeit“ zu gewöhnen (42). Und zwar spielt sich das meist im Rahmen einer polytechnischen „Learning by doing-Unterweisung“ ab (43). Schließlich sollen die Zannen-Zöglinge nicht fürs Leben, sondern für den Beruf vorbereitet werden. Alles Unnütze – wie „tote Sprachen“, „als belanglos entlarvte geschichtliche Erfahrungen“ oder „Kritik an kapitalistischen Prinzipien“ – wird daher aus dem Lehrstoff ausgemerzt (16). In diesen Schulen geht es nur um Wissen, „aus dem sich – Gott sei Dank – nichts anderes als Geld schöpfen ließ“ (16). Die Cleversten und Aggressivsten unter diesen Schülern werden anschließend auf die Zannen-Universitäten geschickt, wo die eigentliche privatwirtschaftliche Ausbildung und damit Qualifizierung zum Managertum stattfindet.

Wenn es diese Eleven dann ‚geschafft‘ haben und endlich ‚oben‘ sind, bleiben sie dennoch Teil des Konzerns und genießen keine absolute Freiheit. Und zwar gilt das nicht nur für ihr Berufs-, sondern auch für ihr Privatleben, das sich im Rahmen vom Konzern vorgeschriebener Regeln und Verhaltensnormen abspielt. So beginnt jeder Tag mit dem „obligatorischen Duschen“ (17). Danach müssen sich alle nach der von Zannen ausgestrahlten „Muntermacher-Musik“ den „Trimm-Bewegungen“ der „vorgeschriebenen Morgengymnastik“ unterziehen

(12). Anschließend begeben sich alle an die zanneneigenen „Mahlzeiten-Automaten“ und entnehmen diesen ihr „Schnellfrühstück“ (17). Was diese Menschen am Leibe tragen, besteht fast ausschließlich aus Kunststoff, dem der Konzern den Namen „Zanothyl“ gegeben hat. Ähnlich geregelt vollzieht sich ihre Büroarbeit zwischen den von Zannen gelieferten Glasmöbeln und Glaswänden, die keinen Rückzug ins Private erlauben.

Doch auch in der sogenannten Freizeit unterliegen diese Menschen einer „pausenlosen Observation“ und Gängelung (120). Sogar ihre schick eingerichteten werkseigenen Appartements haben gläserne Wände und Audiovisionsquadrate, die sie ständig beobachten und selbst ihre intimsten Regungen an den großen „Personalcomputer“ weiterleiten (121). Das gleiche gilt für ihre Parties, ihre „Club intim“-Besuche, ihre Spaziergänge, ihre Ferien: überall unterliegen sie der „totalen Kontrolle“ (120). Und doch haben fast alle diese Menschen eine recht „positive“ Einstellung zum Leben (23), ja fühlen sich bei der Befriedigung ihrer außengelenkten Bedürfnisse ausgesprochen wohl. Schließlich ist in dieser Welt alles so geregelt, daß jene, die nur auf oberflächliche Vergnügungen aus sind, durchaus auf ihre Kosten kommen. Diesen Leuten wird genug Gelegenheit gegeben, die üblichen Parties zu besuchen, wo man sich neben einem „strukturierten Small-talk“ im Sinne von „Hallo, nett Sie hier zu sehen!“, „Ziemlich viel Leute hier!“ oder „Wie geht es Ihrer Frau?“ (192f.) auch einige Gläschen Whiskey, Marke „Zann 17, four years old“, genehmigen kann (155). Außerdem gibt es reichlich „Hobbymöglichkeiten“ (198), Kurse für „Sensitivity-Training“ (156) oder Ferienreisen in die Schweiz und nach Italien, wo die von Zannen eingesetzten Umweltschützer einige Gebiete für die Sommerurlauber aufbereitet haben. Auch an Tanzgelegenheiten besteht im Zannen-Land kein Mangel. Im Jahr 2003 ist es gerade der „Pendelpace“, der als der schickste Modetanz gilt (152). Wem selbst das nicht genug ist, der kann Spaziergänge ins Grüne machen, von Zannen inszenierte Sportveranstaltungen besuchen, sich Quiz-Sendungen ansehen, Squash spielen oder seine Zeit mit Spielautomaten totschlagen. Was im Rahmen dieser Freizeitbeschäftigungen fehlt, sind lediglich die früheren Formen der sogenannten ‚E-Kultur‘. So gibt es im Zannen-Land kaum noch Bücher oder Bibliotheken. Von den verschiedenen Theaterformen sind bloß die Show und die Boulevardkomödie übriggeblieben. Doch selbst die spielen nur eine marginale Rolle, da die Managerklasse keine Kompensationsbedürfnisse mehr hat und ihre Bedürfnisse nicht mehr ästhetisch, sondern ‚real‘ befriedigt. Und diese Befriedigungen bieten vor allem die Sekretärinnen. Wer größere oder verfeinerte Ansprüche hat, verbringt seine Abende oder auch ganze Nächte im „Club anonym“ (172), zu dem alle Manager einen Privatschlüssel besitzen und wo man sich auf jede Weise ‚relaxen‘ kann. Hier wimmelt es nur so von attraktiven Liebesdienerinnen wie auch ebenso attraktiven und willigen Bürofräulein, die mit Computerinformationen versehene „Heirats-Scheiben“ um den Hals tragen (285), damit zwei, die sich gefallen, sofort nachsehen können, ob sie zueinander passen. Und damit scheint auch dieses Problem, das in früheren Zeitaltern oft zu den schlimmsten Komplikationen geführt hat, ein für allemal gelöst zu sein.

Doch was machen eigentlich die anderen Zannen-Bewohner, die nicht zu dieser ewig ‚glücklichen' Konzernbourgeoisie gehören? Auf ihre Probleme wird überhaupt nicht eingegangen. So gibt es in diesem Roman weder kleinere Angestellte noch Arbeiter. ‚Niedrigkeit' wird hier bewußt übersehen. Doch *eine* Form der ‚Niedrigkeit' läßt sich auch in einem solchen Roman nicht übersehen – und das sind die ‚Frauen', da diese Schicht nun einmal unmittelbar mit dem persönlichen Wohlergehen all dieser Manager verbunden ist. Allerdings gibt es für diese Frauen im Zannen-Land nur zwei Möglichkeiten, mit der priviligierten Männerkaste in Kontakt zu kommen: als Sekretärinnen oder als Ehefrauen. (In die Managerschicht sind die Frauen auch im Jahre 2003 noch nicht aufgestiegen.)

Das Los der Sekretärinnen, selbst der Chefsekretärinnen, ist kein besonders beneidenswertes. Ihre Arbeit im Büro ist zwar nicht übermäßig anstrengend, aber dafür müssen sie ihren Chefs auch sonst in jeder Weise zur Verfügung stehen. Die Grenzen zwischen Sekretärinnen, Call Girls und bloßen „Miezen" sind überhaupt recht schwimmend (108). All dies sind Frauen, die ‚man' einfach mitnimmt und vernascht. Falls sie sich dagegen sperren, werden sie entweder angebrüllt oder vergewaltigt. So wird Tina, da sie sich nicht schnell genug auszieht, von dem aufgebrachten Sammet so brutal auf die Erde geschleudert, daß sie tot liegenbleibt (128). Etwas ‚besser' haben es dagegen die „Nurhausfrauen" im Zannen-Land (18), das heißt solche, die mit Managern verheiratet sind. Denn die Familie gilt hier noch immer als eine ‚geheiligte' Institution. Da jedoch der berufliche Aufstieg das einzige Erfolgsziel in dieser Gesellschaft ist, fühlen sich selbst diese Frauen benachteiligt und leiden stumm vor sich hin. Um sie vor eventuellen Depressionen zu bewahren, hat Zannen einen Hausfrauendienst entwickelt, der sie durch Meinungsbefragungen, Postwurfsendungen, Werkbesichtigungen, Kuraufenthalte oder kontrollierte Spaziergänge durch Zoos, Supermärkte und Naturparks ständig bei guter Laune zu halten versucht. Ja, es gibt sogar einen „Hausbesucher-Dienst" mit attraktiven männlichen Betreuern (21), die ihnen die Langeweile durch charmante Plauderstündchen zu vertreiben suchen. Und so werden selbst die „Nurhausfrauen" immer wieder in eine zannenfreudige, das heißt lebensbejahende und vor allem verbrauchsorientierte Stimmung versetzt. Sogar sie empfinden die totale Entfremdung schließlich als etwas Positives, wenn nicht gar als erfüllte Utopie. Schließlich leben in dieser Welt die meisten Menschen wie die „Tiere im Zoo", wie es an einer Stelle verräterischerweise heißt (139), die zwar auf ihre natürliche Freiheit verzichtet haben, aber dafür ein Leben mit allen Segnungen der post-industriellen Dienstleistungs- und Freizeitgesellschaft führen.

Soviel zu den Freuden und Leiden der Managerklasse, die sich mit dem ‚System' in einem positiven Sinne abgefunden hat. Das gleiche scheint für die Angestellten und Arbeiter zu gelten, von denen man zwar nur indirekt hört, die aber durch die konstante ‚Gehirnwäsche' bereits so manipuliert sind, daß sie keinen politischen oder ideologischen Gegenfaktor mehr bilden, sondern einfach mitmachen. Die einzigen Opponenten zu diesem System, die sogenannten „Zannen-Schädlinge", rekrutieren sich daher nicht aus den niedrigen Klassen, sondern aus gewissen Außenseitern der Managerklasse, welche sich noch einen Rest an subjektiver

Eigenwilligkeit bewahrt haben. Und es sind diese „Ausgeflippten“ (213), die sich im Laufe des Romans in „Kaufverzichtler“ (187), ja „Anarchisten“, „Terroristen“ und „Untergrund-Kämpfer“ verwandeln (64). Eine dieser Gruppen beginnt im zweiten Teil des Ganzen sogar eine „Attentats-Offensive“ (219). Doch Zannen erweist sich in diesem Punkte als relativ tolerant. Schließlich lassen sich solche Aktivitäten gut als Medienunterhaltung ausschlachten und lenken die Massen zugleich von anderen Problemen ab. Als es zu Geiselnahmen und Erschießungen kommt, inszeniert Zannen selbst einige „Attentate“ (229) und stellt die „Zannen-Schädlinge“ im Fernsehen als ein „Monsterheer“ hin, „das uns allen gefährlich werden kann“ (226), da sich diese Ereignisse als äußerst umsatzsteigernd erweisen. Die Leute kaufen plötzlich mehr, um sich „auf eine länger andauernde Krise einzurichten“ (230). Obendrein will der Chef der ‚Aktuellen Meldungen‘ mit solchen Horrorstories endlich einmal die „Einschaltquoten der Kollegen aus dem Sport- und Unterhaltungsbereich übertreffen“ (239). Und dies gelingt ihm auch, ja seine „Beerdigung-der-Woche-Sendung“ (258) wird ein regelrechter Hit. Daß sich dadurch die Krisenstimmung nur noch verstärkt, kümmert die Zannen-Bosse, die selbst daraus ihren Profit ziehen wollen, nicht im geringsten. Und so kommt es gegen Ende des Romans zu offenen Rebellionen und Geschäftsplünderungen. Doch es bleibt unklar, ob diese Aktionen eine wirkliche Revolte darstellen oder ob selbst sie von oben gesteuert werden. Schließlich handelt es sich hier um eine Welt der totalen Lenkung – und so könnten ja sogar diese Aktionen Teil eines allberechnenden Konzernwillens sein.

IV

Damit wird der Leser am Schluß des Romans zwar irritiert, aber nicht wirklich geschockt oder gar zur Umkehr aufgerufen. Im Gegenteil: alles erstarrt in einer wohlkalkulierten Schwebe, wodurch die wirkliche Intention dieses Romans reichlich unklar bleibt. Genau besehen, erweist sich das Ganze weder als wirkliche Utopie noch als wirkliche Dystopie, sondern als ein seltsames Mixtum beider. Nun, das allein spricht noch nicht gegen diesen Roman. Viele Dystopien sind zugleich Utopien – und umgekehrt. Auch „sogenannte Gegenutopien“, wie uns sowohl Richard Gerber[40] als auch Martin Schäfer[41] versichern, können durchaus einen „utopischen“ Protest enthalten. Doch leider läßt sich diese Einsicht auf Schebens *Konzern 2003* kaum anwenden. Schließlich ist dieser Roman weder ein echtes Schreckbild noch ein echtes Wunschbild. Aber was ist er dann? Vielleicht wäre es am angebrachtesten, ihn einfach als einen in die Zukunft verlängerten Gegenwartsroman zu bezeichnen. Damit würde man zugleich jenem kryptischen Motto gerecht, das Scheben diesem Werk vorangestellt hat: „Die Welt, in der wir leben, steckt voller Ungereimtheiten und boshafter Ideen. Was wir denken, ist uns ernst, was andere tun, wirkt belustigend oder beschämend. Die Zukunft wird sich so entwickeln, wie wir sie verursachen. Die Vision steckt voller Satire, Groteske und blutigem Ernst. Ihre Realität entwickelt sich bereits“ (5).

Daß sich diese Realität nicht erst „entwickelt“, sondern bereits voll ausgebildet ist, beweisen vor allem jene Abschnitte, die in Schebens Roman der Konsumorientierung, der Aufsteigermentalität, der Freizeitgestaltung, der geplanten Obsolenz, der Dominanz der ‚Professional Class', dem beschleunigten Lebenszyklus einzelner Warensorten, dem Hobbyismus, der Terroristenaktivität wie überhaupt der gesamten Entfremdungsproblematik gewidmet sind. Und das sind über zwei Drittel des Romans! Daneben gibt es jedoch auch Passagen, die deutlich an Utopisch-Dystopisches grenzen, wie etwa all jene Kapitel, in denen die politische, gesellschaftliche und ökonomische Allmacht des Zannen-Konzerns beschrieben wird. In diesen Abschnitten wirkt das Ganze noch am ehesten wie ein Vorgriff auf die Zukunft (ob nun in warnend-abschreckender oder zynisch-grotesker Absicht, sei erst einmal dahingestellt). Doch selbst dieser Vorgriff enthält – genau besehen – ein gewisses Maß an „Realität". Schließlich zeichnet sich das Vordringen der großen Konzerne innerhalb des westlichen Bündnissystemes seit etwa fünfzehn Jahren immer eklatanter ab und übt bereits auf die Innen- und Außenpolitik vieler Staaten einen maßgeblichen, wenn nicht ausschlaggebenden Einfluß aus. So sind es in den USA nur noch 145, die fast die Hälfte der Güterproduktion kontrollieren. In der BRD waren es 1970 bloß noch 115 Konzerne, die für 46 Prozent des Umsatzes, 61 Prozent des Exports und 54 Prozent der Investitionen verantwortlich zeichneten.[42] Max Gloor schrieb hier bereits 1969: „Es vergeht wohl kaum mehr ein Tag, an dem der die Entwicklung auf internationaler Ebene verfolgende Beobachter nicht von der geplanten oder verwirklichten Fusion zweier oder mehrerer Unternehmen hört."[43] Seine Vorhersage, daß der westliche Markt um 1980 nur „noch aus 300 riesigen Unternehmen bestehen" wird, war daher nicht einfach aus der Luft gegriffen.[44] Ja, Gloor sah schon damals in den staatlichen Organen keinen wirklichen Hemmschuh dieser Entwicklung mehr. Im Gegenteil. Er schrieb: „Der Staat und im Rahmen der EWG die Brüsseler Behörden tun das ihre, um die Konzentration zu fördern."[45] Und so haben sich auch in Westdeutschland – mit dem „Segen des Staates" und „im Namen der freien Marktwirtschaft"[46] – schon längst Monopol- oder Oligopolmärkte entwickelt, innerhalb deren der Wettbewerb entweder völlig abgeschafft oder „wesentlich eingeschränkt" worden ist.[47] Die Ohnmacht der Kartellbehörden demonstriert hier bereits die „Ohnmacht des Staates".[48] Ja, manche behaupten, daß in diesem Staat nicht mehr die Regierung, sondern die Wirtschaft die tatsächliche „Macht" ausübe.[49] Aus diesem Grund zeichnet sich in der BRD – wie in Schebens Zannen-Land – eine deutliche Abwanderung der Begabteren zur Großindustrie ab. Jene, die sich noch immer um staatliche Anstellungen bewerben, bekommen hier bereits den Spruch zu hören: „Für die freie Wirtschaft hat's bei euch wohl nicht gereicht."[50]

Der Wirtschaftsverlag Langen-Müller / Herbig, bei dem Schebens *Konzern 2003* erschienen ist, ging daher nicht fehl, wenn er diesen Roman auf dem Waschzettel mit folgenden Sätzen charakterisierte: „Der Leser erkennt, daß die Zeit bis zum Jahre 2003, neunzehn Jahre ab Orwell's 1984, schon heute partielle Gegenwart ist. Rückblicke aus der Zukunft vermitteln originelle Einsichten in die Tatsache, daß die Zukunft des Konzernbürgertums bereits begonnen hat." Ja, an anderer Stelle heißt es noch deutlicher: „Die Darstellung einer wenig phantastischen Zukunft enthält satirische Elemente, manches wird als Groteske deutlich, Beispiele zeigen den Sadismus der Perfektion. Es ist nicht nur alles möglich, sondern vieles heute schon Realität. Summierung, Ergänzung und klärende Überzeichnung machen das jedem klar." Das ist zwar deutlich, aber immer noch nicht klar genug, um der wirklichen Intention dieses Romans auf die Spur zu kommen. Vielleicht erweist sich hierbei ein kurzer Blick auf das Programm dieses Verlages als hilfreich. Der Wirtschaftsverlag Langen-Müller / Herbig hat in den letzten Jahren nicht viele, aber dafür um so signifikantere Bücher herausgebracht, die sich fast ausschließlich an Manager wenden. Neben dem *Konzern 2003*, seinem einzigen Roman, finden sich in seinem Programm vor allem Werke wie die folgenden: *Führungs-Psyche für Vorgesetzte* (1973) von Friedrich Liegert, *Erfolgreiches Marketing für Vorgesetzte* (1973) von Otto Ladner, *Karriere im Sekretariat* (1974) von Annelore Schlitz und Hannelore Winter, *Dialektik für Manager. Methoden des erfolgreichen Angriffs und der Abwehr* ([3]1975) von Rupert Lay, *Denkspiele für Manager* (1975) von Frank Ullmann, *Maxismus für Mangager. Kritik einer Utopie* (1975) von Rupert Lay, *Die große Utopie. Sozialismus in Deutschland* (1976) von Wolfgang Horlacher, *Meditationstechniken für Manager* (1976) von Rupert Lay, *Der Krieg im Betrieb. Spielanweisung für Chefs und Mitarbeiter* (1977) von Heinz Commer und Rudolf Rindermann, *Sozialismus. Das Geschäft mit der Lüge* (1977) von Klaus Motschmann und ähnliches.[51] Dazu muß man wissen, daß Wolfgang Horlacher der Chefredakteur des *Bayernkurier*, Klaus Motschmann der Schriftleiter der Zeitschrift *Konservativ heute* und Rupert Lay Mitglied der Societas Jesu ist. Die ideologische Ausrichtung des Ganzen läßt also an Eindeutigkeit nichts zu wünschen übrig. Neben einem massiven Antikommunismus herrscht hier einerseits eine konservativ-katholische, andererseits eine konservativ-technokratische Gesinnung. Was beide verbindet, ist eine grundsätzlich anti-utopische Einstellung, die sich entweder religiös manifestiert, indem sie auf die notwendige „Begrenztheit"[52] alles menschlichen Wissens verweist (Lay), oder indem sie utopisches Denken als neiderfülltes Ressentiment zu entlarven versucht (Horlacher, Motschmann). Und zwar betont man dabei – unter scharfer Polemik gegen jede Sozialisierungstendenz – immer wieder die natur- oder gottgegebene Notwendigkeit des „Privateigentums an den Produktionsmitteln".[53] Nicht minder ideologisch geht es in manchen der scheinbar ‚technokratischen' Handbücher zu, die dieser Verlag herausgibt. So wird in dem Band *Der Krieg im Betrieb* die Eigentums- und Klassenfrage, wie bei Scheben, einfach ausgeklammert und das Phänomen der sozialen Schichtung rein psychologisch erklärt. Nach Commer/Rindermann gibt es lediglich drei Menschentypen: Adler, Schlangen und Maulwürfe, wobei die Adler (0,1%) mit den Managern, die Schlangen (9,9%) mit den mittleren Angestellten und die Maulwürfe (90%) mit den Arbeitern und anderen Dienstleistenden gleichgesetzt werden. Daß sich zwischen diesen drei Gruppen nach „mehr als dreißig Jahren äußerlicher Waffenruhe" ein „ungebändigter Aggressionsstau" entwickelt habe,[54] empfinden Commer/Rindermann als geradezu

‚natürlich'. Vor dem Hintergrund dieser Bücher wird deutlich, daß sich auch Schebens *Konzern 2003* vornehmlich an Manager wendet und diese auf die Bewältigung gewisser Zukunftsfragen, wohl auch im Hinblick auf den sich entwickelnden „Aggressionsstau", aufmerksam machen will. Jedenfalls war das die Absicht des Verlages, der dieses Buch auf seinem Waschzettel als ein Werk hinstellt, das vor allem für jene „Führungskräfte" gedacht sei, „die sich gern als Manager betiteln".

Nach all dem wird man neugierig, wer denn nun eigentlich Mathias Scheben ist. Das einzige Buch, das neben dem *Konzern 2003* unter seinem Namen herausgekommen ist, nennt sich *Karriere-Handbuch* und erschien 1974 bei Bertelsmann. Doch dieses Buch stammt nicht wirklich von ihm, sondern von einem vierzehnköpfigen „Team von Fachjournalisten, Karriereexperten und Führungskräften der Wirtschaft", wie es im Vorwort heißt,[55] und ist von Scheben nur stilistisch und redaktionell aufbereitet worden. Es handelt sich hierbei um eine Serie von guten Ratschlägen, wie man sich die nötige „Härte" aneignet,[56] sich durchsetzt, Erfolg hat, aufsteigt, kurz: wie man zum Manager wird. Nach den Thesen dieses Buches hat auch heute noch jedermann die Chance, vom Hilfsarbeiter zum Aufsichtsratsvorsitzenden aufzusteigen, indem er einen genauen Karriereplan entwirft, in seinen Arbeitskollegen vornehmlich Konkurrenten sieht, fleißiger ist als alle anderen, die „Interessen der Firma zu seinen eigenen" macht,[57] die eigene Ehefrau, die selbstverständlich „hübsch" sein muß, als „Karrierehelferin" einspannt,[58] unterhaltsame Parties gibt, der Frau seines Chefs zu gefallen versucht, stets ‚fit' ist usw. Genau betrachtet, wird hier immer noch jenes Manchestertum propagiert, das Einsichtsvolleren bereits im späten 19. Jahrhundert als veraltet erschien. Ja, die Autoren dieses Bandes gehen in manchen noch über ihre frühliberalen Kollegen hinaus, wenn sie erklären: „Zu keiner Zeit gab es so viele Chancen, Karriere zu machen, wie in der Gegenwart in den 70er und auch in den 80er Jahren."[59]

Wie man aus einer redaktionellen Notiz erfährt, stellt dieses Buch eine überarbeitete und erweiterte Fassung der Serie „Karriereplanung: Gehalt verdoppeln" des westdeutschen Wirtschaftsmagazins *Capital* dar. Und dies scheint auch Schebens, der im Impressum dieser Zeitschrift unter den „Autoren" aufgeführt wird, eigentliche Lebenswelt zu sein. Gehen wir daher kurz auf dieses Blatt ein, um dann zu einem abschließenden Urteil über seinen *Konzern 2003* zu gelangen. Das Magazin *Capital* wurde 1962 gegründet und ist seit seinen Anfängen ein ausgesprochenes Offensivorgan jener „Führungskräfte, die sich gern als Manager betiteln". Schon auf der ersten Seite des ersten Hefts wird hier erklärt, daß man sich *Capital* nenne, weil das ‚C' in *Capital* wesentlich sympathischer klinge als das ‚K' in Marx' *Kapital*. Außerdem wandte sich diese Zeitschrift bereits im ersten Heft, ähnlich wie Ayn Rand, gegen den verbreiteten „Minderwertigkeitskomplex des Kapitalismus", der immer noch verzweifelt nach einer Idee oder Ideologie suche, um sich weltanschaulich zu legitimieren. Einer solchen Haltung stellte man die selbstsichere These entgegen: „Nicht Ideologien sind notwendig, sondern der Glaube an die gemeinsame bessere Zukunft: wir werden stark und stärker, uns geht es gut und besser. Die Zuversicht des Volkes wird nicht aus Lehrsätzen, sondern aus der Zuversicht und dem Selbstbewußtsein der führenden und herrschenden Schicht gespeist."[60] Und dieses „Selbstbewußtsein", das oft in nackte Apologetik und Affirmation umschlägt, äußerte sich dann nur allzu deutlich: in dem exklusiven Erscheinen (nur dreimal im Jahr), dem hohen Preis (DM 10,- pro Heft), dem anspruchsvollen Layout, das an *Magnum* erinnert – und vor allem in der Art der Beiträge über Managerprobleme, einzelne Großkonzerne, lohnende Investitionen, bekannte Aufsichtsräte oder Aufsteigerkarrieren, die lediglich für Leute von Interesse sind, die selbst zu dieser Managerkaste gehören.

Erst in den siebziger Jahren hat das *Capital* seine ausgesprochen ‚elitäre' Orientierung aufgegeben und sich als thematisch breiter gestreutes Wirtschaftsmagazin in Stil und Aufmachung einem Nachrichtenmagazin wie dem *Spiegel* angeglichen. Es ist heute wesentlich knalliger, bunter geworden und hat so eine Auflage von fast 200 000 erreicht. Es gibt sich zwar immer noch als das Blatt der „Entscheidungsträger in der Wirtschaft" aus,[61] wendet sich aber in seinen Reklamen und Beiträgen nicht mehr ausschließlich an Aufsichtsräte, sondern auch an mittlere Angestellte. Das *Capital* will mit Slogans wie „Planen Sie Ihre Karriere" und „Machen Sie mehr mit Ihrem Geld" all jene ‚Tüchtigen' erreichen, die entweder schon Manager sind oder Manager werden wollen. Und zu diesem Zweck offeriert es diesen Leuten die erforderlichen Steuertips, Konjunkturnachrichten, Versicherungshinweise, Rechtsberatungen, Reisetips, Investitionsvorschläge, Börsenmeldungen und Stellenangebote, unter denen welche mit sechsstelligen Jahresgehältern keine Seltenheit sind.

Vor diesem Hintergrund nimmt der Roman *Konzern 2003* des *Capital*-Autors Scheben allmählich schärfere Konturen an. Daß er weder eine reine Utopie noch eine reine Dystopie ist, dürfte klargeworden sein. Er ist letzlich, wie gesagt, ein in die Zukunft verlängerter Gegenwartsroman, der keine wirklichen Schreckbilder, aber auch keine wirklichen Wunschbilder enthält. Zugegeben: manches in diesem Buch wirkt schon satirisch, grotesk-überspitzt, ja fast kritisch – jedenfalls satirischer oder kritischer als die erwähnten Publikationen des Wirtschaftsverlages oder die Beiträge in der Zeitschrift *Capital*. Doch diese kritische Note reicht nicht aus, um dem Ganzen jene Schärfe zu geben, die einen dystopischen Roman wie *Brave New World* auszeichnet. Während sich dort das von der technischen Perfektion ‚Verdrängte' in dem empörten Schrei des ‚Wilden' nach „poetry", nach „real danger", nach „freedom", nach „goodness", nach „sin" Ausdruck verschafft,[62] wirken die Terroristenaktionen am Schluß des Schebenschen Romans wie belanglose Husarenstückchen einiger Mißvergnügter oder gescheiterter Aufsteiger. Und damit bleibt das Ganze letztlich unernst und büßt den Rang einer wirklichen Warnung oder gar eines Gegenentwurfs ein. Denn faule Witze sind nun einmal die harmloseste Form des Protests – falls man so etwas überhaupt noch als Protest bezeichnen kann.

Genau besehen, ist daher der *Konzern 2003* ein Roman für jene Manager, deren Leben hauptsächlich aus Job, Streß, Erfolgserlebnissen und Playboyfreuden besteht und die für andere Lebensformen überhaupt kein Verständnis mehr aufbringen. Denn wie die Nicht-Manager in dieser Zannen-Welt leben, darüber erfahren wir nichts. Immer wieder sind es nur die Vertreter des Managements, deren Probleme in den Vordergrund gerückt werden. Und damit wird das Ganze auf den Erfahrungsbereich einer Gesellschaftsschicht reduziert, die gar nicht mehr weiß, wie privilegiert sie eigentlich ist, und die sich in ihrem eingebildeten Überdruß mit witzelnden Zynismen wie „Nach mir die Sintflut" oder „Schon wieder Rehrücken" Luft zu machen versucht. Hier geht es um jene Managertypen, die alles verdrängt haben, was über ihren eigenen Horizont geht: die Klassenfrage, das Problem der sozialen Gerechtigkeit, die innerbetriebliche Demokratie, den Wunsch nach Schönheit, das Bemühen um seelische Vertiefung – wie auch jene Gefahren, die mit der fortschreitenden Umweltzerstörung, der atomaren Bedrohung und damit zusammenhängender Probleme verbunden sind. An ihre Stelle ist weitgehend das Gefühl der Blasiertheit, wenn nicht des blanken Zynismus getreten.

Selbst die Gefahr eines allgemeinen Zusammenbruchs oder einer Wiederkehr des Verdrängten, wie sie auf den letzten Seiten angedeutet wird, würde diese Leute nicht ernsthaft erschüttern. Doch vielleicht enthalten sogar diese Seiten keine wirklich ‚kritische' Pointe. Wer weiß: vielleicht verbirgt sich hinter dieser letzten Rebellion nur ein von den Hauptverantwortlichen gelenktes Manöver, mit dem man etwas ‚Leben in die Bude' zu bringen versucht. Danach herrscht höchstwahrscheinlich wieder der Status quo. Warten wir daher weiter auf eine echte Utopie des kapitalistischen Systems, die uns die Vorteile dieses Systems in etwas leuchtenderen Farben auszumalen versucht. Oder kann eine solche heute überhaupt nicht mehr geschrieben werden?

Jenseits von Job und Leistung

Zur Utopie der ‚Freien Assoziation der freien Produzenten'

I

In den fünfziger und frühen sechziger Jahren war in der BRD viel von ‚Aufbau', ‚Tatkraft' und ‚einzelpersönlichem Einsatz' die Rede. Nur wer sich zu einer konsequenten Aufsteigermentalität bekannte, galt damals als ‚in'. Ob im Arbeitsvertrag, im Wirtschaftsteil der *FAZ*, in der Benzinreklame oder schließlich im kommerzialisierten Porno-Roman: überall dominierte der Slogan „Leistung entscheidet!" Die meisten Mitglieder dieser ‚Wirtschaftswundergesellschaft' taten daher alles, um so fit, so strapazierfähig, so potent, so leistungsbetont wie nur möglich zu wirken. In einer Welt der ständig steigenden Expansionsrate, so wurde ihnen eingeredet, werde nur der am materiellen Output beteiligt, der auch für den nötigen Input sorge. Hier könne sich nur der etwas ‚leisten', der die nötige Leistung aufbringe. Hier dürfe nur der am Gewinn teilhaben, der Gewinn produziere – oder wie all jene schönen Formeln auch lauten mögen, mit denen man die soziale Gerechtigkeit dieses Systems zu legitimieren suchte.

Seit der Mitte der sechziger Jahre gibt es jedoch auch in der BRD einige systemkritische Gruppen, die sich nicht so leicht vereinnahmen lassen und dieser ‚Leistungsmoral' höchst kritisch gegenüberstehen. Denn bei genauerem Zusehen ist das einst so progressiv klingende Wort ‚Leistung', in dem noch immer das frühbürgerliche Pathos der Egalität mitzuschwingen scheint, längst zu einer heuchlerischen Phrase erstarrt, mit der man die Mehrheit der Bevölkerung über die weiterbestehenden sozialen Unterschiede hinwegzutäuschen sucht. Während es im 18. und frühen 19. Jahrhundert die aufsteigenden Handwerker und bürgerlichen Gewerbetreibenden waren, sind es heute fast ausschließlich die Arbeitgeberverbände, die nicht müde werden, das Lob der durch nichts gehemmten ‚Leistung' zu singen. In ihrem Gefolge schimpfen darum weite Kreise des Mittel- und Kleinbürgertums unentwegt auf jene systemkritischen Gruppen, welche der privilegienbetonten ‚Leistungsgesellschaft' das Ideal eines anarcho-bohemischen oder demokratischen Sozialismus entgegenzustellen versuchen – das heißt einer Gesellschaftsordnung, wo man nicht mehr etwas *ist*, weil man etwas hat, sondern wo das privatkapitalistische ‚Haben' von Arbeits- und Lebensformen gesamtgesellschaftlicher Art abgelöst wird. In diesen antiautoritären oder auch neulinken Gruppen verbreitete sich nämlich nach 1965 die Einsicht, daß die Phrase von der sogenannten ‚Leistungsgesellschaft', in der jeder angeblich nur nach seinen Verdiensten entlohnt wird, letztlich eine manipulativ verwendete Verschleierungsformel für weitgehend stabilisierte Eigentumsverhältnisse ist. Schließlich bleibt trotz aller Leistungsparolen die soziale und ökonomische „Mobilität" in dieser Gesellschaft relativ begrenzt.[1] Den entscheidenden Ausschlag geben hier immer noch gewisse überlieferte Verhaltensformen, bildungsmäßige Privilegien und wohletablierte Vermögenstraditionen, während die einzelpersönliche Leistung nur eine relativ beiläufige Rolle spielt.

Der Begriff ‚Leistung' hat darum bei den westdeutschen Linken in den letzten fünfzehn Jahren eine merkliche Bedeutungsverschlechterung durchgemacht, ja ist heute im ultralinken Lager fast zu einem Schimpfwort, wenn nicht zum Inbegriff des Bösen schlechthin geworden. Statt auf den egalitär-progressiven Charakter dieses Wortes zu pochen und darauf zu dringen, daß das demokratische Versprechen, welches im Begriff ‚Leistung' steckt, wirklich eingelöst wird, weist man in diesen Gruppen lieber auf den allgemeinen ‚Leistungszwang' innerhalb der kapitalistischen Konsumgesellschaft hin und setzt dem herrschenden ‚Leistungsanspruch' (auch ‚Leistungsdruck' oder ‚Leistungsterror' genannt) eine entschiedene Leistungsverweigerung entgegen, um so einer nichtrepressiven Welt ‚herrschaftsfreier Räume' oder ‚musischer Enklaven' den Boden zu bereiten, in der das menschliche Handeln nicht mehr dem Leistungs-, sondern dem Lustprinzip untersteht.

Im Rahmen dieser allgemeinen Leistungsverweigerung, die sowohl ein Produkt ‚kritischer' Gesinnung als auch ein Produkt steigenden Wohlstands, intensivierter Reklame, größerer Lebenserwartung und zunehmender Konsumlust ist, lassen sich etwa vier Formen des Widerspruchs unterscheiden: einerseits eine spekulativ-idealistische, eine psychologisch-antipuritanische und eine ökologische, die alle drei vom Supremat des geistigen Überbaus ausgehen und deshalb eine gewisse Ähnlichkeit miteinander haben; andererseits eine eher sozio-ökonomische, die von den materiellen Grundlagen her kritisiert.[2]

Beginnen wir mit der spekulativ-idealistischen Kritik, die unter anderem im Umkreis der Frankfurter Schule vertreten wird und weitgehend den Begriff ‚Entfremdung' in den Mittelpunkt ihrer Überlegungen stellt. Ihr Grundtenor ist meist ein neohegelianischer, der jedoch aufgrund seiner Utopielosigkeit ständig ins Kulturpessimistische umschlägt. Begriffe wie ‚Entfremdung' oder ‚Entäußerung' werden hier vornehmlich als Ausdruck jenes unentrinnbaren Verhängnisses empfunden, das man mit Vokabeln wie ‚dirigistische Manipulation' oder ‚negative Dialektik' zu umschreiben versucht. Aus der Progressionsgeschichte der Menschheit wird dadurch eine Regressionsgeschichte, in der nicht mehr die fortschreitende Selbstverwirklichung der Idee der Freiheit, sondern ein Totalitarismus den Sieg davonträgt, durch den der Einzelne zum bedeutungslosen Schräubchen im Getriebe technokratischer Massengesellschaften wird. Trotz der an Hegel und den frühen Marx erinnernden sprachlichen Einkleidung ihrer Ideen stoßen so viele Frankfurtisten selten zu einer positiven Deutung von Arbeit und Kollektivität vor, sondern sehen in jeder Leistungsforderung lediglich Entfremdung, Verdinglichung und Eindimensionalität, die notwendig zu Surplusrepression und Konsumterror führen. Ihre ideologischen Lösungs- und Überwindungsvorschläge, falls sie solche überhaupt entwickeln, bleiben deshalb meist in der totalen Negation der bestehenden Verhältnisse stecken: in der Forderung einer konsequenten Bildlosigkeit der Zukunft gegenüber (Horkheimer), im aristokratischen Rückzug auf den isolierten Künstler, der nur noch im absolut negativen Kunstwerk à la Kafka oder Beckett eine Protestmöglichkeit erblickt (Adorno), oder in der ‚Großen Weigerung' (Marcuse), wonach der Umschlag in die Utopie aus der unmittelbaren Umkehrung der gegenwärtigen Situation zu erfolgen habe. Vor allem die Anhänger Marcuses verwerfen das Leistungsprinzip als etwas absolut Überflüssiges, da nach ihrer Meinung die kapitalistischen Produktionsbedingungen so weit entwickelt seien, daß die reale „Arbeitszeit" in eine „höchst marginale Zeit" verkürzt werden könne.[3]

Eng damit verbunden ist die psychologisch-antipuritanische Reaktion gegen das herrschende Leistungsprinzip, die sich weitgehend aus einem Affekt gegen das protestantische Arbeitsethos entwickelt hat, dem die unheilige Allianz von Bilanz und Bibel zugrunde lag. Da dieses Ethos, ohne das weder die Entwicklung des kapitalistischen Wirtschaftssystems noch des modernen Demokratiekonzepts möglich gewesen wäre, in einen immer stärkeren Widerspruch zu den offiziösen Wohlstandsparolen gerät, wird es in anarcho-bohemischen Gruppen gern als total obsolet hingestellt. Man brauche nicht mehr ständig ‚busy' zu sein, behaupten diese Antipuritaner immer wieder, da der Müßiggang heute keine Gefahr mehr in sich berge. Gegen eine solche These wäre an sich nichts einzuwenden. Leider schlägt jedoch der Affekt gegen das kapitalistische Arbeitenmüssen im Rahmen solcher Gruppen nur allzuoft in die Forderung nach absoluter Untätigkeit um. Was daher diese Richtung verklärt, ist das bloße Dahinvegetieren, die transzendentale Meditation, die Flucht ins Ästhetische. Als Zone ‚wahrer Menschlichkeit' gilt hier lediglich das Leben jenseits der Arbeit, meist in Form eines beschaulichen Kommunelebens, das als Enklave innerhalb der kapitalistischen Arbeitswelt weitgehend auf elterliche, karitative oder öffentliche Unterstützung angewiesen bleibt. Manches an dieser Pop-Revolte, die auch künstlerisch weite Kreise zog und vielen als ‚Stil der Jugend' wie ein neuer Jugendstil erschien,[4] ist sicher echter Protest, anderes dagegen bloße Flucht ins Gerede, Schmollende, wenn nicht Kindische. Die meisten Vertreter dieser Richtung empfinden Arbeit nur darum als totale Entfremdung, weil sie eine höchst repressionslose Kindheit hinter sich haben, sich an Romanen wie *Walden* oder *Steppenwolf* berauschen und beim ersten Zusammenstoß mit der Realität der Berufswelt sofort psychologische Gegenreaktionen entwickeln, wodurch sich gerade bei der nordamerikanischen Hippie-Bewegung eine Reihe ideologischer Querverbindungen zu Marcuses Forderung der ‚Großen Weigerung' ergeben hat.[5]

Die dritte Gruppe der heutigen Leistungsverweigerer bildet jene, die mit ökologischen Protestforderungen operiert. Sie sperrt sich gegen das Leistungsprinzip, weil sie die kapitalistische Produktionsausweitung als prinzipiell zerstörerisch, als Raubbau, als rücksichtslose Plünderung aller naturgegebenen Rohstoffe empfindet. Was sie bewahren will, ist die ‚Lebensqualität', welche durch die fortschreitende Verhäßlichung und Entwertung alles Natürlichen immer stärker von total entfremdenden Mechanismen überlagert werde. Sie sieht darum ihre Hauptgegner in jenen technokratischen Verwaltungsgremien, die ohne Rücksicht auf das bisherige Gleichgewicht von organischem Wachstum und menschlicher

Konsumtion alles unter rein zweckrationalen Gesichtspunkten betrachteten. Selbst das Natürliche, Gewachsene, Organische werde von diesen Apparatschiks des Kapitalismus als etwas Totes, Mechanisches, Unorganisches behandelt und dementsprechend ‚verplant'. Um also überhaupt noch ‚lebenswerte' Bedingungen auf Erden aufrechtzuerhalten, und zwar für Pflanze, Mensch und Tier, bekämpfen sie die industrielle Produktionsweise schlechthin, die nach ihrer Meinung – durch die wahllose Verwendung jeglicher Art von Chemikalien – zu einer fortschreitenden Verschmutzung, Vergiftung, ja Abtötung allen organischen Lebens auf Erden führe. Auch diese Gruppe ist daher durch viele ideologische (wie auch literarische) Querverbindungen mit jenen verbunden, die aus spekulativ-idealistischen oder psychologisch-antipuritanischen Gründen gegen die kapitalistische Leistungsforderung zu Felde ziehen.

Die vierte Gruppe, die sich in den letzten fünfzehn Jahren in der BRD gegen das allgemein dominierende Leistungsprinzip aufgelehnt hat, ist die Gruppe der sozio-ökonomischen Kritik. Ihre Vertreter sehen in der sogenannten ‚Leistungsforderung' vor allem ein Legitimationskonzept, mit dem die Unternehmerkreise ihre ‚Herrschaft' abzustützen suchten. Nach ihrer Meinung wird im kapitalistischen System nicht die Leistung, sondern das Einverständnis mit den herrschenden Normen honoriert. Ja, manche behaupten, daß sich das Gehalt vornehmlich nach dem Grad der Konformität richte.[6] Bürgerliche Leitbegriffe wie ‚Free Enterprise', ‚Privatinitiative' oder ‚Freie Bahn dem Tüchtigen', erklären sie, seien im Monopolkapitalismus, der keine positiven Selektionsprozesse mehr kenne, längst hinfällig geworden. Das Schlagwort vom ‚schöpferischen Unternehmer' habe daher jeden Sinn eingebüßt. Im Rahmen der heutigen Gremienentscheidungen, in denen sich der Wille gewisser „Group Personalities" manifestiere,[7] ist nach ihrer Ansicht die einzelpersönliche Leistung kaum noch zu bestimmen. In einer solchen Gesellschaftsordnung werde Lohn vornehmlich nach Maßgabe der „Identifikationen und Loyalitäten", das heißt dem Grad der Anpassung verteilt, um die bestehenden Statushierarchien aufrechtzuerhalten.[8] Das häufig propagierte Leistungsprinzip, das von den Arbeitgebern gern als Ansporn zur Arbeitsfreude hingestellt werde, wird darum von den sozio-ökonomischen Kritikern der herrschenden Leistungsgesellschaft als unnötige Repression, als unbarmherziges Herausquetschen von Arbeitsenergie im Rahmen eines Systems verurteilt, in dem es aufgrund der ungerechten Eigentumsverteilung überhaupt keine soziale Gerechtigkeit geben kann – und die einzelpersönliche ‚Leistung' zur Verschleierung der ungerechten Verteilung des industriellen Mehrwerts herhalten muß. Während also die Industriekapitäne weiterhin behaupten, Verdienst ergebe sich allein aus Fleiß, Energie, Leistung, weisen diese Kritiker beharrlich darauf hin, daß innerhalb des Kapitalismus Verdienst vornehmlich auf Erbschaft, Beziehungen, Anpassung und Unterdrückung beruhe.[9]

Eine solche Kritik konnte natürlich nicht unbeantwortet bleiben. Systemintegrierte Verteidiger des Konzepts ‚Leistungsgesellschaft'[10] haben deshalb seit Mitte der sechziger Jahre eine stattliche Reihe von Theorien entwickelt, in denen das kapitalistische Ordnungsgefüge – mehr oder minder verschleiert – als die relativ beste aller möglichen gesellschaftlichen Organisationsformen hingestellt wird.[11] Charakteristisch dafür ist das Symposion *Sinn und Unsinn der Leistungsgesellschaft*, das Armin Mohler 1973 mit finanzieller Unterstützung der Siemens-Stiftung in München organisierte und das 1974 von Max Müller in Buchform herausgegeben wurde. Von den Beiträgen Peter Dreitzels und Wolfgang Klafkis einmal abgesehen, herrscht hier ein prononcierter Stolz auf die einzelpersönliche Leistung, der sich in scharfen Invektiven gegen die Befürworter des Wohlfahrtsstaats, der sogenannten „Filzpantoffel-Gesellschaft“, entlädt.[12] Günter Schmölders zieht in diesem Band gegen die Wohlfahrtsversprechen der SPD zu Felde, Franz Vonessen greift bis zu den alten Griechen zurück, um sein betont konservatives Leistungskonzept zu legitimieren, Arnold Gehlen weist auf die ‚sozialprivilegierte‘ Rolle der heutigen Arbeiter hin, denen es viel besser als den armen, geplagten Bürgern gehe – und ähnliches mehr. Noch deutlicher äußert sich diese Haltung in den Sammelbänden *Das Leistungsprinzip in der Industriegesellschaft* und *Das Leistungsprinzip in unserer Zeit*, beide 1974, in denen sich neben einem Schwarm von Soziologen und Politologen auch der Präsident der Bundesvereinigung der (west)-deutschen Arbeitgeberverbände, der Vorsitzende des (west)-deutschen Gewerkschaftsbundes, der Bundeswirtschaftsminister und der Vorsitzende der Siemens AG mit fast gleichlautenden Argumenten zum Leistungsprinzip als dem wichtigsten Garanten der ‚freien Marktwirtschaft‘ bekannten und die antiautoritäre Revolte der studentischen Leistungskritiker als Gefährdung der demokratischen Grundrechte bezeichneten. Nach ihrer Meinung habe jeder Tüchtige und Leistungsmotivierte im ‚freien Westen‘ auch heute noch die Chance, seines Glückes Schmied zu sein und nach ‚oben‘ aufzusteigen. In scharfer Ablehnung aller ‚totalitären‘ Wohlfahrtsstaaten, in denen jede einzelpersönliche Motiviertheit und damit Leistungssteigerung verhindert werde, preisen hier die Verteidiger des bundesrepublikanischen Systems weiterhin die ‚allesermöglichende‘ Demokratie.

Was die Apologeten dieser Ordnung stets unterschlagen, ist die simple Tatsache, daß diese angebliche Leistungsorientiertheit aufgrund höchst ungleicher Startchancen sozialer, sexistischer und bildungsmäßiger Art vor allem der Aufrechterhaltung bestimmter Kastenprivilegien dient. Denn für die sozial Abhängigen kann ein solches Leistungsprinzip letztlich nur eine gesteigerte Leistungsnorm bedeuten. Doch nicht nur das. Durch die alleinige Ausrichtung auf Leistung im Rahmen der privatkapitalistischen Gesellschaftsordnung, wo sich der im Industrieprozeß Schaffende einer unübersehbaren Arbeitsteilung gegenübersieht, meint gesteigerte Leistung zugleich gesteigerte Sinnlosigkeit, Verstärkung der gesellschaftlichen Isolierung, abmüdender Energieverbrauch, ja Verkümmerung menschlicher Fähigkeiten innerhalb fortgesetzter Unterordnung und Unterdrükkung im Rahmen repressiver Herrschaftsstrukturen. Was bedeutet ‚Leistungslohn‘, wenn der Aufseher über die wirklich Arbeitenden ein doppelt oder dreifach so hohes Gehalt einstreicht wie der am Fließband Stehende? Ganz zu schweigen von jenen Direktoren, deren Gehälter oft das Zehn- bis Zwanzigfache betragen. Verbirgt sich nicht darin lediglich eine Legitimierung des Status quo? Denn durch das Schlagwort ‚Leistung' wird jede Möglichkeit einer durchgreifenden Änderung solcher Zustände von vornherein ausgeschaltet. Wenn ‚Leistung' der einzige Hebel zu ökonomischer Gewichtsverlagerung und sozialer Mobilität ist, dann werden es die ‚niedrig' Arbeitenden allerdings nie schaffen, da sie ja nicht soviel ‚leisten' wie die mit der Leitung ihrer Arbeit Beauftragten!

Dennoch hat sich das Leistungsprinzip lange Zeit als der beste Trick erwiesen, die mit diesem System Unzufriedenen wieder auf ihren Platz zu verweisen. Erst als es im Zuge der Rezessionskrise und der antiautoritären Bewegung der späten sechziger Jahre auch in der BRD zu den erwähnten Weigerungsparolen, ja sogar zu wilden Streiks kam, ließen sich geschmeidigere Vertreter dieses Systems nicht nur starre Legitimationsparolen einfallen, sondern versuchten, den immer lauter werdenden Protesten auch mit reformistischen Slogans entgegenzutreten. Zu diesen Taktiken gehörte die zeitweilig recht beliebte Art, die systemkritischen Gruppen mit dem Versprechen einer gewissen Scheinpartizipation zu ködern und damit in die gewohnten Bahnen zurückzulenken. Man erinnere sich an Schlagworte wie ‚Abbau der Autorität', ‚Befreiung der Arbeit', ‚Selbstorganisation', ‚Ertragsbeteiligung', ‚allgemeine Vermögensbildung' und ähnlich strukturauflockernde Ausgleichskonzepte, die auf einen fortschreitenden Abbau der Klassenantagonismen hinzudeuten scheinen. Viele dieser Parolen gemahnen an jenen ‚Weißen Sozialismus', den manche schon in den zwanziger Jahren gepredigt hatten. Während jedoch damals meist von ‚sozialem Fordismus' oder ‚Wirtschaftsdemokratie' die Rede war,[13] wurde jetzt – vor allem in Büchern wie *Die Befreiung der Arbeit* (1965) von Folkert Wilken oder *Die Befreiung der Arbeit* (1970) von Günter Hillmann – eher von ‚kooperativer Selbstorganisation' oder ‚Auflösung bürokratisch-hierarchischer Herrschaft' gesprochen, um den Schein einer fortschreitenden Homogenisierung und Integrierung immer größerer Bevölkerungsschichten zu erwecken. Wie nicht anders zu erwarten, laufen solche Thesen – ob nun bei den Idealisten oder Opportunisten dieser Richtung – fast immer auf die alte Forderung einer gerechteren Leistungsbewertung, das heißt auf den Abbau der finanziellen Ungleichheit und damit eine bessere Ertragsverteilung, hinaus. Da sie jedoch die Eigentumsfrage stets peinlich umgehen, bleiben ihre Thesen meist ebenso apologetisch wie die der starren Leistungsfanatiker.

II

Doch selbst solche Minimalversprechen einer gewissen Partnerschaft, wie idealistisch oder geheuchelt sie auch sein mögen, schienen vielen Befürwortern des etablierten Systems schon zu gefährlich. Wem man den kleinen Finger reicht, dachten sie, der ist nur allzu schnell bereit, die ganze Hand zu ergreifen. Um also den Gefahren einer schleichenden Sozialisierung vorzubeugen, pries die Mehrzahl der bisherigen Vertreter der kapitalistischen Leistungsgesellschaft nach 1965 lieber die Segnungen der westlichen ‚Freizeit', um damit allen Erörterungen über die herrschenden Eigentums- und Arbeitsverhältnisse von vornherein aus dem Wege zu gehen.[14] Manche gaben zwar zu, daß nicht jeder denselben gutbezahlten

Job und das gleiche gesellschaftliche Renommé haben könne – aber dafür habe eben heutzutage jeder die gleiche, ständig wachsende Freizeit, welche alle diese Ungleichheiten wieder wettmache. Genau besehen, geht diese Phraseologie auf die bereits von Henry Ford gepriesene Trennung in Job und Freizeit zurück, die er 1923 in seinem Buch *Mein Leben und Werk* in die klassische Formel gefaßt hatte: „Wenn wir arbeiten, müssen wir es ernsthaft tun; genießen wir, dann gleichfalls mit vollen Zügen. Es hat keinen Zweck, das eine mit dem anderen zu verquicken. Das alleinige Ziel sollte sein, gute Arbeit zu leisten und dafür gut bezahlt zu werden. Ist die Arbeit erledigt, ist es Zeit für Vergnügungen."[15]

Damit war im Rahmen der kapitalistisch-puritanischen Arbeitsethik bereits Anfang der zwanziger Jahre eine Aufwertung der Freizeit erreicht, die in der Folgezeit nicht wieder rückgängig gemacht werden konnte. Im Gegenteil. In vielen westlichen Demokratien ist seitdem immer weniger von Arbeitszeit und immer mehr von ‚jobloser' oder ‚arbeitspolarer' Zeit die Rede. Deshalb sind auch in der systemintegrierten Soziologie der BRD seit Mitte der sechziger Jahre die Freizeit- und Konsumgesellschaft vieldiskutierte Gegenstände geworden. Und zwar wird dabei jene Freizeit, die sich aus der gesteigerten Rationalisierung und Automation der Arbeitsprozesse ergeben hat, von ihren offiziösen Befürwortern vor allem als gesteigerte Konsum- oder Zerstreuungszeit verstanden. Während die ältere Bourgeoisie Freizeit noch meist mit Muße, Erbauung, Kunstgenuß oder seelischem Innenausbau gleichgesetzt hatte, wie man dem Buch *Muße und Kult* (1948) von Josef Pieper entnehmen kann, werden im Zuge der Vierzigstundenwoche und der hektisch angekurbelten Freizeit- und Vergnügungsindustrie alle musisch-kontemplativen Freizeitkonzepte als mehr oder minder obsolet hingestellt. Selbst eindeutig rechtsstehende Soziologen, die sich früher für eine stille Romanlektüre oder einen Konzertbesuch eingesetzt hätten, propagieren heute – wie die industriellen Manager – eine aktiv verbrauchsorientierte Auffassung von Freizeit. Neben den Leistungsmenschen ist so in den letzten fünfzehn Jahren zusehends der Freizeitmensch als gesellschaftliches Image getreten, der weniger profitbringend produziert als profitbringend konsumiert.

Trotz strukturbedingter Rezession, Inflation und Arbeitslosigkeit wird darum von den Vertretern dieser Richtung die Wirtschaftsordnung der BRD in immer leuchtenderen Reklamefarben als eine Konsumwelt hingestellt, in der keiner mehr wirklich zu ‚schuften' brauche. Im Gegensatz zum Osten, wo es aufgrund falscher Planungsvorstellungen weiterhin an den wichtigsten Konsumgütern fehle, wie behauptet wird, habe man im Westen bereits jenen Zustand der Fülle, ja geradezu Überfülle erreicht, die jedem Bürger – ob nun in Beruf, Politik oder Freizeit – die Wahl lasse, sich frei für das ihm oder ihr Entsprechende entscheiden zu können. In deutlicher Konkurrenz (oder Übereinstimmung) mit den neulinken Lustprinzip-Theoretikern werden hier sowohl die Jobsphäre als auch die Sublimierungsprozesse innerhalb der affirmativen Kultur als immer unwichtiger hingestellt – und dafür die Selbstrealisierung des Einzelnen im Rahmen von Freizeit und Konsum zum obersten Leitbild erhoben.

Nicht die verantwortungsbewußte Sozialpartnerschaft, sondern die verantwortungslose Konsumfreudigkeit ist deshalb der Lieblingsgegenstand der systemintegrierten BRD-Soziologie und Marktforschung geworden. Die Fülle der Bücher auf diesem Gebiet ist geradezu Legion. Seit Viggo Graf Blüchers Studie *Freizeit in der Industriegesellschaft*, dieser einsamen Schwalbe aus dem Jahre 1956, ist seit 1965 ein Buch nach dem anderen erschienen, in dem Freizeit nicht mehr als bürgerliche Muße oder proletarische Regeneration der Arbeitskraft, sondern eindeutig als Hobby- oder Konsumzeit definiert wird. Statt die Freizeit – aufgrund des höheren Lebensstandards – als Befreiungszeit hinzustellen, die dem Einzelnen die Möglichkeit künstlerisch vermittelter Bewußtseinserweiterung oder gesellschaftlicher Organisation erlaubt, wird in diesen Büchern Freizeit fast ausschließlich im Hinblick auf Sport, Tourismus, Hobbies und ähnliche Formen der herrschenden Vergnügungsindustrie gesehen. Was dadurch in den Vordergrund rückt, ist der ‚Fun Approach', das heißt der Spaßwert aller Dinge, der seine höchste Steigerung im Shopping, im Reisen oder im lustvollen Konsum erlebe. Selbst jene BRD-Soziologen, die auf eine besser ‚gestaltete' Freizeit dringen und staatlich approbierte Freizeitberater oder Freizeitdezernenten fordern, um die Leute zu einer ästhetisch qualitätvolleren und abwechslungsreicheren Freizeit zu animieren, gehen darum – wie die Bücher *Freizeitberatung* (1975) von Wolfgang Nahrstedt, *Freizeitpolitik in der Bundesrepublik* (1975) von Felizitas Lenz-Romeiß und *Freizeitpolitik* (1976) von Heribert Kohl belegen – selten über die vom System gesetzten Schranken hinaus. Auch für sie gibt es an diesem System nichts mehr zu ändern, sondern nur noch zu reformieren – wodurch sie sich zu absoluter Utopielosigkeit verurteilen. In ihren Schriften lebt man schon in der „nachindustriellen Ära des Freizeitkapitalismus", wie es heißt,[16] deren oberstes Ziel die lustvolle Arbeitslosigkeit sei. Freizeit wird hier nicht mehr als Ausgleich von oder Gegensatz zu Arbeit, sondern bereits als eine wesentlich weiter gefaßte Kategorie verstanden, als habe die Mehrheit der westlichen Bevölkerung schon jenes Eldorado einer Freizeitgesellschaft erreicht, in der es nur noch Müßiggänger gibt – und die industrielle Produktion von komputergesteuerten Automaten in Gang gehalten wird.

Die Grundessenz dieser Ideologie könnte man mit dem Begriff ‚positive Entfremdung' zusammenfassen. Denn hier wird das, was bisher als ‚Entfremdung' (nämlich als Verhinderung eigenschöpferischen Lebens) galt, aus dem Negativen endgültig ins Positive verkehrt. Hier triumphiert ein scheinhaftes Glücksversprechen, das in Anonymität, Kulturzurückstufung, gesellschaftlicher Fragmentierung und Entwürdigung von Arbeit ‚echte Werte' sieht. Hier wird indirekte Lenkung, ja dirigistische Massenmanipulation in liberale ‚Freiheit der Wahl' umgelogen. Hier wird dem Einzelnen weisgemacht, daß er nur noch seiner Selbstrealisierung lebt, während er in Wirklichkeit einer pausenlosen Gängelei unterworfen ist. Kurz: hier wird das falsche Bewußtsein als erfüllte Utopie hingestellt.

Eine solche Freizeitideologie, vor allem wenn sie bis zu ihren letzten Konsequenzen getrieben wird, ist natürlich ideologisch ebenso fadenscheinig wie eine forcierte Leistungsideologie. Man spürt die Absicht und ist folgerichtig verstimmt. Denn durch diese geradezu totale Trennung von Arbeit und Freizeit, von Leistung und Konsum, von Job und Vergnügen wird nicht nur das Arbeiten, sondern auch das Genießen bis zur Depravierung entwertet. So betrachtet, sinkt Arbeit zum notwendigen Übel, Genuß (auch künstlerischer) zu sinnloser Betäubung ab. Wenn nämlich Arbeit keinen Genuß mehr bietet, kann auch Freizeit keinen wirklichen Genuß mehr bieten. Unter solchen Bedingungen verwandelt sich die sehnlichst herbeigewünschte Freizeit zu einer Zeit außengelenkter Bedürfnisbefriedigung, innerhalb deren sich das natürliche Zerstreuungsbedürfnis zu einer Verbrauchsgier steigert, die vornehmlich der kapitalistischen Expansionsrate dient.

Es fehlt daher auch in der BRD nicht an Stimmen, welche diese fortschreitende Parzellierung und Fragmentierung aller menschlichen Lebensbereiche nicht als positive, sondern als negative Entfremdung empfinden und kritische Gegenkonzepte dazu entwickeln. Und zwar kommen diese Stimmen sowohl von rechter als auch von linker Seite. Die konservativen Kritiker der momentan herrschenden Freizeitideologie setzen der fortschreitenden Entfremdung – wie schon ihre Vorläufer um die Jahrhundertwende oder in den zwanziger Jahren – meist agrarische, vorindustrielle, bündische, das heißt bewußt ‚gemeinschaftsbetonte' Leitbilder entgegen. Aufgrund ihrer Abneigung gegen die alles nivellierende und auflösende Macht des Kapitalismus geben diese Kreise meist Gesellschaftsformen den Vorzug, die hierarchisch-autoritär ausgerichtet sind und zum Teil ins Protofaschistische tendieren. Solche Proteste sind daher für den Kapitalismus harmlos und werden von ihm – wie schon die Künstlerkolonien des Jugendstils und der Neuromantik um 1900 – als rechte Enklaven oder Randzonen gern toleriert.

Anders steht es hingegen mit den linken Protesten gegen das sinnwidrig ins Positive gewendete Konzept der Entfremdung. Allerdings hat es auch in diesem Lager in den letzten fünfzehn Jahren – in Form von Roten Zellen oder Landkommunen – deutliche Rückfälle in vorindustrielle Gemeinschaftskonzepte gegeben, die als Zufluchtsorte kleinbürgerlicher Neurotiker fungierten. Aber in diesem Lager kam es zugleich zu Protesten, welche vor dem Kapitalismus nicht einfach auswichen, sondern ihn bei seinen Widersprüchen zu packen versuchten, indem sie sowohl die Leistungs- als auch die Freizeitideologie als bloße Legitimationsfassaden entlarvten. Von ihrer Kritik an der Leistungsideologie war bereits die Rede. Die Kritik an der Freizeitideologie ging zumeist von Angriffen gegen jene „Camping-, Hobby-und Playboy-Freizeit" aus, die in ihrer Ablenkungsstrategie letztlich auf eine Scheinfreiheit hinauslaufe. In diesen Bereichen, heißt es,[17] beschäftige man sich lediglich damit, die leerlaufende Zeit mit dem Konsum von Kunst oder Verbrauchsgütern totzuschlagen. Doch diese Mittelklassenfreizeit sei noch nicht einmal das Schlimmste. Wesentlich ärger sei es um das Freizeitverhalten Jugendlicher, vor allem Jugendlicher aus der Arbeiterklasse bestellt, die ihr gesellschaftliches und psychologisches Erfüllungsdefizit mit Comic Strips, *Landser*-Heften, Flipperautomaten, Musikboxen, Diskotheken, Motorrädern oder Alkoholkonsum zu überspielen suchten.[18] Während die gut- und bestbürgerlich Ausgeruhten eher wohltemperierte Formen der Zerstreuung – also E-Musik,

Kunstbücher, Theateraufführungen und Romanlektüre – bevorzugten, herrsche in den unteren Gesellschaftsbereichen auch in der Freizeit eine wesentlich schärfere Gangart. Die Engagierteren unter diesen Kritikern, die aus dem empirisch Partikularen ins Gesamtgesellschaftliche übergriffen, kamen dabei zwangsläufig zu der Einsicht, daß Arbeit und Freizeit auf eine geradezu untrennbare Weise miteinander verkettet sind – und man das eine ohne das andere überhaupt nicht betrachten kann.[19] Wenn nämlich die kapitalistischen Freizeitideologen wirklich Recht hätten, müßten ja die Nicht- oder Wenigarbeitenden, das heißt die bürgerlichen Senioren und Hausfrauen, die glücklichsten aller Staatsbürger sein. Sie sind es aber gar nicht, sondern drängen im Gegenteil immer stärker zu Selbstbestätigung versprechenden Beschäftigungen, um sich so dem Teufelskreis der Sinnlosigkeit zu entziehen, aus dem auch der pure Kunstgenuß keinen Ausweg bietet.

Im Rahmen dieser Kritik setzt sich daher zusehends die Erkenntnis durch, daß weder das Leisten noch das Genießen einen Sinn in sich selber haben, solange sie als unüberwindbare Antinomien verstanden werden. Im Rahmen des kapitalistischen Systems, behaupten diese Kreise, bleibe Leistung stets punktuell, Freizeit stets genußlos. Wer also systemimmanent gegen die kapitalistische Leistungserwartung oder die kapitalistische Freizeitideologie opponiere, erklären sie, werde sich immer wieder in dieselben Widersprüche verstricken, da die gesellschaftliche Produktion und die privategoistische Aneignung nun einmal unversöhnliche Gegensätze bildeten. Wirkliche Leistung setzt nach ihrer Meinung zugleich eine Sinngebung der Arbeit, eine Sinngebung der Arbeit zugleich eine Sinngebung der Gesamtgesellschaft, eine Sinngebung der Gesamtgesellschaft zugleich ein altruistisches Miteinander, das heißt ein radikaldemokratisches oder sozialistisches Staatsgebilde voraus. Freizeit und Leistung, Job und Konsum werden daher von den Kritikern dieser Richtung nie als Phänomene hingestellt, die sich separat behandeln lassen. Nur wer ihre innere Dialektik erkenne, postulieren sie, sei auch befähigt, an ihrer gemeinsamen Aufhebung oder Überwindung mitzuwirken. Und zu dieser Aufhebung oder Überwindung greifen sie häufig auf die Antientfremdungs-Parolen der hegelianischen oder marxistischen Tradition zurück, auf die wir in einem kurzen, aber notwendigen Exkurs zurückgreifen wollen, um uns dann wieder der gegenwärtigen Situation zuzuwenden.

III

Beginnen wir mit dem späten 18. Jahrhundert. In den frühbürgerlichen Ökonomiekonzepten eines Adam Smith bedeutet ‚Arbeit' noch etwas weitgehend Negatives, das rein mechanisch durch Angebot und Nachfrage geregelt wird. Nach Smith schafft Arbeit zwar Reichtum, hat aber keinen Wert in sich. Sie ist lediglich Mittel, ‚Tool'. Zu einer positiven Wertung der Arbeit im menschheitsgeschichtlichen Sinne dringt erst der deutsche Idealismus, vor allem Hegel, vor. Im Sinne seiner *Phänomenologie des Geistes* setzt jede menschliche Selbstrealisierung stets eine bestimmte, zielgerichtete Tätigkeit voraus. Nach Hegel ist also der Mensch im wesentlichen Homo faber. Arbeit ist für ihn nicht mehr Quelle materiellen

Reichtums wie bei Adam Smith, sondern eine eminent geschichts- und persönlichkeitsbildende Macht, der sich nichts Ebenbürtiges zur Seite stellen läßt. Mensch und Geschichte sind also bei Hegel wesenhaft Produkte werteschaffender Arbeit, da im Sinne seines Gedankengebäudes die Menschheit nur durch produktive Tätigkeit zum Bewußtsein ihrer selbst gelangen kann. Hegel sieht deshalb bloß den progressiven Aspekt der Arbeit. Noch genauer gesagt: Arbeit ist für ihn das allmähliche Fürsichwerden des Menschen im Rahmen mythologisch, ästhetisch oder religiös orientierter Systeme – und damit die Aufhebung der ursprünglichen ‚Entfremdung' oder ‚Entäußerung'. Und zwar meint Hegel damit nie etwas Selbstisches, sondern stets die dialektische Übereinstimmung des Einzelwollens mit dem ‚Ganzen'. Sogar der frühkapitalistische Konkurrenzkampf wird von ihm in diesem Sinne noch positiv verstanden. Indem jeder produziert und jeder konsumiert, heißt es in den *Grundlinien der Philosophie des Rechts* (§ 196), nützt er sowohl sich selbst als auch den anderen: „In der Abhängigkeit und Gegenseitigkeit der Arbeit und der Befriedigung der Bedürfnisse schlägt die subjektive Selbstsucht in den Beitrag zur Befriedigung der Bedürfnisse aller anderen um – die Vermittlung des Besonderen durch das Allgemeine als dialektische Bewegung, so daß, indem jeder für sich erwirbt, produziert und genießt, er eben damit für den Genuß der Übrigen produziert und erwirbt."

Dies ist genau der Punkt, an dem der junge Marx in seinen *Pariser Manuskripten* von 1844 mit seiner Kritik einsetzt. Er erkennt sofort, daß in dieser wohlwollenden „Gegenseitigkeit" ein rein idealistisches Prinzip steckt. Marx bezieht daher Begriffe wie ‚Entäußerung' und ‚Entfremdung' , die Hegel weitgehend als Selbstaufgabe des menschlichen Bewußtseins in Richung transhumaner Phänomene verstanden hatte, gerade und vor allem auf die Arbeit. ‚Entfremdung' ist für ihn das Resultat der entfremdeten Arbeit innerhalb des kapitalistischen Systems, das auf dem grundsätzlichen Widerspruch von kollektiver Produktion und privatkapitalistischer Aneignung beruht. Marx gibt zwar durchaus zu, daß es die „Größe" der Hegelschen *Phänomenologie* sei, die „Selbstrealisierung des Menschen" zum erstenmal als einen Arbeitsprozeß gesehen zu haben.[20] Doch dieser Prozeß werde bei Hegel rein idealistisch und damit mystifizierend dargestellt. Marx geht deshalb dazu über, diesen Prozeß rein materiell zu sehen. Wenn er von „Entfremdung" spricht, dann immer im Rahmen der „sinnlichen" Welt der Arbeit und nicht der „geistigen" Welt der Ideen. „Entfremdete Arbeit" ist für ihn ein Resultat jener Sphäre des „Habens", in der durch die Dominanz des Privateigentums jeder Nichtbesitzende zum bloßen Objekt der Besitzenden geworden sei.[21]

Marx beginnt daher schon in den *Pariser Manuskripten* mit der Reflexion über die Frage, wie sich diese Art von ‚Entfremdung' aufheben lasse.[22] Und als Lösungsmöglichkeit dieses Widerspruchs taucht bereits hier das Stichwort ‚Kommunismus' auf, das als Liquidierung des Privateigentums und damit als Aufhebung der menschlichen Selbstentfremdung verstanden wird. Nur durch den Übergang zum Kommunismus werde der Mensch aus einem egoistischen zu einem menschlichen, das heißt gesellschaftlichen Wesen, behauptet Marx. Statt weiterhin an einem System festzuhalten, in welchem die Arbeit zur viehischen

Sklaverei und der Genuß zur ebenso viehischen Selbstbefriedigung herabsinke, da im Rahmen solcher Verhältnisse weitgehend naturhaft-rohe, aber keine wirklich ‚menschlichen' Zustände herrschten, setzt sich Marx mit aller Macht für die Überwindung jenes privatkapitalistischen Egoismus ein, der alles, selbst die menschlichen Arbeits- und Genußverhältnisse, einzig und allein unter dem Gesichtspunkt des Besitzenwollens und Profitsteigernden betrachte. Erst wenn der Gegensatz zwischen Arbeit und Genuß, zwischen Individuum und Gattung wirklich aufgehoben sei, und zwar in der gesellschaftlichen Arbeit und im gesellschaftlichen Genuß, ist für Marx die Chance tatsächlicher Menschlichkeit gegeben. Wirklich ‚Mensch' ist daher für ihn nur der gesellschaftliche, das heißt das für die soziale Allgemeinheit tätig-schaffende Einzelwesen.

Einen ersten Höhepunkt erreichen diese Überlegungen in den *Grundrissen der Kritik der Politischen Ökonomie* von 1857/58, in denen sich Marx – im Hinblick auf sein Arbeitskonzept – einerseits mit der bürgerlichen Ökonomie, andererseits mit den frühsozialistischen Utopisten auseinandersetzt. Mit ‚bürgerlicher Ökonomie' sind in diesem Werk vor allem die Schriften von Adam Smith gemeint. Marx wirft hier Smith vor, daß er Arbeit im Sinne des *Alten Testaments* immer noch als Fluch betrachte und daher nur den Zustand der Ruhe mit „Glück" gleichsetzen könne.[23] Ebenso rückständig erscheint es Marx, Arbeit im Smithschen Sinne rein äußerlich, das heißt bloß nach dem zu erreichenden Zweck zu beurteilen. Daß Arbeit auch „Selbstverwirklichung, Vergegenständlichung des Subjekts und daher reale Freiheit" sein könne, scheint Smith nach Marx' Meinung nicht einmal zu ahnen. Marx wirft ihm daher vor, die Arbeit rein als „äußere Zwangsarbeit" zu betrachten und nur die Nichtarbeit als „Freiheit und Glück" zu bezeichnen, was nach seiner Meinung lediglich auf die Arbeitssklaverei der feudalistischen und kapitalistischen Gesellschaftsordnungen zutreffe und nicht zum Wesen der Arbeit schlechthin erklärt werden dürfe.

Ebensowenig behagen Marx jene Arbeitskonzepte, wie sie von manchen frühsozialistischen Utopisten vorgeschlagen wurden. Hier wendet er sich einerseits gegen den „rohen Kommunismus" eines Babeuf, der unter strikt spartanischen Gesichtspunkten eine bloße Gleichmacherei angestrebt habe, welche der erstrebten Selbstverwirklichung des Einzelnen im Wege stehe. Andererseits verwirft er das bloß hedonistische Konzept eines Fourier, der für attraktive Arbeitsplätze und genußhaft-wechselnde Beschäftigung plädiere, weil er Tätigsein nur nach seinem Vergnügungseffekt einschätze. Solche Ansichten erscheinen Marx – wie auch die Arbeitstheorien der Saint-Simonisten – ebenso einseitig wie die des Babeuf. Bei dem einen stehe der Spartanismus, bei dem anderen der Hedonismus im Vordergrund. Was Marx dagegen ins Auge faßt, ist die Totalität des Menschen, die volle Ausbildung und Entwicklung all seiner Begabungen und Fähigkeiten. „Selbstverwirklichung des Individuums" in der Arbeit bedeutet für Marx keineswegs, „daß sie bloßer Spaß sei, bloßes amusement, wie Fourier es sehr grisettenmäßig naiv auffaßt".[24] Wenn Marx von „travail attractif" spricht, meint er damit nicht simplen Jux oder bloße Arbeitsfreude, sondern jenen langwierigen Prozeß der Menschwerdung, bei dem sich das Subjekt erst dann verwirklicht, wenn es sich in der Umgestaltung des naturhaft Gegebenen als ‚schöpferisch' erweist. Sein Ziel ist daher eine Vergesellschaftung des Menschen, die auf eine Steigerung aller menschlichen Potentialitäten hinausläuft, was als ein schwerer, aber gerade in der Überwindung der Schwierigkeiten zutiefst beglückender Vorgang hingestellt wird.

Und zwar vergleicht Marx diesen Selbstwerdungsprozeß, der erst in einer befreiten, klassenlosen Gesellschaft zu sich selber komme, gern mit der Arbeit des Künstlers, die ebenfalls große Mühe und zugleich tiefster Genuß sei. „Wirklich freies Arbeiten", heißt es in den *Grundrissen*, „zum Beispiel Komponieren ist gerade zugleich verdammtester Ernst, intensivste Anstrengung."[25] Überhaupt empfindet Marx sinnvolle Tätigkeit stets als etwas Schöpferisches, auf die Gesamtgesellschaft Bezogenes, das nicht nur der unmittelbaren Befriedigung partikularer Bedürfnisse dient, sondern als freie Lebensäußerung, als gesteigertes Bewußtsein ins ‚Unentfremdete' hinausweist. Wirkliche Arbeit ist für ihn nichts, was durch äußerlichen Zwang zustande kommt, sondern was als freiwilliger, unentfremdeter Beitrag zur Sozietät im allgemeinen geleistet wird. Nur so ist auch seine Theorie zu verstehen, daß in einer befreiten, klassenlosen Gesellschaft einmal alle Berufsspezialisierungen wegfallen werden, damit jeder die Chance habe, ein vollentwikkelter Mensch, Künstler oder Uomo universale zu werden. In jenen Zeiten wird es nach Marx einmal keine Fachidioten, Berufspedanten oder Nur-Künstler mehr geben, „sondern höchstens Menschen, die unter anderem auch malen".[26] Ja, er schreibt in den *Grundrissen* höchst optimistisch, daß sogar die „Arbeit der materiellen Produktion" diesen Charakter erhalten könne, und zwar „dadurch daß 1) ihr gesellschaftlicher Charakter gesetzt ist, 2) daß sie wissenschaftlichen Charakters, zugleich allgemeine Arbeit ist, nicht Anstrengung des Menschen als bestimmt dressierter Naturkraft, sondern als Subjekt, das in den Produktionsprozeß nicht in bloß natürlicher, naturwüchsiger Form, sondern als alle Naturkräfte regelnde Tätigkeit erscheint".[27] Das Ziel einer solchen Entwicklung hat der mittlere Marx gern mit dem Stichwort der ‚Freien Assoziation der freien Produzenten' charakterisiert.[28]

In der Folgezeit, das heißt in den sechziger und siebziger Jahren, wird Marx hingegen in seinen Äußerungen über die Möglichkeit der Abschaffung ‚entfremdeter' Arbeit, und zwar selbst im Rahmen einer klassenlosen Gesellschaft, etwas zurückhaltender. Stellen, an denen er über zukünftige Arbeits-, Freizeit- und Kunstbedingungen spekuliert, werden immer seltener. Und wo es Marx dennoch tut, weicht er in wesentlich vorsichtigere Formulierungen aus. So behauptet er zwar weiterhin, daß sich die volle Menschwerdung nur in der klassenlosen Gesellschaft realisieren lasse, spricht aber kaum noch von einem beglückenden Ineinander von Arbeit und Genuß. Ja, es finden sich sogar Äußerungen, daß selbst in der befreiten Gesellschaft der Zukunft das ‚Reich der Freiheit' (und damit auch der Kunst) erst jenseits der materiellen Produktion beginnen werde. Dementsprechend heißt es im dritten Band des *Kapitals*: „Das Reich der Freiheit beginnt in der Tat erst da, wo das Arbeiten, das durch Not und äußere Zweckmäßigkeit bestimmt ist, aufhört; es liegt also der Natur der Sache nach jenseits der Sphäre der eigentlichen materiellen Produktion."[29] Und Marx fährt einige Zeilen später fort: „Die Freiheit in diesem Gebiet kann nur darin bestehen, daß der vergesellschaftete Mensch, die assoziierten Produzenten, diesen ihren Stoffwechsel mit der Natur rationell regeln, unter ihre gemeinschaftliche Kontrolle bringen, statt von ihm als von einer blinden Macht beherrscht zu werden; ihn mit dem geringsten Kraftaufwand und unter den, ihrer menschlichen Natur würdigsten und adäquatesten Bedingungen vollziehn. Aber es bleibt dies immer ein Reich der Notwendigkeit. Jenseits desselben beginnt die menschliche Kraftentfaltung, die sich als Selbstzweck gilt, das wahre Reich der Freiheit, das aber nur auf jenem Reich der Notwendigkeit als seiner Basis aufblühn kann. Die Verkürzung des Arbeitstags ist die Grundbedingung."

Indem sich der späte Marx immer stärker von falschen Propheten und Utopisten abzusondern versuchte, die ihren Anhängern geradezu alles – das Schlaraffenland, das wiedergekehrte Paradies oder das Reich der totalen Arbeitsfreude – versprachen, indem er also wesentlich nüchterner blieb, blieb er zugleich etwas traditioneller. Denn vom ‚Reich der Freiheit' jenseits der materiellen Grundvoraussetzungen hatten auch die bürgerlichen Idealisten gesprochen. Schon sie waren für den universalistisch gebildeten, den ganzen, den unentfremdeten Menschen eingetreten, der sich über das Reich der Notwendigkeit in das Reich der sittlichen Entscheidungsfreiheit oder des ästhetischen Spieltriebs erhebt. Vor allem Schiller hatte die wahre Humanität des Menschen hauptsächlich in der freien Verfügbarkeit über sich selbst gesehen. Doch auch Goethe, wenn wir uns an den *Musensohn* oder Fausts Osterspaziergang erinnern, leitet sein Humanitätskonzept häufig aus der Verbundenheit mit der Natur, dem Umgang mit Kunst und ähnlichen Ausdrucksformen des bürgerlichen Müßiggangs ab. Wenn also der späte Marx zum Teil ähnlich klingende Konzepte vertritt, gerät er in einen gewissen Gegensatz zu seinen bisherigen Vorstellungen, nach denen die Aufhebung der ‚Entfremdung' gerade durch die Überwindung des abstrakten Gegensatzes von Arbeit und Genuß erfolgen sollte.

IV

Es gibt deshalb im Rahmen der marxistischen Tradition bis heute zwei verschiedene Arbeits- und Freizeitkonzepte, die sich beide mit dem gleichen Recht auf Marx berufen können: 1) das Konzept der Selbstverwirklichung des Menschen innerhalb einer ‚Freien Assoziation der freien Produzenten', die ihre Arbeit als Genuß und ihren Genuß als Arbeit empfinden, da sie stets vom Gesichtspunkt des ‚Schöpferischen' ausgehen, 2) das wesentlich bescheidenere Konzept vom ‚Reich der Freiheit' jenseits der materiellen Produktionsprozesse, das zum Teil auf bürgerlich-liberalen Freiheitsvorstellungen beruht und aufgrund der fortbestehenden Trennung von Job und Konsum zu einem sinnentfremdeten, weil nicht total vermenschlichten Genußverhalten führen kann.

Was in der momentanen Praxis, und zwar im Osten wie im Westen, überwiegt, ist weitgehend das zweite Konzept. Hüben wie drüben herrscht immer noch die hergebrachte Trennung in Arbeit und Freizeit, die dem Denken jenes Bürgertums entspricht, das noch keine Vorstellung kollektiv-industrieller Produktionsweisen besaß und daher ideologisch in der Antinomie von ‚Freiheit' (Natur, Kunst, Innerlichkeit) und ‚Notwendigkeit' (Arbeit, Disziplin, Äußerlichkeit) befangen blieb. Das hat in den hochentwickelten Industriestaaten des Ostens und des Westens einerseits zu einer gesteigerten Leistungserwartung, andererseits zu einer relativ genußlosen Freizeit geführt. Und so wird in beiden Systemen weiterhin spezifisch ‚Bürgerliches' perpetuiert. Allerdings deutet das nicht unbedingt auf eine soziale oder ökonomische Konvergenz hin, die sich einfach mit dem Schlagwort ‚moderne Massen- und Industriegesellschaft' umschreiben ließe. Es gibt da schon Strukturunterschiede, die man einmal schärfer herausstellen sollte, um so die Möglichkeiten einer qualitativen Änderung aufzuzeigen.

Im Westen stoßen solche Bemühungen von vornherein auf festgesetzte Schranken. In diesen Staaten, wie etwa der BRD, herrscht weithin die erfüllte Utopie des falschen Bewußtseins. In ihren Massenmedien wird allen eingeredet, daß gerade die Trennung von Job und Freizeit die freiheitliche Anonymität und damit die Möglichkeit einer genußvollen Selbstrealisierung des oder der Einzelnen garantiere. Gegen solche Konzepte, die zutiefst im gesamten Wirtschafts- und Sozialgefüge verankert sind, ist schwer anzukämpfen. Schließlich handelt es sich hierbei nicht um Spezialprobleme, die man reformistisch angehen könnte, sondern um strukturelle Grundgegebenheiten. Und derlei erweist sich in Zeiten ‚relativer Stabilität' als geradezu unerschütterlich. Selbst die Linke hat dem in der BRD nicht viel entgegenzustellen. Während die alte Linke gegen die zunehmende Entfremdung noch immer mit bürgerlichen E-Kunst- und Freizeitidealen anzukämpfen versucht, entzieht sich die neue Linke dem Teufelskreis der kapitalistischen Leistungs- und Konsumerwartung zum Teil dadurch, daß sie irgendwelche ästhetisierten Dropoutideale kultiviert und damit in gesellschaftliche Randpositionen ausweicht. Und so wird der Marxsche Traum einer Aufhebung dieser Entfremdung auch in ihren Reihen weitgehend suspendiert. Die einzigen, die ihn hier noch weiterträumen, sind einige Schriftsteller und Intellektuelle, die in radikaler Vereinzelung linkssektiererische ‚Ganzheits'-Konzepte verkünden, um inmitten der allgemeinen Stagnation und Utopielosigkeit wenigstens die kritische Position eines solchen Alternativdenkens aufrechtzuerhalten.

Damit verglichen, liegen die Verhältnisse im Osten – trotz mancher oberflächlichen Ähnlichkeiten – strukturell anders. Zwar herrscht auch dort eine unleugbare Trennung von Arbeit und Freizeit, von Leistung und Konsum – aber daneben wird von staatswegen eine Ideologie propagiert, in der sich der Marxismus weiterhin als uneingelöste Utopie virulent erweist. Daß bei der Aufhebung dieses Gegensatzes vor allem in der DDR – angesichts der faschistischen Vergangenheit und der ausgebliebenen proletarischen Revolution – erst einmal ein vorsichtiges Lavieren dominieren würde, war vorauszusehen. Schließlich spielt sich der Aufbau des Sozialismus in diesem Lande nicht in einem Vakuum, das auch gewagte Experimente erlaubte, sondern vis-à-vis der BRD mit ihrer glitzernden Konsumfassade ab, die für breite Schichten der Bevölkerung nichts an Faszination eingebüßt hat, ja durch die eigene materialistische Konsummentalität dauernd neue Anziehungskraft erhält.

Zweifellos sind im Osten manche jener Beziehungen, welche das Verhältnis von Arbeit und Freizeit bestimmen, sozial gerechter geregelt worden. Und doch hat sich auch dort eine fortschreitende Arbeitsteilung und damit entfremdende Spezialisierung durchgesetzt. Einerseits wird von den Werktätigen eine bewußte Arbeitsdisziplin und hohe Arbeitsmoral verlangt, andererseits die sogenannte ‚Arbeitsfreude' durch private Feierabend-, Freizeit-, Kunst- und Ferienkonzepte, die dem einzelnen Staatsbürger seine ‚Eigentlichkeit' garantieren sollen, wieder entwertet. Statt mit der Job- und Konsummentalität des Westens in Konkurrenz zu treten, müßte im Rahmen eines solchen Systems an sich der dialektische Bezug von Genuß und Arbeit stärker herausgestellt werden. Es gibt da selbstverständlich eine Reihe von fruchtbaren Ansätzen. Man denke an das ‚Recht auf Arbeit', die polytechnische Ausbildung, die Abendkurse und die sogenannte ‚Qualifizierung'. Aber viele dieser Dinge stoßen nicht aus dem Technologischen ins Ideologische vor. Der Fortschritt, der mit ihnen erzielt wird, bleibt weitgehend ein Fortschritt in Richtung Technifizierung und Automation, durch den der einzelne Arbeiter immer stärker zum „Einrichter und Wärter" der verschiedenen Produktionsgänge wird,[30] statt weiterhin bloß seine Körperkraft einzusetzen. Selbst rein mechanische Arbeitsgänge tendieren damit ins Konstruktive und Programmierende, wodurch sogar manche der bisher ausschließlich physischen Arbeiten ‚vergeistigt' worden sind. Dazu kommen die Vorzüge der Kybernetik und die Freisetzung rein mechanischer Arbeiten durch elektronische Steuerzentralen, was zur Abschaffung vieler ermüdender Wiederholungszwänge führte. Niemand wird leugnen, daß auf diese Weise der im Produktionsprozeß Stehende allmählich immer ‚freier' wurde. Doch deutet sich hierin wirklich ein qualitativer Unterschied zu den Arbeitsprozessen der westlichen Industrie an, wo sich zum Teil die gleichen oder ähnliche Prozesse abspielen? Wird nicht dadurch die Trennung zwischen Arbeit und Genuß nur noch größer? Und nimmt nicht so die Freizeit den Charakter einer bloßen Konsumzeit an, in der sich die Menschen immer weiter voneinander isolieren, was schließlich zum Triumph eines rein verbrauchsbetonten Egoismus führen kann?

Wie klar diese Probleme in der DDR gesehen werden, beweist unter anderem die 1978 von Jürgen Kuczynski ausgelöste *Forum*-Debatte zum Thema „Was ist gesellschaftlicher Fortschritt?"[31] Er selbst vertrat dabei den Standpunkt des späten Marx und nannte den Reichtum an „Freizeit", in der man sich mit „Wissenschaft, kunsthandwerklicher Arbeit, Schöner Literatur, Schreiben, Gartenpflege und vielem anderen" beschäftigen könne, den höchsten Maßstab „allen gesellschaftlichen Fortschritts".[32] Während die Fabrikarbeiter noch immer „schwere und monotone Arbeit" zu leisten hätten, die zur „Befriedigung der primitivsten Lebensbedürfnisse" aller Menschen unabweislich sei, leben nach Kuczynski die „Wissenschaftler und Kulturschaffenden" der DDR bereits in „gewisser Beziehung im Kommunismus".[33] Die eigentliche Erfüllung des Menschen vollzieht sich also für ihn in der Freizeit, im ‚Reich der Freiheit': im Umgang mit Kunst, Natur und Wissenschaft. Anders hätten Goethe und viele der auf ihn folgenden Intellektuellen ihr Verhältnis zu Kunst und Arbeit auch nicht definiert! Kuczynskis Kritiker haben dem entgegengehalten, daß der „wirkliche gesellschaftliche Fortschritt" vor allem in der „schöpferischen, produktiven, mit der Wissenschaft untrennbaren Arbeit"[34] und in den neuen „Beziehungen der Menschen zueinander, die sie während des Produktionsprozesses eingehen" zum Ausdruck komme.[35] Ja, Uwe-Eckart Böttger schrieb, daß bei Kuczynski eine geradezu „metaphysische Trennung von Arbeitszeit und Freizeit" herrsche, wodurch das eigentliche Problem, nämlich die Dialektik dieser beiden Bereiche, gar nicht ins Blickfeld gerate.[36]

Und dies ist vielleicht der Punkt, den man zum Ausgangspunkt weiterer Überlegungen wählen sollte. Falls man nämlich die Dialektik dieser beiden Bereiche vernachlässigt, wird man nie zu einer allmählichen Aufhebung der im völligen Auseinanderfall von Arbeit und Genuß zutage tretenden ‚Entfremdung' kommen. Wenn also Arbeit und Freizeit endlich in eine sinnvolle Relation zueinander treten sollen, wird man sich nicht allein mit dem fortschreitenden Technisierungsprozeß der Arbeit und den damit verbundenen Erleichterungen und Bequemlichkeiten begnügen können. Das wäre ein recht „grisettenhaftes" Verhältnis zu Arbeit, wie es bei Marx heißt.[37] Ein wirklich schöpferischer Genuß an der Arbeit entstünde erst dann, wenn sich zu diesen Erleichterungen, deren Wert keineswegs geleugnet werden soll, der Faktor der echten Teilhabe gesellen würde. Doch damit stößt man in Bereiche vor, wo es den meisten Sozialisierungskonzepten noch immer an zukunftsermöglichenden Leitbildern fehlt. Fassen wir im Zusammenhang dieses Beitrags wenigstens zwei solcher Leitbilder ins Auge, die in dieser Hinsicht nützlich sein könnten: die ‚Freie Assoziation der freien Produzenten' und den ‚Künstler als Produzenten'. Und zwar soll dies mit aller erforderlichen Sachlichkeit geschehen, um dabei folgende Gefahren zu vermeiden: 1. einfach unvermittelte Projektionen zu entwerfen, die sich nicht realisieren lassen und damit falsche, ja vielleicht sogar gefährliche Erwartungen zu wecken, 2. sich weiterhin mit dem Status quo abzufinden und somit ständig in die beschriebenen bürgerlichen Antinomien, das heißt den Zustand der Fortschrittslosigkeit zurückzufallen.

V

Als erster utopischer Zentralbegriff – im Hinblick auf eine Überwindung der ‚Entfremdung' – bietet sich nach wie vor das Marxsche Konzept der ‚Freien Assoziation der freien Produzenten' an, da es das umfassendste und zugleich konkreteste ist. Mit dieser Zielvorstellung ist weder eine zwangsverpflichtende ‚Gemeinschaft' noch eine total parzellierende ‚Gesellschaft', sondern eine Vergesellschaftung des Menschen gemeint, die auf einen kollektiven Subjektivismus hinausläuft, der sich der ‚dritten Sache' verpflichtet fühlt und daher jenseits der herkömmlichen Antinomie von Egoismus versus Altruismus steht. Im Rahmen solcher Produzentenverbände dürfte es also keine Führer und keine Geführten mehr geben. Hier müßte jeder nicht nur mitarbeiten und mitbesitzen, sondern auch mitbestimmen können. Denn eine wirkliche Sozialisierung wäre nur dann erreicht, wenn die Teilhabe des Einzelnen an den Produktions- und Verwaltungsvorgängen auch tatsächlich zu einem Input führte, der als gemeinschaftsfördernder *und* zugleich selbstbestätigender Faktor wiedererkennbar bliebe.

Wohl das schwierigste Hindernis auf dem Weg zu dieser ‚Freien Assoziation der freien Produzenten' wird – neben der Verantwortungsfrage und damit der Arbeitseffektivität – die Überwindung des Gegensatzes zwischen Kopf- und Handarbeit sein. Zugegeben: auf diesem Sektor sind bereits – wie auf dem Sektor der Einebnung der Gegensätze zwischen Stadt und Land – durch Rationalisierung und Automation bedeutsame Fortschritte erzielt worden. Und doch gibt es neben Arbeiten, die subjektive und gesellschaftliche Befriedigungen bieten, immer noch genug ‚Drecksarbeiten', die solche Befriedigungen nicht bieten. Wahrscheinlich werden manche dieser Arbeiten – wie etwa Ernteeinbringung, Bergbau, Krankenhausdienst, Hausarbeit oder Müllabfuhr – auch in Zukunft Drecksarbeiten bleiben. Innerhalb solcher Berufe wird also der Mensch nie völlig zum ‚Einrichter und Wärter' werden. Um aus dieser Antinomie herauszukommen, sollte man in Zukunft vielleicht eine gesamtgesellschaftliche Arbeitspflicht einführen, aufgrund derer alle Menschen von Zeit zu Zeit gewisse Drecksarbeiten übernehmen müssen, um somit auch den bisher Unterprivilegierten die Möglichkeit einzuräumen, sich ebenfalls an planenden, organisierenden, kreativen Arbeitsvorgängen beteiligen zu können. Im Hinblick auf solche Arbeiten wird – aus der Büroperspektive heraus – immer noch zuviel beschönigt. Denn trotz aller Fortschritte in Richtung Automation arbeiten in den modernen Industriegesellschaften nach wie vor mehr als die Hälfte aller Menschen in ‚unbefriedigenden', das heißt abwechslungslos-enervierenden Tätigkeiten. Erst wenn der Prozentsatz solcher Arbeiten unter ein Viertel oder Fünftel fiele und zugleich eine gesamtgesellschaftliche Verpflichtung zur Übernahme gewisser Drecksarbeiten einsetzte, wäre es endlich möglich, das Konzept ‚Arbeit' für alle Menschen aus der Vorstellung des Jobs, des Zwangs, der Qual befreien zu können.

Auf der Basis eines solchen ‚Sozialismus der allgemeinen Teilhabe' wäre zugleich jener Leistungslohn möglich, der vielen schon lange als Wunschvorstellung vorschwebt, der aber noch nirgends voll realisiert worden ist. Denn erst wenn die Verteilung von Drecksarbeiten und interessant-befriedigenden Tätigkeiten in einem gesamtgesellschaftlichen Sinne geregelt wird, kann man von sozialer Gerechtigkeit sprechen. Erst dann wäre es möglich, zwischen einem pflichtmäßigen und einem freiwilligen Beitrag zur Gesellschaft zu unterscheiden. Den pflichtmäßigen müßten alle leisten, um so das ökonomische Existenzminimum der Gesamtheit zu garantieren. Was man darüber hinaus leistete, sollte in einer solchen Gesellschaft mit Prämien honoriert werden. Bei einer solchen Einteilung würde jeder nach seinen wirklichen Fähigkeiten, seinem Können, seiner Einsatzbereitschaft für die allgemeine, dritte Sache entlohnt. Daß dabei auch Faktoren wie Alter, Intelligenz und körperliche Konstitution in Rechnung gezogen werden müßten, versteht sich von selbst. Denn solche konstitutionellen

Unterschiede sind nun einmal naturgegeben und lassen sich selbst bei absolut gleichen Startchancen und gleicher Bildung nicht völlig eliminieren. Ein gewisser Unterschied in Motorik, Auffassungsgabe und Reaktionsfähigkeit wird wohl immer weiterbestehen.

Das Konzept „Jedem nach seinen Fähigkeiten" sollte daher auch im Sozialismus nicht zu einem bloßen Starsystem ausarten. Gerade hier bestünde die Chance, die Ungleichheiten der natürlichen Veranlagung besonders sorgfältig zu berücksichtigen. Doch andererseits müßte in einem solchen System auch das Prinzip der absoluten Gleichheit, das Marx als „rohen Kommunismus" charakterisiert hat, vermieden werden. Worauf es ankäme, wäre der freiwillige und zugleich kreative Beitrag zur Gesamtgesellschaft, der je nach den angeborenen Fähigkeiten entlohnt werden sollte. Daher wird auch in einer klassenlosen Gesellschaft der Staat als Organisationsform durchaus weiterbestehen müssen. Um eine wirkliche Gerechtigkeit zu erreichen, braucht man nämlich nicht weniger Staat, sondern mehr Staat. Denn ohne eine sorgfältig ausgleichende Bürokratie würde auch das beste System sofort zu einer Diktatur der Stärkeren über die Schwächeren führen. Gegen Gefahren dieser Art ist leider auch der Sozialismus nicht gefeit.

Unter einer solchen Perspektive betrachtet, ist die Entscheidung, den gesellschaftlichen Fortschritt allein in der Arbeitszeitverkürzung zu sehen, eine spezifisch „bürgerliche Pensionistenidee", wie sich Brecht einmal ausdrückte.[38] Denn mit ausgedehnten Feiertagen, verkürzter Arbeitszeit und einem verlängerten Wochenende, das auch dem Arbeiter die Möglichkeit gibt, an bestimmten Tagen den ‚Gentleman' zu spielen, läßt sich dem Problem ‚Entfremdung' nun einmal nicht beikommen. Dasselbe gilt für die sogenannte ‚Freizeitgestaltung', vor allem den Sport, die Naturverehrung oder die Teilnahme an den verschiedenen Formen des Kulturlebens. Durch sie wird die Unheilsabkehr von der Arbeit als etwas Verächtlichem nur noch stärker. Immer wieder hat man gefragt, wie man die Arbeiter, aber nicht wie man die Arbeit aus ihrer Depravierung erlösen könne? Doch erst durch eine sinnvolle Beantwortung der letzten Frage ergäbe sich die Möglichkeit, den bürgerlichen ‚Humanismus', der hinter dieser Abkehr von der Arbeit und der Verherrlichung der Freizeit steht, wirklich zu überwinden und zu einem sozialistischen Ethos vorzudringen. Solange man nämlich die wahre Menschlichkeit in passiven Dingen wie Müßigkeit, Gefühligkeit und Kunstgenuß sieht, wird man auch den damit verbundenen Privatismus und das egoistische Besitzenwollen perpetuieren. Erst wenn man Produktion und Konsumtion als Einheit erlebt, wenn man den Grundimpuls des Lebens im Aktiven, Schöpferischen sieht, wenn man teilhat, sich engagiert, mitbestimmt, ist man wahrhaft Mensch.[39]

Und in diesem Punkte ist es, wo nach Marx auch der ‚Künstler' zum wegweisenden Modell einer idealeren Arbeitswelt werden könnte – und zwar ein Künstler, der sich in erster Linie als Produzent fühlt, der etwas ‚schaffen' will, der seine Arbeit als Selbstbeglückung *und* als Beitrag zum Allgemeinen-Ganzen empfindet. In der bürgerlichen Ära des späten 18. und 19. Jahrhunderts hatte man in den Künstlern vor allem die großen Träumer und Fühler, die Verächter der Technik geschätzt, die sich von allem, was nützlich und praktisch ist, fernzuhalten versuchen. Dies waren jene, von denen man hoffte, daß es ihnen gelingen würde, im Rahmen einer immer sachlicher werdenden Welt wenigstens in der Kunst einen gewissen Rest an Natur und Menschlichkeit zu bewahren. Von ihnen wurde nicht erwartet, daß sie arbeiteten, sondern daß sie sich ganz ihren Stimmungen, Launen und Einfällen überließen, um ganz sie selbst, ganz ‚original' zu sein. Um ihren Beruf befragt, hätten solche Leute sicher die ‚Konservierung der Menschlichkeit' angegeben. Im Gegensatz zur höfisch-feudalistischen Welt war eine solche Haltung sicher ein Fortschritt, denn in dieser ungezwungenen Menschlichkeit manifestiert sich eine merkliche Überwindung jener Vornehmheit und jenes Rangbewußtseins, wie sie für die zeremoniellen Herschaftsformen des Absolutismus typisch waren. Doch andererseits führte diese Erlösung von höherem Zwang, diese neue Freiheitlichkeit, Mitmenschlichkeit und Entdeckung des ‚Natürlichen' zu einer steigenden Abwertung dessen, was man als ‚geschäftiges' Leben empfand. All das galt plötzlich als menschlich subaltern, ja geradezu deklassierend. Die Wertherianer, Romantiker, Byronisten und Nietzscheaner vertraten deshalb immer wieder die These, daß der Mensch ‚in der Hast der täglichen Arbeit' nie wirklich zu sich selber komme und notwendig verkümmere. Sobald man dagegen der ‚reinen Natur' gegenüberstand, brachen solche Dichter sofort in jubelnde Entzückungen wie „Hier bin ich Mensch, hier darf ichs sein" oder ähnlich gefühlvolle Deklamationen aus. Und so verschob sich die Aufgabe des Künstlers immer stärker dahin, den Arbeitenden als den ‚seelisch Armen' wenigstens im Medium der Kunst einen Abglanz wahrer ‚Menschlichkeit' zu vermitteln.

Im Gegensatz dazu sollte die nachbürgerliche Künstlervorstellung vor allem auf Kriterien wie Können, wissenschaftlicher Einsicht und gesellschaftsbezogener Verantwortlichkeit beruhen. Wenn solche Künstler etwas Menschliches darstellen, dann vornehmlich als Postulat, als aktivierenden Begriff, als utopischen Vorschein. Sie sehen ihre Aufgabe nicht mehr in genügsamer Reproduktion, sondern in energetisierender Produktion. Statt einen ästhetischen Ersatz für ‚Natürliches' zu liefern, betrachten sie das Gegebene nur als Empfehlung, als Hinweis, als Vorwand zu freier, bewußter Schöpfung. Während die Künstler des 19. Jahrhunderts das ‚Gemachte' und ‚Künstliche' noch weitgehend als Mißachtungsprädikate aufgefaßt hatten, legen sie den ideologischen und ästhetischen Nachdruck vor allem auf das Nützliche und gesellschaftlich Brauchbare. Und damit werden auch die Künstler zu Sachbearbeitern und Fachverständigen, zu Künstlern des ‚wissenschaftlichen Zeitalters', die sich nicht mehr an das von der Natur vorgegebene Wesen der Dinge halten, sondern mit höchstem Einsatz ihres handwerklichen Könnens und ihrer gesellschaftlichen Engagiertheit eine Umwandlung des Ungeformten ins Brauchbare oder Modellhafte betreiben.

So gesehen, könnten gerade die Künstler als Macher, als Ingenieure, als ‚Producteurs' zu Vorbildern der Gesamtgesellschaft werden. Solche Künstler wären jene, die ihre Arbeit rein aus Liebe zur Sache tun, die auf jedes egoistische Prestigedenken verzichten und ihre schöpferische Lust in den Dienst der Allgemeinheit stellen. Im Sinne dieses Leitbildes könnte man – unter veränderten gesellschaftlichen und ökonomischen Voraussetzungen – von vielen Menschen erwarten, Könner und damit Künstler auf ihrem Gebiet zu werden. Schließlich läßt sich fast allen Produkten, wenn man das nötige Telos vor Augen hat, der Charakter des ästhetisch Perfektionierten und zugleich gesamtgesellschaftlich Nützlichen geben. Eine solche Haltung liefe letztlich auf einen ‚Sozialismus der Leistung' hinaus, bei dem an die Stelle des herkömmlichen Personenkults eine Sachkultur tritt, die auf dem Prinzip des subjektiven Kollektivismus oder der kollektiven Individualität beruht.

Wer so argumentiert, kann sich sowohl auf die von Saint-Simon beschworene Avantgarde aus Künstlern, Wissenschaftlern und Industriellen, auf Proudhons Konzept des Arbeiter-Künstlers, auf Marx' *Grundrisse*, auf die Schlußabschnitte von Bebels *Die Frau und der Sozialismus* als auch auf Walter Benjamins „Produzenten"-Theorie berufen. Auch Brechts Vorstellung der „Großen Produktion", die sich nicht nur auf „Brot", sondern auch auf „Lampen, Hüte, Musikstücke, Schachzüge, Wässerung, Teint, Charakter, Spiele usw." erstreckt, gehört in diesen Zusammenhang.[40] In all diesen Leitbildern wird eine Gleichrangigkeit aller Berufe im Hinblick auf eine steigende Potenzierung des menschlichen Schöpferwillens ins Künstlerische anvisiert, die über die herkömmliche Zweiteilung in Job und Freizeit hinausweist und einen wahrhaft kreativen Sozialismus vorwegnimmt. Denn nur innerhalb einer solchen Aufhebung und zugleich Steigerung würde vielen, wenn nicht allen Menschen die Möglichkeit gegeben, sich aus der Enge ihres bisherigen Rollen- und Arbeitsverhaltens zu befreien und sich um eine wesentlich breitere Entfaltung der in ihnen verborgenen „schöpferischen Anlagen" zu bemühen.[41] Und damit würde auch der vielbeschworene Kunstgenuß endlich aus dem Status der Passivität befreit und in einen aktiven Faktor verwandelt werden.

VI

Ein solches Konzept klingt sehr hochgestochen (in manchen Ohren vielleicht sogar utopistisch), könnte jedoch höchst konkret durchgeführt werden. Denn das oberste Prinzip bleibt auch hier stets der Leistungsbeitrag des Einzelnen zur Gesamtgesellschaft, der unmittelbar auf die realen Bedürfnisse der anderen Staatsbürger zugeschnitten ist. Mit diesem Konzept werden keine hohen oder gar falschen Tugenden verlangt, zu denen nur eine ‚neue' oder ‚andersgeartete' Menschheit fähig wäre. Im Gegenteil. Die primären Ziele sind auch hier die soziale Gerechtigkeit und der Genuß am gesamtgesellschaftlichen Charakter der Arbeit. Wenn man also in der Aufhebung jener „Entfremdung", die auf der „Teilung der Arbeit" beruht,[42] irgendwelche Fortschritte machen will, wird man weder auf die Utopie der ‚Freien Assoziation der freien Produzenten' noch auf die Utopie des ‚Künstlers als Produzenten' verzichten können. Denn nur auf der Basis einer Gesellschaftsordnung, die keine Trennung von Genuß und Leistung mehr kennt, läßt sich jene fortschreitende ‚Bewohnbarmachung der Erde' verwirklichen, die nicht allein eine gesteigerte Produktivität, sondern auch einen neuen Sinn für die künstlerische Komponente innerhalb dieser Produktivität voraussetzt. Bloß egoistisch zu konsumieren, das heißt im Zustand entfremdeter Freizeit zu verharren, wird uns diesem Ziel keinen Schritt näherbringen. Das dürfte inzwischen nur allzu deutlich geworden sein. Wenn also im Prozeß der Güterherstellung weiterhin vornehmlich Kriterien wie Hast, Billigkeit und Obsolenz dominierten, würde die Geringschätzung des zum Genuß oder Gebrauch Geschaffenen nur noch größer. Dingen, die mit größerer Achtsamkeit, kollektiver Verantwortlichkeit und Freude an der ästhetisch gelungenen Form hergestellt sind, würde man dagegen die gebührende Achtsamkeit, Schonung und ästhetische Sensibilität entgegenbringen. Sie behielte man, statt sie nach dem unmittelbaren Gebrauch einfach wegzuwerfen oder wegzuschmeißen. Jede Form von Produktivität, ob nun industrieller oder handwerklicher Art, sollte daher in einer idealeren Gesellschaft an dem Maßstab gemessen werden, ob sie auf bloßen Konsum oder auf Schönheit, Wertschätzung und damit Haltbarkeit der einzelnen Produkte hinzielt.[43] Denn nur dann, wenn man jenen Respekt vor dem jeweiligen Produkt hätte, den man vormals allein dem Kunstwerk entgegengebracht hat, würde sowohl die Herstellung als auch der Gebrauch solcher Produkte ‚Genuß' bereiten. Und mit dieser im Prozeß der Herstellung und im Prozeß des Gebrauchs erfahrenen Freude ließe sich jene unheilvolle Antinomie von Job und Freizeit überwinden, an der wir immer noch kranken. Ja, vielleicht würde es dann sogar zu jener fortschreitenden Vernatürlichung des Menschen und zugleich Vermenschlichung der Natur kommen, die der marxistischen Philosophie von vornherein als höchstes Telos vorgeschwebt hat.

Allerdings stellen sich bei der Anvisierung solcher Ziele heute ganz andere Fragen als noch vor hundert oder hundertfünfzig Jahren. Während die allein am Hier und Jetzt interessierten Gesellschaftstheoretiker des vorigen Jahrhunderts noch höchst unbefangen von einer konsequenten ‚Aneignung der Natur' sprachen, ist uns das naturwissenschaftliche und produktionsorientierte Pathos, das hinter solchen Äußerungen steht, zusehends zweifelhafter geworden. Wir können heute nicht mehr unbedenklich von einer ‚schöpferischen Umwandlung' des Natürlichen ins Industrielle reden, ohne dabei zugleich an die Ausplünderung, ja fortschreitende Zerstörung der Biosphäre zu denken, die aufgrund der gesteigerten Produktivität von Tag zu Tag immer schneller, immer bedrohlicher wird. Wir sehen nur allzu deutlich, daß die tausendfach beschworene ‚Aneignung der Natur', wie sie die Industrialisierung mit sich gebracht hat, nicht zu der von den Utopikern der achtziger und neunziger Jahre erhofften Balance geführt hat, sondern das ökologische Gleichgewicht der Kräfte immer stärker in Frage stellt. Das Konzept der gesteigerten Produktivität des Menschen, wie es in den *Pariser Manuskripten* zum erstenmal auftaucht,[44] müßte daher heute einen ganz anderen Akzent erhalten. Selbstverständlich dürfen wir aus Angst vor ökologischen Verheerungen nicht mit romantischen Regressionen kokettieren. Die Industrie muß schon beibehalten werden, ja sie ist in manchem unsere einzige Chance, diese Schäden wieder gutzumachen, ohne in eine archaische Barbarei zurückzufallen. Wenn also heute von echter Vermenschlichung und echter Vernatürlichung die

Rede ist, sollte dieses Problem stets mitreflektiert werden. Vor allem im Hinblick auf die übriggebliebenen Rohstoffe müssen wir uns endlich zum Planen, zum Haushalten, zum Bewahren entschließen, was nur durch eine konsequente Verächtlichmachung jenes „Geltungs- und Demonstrationskonsums" zu erreichen ist, der den Besitz der Mittel des täglichen Gebrauchs zum einzigen Zweck des Lebens erhebt.[45] In diese Richtung zielen sowohl die Warnungen eines Wolfgang Harich, die er im Anschluß an die Empfehlungen des „Club of Rome" formulierte, als auch jene Äußerungen gegen ökologischen Verschleiß und falschverstandenen Überfluß, welche sich in Rudolf Bahros *Alternative* finden.[46] Zum Glück ist die Zahl solcher Stimmen inzwischen geradezu Legion geworden.

Statt also bloß gesteigerte Produktion und gesteigerten Konsum zu glorifizieren, sollten wir in Zukunft eine Gesellschaftsordnung ins Auge fassen, bei der einerseits ein sinnvoller Wechselbezug von Genuß und Arbeit im Rahmen sozialer Gerechtigkeit angestrebt wird, wo sich jedoch andererseits die lebenserhaltende Produktivität nicht durch sinnlosen Raubbau selber ad absurdum führt. Solche Zielvorstellungen, falls man sie wirklich ernst nimmt, werden sich nicht durch naive Hoffnungen auf ‚herrschaftsfreie Räume' oder andere rein subjektivistisch-anarchistische Vorstellungen, sondern nur durch neue gesamtgesellschaftliche Konzepte verwirklichen lassen. Denn erst, wenn *alles* wieder einen Sinn bekommt, hat auch das einzelne wieder einen Sinn. Und welches Leitbild eignete sich dazu besser als jene ‚Freie Assoziation der freien Produzenten', die – in der von Marx anvisierten Form – sowohl zwischen Subjekt und Kollektiv als auch zwischen Arbeit und Genuß eine sinnvolle Vermittlung zu stiften versucht? Ja, vielleicht wird es innerhalb einer solchen Organisationsform sogar möglich sein, zwischen Stadt und Land die immer noch fehlende ökologische Balance herzustellen. Schließlich brauchen wir endlich Produktionsgenossenschaften, die, wie es bereits im ersten Band des *Kapitals* höchst einsichtig heißt, dem naturnotwendigen „Stoffwechsel zwischen Mensch und Erde, d. h. der Rückkehr der von Menschen in der Form von Nahrungs- und Kleidungsmitteln vernutzten Bodenbestandteile zum Boden, also der ewigen Naturbedingungen dauernder Bodenfruchtbarkeit" nicht hemmend im Wege stehen.[47]

Eine wirkliche Freude an einer Form des Schaffens, das dem künstlerischen gleichkäme, wird also erst dann möglich sein, wenn sich die menschliche Produktion in einem gesellschaftlich *und* ökologisch sinnvollen Rahmen abspielt. Nur unter solchen Bedingungen könnten nicht nur die Menschen, sondern auch die bloßen ‚Sachen' endlich zu Objekten gesteigerter Wertschätzung aufsteigen, die man nicht einfach benutzt, sondern denen man eine lebensverlängernde Achtung entgegenbringt. Auf diesem Sektor könnten also Freude an der ästhetisch gelungenen Form, Sinn für Haltbarkeit, menschlicher Genuß und ökologisches Bewußtsein ein höchst fruchtbares Wechselverhältnis miteinander eingehen. Falls dagegen jeder weiterhin nur den narzißtischen Genuß seiner eigenen Ichheit anstrebt, werden wir immer beim Status quo, das heißt bei der herrschenden Konsumgier bleiben – und somit die Unwohnlichkeit der Erde nur noch vergrößern. Eine entschiedene Anti-Narziß-Gesinnung würde darum ein sozial-bezogenes Ethos voraussetzen, das weniger den durch den Job ermöglichten Konsum als den kreativen oder auch pflegend-bewahrenden Beitrag des Einzelnen zur Gesamtgesellschaft zum obersten Gradmesser menschenwürdigen Verhaltens erhebt. Daß dazu ein bloßer Appell nicht ausreicht, dürfte klar sein. Einem solchen Wandlungsprozeß stehen nun einmal immense objektive Schwierigkeiten (die weltpolitische Blocksituation, das Bewußtsein allgemeiner Konkurrenz, die dadurch perpetuierte Status- und Konsummentalität usw.) entgegen. Und doch sollte man solche Konzepte nicht von vornherein als nebulös bezeichnen oder gar verteufeln. Sie enthalten in mancher Hinsicht die einzige Hoffnung, die uns überhaupt noch bleibt.[48]

Anmerkungen

Vorwort

1 Vgl. meinen Aufsatz „Jetzt wohin? Bemerkungen zur gegenwärtigen Situation der Germanistik". In: *Argument* (1980), S. 408–414.
2 Ein Gespräch mit Martin Walser in Neuengland. Aufgezeichnet von Monika Totten. In: *Basis. Jahrbuch für deutsche Gegenwartsliteratur* 10 (1980), S. 194ff.
3 Vgl. Ernst Bloch. *Freiheit und Ordnung. Abriß der Sozial-Utopien* (New York, 1946), S. 15ff.

Von der Notwendigkeit utopischen Denkens

Erstdruck in: *Deutsches utopisches Denken im 20. Jahrhundert*. Hrsg. von Reinhold Grimm und Jost Hermand (Stuttgart: Kohlhammer, 1974 = Urban-Taschenbücher 864), S. 10–29. Auf englisch unter dem Titel „The Necessity of Utopian Thinking" in: *Soundings* 58 (1975), H. 1, S. 97–111. Für diesen Band stark überarbeitet.

1 Vgl. die Bibliographie in *Utopie. Begriff und Phänomen des Utopischen*. Hrsg. von Arnhelm Neusüß (Neuwied, 1968), S. 449–495.
2 Der *Duden* definiert dagegen 1960 „Utopie" einfach als „unausführbar geltenden Plan ohne reale Grundlage, Hirngespinst".
3 Vgl. dazu die Diskussion in *Myth and Reason*. Hrsg. von Walter Wetzels (Austin, 1973), S. 159ff.
4 Karl Mannheim, *Ideologie und Utopie* (Frankfurt, [3]1952), S. 169.
5 Auch Werner Krauss läßt die „Geschichte der Utopie" mit Morus beginnen, während er alle vor 1516 geschriebenen Zukunftsbilder zur „Vorgeschichte der Utopie" zählt. Vgl. Geist und Widergeist der Utopie. In: *Sinn und Form* 14 (1962), S. 772.
6 Ähnlich argumentiert Eugen Richter in seinen *Sozialdemokratischen Zukunftsbildern* (1892), wo der Gefahr einer Machtübernahme durch die SPD mit einem Appell an Familiensinn und Stolz auf das Sparkassenbuch entgegengetreten wird.
7 Vgl. dazu Maynard Solomon, Marx and Bloch: Reflections on Utopia and Art. In: *Telos* 13 (1972), S. 68–85.
8 Vgl. den Beitrag „Utopie" in *Marxistisch-Leninistisches Wörterbuch der Philosophie*. Hrsg. von Georg Klaus und Manfred Buhr (Hamburg, 1972), III, 1111–1113.
9 Krauss, Geist und Widergeist der Utopie, S. 799.
10 Vgl. Claus Koch, Kritik der Futurologie. In: *Kursbuch* 14 (1968), S. 2.
11 Herman Kahn und Anthony J. Wiener, *The Year 2000: A Framework for Speculations on the Next Thirty Years* (New York, 1967), S. 111.
12 Vgl. *Sozialistische Zeitschrift für Kunst und Gesellschaft* 18/19 (1973), S. 3–10, 116–140.
13 Vgl. Edgar Mertner und Herbert Mainusch, *Pornotopia* (Frankfurt, 1970), S. 13ff.
14 Vgl. Neusüss, Einführung, S. 39–59.
15 Vgl. *The Open Society and Its Enemies* (1945) und Utopia and Violence. In: *Conjectures and Refutations* (1963).

16 Renate Merklein, Der Griff in die eigene Tasche. In: *Spiegel* 34 (1980), Nr. 23 vom 2. Juni, S. 102.
17 Vgl. die Kritik an Marcuse in Hans Heinz Holz, *Utopie und Anarchismus. Zur kritischen Theorie Herbert Marcuses* (Köln, 1968) und Robert Steigerwald, *Herbert Marcuses ‚dritter Weg‘* (Berlin, 1969).
18 Hans Magnus Enzensberger, Konkrete Utopie. In: *Kursbuch* 14 (1968), S. 144.
19 Vgl. Ernst Bloch, *Freiheit und Ordnung. Abriß der Sozial-Utopien* (New York, 1946), S. 150ff. und *Prinzip Hoffnung* (Berlin, 1955), II, 146f. und 189f.

Ganze Tage unter Bäumen. Ökologisches Bewußtsein in den Utopien des ausgehenden 19. Jahrhunderts

Unveröffentlicht.
1 Zur Beliebtheit mancher dieser Utopien vgl. [A. von Kirchheim], *Schlaraffia politica. Geschichte der Dichtungen vom besten Staate* (Leipzig, 1892), S. 311ff. Wohl den größten Erfolg – neben Bebel, Hertzka, Morris, Lasswitz und Herzl – hatte Bellamys Roman *Looking Backward*, von dem auf Anhieb über eine Million Exemplare verkauft wurden und dessen Wirkung in den USA fast der von *Uncle Tom's Cabin* gleichkam. Selbst in Deutschland sah man zeitweilig fast in „jedem Eisenbahncoupé“, jedem „Hörsale“, ja selbst unter Bauern ständig jemanden, der Bellamys Roman in der billigen Reclam-Ausgabe (Nr. 2661/2) verschlang, wie Kirchheim behauptet (S. 259).
2 Vgl. hierzu u. a. Martin Schwonke, *Vom Staatsroman zur Science Fiction. Eine Untersuchung über Geschichte und Funktion der naturwissenschaftlich-technischen Utopie* (Stuttgart, 1957), S. 48ff.
3 Zitiert wird grundsätzlich nach den Seiten der Erstausgaben. Davon sind lediglich folgende Bücher ausgenommen: F[riedrich] E[duard] Bilz, *Wie schafft man bessere Zeiten?* [1882] (Leipzig, 1898); August Bebel, *Die Frau und der Sozialismus* [1883] (Stuttgart, 1913); Ismar Thiusen, *Looking Forward, or The Diothas* [1885] (New York, 1890); Theodor Hertzka, *Freiland* [1889] (Dresden, 1890); William Morris, *News from Nowhere* [1890] (Boston, 1891); Godfrey Sweven [John Macmillan Brown], *Limanora. The Island of Progress* [1903] (London, 1931).
4 Vgl. Ernst Bloch, *Freiheit und Ordnung. Abriß der Sozialutopien* (New York, 1945).
5 *MEW*, Bd. 23, S. 528.

Die alte und die neue Avantgarde

Erstdruck in: *Avantgarde und Faschismus*. Hrsg. von Reinhold Grimm und Jost Hermand (Königstein: Athenäum, 1980), S. 1–19. Leicht überarbeitet.
1 Ernst Robert Curtius, *Europäische Literatur und lateinisches Mittelalter* (Bern, 1958), S. 257.
2 Vgl. Fritz Martini, Modern. In: *Reallexikon der deutschen Literaturgeschichte*. Hrsg. von Werner Kohlschmidt und Wolfgang Mohr, Bd. 2 (Berlin, [2]1965), S. 391.
4 Zur Entstehungsgeschichte des Begriffs ‚Avantgarde‘ vgl. Hans Egon Holthusen,

Avantgardismus und die Zukunft der modernen Kunst (München, 1964), S. 5ff.; Donald D. Egbert, The Idea of ‚Avantgarde' in Art and Politics. In: *American Historical Review* 73 (1967), S. 338–366; Renato Poggioli, *The Theory of the Avant-Garde* (Cambridge, Mass., 1968), S. 8ff.; Linda Nochlin, The Invention of the Avant-Garde: France 1830–1880. In: *Avant-Garde Art.* Hrsg. von Thomas B. Hess und John Ashbery (New York, 1968), S. 5ff.; Edgar Lohner, Die Problematik des Begriffs Avantgarde. In: *Herkommen und Erneuerung.* Hrsg. von Gerald Gillespie und Edgar Lohner (Tübingen, 1976), S. 26ff.; Matei Calinescu, *Faces of Modernity: Avant-Garde, Decadence, Kitsch* (Bloomington, 1977), S. 97ff.

4 Vgl. [Henri de Saint-Simon], *Opinions littéraires, philosophiques et industrielles* (Paris, 1825), S. 331 und 341ff.; [Olinde Rodrigues], L'Artiste, le Savant et l'Industriel. Dialogue. In: *Oeuvres de Saint-Simon et d'Enfantin* (Aalen, 1963), S. 210ff.; Miklós Szabolcsi, *L'Avant-garde littéraire et artistique comme phénomène international (Belgrad, 1969), S. 318.*

5 *Gabriel-Désiré Laverdant, De la mission de l'art et du rôle des artistes* (Paris, 1845), S. 4ff.

6 Charles Baudelaire, *Oeuvres complètes* (Paris, 1961), S. 605. – Vgl. dazu auch Dolf Oehler, *Pariser Bilder I (1830–1848). Antibourgeoise Ästhetik bei Baudelaire, Daumier und Heine* (Frankfurt, 1979), S. 212ff.

7 Lohner, Die Problematik des Begriffs Avantgarde, S. 29.

8 Zit. ebd., S. 28.

9 Den jüngsten Forschungsstand zu diesem Thema bietet der Band *Naturalismus / Ästhetizismus.* Hrsg. von Christa Bürger u. a. (Frankfurt, 1979). Vgl. vor allem Andreas Huyssen, Nochmals zur Naturalismus-Debatte und Linksopposition, S. 244ff.

10 Vgl. Manfred Brauneck, *Literatur und Öffentlichkeit im ausgehenden 19. Jahrhundert* (Stuttgart, 1974), S. 99ff.

11 Vgl. Richard Hamann /Jost Hermand, *Impressionismus* (Frankfurt, [5]1977), S. 31ff.

12 Walter Benjamin, *Illuminationen* (Frankfurt, 1961), S. 257.

13 Vgl. Richard James Tobin, *Judging the Avant-Garde: Originality and Value in the Arts* (Diss. Wisconsin, 1975).

14 Vgl. Hans-Ulrich Simon, *Sezessionismus. Kunstgewerbe in literarischer und bildender Kunst* (Stuttgart, 1976), S. 247ff.

15 Vgl. Jost Hermand, Der Aufbruch in die falsche Moderne. In: Ders., *Der Schein des schönen Lebens. Studien zur Jahrhundertwende* (Frankfurt, 1972), S. 13–25.

16 Arnold Hauser, *Soziologie der Kunst* (München, 1974).

17 Renato Poggioli (vgl. Anm. 3).

18 Peter Bürger, *Der französische Surrealismus* (Frankfurt, 1971) und *Theorie der Avantgarde* (Frankfurt, 1974).

19 Matei Calinescu (vgl. Anm. 37).

20 Bürger, *Theorie,* S. 29.

21 Vgl. *‚Theorie der Avantgarde'. Antworten auf Peter Bürgers Bestimmung von Kunst und bürgerlicher Gesellschaft.* Hrsg. von W. Martin Lüdke (Frankfurt, 1976).

22 Vgl. Jost Hermand /Frank Trommler, *Die Kultur der Weimarer Republik* (München, 1978), S. 382ff.

23 Vgl. Werner Mittenzwei, Brecht und die Schicksale der Materialästhetik. In: *Dialog 75. Positionen und Tendenzen* (Berlin, 1975), S. 9–44.

24 Vgl. Umberto Silvia, *Kunst und Ideologie des Faschismus* (Frankfurt, 1975).

25 Vgl. Jost Hermand, Bewährte Tümlichkeiten. Der völkisch-nazistische Traum einer

ewig-deutschen Kunst. In: *Die deutsche Literatur im Dritten Reich*. Hrsg. von Horst Denkler und Karl Prümm (Stuttgart, 1976), S. 103ff.

26 Über die deutsche Verwendung des Begriffs ‚Avantgarde' in diesen Jahren vgl. Ulrich Weisstein, Le terme et le concept l'avantgarde en Allemagne. In: *Revue de l'Université de Bruxelles* (1975), H. 1, S. 10–37.

27 *Great Soviet Encyclopedia*. Hrsg. von A. M. Prochorow (New York, 1973), I, 519.

28 Vgl. Lászlo Illés, Vieilles querelles sur l'Avant-Garde. In: *Littérature Hongroise – Littérature Européene*. Hrsg. von Istwan Soter und Otto Supek (Budapest, 1964), S. 450–473; *Probleme der literarischen Avantgarde* (Bratislawa, 1968); Miklós Szabolcsi, *L'Avant-Garde littéraire et artistique comme phénomène international* (Belgrad, 1969); Lászlo Illés, Sozialistische Literatur und Avantgarde. In: *Acta Litteria Scientarum Hungaricae* 12 (Budapest, 1970), S. 53–64; Aleksander Flaker, *Die russische Avantgarde als Stilformation* (Konstanz, 1974); Zofia Baranowicz, *Polska awangardia artystyczna. 1918–1939* (Warschau, 1975); Silvia Schlenstedt, Problem Avantgarde. In: *Weimarer Beiträge* (1977), H. 1, S. 126–144; Gudrun Klatt, Proletarisch-revolutionäres Erbe als Angebot. In: *Literarisches Leben in der DDR. 1945–1960* (Berlin, 1979), S. 244–292; *Künstlerische Avantgarde. Annäherungen an ein unabgeschlossenes Kapitel*. Hrsg. von Karlheinz Barck, Dieter Schlenstedt und Wolfgang Thierse (Berlin, 1979).

29 Schlenstedt, Problem Avantgarde, S. 126ff.

30 Vgl. Hermand, Bewährte Tümlichkeiten, S. 109ff.

31 *Fischer-Lexikon. Literatur* II, 2. Hrsg. von Wolf-Hartmut Friedrich und Walter Killy (Frankfurt, 1965), S. 388.

32 Holthusen, *Avantgardismus*, S. 44f.

33 *Fischer-Lexikon*, S. 388.

34 Theodor W. Adorno, *Noten zur Literatur* (Frankfurt, 1961), S. 181.

35 Adorno, *Gesammelte Schriften* 12 (Frankfurt, 1975), S. 176.

36 Adorno, *Ästhetische Theorie* (Frankfurt, 1970), S. 48.

37 Ebd., S. 56. – Vgl. dazu auch den an Adorno anknüpfenden Aufsatz „Avantgarde und Popularität" von Carl Dahlhaus. In: *Avantgarde und Volkstümlichkeit*. Hrsg. von Rudolf Stephan (Mainz, 1975), S. 9–16, wo an den gleichen ‚Autonomie'-Konzepten festgehalten wird.

38 Vgl. Jost Hermand, Die ‚wirkliche Wirklichkeit'. Zum Realismus-Streit in der westlichen Kunstkritik. In: Ders., *Stile, Ismen, Etiketten. Zur Periodisierung der modernen Kunst* (Wiesbaden, 1977), S. 169–193.

39 Vgl. Jost Hermand, *Pop International. Eine kritische Analyse* (Frankfurt, 1971), S. 46ff.

40 Hilton Kramer, *The Age of the Avant-Garde* (New York, 1973).

41 Harold Rosenberg. Collective, Ideological, Combative. In: *Avant-Garde Art*. Hrsg. von Thomas B. Hess und John Ashbery (New York, 1968), S. 92.

42 Vgl. die vielen Kataloge zu ‚progressiver' oder ‚avantgardistischer' Malerei aus Ungarn, Polen und Rußland zwischen 1910 und 1930, die in den letzten zehn Jahren im Westen gezeigt wurden.

43 Vgl. Anm. 3.

44 Renato Poggioli, *The Theory of the Avant-Garde* (Cambridge, Mass., 1968), S. 97.

45 Vgl. neben Poggiolis *Theory of the Avant-Garde* und dem Sammelband *Avant-Garde Art* (Anm. 3) auch Pierre Gabanne / Pierre Restany, *L'Avant-garde au XXe siècle* (Paris, 1969), Theda Shapiro, *Painters and Politics: The European Avant-Garde and Society. 1900–1925* (New York, 1976), Roselee Goldberg, *Performance. Live Art, 1909–1977* (London, 1979) u. a.

46 Leonard C. Pronko, *Avant-Garde: The Experimental Theater in France* (Berkeley, 1964), S. VII.
47 Shapiro, *Painters and Politics*, S. 213.
48 Wolfgang Max Faust, Zeitbombe oder Kuckucksei. Avantgarde und Gebrauchsliteratur als Problem eines Paradigmawechsels in der Literaturwissenschaft. In: *Sprache im technischen Zeitalter* (1976), S. 348.
49 Vgl. hierzu Leslie Woolf Hedley, Retreat of the Avant-Garde. In: *Georgia Review* 24 (1970), S. 441–453.
50 So Martini (Anm. 2), S. 414.
51 Hans Magnus Enzensberger, Die Aporien der Avantgarde. In: *Einzelheiten* (Frankfurt, 1962), S. 307.
52 Ebd., S. 308.
53 Ebd., S. 314. – Vgl. hierzu auch Robert Estivals, *La philosophie de la culture dans l'avant-garde culturelle parisienne depuis 1945* (Paris, 1962). In der Musikwissenschaft finden sich ähnliche Angriffe in dem Aufsatz „Kritik an der westlichen Avantgarde" von Wilhelm Zobl. In: *Musik zwischen Engagement und Kunst*. Hrsg. von Otto Kolleritsch (Graz, 1972), S. 80ff.
54 Bürger, *Theorie der Avantgarde*. S. 80. – Vgl. auch Douglas Cooper, Establishment and Avant-Garde. In: *Times Literary Supplement* (3. 9. 1964), S. 823f.
55 Berthold Hinz, *Die Malerei im deutschen Faschismus* (München, 1974), S. 16f.
56 Vgl. Walter Benjamin, Der Surrealismus. In: Ders., *Ausgewählte Schriften* 2 (Frankfurt, 1966), S. 200–215.

Ultima Thule. Völkische und faschistische Zukunftsvisionen

Unveröffentlicht.

1 Vgl. Richard Hamann / Jost Hermand, *Stilkunst um 1900* (Berlin, 1967), S. 52ff.
2 *MEW*, XIV, 31.
3 Vgl. meinen Aufsatz „Das offene Geheimnis. Caspar David Friedrichs nationale Trauerarbeit". In: J. H., *Sieben Arten an Deutschland zu leiden* (Königstein, 1979), S. 11ff.
4 Vgl. meinen Aufsatz „Germania germanicissima. Zum präfaschistischen Arierkult um 1900". In: J. H., *Der Schein des schönen Lebens. Studien zur Jahrhundertwende* (Frankfurt, 1972), S. 44ff.
5 Vgl. Hedwig Conrad-Martius, *Utopien der Menschenzüchtung. Der Sozialdarwinismus und seine Folgen* (München, 1955).
6 Alexander Tille, *Von Darwin bis Nietzsche. Ein Buch Entwicklungsethik* (Leipzig, 1895), S. 10, 25.
7 Ebd., S. 207.
8 Vgl. George L. Mosse, *The Crisis of German Ideology* (New York, 1964), S. 108ff.
9 Heinrich Teut, *Neudeutschland. Ein großdeutsches Zukunftsprogramm* (Leipzig, 1913), S. 6.
10 Ebd., S. 8.
11 Vgl. *Stilkunst um 1900*, S. 75ff.
12 Vgl. meinen Aufsatz „Gralsmotive um die Jahrhundertwende". In: *DVjs* 36 (1962), S. 521–543.

13 Max Haushofer, *Planetenfeuer. Ein Zukunftsroman* (Stuttgart, 1899), S. 47, 173, 186. Das Exemplar, das ich benutzte, stammt aus dem Privatbesitz Heinrich Himmlers, der die geschilderte Katastrophenstimmung in Randbemerkungen wiederholt mit der Situation des Jahres 1932 vergleicht (S. 103, 104, 105). Außerdem wird am Rand (S. 291) auf Hanns Hörbiger hingewiesen, dessen *Glazial-Kosmogonie* (1912) von Haushofers Roman beeinflußt zu sein scheint.

14 Hermann Popert, *Helmut Harringa* (Berlin, [22]1918), S. 24.

15 Ernst Wachler, *Osning* (Leipzig, 1914), S. 82.

16 Ebd., S. 266ff.

17 Vgl. hierzu Elisabeth Fleiner, *Genossenschaftliche Siedlungsversuche der Nachkriegszeit* (Heidelberg, 1931), S. 24ff., 96ff.

18 Margart Hunkel, *Von deutscher Gottesmutterschaft* (Sontra, 1919), S. 18, 31, 40, 82.

19 Ferdinand Eugen Solf, *1934. Deutschlands Auferstehung* (Naumburg, 1921), S. 29.

20 Ebd., S. 52.

21 Ebd., S. 45, 35.

22 Ebd., S. 61.

23 Max Bauer, *Die Zukunft der Welt! Völkerschicksale in den Jahren 1925 bis nach 3000* (Leipzig, 1925), S. 17, 21.

24 Ebd., S. 8.

25 Adolf Reinecke, *Der Erlöser-Kaiser. Erzählung aus Deutschlands Zukunft und von seiner Wiedergeburt* (Leipzig, 1923), S. 36.

26 Ebd., S. 195, 207, 233.

27 Kurt Anker, *Unsere Stunde kommt! Erinnerungen und Betrachtungen über das nachrevolutionäre Deutschland* (Leipzig, 1923), S. 224.

28 Ebd., S. 226f.

29 Dietrich Arndt [d. i. Roderich Müller-Guttenbrunn], *Kommen wird der Tag! Die Geschichte der nächsten deutschen Befreiung* (Leipzig, 1921), S. 38. – Ähnliche Tendenzen haben die Romane *Die Stadt unter dem Meere* (1925) von Joseph Delmont und *Des Götzen Moloch Ende* (1925) von Alfred Reifenberg.

30 Vgl. *Stilkunst um 1900*, S. 23–202.

31 Vgl. u. a. Jean F. Neurohr, *Der Mythos vom Dritten Reich. Zur Geistesgeschichte des Nationalsozialismus* (Stuttgart, 1957), Kurt Sontheimer, *Antidemokratisches Denken in der Weimarer Republik* (München, 1968), S. 222ff. und Joachim Petzold, *Konservative Vertreter des deutschen Faschismus. Jungkonservative Ideologen in der Weimarer Republik als geistige Wegbereiter der Weimarer Republik* (Berlin, 1978).

32 Vgl. George L. Mosse, Tod, Zeit und Geschichte. Die völkische Utopie der Überwindung. In: *Deutsches utopisches Denken im 20. Jahrhundert*. Hrsg. von Reinhold Grimm und Jost Hermand (Stuttgart, 1974), S. 550–569.

33 Vgl. meinen Aufsatz „The Agrarian Ideology: Fascism as Utopia and Hypocrisy". In: *Dayton Review* 12 (1976), H. 2, S. 93ff.

34 Alfred Rosenberg, *Der Mythus des 20. Jahrhunderts* (München, 1936), S. 485f. und 492ff.

35 Ebd., S. 552f.

36 Ebd., S. 621.

37 Hans Magnus Wehner, *Die Wallfahrt nach Paris. Eine patriotische Phantasie* (München, 1933), S. 8.

38 Ebd., S. 74ff.

39 Ebd., 206f., 220 und 73.
40 [Martin Bochow], *Revolution 1933* (Berlin, 1930), S. 131.
41 Hans Heyck, *Deutschland ohne Deutsche. Ein Roman von übermorgen* (Leipzig, 1929), S. 135.
42 Ebd., S. 304.
43 Hans Hermann, *Erde in Flammen. Ein Zukunftsroman aus den Jahren 1937/38* (Berlin, 1933), S. 79.
44 Ebd., S. 76f.
45 Julius Petersen, *Die Sehnsucht nach dem Dritten Reich in deutscher Sage und Dichtung* (Stuttgart, 1934), S. 1 und 61.
46 Vgl. dazu meinen Aufsatz „Explosionen im Sumpf. Zu Ernst Jüngers ‚Der Arbeiter' (1932)". In: *Sammlung. Jahrbuch für antifaschistische Literatur und Kunst* 1 (1978), S. 5–11.
47 Vgl. Tim Mason, Women in Germany. 1925–1940. In: *History Workshop* 2 (1976), S. 17.
48 Vgl. Berthold Hinz, *Die Malerei im deutschen Faschismus* (München, 1974) und Jost Hermand, Bewährte Tümlichkeiten. Der völkisch-nazistische Traum einer ewig-deutschen Kunst. In: *Die deutsche Literatur im Dritten Reich*. Hrsg. von Horst Denkler und Karl Prümm (Stuttgart, 1976), S. 102–117.
49 Vgl. *Stilkunst um 1900*, S. 56f.
50 Zit. in Conrad-Martius, *Utopien der Menschenzüchtung*, S. 264.
51 Edmund Schmid, *Deutsche Siedlung im I., II. und III. Reich* (München, 1932), S. 7.
52 Ebd., S. 14.
53 Ebd., S. 72. – Vgl. hierzu auch Kurt Freytag, *Raum deutscher Zukunft – Grenzland im Osten* (Dresden, 1933), wo die Deutschordensritter und die „Baltikumer" als die Vorläufer der geplanten Ostkolonisation hingestellt werden (S. 249).
54 *Deutsche Siedlung*, S. 77.
55 Ebd., S. 95.
56 Ebd., S. 98.
57 Ebd., S. 100.
58 Ebd., S. 101.
59 Hans Heyck, *Robinson kehrt heim. Ein Roman zwischen Gestern und Morgen* (Leipzig, 1934), S. 12.
60 Ebd., S. 261.
61 Hans Dominik, *Land aus Feuer und Wasser* (Leipzig, 1939), S. 326.
62 Dominik, *Befehl aus dem Dunkel* (Berlin, 1933), S. 368.
63 Ebd., S. 375.
64 Die Nazis selbst gehen diesem Problem stets aus dem Wege. Vgl. Anton Kutter, Der „utopische" Kulturfilm. In: *Der deutsche Film* 6 (1942), H. 8/9, S. 17ff., wo der Begriff ‚Utopie' rein auf die Phantastik der Science Fiction beschränkt wird.
65 Vgl. hierzu Mosse, *The Crisis of German Ideology*, S. 117ff. und Hamann / Hermand, *Stilkunst um 1900*, S. 52ff.
66 Zit. in *Stilkunst um 1900*, S. 80.
67 Hermann Muckermann, *Rassenforschung und Volk der Zukunft* (Berlin, 1932), S. 100.
68 Vgl. Richard von Hoff, Die nordischen Wurzeln des Nationalsozialismus. In: *Rasse. Monatsschrift der Nordischen Bewegung* 2 (1935), H. 3, S. 81–94.
69 *Rassenhygiene im völkischen Staat. Tatsachen und Richtlinien*. Hrsg. von Ernst Rüdin (München, 1934), S. I.
70 Ebd., S. 5.

71 Ebd., S. 12.
72 Ebd., S. 14.
73 Vgl. Conrad-Martius, *Utopien der Menschenzüchtung*, S. 105ff. und Karl Saller, *Die Rassenlehre des Nationalsozialismus in Wissenschaft und Propaganda* (Darmstadt, 1961), S. 150ff.
74 Vgl. Jakob Bleymehl, *Beiträge zur Geschichte und Bibliographie der utopischen und phantastischen Literatur* (Fürth, 1965), S. 13.
75 *Im Jahre 2000 im Dritten Reich. Eine Schau in die Zukunft von Schmid* (München, 1933), S. 9.
76 Ebd., S. 10.
77 Ebd., S. 29.
78 Ebd., S. 28.
79 Ernst Bergmann, *Deutschland das Bildungsland der neuen Menschheit. Eine nationalsozialistische Kulturphilosophie* (Breslau, 1933), S. 22.
80 Ebd., S. 30.
81 Ebd., S. 30, 33.
82 Ebd., S. 24, 33.
83 Ebd., S. 10.
84 Ebd., S. 39.
85 Ebd., S. 43, 64.
86 Bergmann, *Die deutsche Nationalkirche* (Breslau, 1933), S. 271.
87 Ebd., S. 159, 347, 369.
88 *Deutschland das Bildungsland der neuen Menschheit*, S. 131.
89 Vgl. hierzu auch die Abschnitte zum Ahnen- und Heldenkult in Rosenbergs, *Der Mythus des 20. Jahrhunderts*, S. 450 und 701, sowie George L. Mosse, Soldatenfriedhöfe und nationale Wiedergeburt. In: *Kriegserlebnis.* Hrsg. von Klaus Vondung (Göttingen, 1979), S. 255ff.
90 *Deutschland das Bildungsland der neuen Menschheit*, S. 138f.
91 Ebd., S. 145.
92 Ebd., S. 151. – Eine ähnlich religiöse Note hat die Zukunftsvision *Reichstag 1975* (1933) von Georg Richter.
93 Vgl. hierzu u. a. Hans-Jochen Gamm, *Der braune Kult. Das Dritte Reich und seine Ersatzreligion* (Hamburg, 1962) und Klaus Vondung, *Magie und Manipulation. Ideologischer Kult und politische Religion des Nationalsozialismus* (Göttingen, 1971), S. 27ff.
94 Alfred Rosenberg, *Der deutsche Ordensstaat. Ein neuer Abschnitt in der Entwicklung des nationalsozialistischen Staatsgedankens* (München, 1934), S. 4, 6, 8.
95 Ebd., S. 11f.
96 Zit. in Saller, *Die Rassenlehre*, S. 118.
97 Vgl. meinen Aufsatz „Gralsmotive um die Jahrhundertwende", S. 542, und Jean-Michel Angebert, *The Occult and the Third Reich. The Mystical Origins of Nazism and the Search for the Holy Grail* (New York, 1974), S. 154ff, 237.
98 Hermann Rauschning, *Gespräche mit Hitler* (New York, 1940), S. 216.
99 Vgl. hierzu Angebert, S. 238.
100 Ebd., S. 48.
101 Adolf Hitler, *Mein Kampf* (München, 1925), S. 21.
102 Vgl. Angebert, S. 178.
103 Paul Lamberty, *Die Sage vom Weltreich der Arier* (Klagenfurt, 1937), S. 17.
104 Ebd., S. 18, 25.

105 Ebd., S. 48.
106 Ebd., S. 66.
107 Ebd., S. 66.
108 Hans Dominik, *Befehl aus dem Dunkel* (Berlin, 1933), S. 299.
109 Werner Chomton, *Weltbrand von Morgen* (Stuttgart, 1934), S. 116.
110 Ebd., S. 96.
111 Ebd., S. 159.
112 Zit. in Saller, *Die Rassenlehre*, S. 115.
113 Hans-Joachim Flechtner, *Front gegen Europa* (Leipzig, 1935), S. 232.
114 Titus Taeschner, *Eurofrika. Die Macht der Zukunft* (Berlin, 1938), S. 31.
115 Ebd., S. 188.
116 Vgl. hierzu Manfred Nagl, *Science Fiction in Deutschland* (Tübingen, 1972), S. 172ff. und Jochen Thies, *Architekt der Weltherrschaft. Die „Endziele" Hitlers* (Düsseldorf, 1976), S. 149ff.
117 Zit. in Saller, S. 156.

Utopisches bei Brecht

Erstdruck in *Brecht-Jahrbuch* (Frankfurt: Suhrkamp, 1974 = es 758), S. 9–33. Polnische und englische Übersetzungen erschienen als „Utopie w twórczości Brechta. In: *Miesiecznik Literacki* 6 (1976), S. 65–75 und „Brecht on Utopia". In: *Minnesota Review* NS 6 (1976), S. 96–113.

1 Vgl. die umfassende Bibliographie in *Bertolt Brecht* (Stuttgart, [3]1971) von Reinhold Grimm, dem ich auch sonst manchen nützlichen Hinweis zu diesem Aufsatz verdanke.
2 Vgl. u. a. Reiner Steinweg, *Das Lehrstück. Brechts Theorie einer politisch-ästhetischen Erziehung* (Stuttgart, 1972), S. 203 ff.; Heinz Brüggemann, *Literarische Technik und soziale Revolution* (Reinbek, 1973), S. 76ff.; Jürgen Bay, *Brechts Utopie von der Abschaffung der Kälte* (Stuttgart, 1975); Keith A. Dickson, *Towards Utopia. A Study of Brecht* (Oxford, 1978); Klaus-Detlef Müller, Utopische Intention und Kritik der Utopien bei Brecht. In: *Literatur ist Utopie*. Hrsg. von Gert Ueding (Frankfurt, 1978), S. 335–366. Müller definiert Brechts Utopie-Konzept als Ablehnung der „literarischen Utopie im alten Sinne" bei gleichzeitiger Bejahung des „Utopischen als Denkansatz in einer auf Veränderung der gesellschaftlichen Verhältnisse zielenden Dramaturgie" (337).
3 Darko Suvin nimmt gerade solche Stücke zum Anlaß, Brechts gesamtes Schaffen als einen „look backward from an imagined Golden Future of justice and friendliness to his (and our) cold world" und damit als prinzipiell „utopian" zu charakterisieren. Vgl. The Mirror and the Dynamo. In: *Drama Review* 12 (1967), Heft 6, S. 57.
4 Zitiert wird nach *Gesammelte Werke in 20 Bänden* (Frankfurt, 1967).
5 Eintragung vom 20. August 1940.
6 Vgl. Reinhold Grimm, Brechts Rad der Fortuna. In: *German Quarterly* 44 (1973), S. 49–65.
7 Hans Mayer, *Brecht und die Tradition* (München, 1965), S. 11.
8 Vgl. *Materialien zu Brechts ‚Der kaukasische Kreidekreis'*. Hrsg. von Werner Hecht (Frankfurt, 1966), S. 86. Vgl. dazu auch Hans Bunge, Der Streit um das Tal. Ebd., S. 144–153.

9 Hans Mayer rückt diese Bildfeindschaft ganz nah an Adornos ‚negative Dialektik'. In: *Brecht in der Geschichte* (Frankfurt, 1971), S. 251. Vgl. Reinhold Grimms Stellungnahme dazu. In: *Basis. Jahrbuch für deutsche Gegenwartsliteratur* 3 (1972), S. 277 ff.
10 Marx / Engels, *Über Kunst und Literatur* (Frankfurt, 1968), I, 156.
11 Vgl. Jost Hermand, Expressionismus als Revolution. In: *Von Mainz nach Weimar* (Stuttgart, 1968), S. 343 ff. und das Kapitel ‚Das Ethos der Produktivität' in Richard Hamann / Jost Hermand, *Expressionismus. Deutsche Kunst und Kultur von der Gründerzeit bis zum Expressionismus* 5 (Berlin, 1975), S. 184 ff.
12 Hegel, *Werkausgabe* (Frankfurt, 1970), XII, 38 f.
13 Vgl. dazu Brüggemann, *Literarische Technik und soziale Revolution*, S. 77 ff.
14 Vgl. hierzu auch die Äußerungen Kalles in den *Flüchtlingsgesprächen* (14, 1498 f.).
15 Ähnliche Bilder finden sich schon im *Schweyk*. So heißt es im *Lied vom Kelch* im Hinblick auf die erhoffte Zukunft: „Einmal schaun wir früh hinaus / Obs gut Wetter werde / Und da wird ein gastlich Haus / Aus der Menschenerde / Jeder wird als Mensch gesehn / Keinen wird man übergehn / Ham ein Dach gegn Schnee und Wind" (5, 1988).

Die Metapher ‚heile Welt'. Zu Adornos Antiutopismus

Unveröffentlicht.

1 Werner Bergengruen, *Die heile Welt* (Zürich, 1950), S. 109.
2 Ebd., S. 113.
3 Ebd., S. 70.
4 Ebd., S. 20.
5 Ebd., S. 26.
6 Ebd., S. 28.
7 Ebd., S. 22, 25, 30.
8 Ebd., S. 100.
9 Ebd., S. 101.
10 Theodor W. Adorno, *Gesammelte Schriften*, Bd. 6 (Frankfurt, 1973), S. 428 f.
11 Ebd., S. 494.
12 Ebd., S. 430.
13 Ebd.,
14 Ebd., S. 446 f.
15 *Eingriffe* (Frankfurt, 1963), S. 46.
16 Vgl. etwa *Gesammelte Schriften*, Bd. 6, S. 466.
17 Ebd., S. 452.
18 Alfred Schmidt, Adorno – ein Philosoph des realen Humanismus. In: *Neue Rundschau* 80 (1969), S. 672.
19 Vgl. hierzu Peter Reichel, *Verabsolutierte Negation. Zu Adornos Theorie von den Triebkräften der gesellschaftlichen Entwicklung* (Frankfurt, 1972), S. 15 und Hans Heinz Holz, *Die abenteuerliche Revolution. Bürgerliche Protestbewegungen in der Philosophie* (Darmstadt, 1976), S. 32.
20 Otto F. Gmelin, Negative Dialektik – Schaltsystem der Utopie. In: *Die neue Linke nach Adorno*. Hrsg. von Wilfried F. Schoeller (München, 1969), S. 73.
21 Ebd., S. 71.

22 Achim Bergmann / Herbert L. Fertl, Zur Apathie des neusten Kritizismus. In: Ebd., S. 53.
23 Reichel, *Verabsolutierte Negation*, S. 22, 74ff.
24 *Minima Moralia* (Frankfurt, 1961), S. 147f.
25 Reichel, S. 80ff.
26 Vgl. hierzu Karol Sauerland, *Adornos Ästhetik des Nichtidentischen* (Warszawa, 1975), S. 60ff. – Vgl. auch Friedrich Tomberg, Utopie und Negation. Zum ontologischen Hintergrund der Kunsttheorie Th. W. Adornos. In: *Das Argument* 26 (1963).
27 *Ästhetische Theorie*. In: *Gesammelte Schriften*, Bd. 7 (Frankfurt, 1972), S. 258.
28 Sauerland, S. 63.
29 *Gesammelte Schriften*, Bd. 7, S. 128.
30 Sauerland, S. 61.
31 *Gesammelte Schriften*, Bd. 7, S. 55.
32 Ebd., S. 347.
33 *Utopie. Begriff und Phänomen des Utopischen*. Hrsg. von Arnhelm Neusüß (Neuwied, 1968), S. 33.
34 *Dissonanzen* (Göttingen, 1956), S. 98.
35 Ebd., S. 66.
36 *Ohne Leitbild. Parva Aesthetica*. In: *Gesammelte Schriften*, Bd. 10, 1 (Frankfurt, 1977), S. 291.
37 Ebd., S. 333.
38 Ebd., S. 295.
39 Ebd., S. 333.
40 Ebd., S. 292.
41 *Gesammelte Schriften*, Bd. 14 (Frankfurt, 1973), S. 182ff.
42 *Dissonanzen*, S. 125.
43 Ebd.
44 Musik und Neue Musik. In: *Merkur* 14 (1960), S. 416.
45 *Philosophie der neuen Musik* (Frankfurt, ^{2}1958), S. 45.
46 Otto Karl Werckmeister, Das Kunstwerk als Negation. In: *Die neue Linke nach Adorno*, S. 115.
47 *Klangfiguren* (Berlin, 1959), S. 245.
48 *Gesammelte Schriften*, Bd. 7, S. 55f.
49 Ebd., S. 354.
50 Walter Benjamin, *Illuminationen* (Frankfurt, 1961), S. 257.
51 Werckmeister, S. 117.
52 Hans Schwab-Felisch, Das sündhafte Babel. In: *FAZ* vom 6. September 1974.
53 Jürgen Stefan, Ein Detektiv sucht die heile Welt. In: *FAZ* vom 13. November 1974.
54 Ernst Otto Maetzke, Der Dreck und die Sehnsucht nach der heilen Welt. In: *FAZ* vom 14. Juli 1974.
55 Horst Krüger, Zeit der Napfkuchen. In: *Die Zeit* vom 7. März 1972.
56 Vgl. *Tendenzen*, Nr. 101 (Mai/Juni 1973), S. 43.

Zukunft in der Vergangenheit. Über den Gebrauchswert des kulturellen Erbes

Erstdruck in: *Basis. Jahrbuch für deutsche Gegenwartsliteratur* 5 (Frankfurt: Suhrkamp, 1975 = st 276), S. 7–30.

1 Bertolt Brecht, *Gesammelte Werke* (Frankfurt, 1967), VIII, 464.

2 Vgl. Herbert Marcuse, *Der eindimensionale Mensch* (Neuwied, 1970), S. 83.

3 Vgl. *Literatur im Klassenkampf*. Hrsg. von Walter Fähnders und Martin Rector (München, 1971), S. 7ff.

4 Walter Benjamin, *Illuminationen* (Frankfurt, 1961), S. 276.

5 Ebd., S. 276.

6 Walter Benjamin, *Angelus Novus* (Frankfurt, 1966), II, 456.

7 *Illuminationen*, S. 257.

8 Georg Gottfried Gervinus, *Schriften zur Literatur*. Hrsg. von Gotthard Erler (Berlin, 1962), S. 102.

9 Lenin, *Werke* (Berlin, 1966) XXXI, 304.

10 Vgl. Anatoli Lunatscharski, Das Erbe der Klassiker. In: A. L., *Das Erbe* (Dresden, 1965), S. 15.

11 Vgl. Friedrich Albrecht, Über einige Auffassungen vom literarischen Erbe. In: *Zur Geschichte der sozialistischen Literatur. 1918–1933* (Berlin, 1963).

12 Vgl. dazu Heinz Brüggemann, *Literarische Technik und soziale Revolution. Versuche über das Verhältnis von Kunstproduktion, Marxismus und literarischer Tradition in den theoretischen Schriften Bertolt Brechts* (Reinbek, 1973), S. 178ff.

13 Vgl. Alfred Kurella. Der Sozialismus und die bürgerliche Kultur. In: *Einheit* (1961), H. 4. Zur jüngsten Diskussion über den Begriff ‚kulturelles Erbe' in der DDR vgl. vor allem die Jahrgänge 1970–1973 der Zeitschriften *Sinn und Form* und *Weimarer Beiträge*.

14 Beispielhaft dafür ist der von Helmut Holtzhauer herausgegebene Band *Arbeiterbewegung und Klassik* (1964), in dem das ‚Weimaranische' zum weithin verpflichtenden Vorbild hervorgehoben wird (S. 6). Zweifel an diesem panegyrischen Klassik-Konzept, wie sie etwa in dem von Reinhold Grimm und Jost Hermand herausgegebenen Sammelband *Die Klassik-Legende* (1971) zum Durchbruch kommen, wurden daher von den Weimaranern sofort zurückgewiesen. Vgl. Helmut Holtzhauer, Von Sieben, die auszogen, die Klassik zu erlegen. In: *Sinn und Form* (1973), H. 1, S. 169–188 und Rudolf Dau, Erben oder Enterben? Jost Hermand und das Problem einer realistischen Aneignung des klassischen bürgerlichen Kulturerbes. In: *Weimarer Beiträge* 19 (1973), H. 7, S. 67–98.

15 Vgl. etwa die Kritik an der mangelnden Konsequenz des Bitterfelder Weges und der damit korrespondierenden Hochschätzung des bürgerlichen Erbes bei Gerd Eversberg. Die Bewegung schreibender Arbeiter in der DDR. In: *Ästhetik und Kommunikation*, Nr. 13 (1973), S. 36–47.

16 Marx/Engels. *Über Kunst und Literatur* (Frankfurt, 1968), I, 125. In ähnlichem Sinne hat Trotzki später das ‚Ästhetische' in Dantes *Göttlicher Komödie* verteidigt. Vgl. Über schöne Literatur und die Politik der RKP (1924). In: *Parteilichkeit der Literatur oder Parteiliteratur*. Hrsg. von Hans Christoph Buch (Reinbek, 1972), S. 127.

17 *Gesammelte Werke*, VIII, 549.

18 Ebd., IV, 740f.

19 Ebd., VII, 243. Vgl. dazu auch die Eintragung vom 3. März 1948 in Brechts *Arbeitsjournal*.

20 Robert Weimann, Gegenwart und Vergangenheit in der Literaturgeschichte. In: *Metho-*

den der deutschen Literaturwissenschaft. Hrsg. von Victor Žmegač (Frankfurt, 1971), S. 371.

21 Ernst Bloch, *Das Prinzip Hoffnung* (Berlin, 1960), I, 17, 238.

22 *Gesammelte Werke*, IV, 386.

23 Ebd., IV, 387.

24 Ebd., VII, 696.

25 Hans Kaufmann, Heinrich Heines literaturgeschichtliche Stellung. In: H. K., *Analysen, Argumente, Anregungen* (Berlin, 1973), S. 32–60, wo das Erbe Heines vor allem als Antrieb und nicht als Bestätigung hingestellt wird.

26 Wie scharf manche DDR-Kritiker auf solche Thesen reagierten, beweisen die Aufsätze von Hans-Heinrich Reuter, Die deutsche Klassik und das Problem Brecht. In: *Sinn und Form* 25 (1973), S. 809–824 und Hans-Dietrich Dahnke, Sozialismus und deutsche Klassik. In: *Sinn und Form* 25 (1973), S. 1083–1107, die sich auf die Positionen Holtzhauers zurückzogen und Brecht ein „einseitiges, verzerrtes Klassikbild" vorwarfen (S. 1101). Wesentlich zukunftszugewandter argumentierte Dieter Schiller in seinem Aufsatz „Die Klassiker des Marxismus-Leninismus über das Problem der Tradition und des Erbes". In: *Weimarer Beiträge* 20 (1974), H. 1, wo von „Hemmnissen" im Hinblick auf die bloße Erbepflege die Rede ist (S. 38). Dementsprechend fiel seine Rezension des Bandes *Klassik-Legende* im gleichen Heft der *Weimarer Beiträge* (S. 170–178) viel positiver aus als die von Holtzhauer und Dau (vgl. Anmerkung 14).

27 Vgl. dazu die Ausführungen zum Begriff des ‚Epochalen' in Jost Hermand, *Synthetisches Interpretieren* (München, 1968), S. 218ff.

28 Ernst Bloch/Hanns Eisler, Die Kunst zu erben. In: *Die neue Weltbühne* (1938), S. 18.

29 *Gesammelte Werke*, VII, 113.

30 Ebd., VII, 334.

31 Ebd., VII, 106. – An anderer Stelle schreibt Brecht, viele der „klassischen Werke" seien „nur für das Auge verfertigt" (VII, 182).

32 Hans Mayer, *Brecht in der Geschichte* (Frankfurt, 1971), S. 69.

33 Vgl. hierzu u. a. Walter H. Sokel, Brechts marxistischer Weg zur Klassik. In: *Die Klassik-Legende. Second Wisconsin Workshop*, S. 176ff.; Werner Mittenzwei, *Brechts Verhältnis zur Tradition* (Berlin, 1973), S. 151ff.; Heinz Brüggemann, *Literarische Technik und soziale Revolution*, S. 218ff.

34 *Gesammelte Werke*, VIII, 314.

35 Vgl. Hans Bunge, *Fragen Sie mehr über Brecht* (München, 1970), S. 314.

36 *Sämtliche Werke*. Hrsg. von Ernst Elster (Leipzig, 1887), V, 91.

37 Vgl. dazu die Ausführungen von Wolfgang Dittmann über den Wert der mittelalterlichen Literatur im Hochschulstudium, der für ihn rein entwicklungsgeschichtlicher Natur ist (Hat die Altgermanistik noch eine Chance? In: *FAZ*, Nr. 222 vom 24. September 1973). Ebenso instruktiv ist in dieser Hinsicht der Aufsatz „Aktuelle Beziehungen zwischen Literaturwissenschaft und Literaturdidaktik" von Klaus-Peter Wedekind. In: *Literatur im historischen Prozeß*. Hrsg. von Gert Mattenklott und Klaus Scherpe 1 (Frankfurt, 1973), S. 138ff.

38 *MEGA* I, V, 567.

39 Brecht schreibt einmal in seinem *Arbeitsjournal* im Hinblick auf solche Fragen: „Schon als Junge, als ich die Matthäuspassion in der Barfüßerkirche gehört hatte, beschloß ich, nicht mehr so wo hinzugehen, da ich den Stupor verabscheute, in den

man da verfiel, dieses wilde Koma" (16. August 1944). – Überhaupt hängt seine oft bekundete Aversion gegen ‚Einfühlung', die von dem Glauben an die Unwandelbarkeit der menschlichen ‚Substanz' lebt, mit diesem Überwältigungseffekt zusammen. Auf eine so reaktionäre Haltung bezieht sich bekanntlich auch seine Formel: „Das Ewig-Menschliche widert mich an."

Was die Monopole mit uns vorhaben. Mathias Schebens „Konzern 2003"

Erstdruck in: *Basis. Jahrbuch für deutsche Gegenwartsliteratur* 10 (Frankfurt: Suhrkamp, 1980 = st 589), S. 7–35. Geringfügig überarbeitet.

1 Vgl. Martin Schwonke, *Vom Staatsroman zur Science Fiction. Eine Untersuchung über Geschichte und Funktion der naturwissenschaftlich-technischen Utopie* (Stuttgart, 1957), S. 16ff.

2 Vgl. Wolfgang Trautmann, *Utopie und Technik. Zum Erscheinungs- und Bedeutungswandel des utopischen Phänomens in der modernen Industriegesellschaft* (Berlin, 1974), S. 34ff.

3 Edward Bellamy, *Looking Backward. 2000 – 1887* (New York, 1898), S. 53.

4 Vgl. Hartmut Lück, Der ‚Große Ring' der Galaxis. In: *Die deformierte Zukunft. Untersuchungen zur Science Fiction.* Hrsg. von Reiner Jehmlich und Hartmut Lück (München, 1974), S. 164ff.

5 Aldous Huxley, *Brave New World* (New York, 1946), S. 128.

6 Ebd., S. 281.

7 Hans Joachim Alpers, Untergangsvisionen in der Sciene Fiction. In: *Die deformierte Zukunft*, S. 136.

8 Norbert Pehlke / Michael Lingfeld, *Roboter und Gartenlaube. Ideologie und Unterhaltung in der Sciene-Fiction-Literatur* (München, 1970), S. 20 ff.

9 Theodor W. Adorno, *Prismen* (München, 1963), S. 115.

10 Hans-Jürgen Krymanski, *Die utopische Methode. Eine literatur- und wissenssoziologische Untersuchung deutscher utopischer Romane des 20. Jahrhunderts* (Köln, 1963), S. 86.

11 Ebd.,

12 Manfred Nagl, *Science Fiction in Deutschland* (Tübingen, 1972), S. 18.

13 Ebd., S. 210.

14 Martin Schäfer, *Science Fiction als Ideologiekritik? Utopische Spuren in der amerikanischen Science-Fiction-Literatur 1940–1955* (Stuttgart, 1977), S. 160.

15 Ayn Rand, *Capitalism: The Unknown Ideal* (New York, 1966), S. 55.

16 Vgl. Ossip K. Flechtheim, *Futurologie. Der Kampf um die Zukunft* (Köln, 1970), S. 280ff.

17 *The Future of the Corporation.* Hrsg. von Hermann Kahn (New York, 1974), S. 8.

18 Zbigniew K. Brzezinski, Amerika im technotronischen Zeitalter. In: *Das Parlament* (29. Mai 1968), S. 3.

19 *The Future of the Corporation*, S. 197ff.

20 Daniel Bell, *The Coming of Post-Industrial Society. A Venture in Social Forecasting* (New York, 1973), S. 14.

21 Werner Holste, Der Maschinenbau im Jahre 2000. In: *Zukunft im Zeitraffer*. Hrsg. von Ernst Schmacke (Düsseldorf, 1968), S. 159.

22 Rainer Waterkamp, *Zukunftsreport 2000* (Hannover, 1969), S. 7.
23 Ders., *Futurologie und Zukunftsplanung* (Stuttgart, 1970), S. 9.
24 Ossip K. Flechtheim, Warum Futurologie? In: *Zukunft im Zeitraffer*, S. 69.
25 Vgl. Nigel Calder, *Vor uns das Paradies* (München, 1968).
26 Claus Koch, Kritik der Futurologie. In: *Kursbuch* 14 (1968), S. 2.
27 Alfred Bönisch, *Futurologie. Eine kritische Analyse bürgerlicher Zukunftsforschung* (Frankfurt, 1971), S. 11.
38 Ebd., S. 128.
29 Ebd., S. 53.
30 *Ansichten einer künftigen Futurologie. Zukunftsforschung in der zweiten Phase*. Hrsg. von Dietger Pforte und Olaf Schwencke (München, 1973), S. 14.
31 *Futurologie und Zukunftsforschung. Untaugliches Mittel einer überlebten Gesellschaft.* Hrsg. von Dieter Klein (Berlin, 1972), S. 35.
32 *Ansichten einer künftigen Futurologie*, S. 14.
33 Ossip K. Flechtheim, *Futurologie. Der Kampf um die Zukunft* (Köln, 1970), S. 19.
34 Ebd., S. 37.
35 *Ansichten einer künftigen Futurologie*, S. 126.
36 Ebd., S. 23f.
37 Hans Magnus Enzensberger, Zwei Randbemerkungen zum Weltuntergang. In: *Kursbuch* 52 (1978), S. 1–8. Vgl. dazu bereits seinen Aufsatz „Zur Kritik der politischen Ökologie". In: *Kursbuch* 33 (1973), S. 1–42.
38 Science Fiction – Flucht ins Weltall. In: *Spiegel* 32 (1978), Nr. 6 vom 6. Februar, S. 168.
39 Mathias Scheben, *Konzern 2003* (München, 1977), S. 67. Im folgenden wird im Text nach dieser Ausgabe zitiert.
40 Richard Gerber, *Utopian Phantasy* (London, 1955), S. 61.
41 Martin Schäfer, *Science Fiction als Ideologiekritik?*, S. 41ff.
42 Hermann Marcus, *Die Macht der Mächtigen. Deutschland und seine Wirtschaftsriesen* (Düsseldorf, 1970), S. 21.
43 Max Gloor, Unternehmensführung im Markt von Morgen. In: *Zukunft als Schicksal und Aufgabe* (Essen, 1969), S. 33.
44 Ebd., S. 34.
45 Ebd., S. 44.
46 Marcus, *Die Macht der Mächtigen*, S. 152.
47 Ebd., S. 151.
48 Ebd., S. 148.
49 Ebd., S. 160.
50 Ebd., S. 224.
51 Diese Angaben verdanke ich der Deutschen Bibliothek in Frankfurt.
52 Rupert Lay, *Vor uns die Hoffnung* (Olten, 1974), S. 237.
53 Klaus Motschmann. *Sozialismus. Das Geschäft mit der Lüge* (München, 1977), S. 190ff.
54 Heinz Commer / Rudolf Rindermann, *Der Krieg im Betrieb. Spielanweisung für Chefs und Mitarbeiter* (München, 1977), S. 9.
55 *Capital Karriere-Handbuch* (München-Gütersloh, 1974), S. 7.
56 Ebd., S. 98.
57 Ebd., S. 89.
58 Ebd., S. 96.
59 Ebd., S. 13.
60 Der Minderwertigkeitskomplex des Kapitalismus. In: *Capital* 1 (1962), H. 1, S. 35.
61 *Capital* 15 (1976), H. 1, S. 3.
62 Aldous Huxley, *Brave New World* (New York, 1946), S. 288.

Jenseits von Job und Leistung. Zur Utopie der ‚Freien Assoziation der freien Produzenten'

Unveröffentlicht.

1 Vgl. Helga Recker, *Mobilität in der ‚offenen' Gesellschaft* (Köln, 1974).

2 Eine brauchbare Bibliographie zu diesen Fragen findet sich in dem Band *Sinn und Unsinn des Leistungsprinzips*. Hrsg. von Max Müller (München, 1974), S. 229–236.

3 Vgl. L. Hack, Was heißt schon Leistungsgesellschaft? In: *Neue Kritik* 7 (1966), H. 35, S. 28f.

4 Vgl. *Jugend-Stil – Stil der Jugend*. Hrsg. von Hermann Glaser (München, 1974).

5 Vgl. Jost Hermand, *Pop International. Eine kritische Analyse* (Frankfurt, 1971), S. 65ff.

6 Vgl. Oskar Negt, In Erwartung der autoritären Leistungsgesellschaft. In: *Der CDU-Staat* (München, 1967), S. 200–237; Claus Offe, *Leistungsprinzip und industrielle Arbeit. Mechanismen der Statusverteilung der industriellen ‚Leistungsgesellschaft'* (Frankfurt, 1970); Wolfgang Lempert, *Leistungsprinzip und Emanzipation* (Frankfurt, 1971); Hans Peter Dreitzel, Soziologische Reflexionen über das Elend des Leistungsprinzips. In: *Sinn und Unsinn des Leistungsprinzips*, S. 31–53.

7 John K. Galbraith, *The New Industrial State* (London, 1960), S. 60.

8 Offe, *Leistungsprinzip und industrielle Arbeit*, S. 170ff.

9 Vgl. hierzu Harry Braverman, *Labor and Monopoly Capital. The Degradation of Work in the Twentieth Century* (New York, 1974).

10 Wichtig in diesem Zusammenhang war das Buch *The Achieving Society* von David C. McClelland, das 1967 in der BRD unter dem Titel *Die Leistungsgesellschaft* erschien.

11 Vgl. *Leistungslohn – heute und morgen*. Hrsg. vom Verband für Arbeitsstudien (Darmstadt, 1965).

12 Vgl. F. U. Fack, Wider die Filzpantoffel-Gesellschaft. In: *FAZ* vom 21. 1. 1973.

13 Vgl. Helmut Lethen, *Neue Sachlichkeit. Studien zum Weißen Sozialismus* (Stutgart, 1970), S. 20ff und Jost Hermand /Frank Trommler, *Die Kultur der Weimarer Republik* (München, 1978), S. 49ff.

14 Vgl. hierzu *Soziologie der Freizeit*. Hrsg. von Erwin K. Scheuch und Rolf Meyerson (Köln, 1972), worin sich auch eine ausführliche Bibliographie findet (S. 327–340).

15 Henry Ford, *Mein Leben und Werk* (Leipzig, 1923), S. 107.

16 Wolfgang Nahrstedt, *Freizeitberatung. Animation zur Emanzipation?* (Göttingen, 1975), S. 15.

17 Hans von Hentig, Freizeit als Befreiungszeit. Kritik eines Pädagogen. In: *Merkur* (1969), S. 617.

18 Vgl. *Segmente der Unterhaltungsindustrie*. Hrsg. von Hanns-Werner Heister u. a. (Frankfurt, 1974) und Antje Backhaus-Starost /Erhard Backhaus, *Freizeitaktivitäten von Arbeiterjugendlichen* (Frankfurt, 1975).

19 Vgl. hierzu u. a. Henri Lefèbvre, *Critique de la vie quotidienne* (Paris, 1948); Wolfgang Lempert, *Leistungsprinzip und Emanzipation* (Frankfurt, 1961); Jürgen Habermas, Soziologische Notizen zum Verhältnis von Arbeit und Freizeit. In: *Freizeit und Konsumerziehung*. Hrsg. von Hermann Giesecke (Göttingen, 1968), S. 105–122; Dieter Kramer, *Freizeit und Reproduktion der Arbeitskraft* (Köln, 1975).

20 Karl Marx /Friedrich Engels, *Werke* (Berlin, 1962ff.), Ergänzungsband 1, S. 574.

21 Ebd., S. 521.

22 Vgl. die Kritik an bürgerlichen und revisionistischen Theoretikern eines abstrakten Entfremdungsgeredes bei Alfred Kurella, Die historische Leistung der entfremdeten

Arbeit. In: *Sinn und Form* 20 (1968), S. 466–499 und in *Marxistisch-Leninistisches Wörterbuch der Philosophie*. Hrsg. von Georg Klaus und Manfred Buhr (Reinbek, 1972), I, 292ff.

23 *Grundrisse der Kritik der Politischen Ökonomie* (Berlin, 1953), S. 505.

24 Ebd., S. 505.

25 Ebd.

26 *Über Kunst und Literatur*. Hrsg. von Manfred Klien (Berlin, 1968), II, 351.

28 Vgl. etwa *MEW*, Bd. 23, S. 92f.

29 *MEW*, Bd. 25, S. 828. – Zum Konzept „disposable time" vgl. schon *Grundrisse* (S. 539, 596) und *Lohn, Preis und Profit* (*MEW*, Bd. 16, S. 145).

30 *Marxistisch-Leninistisches Wörterbuch der Philosophie*, I, 102. – Doch auch Marx spricht im *Elend der Philosophie* schon von der „automatisierten Fabrik", in der es einmal keine „Spezialisten" und keinen „Fachidiotismus" mehr geben werde (*MEW*, Bd. 4, S. 157).

31 Jürgen Kuczynski, Was ist gesellschaftlicher Fortschritt? In: *Forum* (1978), Nr. 8, S. 8f.

32 Ebd., S. 9.

33 Ebd., Nr. 13, S. 8

34 Alfred Lemnitz, ebd., Nr. 15, S. 5.

35 Christoph Links, ebd., Nr. 11, S. 8

36 Uwe-Eckart Böttger, ebd.

37 *Grundrisse*, S. 505.

38 Bertolt Brecht, *Gesammelte Werke in 20 Bänden* (Frankfurt, 1967), 20, 605.

39 Vgl. Richard Hamann /Jost Hermand, *Expressionismus* (Berlin, 1975), besonders das Kapitel „Das Ethos der Produktivität" (S. 184–223).

40 *Arbeitsjournal* (7. März 1941). – Vgl. hierzu auch Brechts Gedicht *Über die kritische Haltung* (9, 774).

41 *Grundrisse*, S. 387.

42 *MEW*, Bd. 3, S. 32.

43 Vgl. Jost Hermand, Brecht und die bildende Kunst. In: J. H., *Stile, Ismen, Etiketten. Zur Periodisierung der modernen Kunst* (Wiesbaden, 1978), S. 164–183.

44 *MEW*, Ergänzungsband 1, S. 535.

45 Vgl. etwa Reinhold Miller, *Leben, um zu arbeiten, oder arbeiten, um zu leben?* (Berlin, 1978), S. 50.

46 Rudolf Bahro, *Die Alternative* (Köln, 1978), S. 312ff.

47 *MEW*, Bd. 23, S. 528.

48 Auch an dieser Stelle möchte ich nochmals Reinhold Grimm und Thomas Metscher für ihre Kritik an den in diesem Aufsatz aufgestellten Thesen danken.

Namenregister